LA SUBSIDIARITE PROCEDURALE DANS LE SYSTEME AFRICAIN DE PROTECTION DES DROITS DE L'HOMME

Bibliographische Informationen der Deutschen Nationalbibliothek
Die Deutsche Nationalbibliothek verzeichnet diese Publikation in der Deutschen Nationalbibliographie; detaillierte bibliographische Daten sind im Internet unter http://dnb.ddb.de abrufbar.

ISBN 978-3-96203-105-3 (Print)

Originally presented as the author's doctoral thesis:
Les Facultés Universitaires Notre-Dame de la Paix, 2009

LA SUBSIDIARITE PROCEDURALE DANS LE SYSTEME AFRICAIN DE PROTECTION DES DROITS DE L'HOMME

EGIDE MANIRAKIZA

GALDA VERLAG 2020

SOMAIRE

LISTE DES PRINCIPALES ABREVIATIONS

Arb. :	Arbitrage
C.D. :	Cahiers de Droits européens
C.D.I. :	Commission du Droit International
C.I.J. :	Cour Internationale de Justice
C.P.J.I. :	Cour Permanente de Justice Internationale
Cour eur.dr.h. :	Cour européenne des droits de l'homme
Cour interam.dr.h. :	Cour interaméricaine des droits de l'homme
D.R. :	Décisions et Rapports de la Commission européenne des droits de l'homme (dès 1975).
Ed. :	édition
H.R.L.J. :	Human Rights Law Journal (Comité des Droits de l'Homme des Nations Unies)
I.D.I. :	Institut du Droit International
I.H.E.I.P. :	Institut des Hautes Études Internationales de Paris
L.G.D.J. :	Librairie Générale de Droit et de Jurisprudence.
M.P.D. :	Mémoires, Plaidoiries et Documents (Cour Internationale de Justice)
O.N.G. :	Organisation Non Gouvernementale
O.U.A. :	Organisation de l'Unité Africaine
P.U.F. :	Presses Universitaires de France
P.U.N. :	Presses Universitaires de Namur
R.C.D.I. :	Recueil des Cours de l'Académie de Droit International
R.D.I.L.C. :	Revue de Droit International et de Législation Comparée
Req. :	Requête
Res.:	Résolution
R.G.D.I.P. :	Revue Générale de Droit International Public
R.I.D.H. :	Revue Internationale des Droits de l'Homme
R.T.D. :	Revue Trimestrielle de Droit
R.T.D.H. :	Revue Trimestrielle des Droits de l'Homme
U.A. :	Union Africaine
Vol. :	Volume

REMERCIEMENTS

Qu'il me soit permis d'exprimer ici ma profonde gratitude à l'égard des personnalités et institutions sans lesquelles cette étude n'aurait pu aboutir.

Mes remerciements les plus vifs s'adressent naturellement en premier lieu aux deux promoteurs de cette thèse : les Professeurs Jacques Fierens et Gervais Gatunange. Chacun de sa manière m'a fait bénéficier de son expertise précieuse et sa confiance sans relâche. Leurs conseils précieux, leurs remarques enrichissantes et leur entière disponibilité ont apporté pour moi des clarifications très utiles.

Je les remercie également pour la façon active mais non directive dont ils ont guidé mes recherches. Ils m'ont laissé une large marge d'appréciation ainsi qu'une grande autonomie dans l'approche et le développement du sujet de la thèse.

Le professeur Xavier Dijon a spontanément accepté de faire partie du comité d'encadrement de ma thèse. Je le remercie infiniment et je dois avouer que je lui dois beaucoup. Ses observations pertinentes, de fond et de forme m'ont poussé à réfléchir davantage.

Les professeurs Cécile de Terwangne, Julie Ringenlheim et Charles Ntampaka m'ont fait l'honneur de figurer dans le jury de la thèse que présidait le Professeur Bruno Colson, Doyen de la Faculté de Droit. Leurs connaissances approfondies ont été d'un concours inestimable dans la réalisation de cette thèse.

Mes remerciements vont également à tous les professeurs que j'ai rencontrés à différentes étapes de mon cursus académique plus particulièrement les professeurs du programme d'Études Spécialisées en Droits de l'Homme, année académique 2003-2004, qui était organisé conjointement par les Facultés Universitaires Saint Louis (F.U.S.L.), l'Université Catholique de Louvain (U.C.L.) et les Facultés Universitaires Notre Dame de la Paix (F.U.N.D.P.).
Les enseignements que j'ai suivis dans ce programme ont été déterminants dans le choix et l'orientation de mes recherches.

Bien entendu, cette thèse n'aurait jamais pu être entamée et encore moins terminée sans le soutien de deux organismes belges: la Commission Universitaire pour le Développement (C.U.D.) et la Coopération Technique Belge (C.T.B.). La bourse qui m'a été octroyée par la première institution pendant l'année académique 2003-2004 suivie par celle que m'a été donnée par la deuxième institution pendant les années académiques 2004-2005, 2005-2006, 2006-2007 et 2007-2008 m'ont permis de travailler dans l'indépendance et avec la tranquillité d'esprit indispensable à la recherche.

Que le personnel du Département de Droit des Facultés Universitaires Notre Dame de la Paix trouve également ici ma profonde reconnaissance.
Les membres du personnel académique, scientifique et technique m'ont soutenu psychologiquement tout au long de l'élaboration de mon travail.
Qu'ils soient remerciés pour le soutien indéfectible et les facilités matérielles qu'ils ont mis à ma disposition.

À tous, j'espère que la fin de mes recherches n'empêchera pas la continuation d'une grande amitié même au-delà des frontières.

Enfin, ma famille, mes enfants, mon épouse, ma mère, mes regrettés père et petit frère, je la dédie cette thèse car en l'écrivant, j'ai pensé à elle à chaque instant. Aucun mot ne saurait traduire à sa juste mesure leur incomparable soutien.

INTRODUCTION GENERALE

1. La détermination de la portée de l'étude

La justification de l'intitulé de notre étude peut se faire à travers une présentation générale du principe de subsidiarité portant sur ses origines, la conception qu'il sous-tend ainsi que sa consécration en droit positif.

a. Les origines du principe

Le principe de subsidiarité a des origines anciennes. D'un point de vue étymologique, le mot français *subsidiarité* vient du latin *subsidium* et de ses dérivés *subsidiarus* ou *subsidior.*

Le mot *subsidiarus* signifie troupe de réserve tandis que *subsidior* quant à lui signifie former la réserve. Le mot subsidiarité désignait à l'origine les lignes ou les troupes de réserve qui n'étaient appelés à renforcer les armées régulières qu'en cas de besoin. De ces différents termes est induite la signification de « soutien, renfort, secours », d'abord au sens militaire, ensuite au sens plus général d'aide et d'assistance. On trouve le mot de subsidium même dans le sens d'asile, ou de refuge.

L'Église catholique a été la première institution à concrétiser cette idée de subsidiarité. Les premières traces se retrouvent dans les écrits du Pape Léon XIII et notamment dans son Encyclique *Rerum Novarum* de 1891 mais l'énoncé le plus célèbre du principe de subsidiarité est inséré dans l'Encyclique *Quadragesimo Anno* du Pape Pie XI du 15 mai 1931. Le texte original de cet énoncé se trouve en latin, la traduction française est la suivante :

« On ne saurait ni changer, ni ébranler ce principe si grave de philosophie sociale ; de même qu'on ne peut enlever aux particuliers, pour les transférer à la communauté, les attributions dont ils sont capables de s'acquitter de leur seule initiative et par leurs propres moyens, ainsi ce serait commettre une injustice, en même temps que troubler d'une manière très dommageable l'ordre social, que de retirer aux groupements d'ordre inférieur, pour les confier à une collectivité plus vaste et d'un rang plus élevé, les fonctions qu'ils sont en mesure de remplir eux-mêmes. L'objet naturel de toute intervention en matière sociale et d'aider les membres du corps social, et non pas de les détruire ni de les absorber »[1].

L'Église catholique a fait référence à ce principe de subsidiarité pour définir ses relations non seulement avec les États catholiques mais aussi avec les Églises locales. Dans les deux cas, il s'agissait de tenter de limiter le rôle de la Papauté qui n'aurait plus à intervenir que pour apporter son soutien aux collectivités inférieures dans l'accomplissement de leurs missions.

b. La conception sous-tendue par le principe

Le principe de subsidiarité a été conçu dans le but de régler les rapports entre les organes dans tous les systèmes où existent différents niveaux de pouvoirs. Le principe intervient comme régulateur de l'exercice des compétences. Il répond au souci de veiller à ne pas faire à un niveau plus élevé ce qui peut l'être avec autant d'efficacité au niveau le plus proche du citoyen. Il attribue la priorité à l'échelon le plus bas, le recours à un organe hiérarchiquement supérieur ne doit avoir lieu que pour combler un manque.

L'organe supérieur ne garde que ce que l'échelon inférieur ne pourrait effectuer que de manière moins efficace.

---

[1] Sur ces origines nous nous sommes essentiellement référé aux études suivantes qu'il faut consulter pour une analyse plus détaillée :

-CLERGERIE, J-L., *Le principe de subsidiarité*, Paris, Ellipses, 2004 ;

-MILLION-DELSOL, Ch., L'*Etat subsidiaire : ingérence et non ingérence de l'Etat : Le principe de subsidiarité aux fondements de l'histoire européen*, Paris, P.U.F., 1992 ;

-THOMA, F., *Le principe de subsidiarité en droit communautaire* : thèse pour le doctorat en droit, Centre Universitaire de Luxembourg, 1998 ;

-DELPERE, F.(sous le direction de), *Le principe de subsidiarité*, Bruxelles, Bruylant, 2002.

c. L'entrée du principe dans le droit positif

La laïcisation du principe de subsidiarité et son entrée dans le droit positif fut opérées en premier lieu par l'allemand Althusius dont la pensée influença de nombreux philosophes et hommes politiques.[2]

Le principe a été introduit dans les textes fédéralistes et d'autres textes internationaux afin d'assurer une bonne répartition des compétences entre diverse autorités reposant sur une même source de légitimité. Dans le cas des textes fédéralistes, le principe de subsidiarité sert à régler les rapports entre l'État fédéral et les États fédérés ou entre l'État national et les régions.

Dans le cadre de la Communauté européenne, le principe de subsidiarité a été introduit dans le but de s'assurer que les décisions soient prises au niveau le plus proche du citoyen en vérifiant que l'action à entreprendre au niveau communautaire est justifiée par rapport aux possibilités qu'offre l'échelon national, régional ou local. L'article 5 du Traité sur l'Union Européenne, dit Traité de Maastricht[3] traduit bien cette idée de subsidiarité :

« La Communauté agit dans les limites des compétences qui lui sont conférées et les objectifs qui lui sont assignés par le présent traité.

Dans les domaines qui ne relèvent pas de sa compétence exclusive, la Communauté n'intervient, conformément au principe de subsidiarité, que si et dans la mesure où les objectifs de l'action ne peuvent pas être réalisés de manière suffisante par les États membres et peuvent donc, en raison des dimensions ou des effets de l'action envisagée, être mieux réalisés au niveau communautaire.

L'action de la Communauté n'excède pas ce qui est nécessaire pour atteindre les objectifs du présent traité ».

---

[2] Pour savoir plus sur la pensée d'Althusius et les auteurs qui ont subi son influence, consulter l'ouvrage, CLERGERIE, J-L, *op.cit.*, pp.20-30.

[3] Traité sur l'Union Européenne, signé à Maastricht le 7 février 1992, entré en vigueur le 1er novembre 1993. Les extraits de ce traité peuvent être consultés dans DESCHUTTER, O., TULKENS, F., VAN DROOGHNEBROECK, S., *Code de droit international des droits de l'homme,* Bruxelles, Bruylant, pp.535 et suivants.

La régulation de l'exercice des compétences à travers le principe de subsidiarité s'est également imposée en droit international des droits de l'homme car comme l'affirme clairement Frédéric SUDRE[4], les droits de l'homme ne constituent pas une matière réservée à la compétence exclusive des États au titre de l'article 2 (7) de la Charte des Nations Unies. A la protection interne des droits de l'homme est venue s'ajouter et non pas se substituer une protection internationale des droits de l'homme, qui sert en quelque sorte de standard minimum, du plus petit dénominateur commun. Les sujets des deux ordres, de même que leur champ d'application territorial se superposent entièrement, ils se complètent mutuellement et se complètent plus qu'ils ne s'opposent.

Dans la protection des droits de l'homme, le principe de subsidiarité joue un rôle clé dans la répartition des compétences entre les organes conventionnels et les autorités nationales.

En effet, après l'entrée en vigueur des Conventions internationales des droits de l'homme, l'effectivité des droits et libertés qui y sont contenus exige une répartition des compétences entre les autorités nationales (c'est-à-dire l'Etat considéré dans l'unité internationale de ses différents pouvoirs : pouvoir législatif, pouvoir exécutif et judiciaire) et l'organe international de contrôle (selon les instruments, l'organe de contrôle peut être une Commission des droits de l'homme[5], une Cour des droits de l'homme[6], une Commission secondée par une Cour[7], un Comité des droits de l'homme[8]). Le principe de subsidiarité répartit les rôles entre les deux structures en attribuant la priorité aux autorités nationales.

---

[4] SUDRE, F., *Droit international et européen des droits de l'homme*, Paris, P.U.F, Coll. « Droit fondamental », 8ème édition, 2006, p. 42.

[5] C'est le modèle institué par la Charte africaine des droits de l'homme et des peuples (article 30).

[6] C'est le modèle européen après que le protocole n° 11 a décidé la fusion de la Commission européenne des droits de l'homme et la Cour européenne des droits de l'homme en une juridiction unique, la Cour européenne des droits de l'homme.

[7] C'est le schéma du modèle américain des droits de l'homme. Ce schéma a été abandonné dans le cadre du Conseil de l'Europe mais le système africain tend vers ce modèle (voir *supra*).

[8] C'est le modèle du Pacte international relatif aux droits civils et politiques dans le cadre de son protocole facultatif.

Cette priorité s'observe non seulement au niveau substantiel ou matériel mais aussi au niveau procédural[9] et aboutit à la distinction entre la subsidiarité substantielle ou matérielle et la subsidiarité procédurale ou juridictionnelle.

Dans sa dimension substantielle ou matérielle, la subsidiarité traduit cette idée que l'instrument international des droits de l'homme n'a pas vocation à se substituer au droit national mais plus modestement qu'il le complète afin de garantir un niveau minimal de protection. Dans ce sens, l'instrument international des droits de l'homme n'assume à l'égard des constitutions nationales qu'une fonction normative de second degré, il les complète là où elles semblent moins protectrices mais sans pouvoir être interprétées comme limitant ou portant atteinte aux droits reconnus dans les constitutions internes et les textes nationaux. Dans le cas du Conseil de l'Europe, telle est précisément la portée de l'article 53 de la Convention européenne des droits de l'homme[10].

Dans le cadre du Pacte international relatif aux droits civils et politiques[11], c'est la portée de l'article 44.

Dans sa dimension procédurale, la subsidiarité traduit cette idée que les autorités nationales sont les premiers garants de l'instrument international et que la protection des droits de l'homme est avant tout l'affaire des Etats et de leurs juridictions.

Toutefois, la priorité accordée aux autorités nationales ne saurait exclure le droit de regard du juge international car, en second rang et à titre subsidiaire,

[9] Nous empruntons la distinction qu'a établie Henri Petzold dans son article classique sur la subsidiarité dans la Convention européenne des droits de l'homme. Pour plus de details, consulter, H. Petzold « The Convention and the principle of subsidiarity », in. J. MACDONALD R. St. J., MATSCHER F. et PETZOLD H., *The European System for the Protection of Human Rights,* Dordrecht-Boston-London, Martinus, Nijhoff, 1993, p. 60.

[10] Cette disposition stipule que « Aucune disposition de la présente Convention ne sera interprétée comme limitant ou portant atteinte aux droits de l'homme et libertés fondamentales qui pourraient être reconnus conformément aux lois de toute partie contractante ou à toute autre Convention à laquelle cette partie contractante est partie ».

[11] Cet article dispose : « Les dispositions de mise en œuvre du présent Pacte s'appliquent sans préjudice des procédures instituées en matière de droits de l'homme aux termes et en vertu des instruments constitutifs et des Conventions de l'Organisation des Nations Unies et des institutions spécialisées, et n'empêchent pas les Etats parties de recourir à d'autres procédures pour le règlement d'un différend conformément aux accords internationaux généraux ou spéciaux qui les lient ».

le pouvoir de contrôle revient à l'organe international institué à cette fin chaque fois qu'un doute s'élève sur la jouissance des droits collectivement protégés.

L'organe international de contrôle n'intervient que si et dans la mesure où les objectifs de l'action envisagée ne peuvent être réalisés de manière suffisante par les Etats parties et peuvent donc être mieux réalisés au niveau international.

Entre les deux formes de subsidiarité, notre choix a porté sur l'étude de la **subsidiarité procédurale**.

Cette dimension procédurale de la subsidiarité se trouve affirmée dans tous les instruments internationaux et régionaux relatifs aux droits de l'homme.

Sur le plan universel et de manière moins développée[12] que dans les autres systèmes régionaux, l'article 5 du protocole facultatif se rapportant au Pacte international relatif aux droits civils et politiques[13] dispose que *Le comité n'examinera aucune communication d'un particulier sans s'être assuré que (...) le particulier a épuisé tous les recours internes disponibles (...).*

Sur le plan régional, les instruments respectifs des droits de l'homme au sein du Conseil de l'Europe, de l'Organisation des Etats Américains et de l'Union Africaine affirment, de manière presque identique le principe sous analyse.

---

[12] Comparé aux instruments régionaux des droits de l'homme, le Pacte international relatif aux droits civils et politiques et son protocole facultatif sont peu explicites sur les dispositions relatives à la dimension procédurale de la subsidiarité. Seule est indiquée dans le protocole facultatif, la règle de l'épuisement des voies de recours internes mais le Comité des droits de l'homme a progressivement levé cette lacune comme nous allons le montrer dans la troisième partie de notre travail.

[13] C'est le protocole facultatif au Pacte international relatif aux droits civils et politiques qui concerne les communications individuelles. Le Pacte international relatif aux droits civils et politiques est entré en vigueur le 23 mars 1976. Le protocole facultatif est entré en vigueur, conformément à son article 9, trois mois après la date du dépôt auprès du Secrétaire général de l'Organisation des Nations Unies du dixième instrument de ratification ou d'adhésion et pour chacun des Etats qui ratifieront ce protocole ou y adhéreront après le dépôt du dixième instrument de ratification ou d'adhésion, il entrera en vigueur trois mois après la date du dépôt par cet Etat de son instrument de ratification ou d'adhésion.

Ainsi, au sein du Conseil de l'Europe et de manière beaucoup plus affinée que dans d'autres enceintes régionales, plusieurs dispositions de la Convention européenne des droits de l'homme y font référence.

L'article 35. 1 de cette Convention déclare que *la Cour ne peut être saisie qu'après l'épuisement des voies de recours internes (...).*

De même, l'article 13 de la même Convention garantit le droit à un recours effectif en disposant : *Toute personne dont les droits et libertés reconnus dans la présente Convention ont étés violés a droit à l'octroi d'un recours effectif devant une instance nationale, alors même que la violation aurait été commise par des personnes agissant dans l'exercice de leurs fonctions officielles.*

Dans la même perspective, l'article 38. 1. b) de la Convention tel que complété par l'article 62 du Règlement intérieur de la Cour européenne des droits de l'homme, stipule : *Si la cour déclare une requête recevable, elle se met à la disposition des intéressés en vue de parvenir à un règlement amiable de l'affaire s'inspirant du respect des droits de l'homme tels que les reconnaissent la Convention et ses Protocoles.*

Enfin, l'article 41 de la Convention précise que *(...) si le droit interne de la Haute Partie contractante ne permet d'effacer qu'imparfaitement les conséquences de cette violation, la cour accorde à la partie lésée, s'il y a lieu, une satisfaction équitable.*

Au sein de l'Organisation des Etats Américains (O.E.A.), la Convention interaméricaine relative aux droits de l'homme, appelée « le Pacte de San José » reconnaît sans ambiguïté le principe de la subsidiarité, aussi bien dans les dispositions relatives à la Commission que celles qui concernent la Cour interaméricaine des droits de l'homme.

Ainsi, l'article 25. 1 de cette Convention dispose que *toute personne a droit à un recours simple et rapide, ou à tout autre recours effectif devant les juges et tribunaux compétents (...).*

Dans la même logique, l'article 46. 1 de la même Convention énonce :

La Commission ne retient une pétition ou une communication conformément aux articles 41 ou 45 que sous les conditions suivantes, à savoir (…) a) que toutes les voies de recours internes aient été dûment utilisées et épuisées conformément aux principes de droit international généralement reconnus.

C'est dans le même esprit que l'article 63 de la Convention stipule que *Lorsque la Cour reconnaît qu'un droit ou une liberté protégés par la Convention ont été violés, la Cour ordonnera que soit garantie à la partie lésée la jouissance du droit ou de la liberté enfreints….*

L'article 68 du même instrument apporte une précision très intéressante en matière de subsidiarité. Elle dispose, en son point 2, que *Le dispositif de l'arrêt accordant une indemnité pourra être exécuté dans le pays intéressé conformément à la procédure interne tracée pour l'exécution des jugements rendus contre cet Etat.*

Au sein de l'Union Africaine, le principe de subsidiarité se trouve affirmé non seulement par ces dispositions de la Charte africaine des droits de l'homme et des peuples mais aussi par la jurisprudence[14] de la Commission africaine des droits de l'homme et des peuples.

L'article 50 complété par l'article 56. 5 de la Charte dispose que
La Commission ne peut connaître d'une affaire qui lui est soumise qu'après s'être assurée que tous les recours internes s'ils existent, ont été épuisés (…).

L'article 26 de la même Charte garantit le droit de recours en faveur de quiconque se prétend victime d'une violation des droits et libertés contenus dans la Charte en disposant : *Les Etats parties à la présente Charte ont le devoir de garantir l'indépendance des tribunaux et de permettre l'établissement*

[14] Dans la Communication 255/2002 *Garreth Anver Prince c. Afrique du Sud*, la Commission africaine a déclaré en substance, au paragraphe 50 de la décision : *…le principe de la subsidiarité guide la Charte africaine, comme tout autre instrument des droits internationaux et/ ou régionaux des droits de l'homme par rapport à son organe de supervision respectif créé à cet effet, en ce sens que la Commission africaine ne peut remplacer les procédures internes et nationales trouvées dans l'Etat défendeur pour mettre en œuvre la promotion et la protection des droits de l'homme et des peuples énoncés dans la Charte africaine.*

et le perfectionnement d'institutions nationales appropriées chargées de la promotion et de la protection des droits et libertés garantis par la présente Charte[15].

De même, la Commission africaine des droits de l'homme et des peuples admet, dans sa jurisprudence, la procédure du règlement amiable[16] des différends.

De tous ces systèmes internationaux qui reconnaissent la subsidiarité procédurale dans les dispositions de leurs instruments respectifs, notre étude à été limitée **au système africain.**

C'est cette volonté d'analyser la dimension procédurale de la subsidiarité dans le cadre africain qui nous a poussé à intituler notre étude :

« **La subsidiarité procédurale dans le système africain de protection des droits de l'homme** ».

La contextualisation du système africain veut rendre l'étude plus concrète afin de mieux cibler les problèmes réels qui se posent dans le cadre africain, car très peu de travaux ont été réalisés jusqu'aujourd'hui sur la protection des droits de l'homme en Afrique.

L'objet de l'étude étant délimité, l'intérêt du sujet mérite d'être brièvement décrit (2) avant d'expliquer l'approche méthodologique que nous avons adoptée (3), suivi d'une présentation du plan (4).

[15] Dans le système de la Charte, une confusion qui n'a malheureusement pas été levée par la jurisprudence de la Commission africaine, règne entre les articles 7 et 26 de la même Charte. Nous y reviendrons dans le chapitre deux de la deuxième partie de notre travail.

[16] Il faut signaler ici que la Charte africaine des droits de l'homme et des peuples ne prévoit cette procédure de règlement amiable que pour les seules communications interétatiques. La Commission africaine a toutefois étendu cette procédure aux communications individuelles. Nous y reviendrons dans la troisième partie de notre étude.

2. L'intérêt de l'étude

L'analyse du système africain des droits de l'homme dans sa dimension procédurale constitue une matière en friche, les quelques chercheurs[17] qui s'y sont intéressés n'ayant abordé que la dimension substantielle et historique de la Charte africaine. Rares sont les travaux réalisés sur l'étude de la jurisprudence de la Commission africaine. D'une manière générale, l'étude de la jurisprudence d'un organe de protection des droits de l'homme, à l'instar de la Commission africaine, se fait de manière comparée. On souligne les points de convergence et de divergence avec les autres mécanismes internationaux, voire régionaux ou universel. Cette comparaison présente un intérêt indéniable dans la mesure où elle contribue à enrichir chacun des divers systèmes des méthodes et des raisonnements appliqués dans l'autre. En prenant appui sur cette démarche comparative, notre étude permettra :

- de déterminer d'abord la mise en œuvre de la subsidiarité procédurale dans le système africain des droits de l'homme ;
- de mesurer ensuite le rapport entre cette mise en œuvre et l'effectivité de la Charte africaine des droits de l'homme et des peuples ;
- Elle permettra enfin de proposer des solutions de nature à concilier la subsidiarité procédurale et l'effectivité des droits de l'homme inscrits dans cette Charte.

Les développements relatifs à notre étude permettront de mettre en lumière certaines particularités du mécanisme de contrôle institué par la Charte africaine des droits de l'homme notamment au regard de la nature des recours admis, la composition, la procédure et l'exécution des décisions de l'organe de recours.

Tout d'abord, en ce qui concerne la nature des recours admis, au moment où les autres instruments internationaux des droits de l'homme, plus

[17] Parmi les auteurs qui ont consacré des travaux sur la Charte africaine, on peut citer notamment :
-K. MBAYE, *Les droits de l'homme en Afrique*, 2ème édition, Paris, Pédone, 2002;
-F. OUGERGOUZ, *La Charte africaine des droits de l'homme et des peuples, une approche juridique des droits de l'homme entre tradition et modernité*, Paris, P. U. F, 1993;
-V. E. YEMET, *La Charte africaine des droits de l'homme et des peuples*, Paris, l'Harmattan, 1996;
-MUTOY MUBIALA, *Le système régional africain de protection des droits de l'homme*, Bruxelles, Bruylant, 2005.
-Pour les autres auteurs qui se sont intéressés à l'analyse de la Charte dans les premières années de son adoption, voy. R.T.D., 1990, p. 235.

particulièrement dans le cadre de la Convention européenne des droits de l'homme, reconnaissent facilement le droit d'action individuel et ne cessent de vanter les progrès que cet accès du particulier au plan international a constitué au point de vue de la subjectivité internationale de l'individu, le système africain ne s'inscrit pas véritablement dans ce contexte. Le droit de recours individuel n'est pas reconnu expressément par la Charte africaine[18] et la recevabilité de l'action individuelle est soumise à la déclaration d'acceptation des Etats. Même dans le nouveau mécanisme juridictionnel de protection des droits de l'homme et des peuples en Afrique, les particuliers n'auront pas d'accès direct à la Cour africaine avant que les Etats n'aient fait au préalable la déclaration d'acceptation de la compétence de la Cour pour recevoir les requêtes individuelles[19].

Ailleurs, l'article premier du protocole facultatif additionnel au Pacte international relatif aux droits civils et politiques, l'article 34 de la Convention européenne des droits de l'homme ainsi que l'article 44 de la Convention interaméricaine des droits de l'homme reconnaissent clairement que l'individu qui se prétend victime d'une violation des droits internationalement garantis peut saisir l'organe de contrôle prévu par chacun de ces instruments. En ce qui concerne la saisine de la Cour interaméricaine des droits de l'homme, les particuliers n'ont pas, comme dans le système africain, un accès direct à cette Cour car seuls les Etats et la Commission interaméricaine ont cette qualité[20].

Ensuite, la composition de la Commission africaine différencie également le mécanisme africain des autres organes de protection des droits de l'homme.

En effet, elle est composée de 11 membres non permanents qui siègent au rythme de deux sessions annuelles[21].

---

[18] L'article 55 de la Charte emploie les termes « autres communications », il fallut que la Commission africaine interprète ces termes pour en déduire le droit de recours individuel. L'article 5. 3 du protocole additionnel à la Charte portant création de la Cour africaine des droits de l'homme et des peuples dispose quant à lui que *La Cour peut permettre aux individus ainsi qu'aux organisations non gouvernementales dotées du statut d'observateur auprès de la Commission d'introduire des requêtes directement devant elle conformément à l'article 34(6).* L'article 34(6) de ce protocole soumet la compétence de la Cour à recevoir les communications individuelles à la déclaration d'acceptation des États. Cette déclaration d'acceptation des Etats est également reprise dans le statut de la Cour africaine de justice et des droits de l'homme.

[19] Article 8. 3 du statut de la Cour africaine de justice et des droits de l'homme.

[20] Article 61. 1 de la Convention interaméricaine des droits de l'homme.

[21] Articles 31 et 33 de la Charte africaine ainsi que l'article 11 du Règlement intérieur de la Commission africaine.

Dans le cadre américain, la Commission comme la Cour interaméricaines des droits de l'homme, composée chacune de sept membres, ne sont pas non plus des organes permanents, mais siègent au rythme de 4 sessions annuelles[22].

Dans le cadre européen, la Cour européenne se compose d'un nombre égal à celui des Etats parties et fonctionne de façon permanente[23].

De plus, la procédure suivie par la Commission africaine est différente de celles que suivent les autres organes internationaux de protection des droits de l'homme. En effet, dans le système actuel de la Charte africaine[24], la procédure d'examen des communications se déroule de la manière suivante : la première étape est l'enregistrement de la Communication par le secrétariat de la Commission africaine. Après l'enregistrement suit la décision sur la saisine. Dans ce système, la requête individuelle ne saisit pas en soi et de façon automatique la Commission africaine, celle-ci se saisit elle-même sur décision de la majorité absolue de ses membres. La Commission peut charger un ou plusieurs groupes de travail composé(s) de trois de ses membres au plus, de lui présenter des recommandations touchant les conditions de recevabilité des communications prévues à l'article 56 de la Charte africaine.

Après la saisine suit la décision sur la recevabilité suivie de l'examen du fond de la communication.

La procédure ainsi décrite tranche avec les procédures prévues dans les autres systèmes régionaux.

Dans le cadre américain, la Cour interaméricaine n'est pas composée, comme son homologue européen, en comités, sections, chambres ou même en grande chambre. Elle examine de manière presque systématique les affaires qui lui sont soumises en trois ou quatre phases, au terme desquelles elle rend un arrêt : la phase préliminaire dans laquelle elle se prononce sur la recevabilité de la pétition, l'examen au fond, la question de la réparation, et de plus en plus souvent les parties demandent à la Cour d'interpréter soit son arrêt au fond

---

[22] Articles 34 et 52 de la Convention interaméricaine des droits de l'homme.

[23] Articles 19 et 20 de la Convention européenne des droits de l'homme.

[24] Voy. les articles :

-55 de la Charte africaine;

-102 du Règlement intérieur de la Commission africaine;

-115 du Règlement intérieur de la Commission africaine.

soit une question de réparation. C'est pourquoi pour une même affaire, il peut y avoir jusqu'à quatre décisions de la Cour qui sont publiées dans la série C. La série A contient les avis consultatifs et la série E les mesures provisoires.

Dans le cadre européen, pour l'examen des affaires portées devant la Cour européenne des droits de l'homme, celle-ci siège en Comités de trois juges, en Chambres de sept juges ou en Grande Chambre de dix sept juges[25].

Enfin, une dernière particularité du système africain concerne l'exécution des décisions prises à la fin de l'examen du fond des affaires. Le libellé des décisions de la Commission africaine suscite d'abord un intérêt particulier pour le juriste habitué aux arrêts de la Cour européenne des droits de l'homme et ceux de la Cour interaméricaine des droits de l'homme. Ensuite, la Charte africaine présente sur ce point un oubli regrettable : elle n'a prévu aucun mécanisme de suivi des décisions.

Telles sont, en grandes lignes, les particularités que présente le système africain et qui seront développées dans notre étude sous l'angle de la subsidiarité procédurale. L'étude nous permettra d'épingler les défis à relever et de proposer des éléments de droit propres à améliorer les mécanismes juridiques relatifs à la protection des droits de l'homme actuellement en vigueur.

3. Approche méthodologique

D'un point de vue théorique, la subsidiarité procédurale est conçue aussi bien en amont qu'en aval. Notre étude sera menée en respectant ce schéma théorique et dans une perspective comparative. Dans cette démarche, nous prendrons appui sur les dispositions de la Charte africaine des droits de l'homme et des peuples telles qu'elles sont interprétées par la Commission africaine des droits de l'homme et des peuples pour les confronter aux contenus des autres Conventions internationales des droits de l'homme appréciés à la lumière de la jurisprudence des organes internationaux de protection des droits de l'homme.

De temps en temps, nous nous référerons également aux précédents de la jurisprudence arbitrale.

---

[25] Article 27 de la Convention européenne des droits de l'homme.

Les Conventions internationales qui nous serviront de guide sont :

- -La Convention de sauvegarde des droits de l'homme et des libertés fondamentales telle que modifiée jusqu'à ce jour après les protocoles n°s 11et 14;
- -Le Pacte international relatif aux droits civils et politiques;
- -Le premier protocole facultatif se rapportant au Pacte international relatif aux droits civils et politiques;
- -La Convention interaméricaine des droits de l'homme;
- -La Convention des Nations Unies contre la torture, les peines et traitements inhumains ou dégradants;
- -Le statut de la Cour africaine de justice et des droits de l'homme.

Les organes internationaux dont la jurisprudence nous servira de guide sont :

- -La Cour permanente de justice internationale;
- -La Cour internationale de justice;
- -Le Comité des droits de l'homme dans le cadre du Pacte international relatif aux droits civils et politique;
- -La Commission et la Cour européennes des droits de l'homme;
- -La Commission et la Cour interaméricaines des droits de l'homme.

Une telle approche comparative nous permettra en fin de compte de porter un jugement d'ensemble sur le rapport entre la subsidiarité procédurale et l'effectivité de la Charte africaine des droits de l'homme et des peuples.

C'est ce jugement qui nous permettra de proposer des pistes de solution de nature à rendre effectifs les droits et libertés garantis dans cette Charte.

4. Présentation du plan

Le souci de respecter la conception théorique de la subsidiarité procédurale nous a poussé à construire le schéma de notre étude sur ses manifestations en amont et en aval. Toutefois, étant donné que les développements relatifs à ces différentes manifestations font souvent référence au contenu de la Charte africaine et au mécanisme de contrôle institué par la même Charte qui demeurent largement inconnus dans le droit international des droits de l'homme, une bonne compréhension de cette double manifestation nous a conduit à faire certaines précisions sur le système africain des droits de l'homme dans son ensemble.

Ainsi, la **première partie** de notre étude est réservée à l'analyse des composantes du système africain des droits de l'homme et est subdivisée en ***deux chapitres***. Le ***premier*** concerne l'analyse du contenu normatif de la Charte africaine des droits de l'homme et des peuples. Le ***deuxième*** est réservé à la présentation des organes conventionnels de protection de la Charte africaine des droits de l'homme et des peuples.

Après ces développements préalables sur le système africain, l'analyse de la subsidiarité en amont est réservée à la **deuxième partie**.

Théoriquement, la subsidiarité en amont se traduit d'abord par la règle qui impose l'épuisement des voies de recours internes préalablement à l'introduction d'une requête, sous peine d'irrecevabilité de celle-ci.

Elle se traduit ensuite par l'importance de la fonction que remplit, dans tout système des droits de l'homme, le droit à un recours effectif reconnu à toute personne dont les droits et libertés ont étés violés.

Elle se traduit également par la procédure du règlement amiable des différends. La prise en compte de ces différentes manifestations nous a poussé à subdiviser cette partie en trois chapitres.

Le ***premier chapitre*** est consacré à l'étude du droit au recours dans le système de la Charte africaine des droits de l'homme et des peuples.

Le ***deuxième chapitre*** traite de la règle de l'épuisement des voies de recours internes au sens de la Charte africaine des droits de l'homme et des peuples.

Le troisième chapitre concerne la procédure de règlement amiable dans le cadre de la Charte africaine.

Après l'analyse de la subsidiarité en amont, l'étude de la subsidiarité en aval est développée dans la **troisième partie**.

Dans sa conception originelle, la subsidiarité en aval implique que l'Etat dont la responsabilité internationale a été engagée conserve le choix des moyens par lesquels il se conforme à la décision effectuant le constat de violation.

Pour mesurer l'étendue de cette liberté, ***le premier chapitre*** a été consacré à la procédure d'exécution des décisions de la Commission africaine des droits de l'homme et des peuples. Dans le ***deuxième chapitre***, on s'attardera à rendre compte de l'étendue de la liberté laissée aux États parties à la Charte dans l'exécution des décisions de la Commission africaine des droits de l'homme et des peuples.

L'étude de ces différentes questions permet ainsi de cerner la dimension procédurale de la subsidiarité dans tout système des droits de l'homme.

Dans le système africain qui nous intéresse, les développements sur les différentes manifestations nous ont poussé à consacrer la quatrième partie à l'analyse de la tension entre subsidiarité procédurale et effectivité de la Charte africaine des droits de l'homme et des peuples. Cette partie a été aussi, comme les autres, divisée en deux Chapitres. ***Le premier chapitre*** est consacré à la problématique de l'abandon, dans le cadre de la Charte africaine, de cette forme de subsidiarité. Au terme de cette réflexion, il est apparu impossible de proposer son abandon. Devant cette impossibilité, la réflexion qui a suivi, dans ***le deuxième chapitre***, est consacrée à la recherche des pistes de solution de nature à rendre effective la Charte africaine des droits de l'homme et des peuples.

PREMIERE PARTIE:

LES COMPOSANTES DU SYSTEME AFRICAIN DES DROITS DE L'HOMME

Les développements de l'étude ainsi justifiée exigent au préalable la description du système africain des droits de l'homme dans son ensemble, tant il présente certaines particularités, au regard des autres systèmes internationaux des droits de l'homme.

La première particularité concerne le contenu de la Charte africaine des droits de l'homme et des peuples. Contrairement aux autres instruments régionaux, elle présente cette singularité de combiner dans un seul et même instrument, les droits de la 1ère génération, ceux de la 2e génération ainsi que les droits de solidarité ou droits de la troisième génération.

Une autre spécificité du système africain concerne le mécanisme de protection des droits et libertés institué par la même Charte.

En effet, au titre des mesures de sauvegarde, l'article 30 de la Charte prévoyait l'instauration d'une Commission africaine des droits de l'homme et des peuples, ci-après dénommée « Commission africaine », comme le seul organe de protection. D'après les dispositions de cette Charte, cette Commission est composée d'experts indépendants élus par la Conférence des Chefs d'Etat et de Gouvernement. La spécificité de ce modèle africain se traduit ainsi par l'absence d'une Cour, contrairement aux autres organes régionaux au sein desquels coexistent une Commission et une Cour[26].

[26] Dans le cadre américain, la protection des droits de l'homme contenus dans la Convention interaméricaine des droits de l'homme est assurée depuis longtemps par une Commission et une Cour. C'était également le cas dans le système européen, avant que le protocole n° 11 additionnel à la Convention européenne ne vienne fusionner la Commission et la Cour en une juridiction unique.

Tout au long de son fonctionnement, cette Commission africaine n'a cessé d'être critiquée pour plusieurs motifs[27], au point qu'un ensemble de mesures concrètes et efficaces, notamment la restructuration du mécanisme de contrôle lui-même, sont apparues nécessaires pour augmenter son rendement et sa crédibilité.

C'est pour donner suite à cette conviction que la Conférence des Chefs d'Etat et de Gouvernement de l'O.U.A (actuelle Union Africaine), tenue à Tunis en juin 1994, a adopté une résolution[28] qui demandait au Secrétaire général de l'O.U.A. de convoquer une réunion des experts gouvernementaux, pour examiner les possibilités de renforcer l'efficacité du travail de la Commission, particulièrement la création d'une Cour africaine des droits de l'homme et des peuples.

Le protocole additionnel à la Charte portant création de cette Cour fut entériné par la Conférence des Chefs d'Etats et de Gouvernement de l'O.U.A. tenue à Ouagadougou (Burkina Faso) le 9 juin 1998. Il est entré en vigueur le 25 janvier 2004[29]. À partir de ce moment, le mécanisme de garantie de la Charte est devenu, du moins en théorie, hybride. Une année après fut décidée la fusion de la Cour africaine des droits de l'homme et des peuples et la Cour de Justice de l'Union Africaine en une juridiction unique dénommée « la Cour africaine de justice et des droits de l'homme ».

Eu égard à ces spécificités, une bonne compréhension du système africain exige d'abord de consacrer quelques développements au contenu de la Charte africaine (***premier chapitre***) et de présenter ensuite les deux organes conventionnels de protection de la Charte africaine des droits de l'homme et des peuples (***deuxième chapitre***).

---

[27] C'est notamment :
- Le caractère non permanent et le rythme des sessions;
- La surcharge du travail de la Commission;
- La confidentialité de son travail;
- Le régime linguistique de ses activités.

[28] C'est la résolution n° AHG230 (XXX), voir doc. OUA/LEG/EXP/AFC/HPR, septembre 1995.

[29] En vertu de l'article 35 § 3, le protocole est entré en vigueur 30 jours après le dépôt du 15ème instrument de ratification, ce dernier a été déposé par les Îles Comores.

CHAPITRE I:

LE CONTENU NORMATIF DE LA CHARTE AFRICAINE DES DROITS DE L'HOMME ET DES PEUPLES

De tous les instruments internationaux, universels ou régionaux, relatifs aux droits de l'homme, la Charte africaine des droits de l'homme et des peuples est le dernier en date[30]. À ce titre, elle est héritière de l'importante tradition normative qui l'a précédée. Les rédacteurs de cette Charte se sont inspirés de la Déclaration universelle des droits de l'homme, laquelle déclaration a exercé une influence déterminante sur les deux Pactes internationaux, sur la Convention européenne de sauvegarde des droits de l'homme et des libertés fondamentales, ainsi que sur la Convention interaméricaine des droits de l'homme.

La Déclaration universelle des droits de l'homme est la matrice référentielle de tous ces instruments internationaux et la Charte africaine n'a pas échappé à son emprise[31]. Sans que l'on puisse affirmer qu'il y ait une coïncidence absolue

---

[30] Sur le plan universel, la Déclaration universelle des droits de l'homme est l'instrument le plus ancien, elle a été adoptée et proclamée par l'Assemblée générale des Nations Unies dans sa Résolution 217 A (III) du 10 décembre 1948. Le Pacte international relatif aux droits civils et politiques ainsi que le Pacte international relatif aux droits économiques, sociaux et culturels ont été adoptés par l'Assemblée générale des Nations-Unies dans la Résolution 2200 A (XXI) du 16 décembre 1966. Ils sont entrés en vigueur respectivement le 23 mars 1976 et le 3 janvier 1976. Au niveau régional, la Convention européenne de sauvegarde des droits de l'homme et des libertés fondamentales fut le précurseur des autres. Elle a été ouverte à la signature à Rome le 4 novembre 1950 et est entrée en vigueur le 3 septembre 1953. La Convention interaméricaine appelée « Pacte de San José » a suivi, elle a été ouverte à la signature à San José (Costa Rica), le 22 novembre 1969 et est entrée en vigueur le 18 juillet 1978. La Charte africaine est le dernier, elle a été adoptée à la 18ème session de la Conférence des Chefs d'Etat et de Gouvernement de l'O.U.A, le 27 juin 1981, à Nairobi et est entrée en vigueur le 21 octobre 1986. Nous n'avons pas considéré la Charte arabe des droits de l'homme adoptée en 1994 pour la simple raison que cette Charte ne concerne que les pays uniquement liés par l'attachement à la religion musulmane et non dans un espace géographique déterminé.

[31] Pour un aperçu plus circonstancié de cette influence de la Déclaration universelle des droits de l'homme sur la Charte africaine, voy. notamment :

- OUGERGOUZ F., op.cit., p. 67;
- YEMET V. E., op.cit., p. 44.

entre les droits proclamés dans la Déclaration universelle et ceux énoncés dans la Charte africaine, il est impossible de nier l'influence de cette Déclaration sur la Charte africaine. Mais cela n'empêche que la Charte africaine garde, sur certains points, une originalité notable. C'est cette singularité de la Charte africaine par rapport aux autres instruments qui sera développée dans la matière consacrée à ce chapitre.

Le texte de la Charte africaine contient 68 articles, divisés en trois parties. La première énonce les droits et les devoirs, la deuxième est consacrée aux mesures de sauvegarde tandis que la troisième est réservée aux dispositions diverses. Dans notre présentation du contenu normatif de la Charte, nous aborderons la première partie de la Charte africaine, la deuxième sera développée dans le second chapitre de la première partie. La troisième partie de la Charte africaine, consacrée aux dispositions transitoires et finales, ne sera pas abordée pour la simple raison qu'elle présente très peu d'intérêt pour notre travail. Ainsi, ce chapitre sera consacré aux droits et devoirs contenus dans la Charte africaine et sera subdivisé en deux sections, l'une consacrée aux droits et l'autre aux devoirs énoncés par cet instrument.

SECTION 1: LA TYPOLOGIE DES DROITS GARANTIS

Contrairement aux autres instruments internationaux relatifs aux droits de l'homme de nature contraignante, la Charte africaine combine dans un seul instrument les droits de la première génération (droits civils et politiques), les droits de la deuxième génération (droits économiques sociaux et culturels) et ceux de la troisième génération (droits de solidarité).

§ 1. Les droits de la première génération

L'analyse des droits civils et politiques garantis dans la Charte africaine des droits de l'homme et des peuples ne dégage aucune originalité par rapport aux autres instruments juridiques internationaux classiques. Leur contenu est similaire à ceux qu'énoncent la Convention européenne des droits de l'homme, le Pacte international relatif aux droits civils et politiques ainsi que la Convention interaméricaine des droits de l'homme. La Charte africaine comprend :

A. Les droits civils

Les droits civils sont prévus aux articles 4 à 7, 12 et 14 de la Charte, dispositions destinées à protéger l'intégrité, la liberté et la sécurité de l'individu ainsi que sa propriété : le droit à la vie et à l'intégrité physique et morale (article 4), l'interdiction de toutes formes d'exploitation et d'avilissement de l'homme (article 5), le droit à la liberté et à la sécurité de l'individu (article 6), le droit à une bonne administration de la justice (article 7), le droit à la liberté de mouvement (article 12) et le droit de propriété (article 14).

B. Les droits politiques

Les droits politiques sont prévus aux articles 8, 9, 10, 11 et 13. Ils comprennent les libertés de conscience et de religion (article 8), le droit à l'information et à la liberté d'expression (article 9), le droit à la liberté d'association (article 10), la liberté de réunion (article 11), le droit de participation à la direction des affaires publiques et à l'égal accès aux fonctions, biens et services publics (article 13).

En ce qui concerne les différents droits civils et politiques ci-dessus énumérés, la Charte africaine renferme deux particularités par rapport au contenu des mêmes droits dans les autres instruments internationaux.

D'une part, la Charte africaine ne dit rien sur les possibilités de dérogation à ces droits en cas de guerre ou de danger public menaçant la vie de la nation.

Contrairement à cette Charte, l'article 15 de la Convention européenne des droits de l'homme énumère une liste des droits indérogeables et l'article 27. 2 de la Convention interaméricaine des droits de l'homme énumère une liste plus longue des mêmes droits[32].

[32] Au titre des droits non dérogeables, l'article 15 de la Convention européenne cite le droit à la vie (article 2), l'interdiction de la torture (article 3), l'interdiction de l'esclavage et de la servitude (article 4. 1) ainsi que le principe de la légalité des peines et délits (article 7). La Convention interaméricaine quant à elle énumère beaucoup de droits : droit à la reconnaissance de la personnalité juridique (article 3); droit à la vie (article 3); droit à l'intégrité de la personne (article 5); interdiction de l'esclavage et de la servitude (article 6); Principe de la légalité et de non-rétroactivité (article 9); Liberté de conscience et de religion (article 12); protection de la famille (article 17); droit au nom (article 18); droit de l'enfant (article 19); droit à une nationalité (article 20); droits politiques (article 23).

D'autre part, au moment où les autres instruments internationaux se montrent plus explicites en ce qui concerne les possibilités de limitation dans l'exercice des droits garantis[33], la Charte africaine se montre moins explicite. Elle se borne simplement à indiquer, en son article 27. 2 que : « Les droits et les libertés de chaque personne s'exercent dans le respect du droit d'autrui, de la sécurité collective, de la moralité et de l'intérêt commun ».

§ 2. Les droits de la deuxième génération

Les rédacteurs de la Charte africaine ont, contrairement à ceux de plusieurs instruments internationaux, consacré dans un seul texte à la fois les droits civils et politiques ainsi que les droits économiques, sociaux et culturels. Ils ont de plus affirmé, dans le préambule de la Charte, que ces deux catégories de droits sont indissociables[34].

Dans les autres systèmes internationaux, les deux catégories de droit sont contenues dans des instruments séparés. Ainsi, au niveau universel, les droits économiques, sociaux et culturels font l'objet du Pacte international relatif aux droits économiques, sociaux et culturels. Au niveau régional, le Conseil de l'Europe consacre à ces mêmes droits, une Convention spécifique : la Charte sociale européenne[35]. Dans le cadre de l'Organisation des Etats Américains, la Convention interaméricaine des droits de l'homme contient en son sein un seul chapitre consacré aux droits économiques, sociaux et culturels (chapitre III). Ce chapitre contient un seul article, article 26 intitulé « Développement progressif » et dispose « Les Etats parties s'engagent, tant sur le plan interne que par la coopération internationale-notamment économique et technique-à prendre des mesures visant à assurer progressivement la pleine jouissance des droits qui découlent des normes économiques et sociales et celles relatives à l'éducation, la science et la culture, énoncées dans la Charte de l'Organisation des Etats américains, réformée par le protocole de Buenos Aires, ce, dans le cadre des ressources disponibles, et par l'adoption de dispositions législatives ou par tous autres moyens appropriés ». La Convention interaméricaine des droits de l'homme ne contient aucun droit économique et social, l'énumération des droits économiques, sociaux et culturels se trouvant dans le protocole additionnel à cette Convention[36].

---

[33] Des commentaires plus détaillés sur le manque de clarté de la Charte dans le libellé de ses dispositions seront faits dans la quatrième partie de notre travail.

[34] Septième considérant du préambule de la Charte africaine.

[35] Charte sociale européenne (révisée) du 3 mai 1996, entrée en vigueur le 1er juillet 1999.

[36] Protocole additionnel sur les droits économiques, sociaux et culturels, ouvert à la signature à San Salvador (El Salvador), le 17 novembre 1988, entré en vigueur le 16 novembre 1999.

Les droits de la deuxième génération contenus dans la Charte africaine font l'objet des articles 15, 16, 17 et 18.

Ce sont le droit de travailler dans des conditions équitables et satisfaisantes (article 15), le droit à la protection de la santé (article 16), le droit à l'éducation et à la libre participation à la vie culturelle de la communauté (article 17), la protection de la famille et de certaines catégories de personnes, à savoir les femmes, les enfants, les personnes âgées ou handicapées (article 18).

Au regard du contenu des droits économiques, sociaux et culturels énoncés dans la Charte, deux observations peuvent être formulées.

Tout d'abord, la Charte africaine est loin d'être complète.

Ainsi au moment où cette dernière y réserve uniquement quatre articles, le Pacte international relatifs aux droits économiques, sociaux et culturels y consacre 12 articles, la Charte sociale européenne (révisée) y consacre 31 articles tandis que le protocole additionnel à la Convention interaméricaine des droits de l'homme en contient 13. Les dispositions des différents instruments sont même plus détaillées que celles de la Charte africaine.

Consciente de cette lacune de la Charte, la Commission africaine a adopté une déclaration[37] sur les droits économiques, sociaux et culturels qui complète sur de nombreux points de détail, ces dispositions de la Charte.

Ensuite, à l'exception de la Charte africaine, tous les autres instruments affirment le caractère programmatoire[38] des droits économiques, sociaux et culturels et les soumettent à des mécanismes de contrôle qui leur sont spécifiques[39]. Le seul droit au sujet duquel la Charte reconnaît le caractère

---

[37] Déclaration 78 ACHPR/Res. 73 (XXXVI) adoptée au cours de la 36ème session ordinaire de la Commission africaine des droits de l'homme et des peuples, tenue du 23 novembre 2003 au 7 décembre 2004 à Dakar, Sénégal.

[38] Voy. à ce sujet :
- -Article 2 du Pacte international relatif aux droits économiques, sociaux et culturels;
- -L'introduction de la première partie de la Charte sociale européenne;
- -Les articles 1 à 5 du protocole additionnel à la Convention interaméricaine des droits de l'homme sur les droits économiques, sociaux et culturels.

[39] Dans le Cadre du Pacte international relatif aux droits économiques, sociaux et culturels, voy. Partie IV, plus précisément les articles 16 à 23; dans le cadre de la Charte sociale européenne (révisée), voy. Partie IV, articles C et D; dans le cadre américain, voy. l'article 19 du protocole additionnel à la Convention sur les droits économiques sociaux et culturels.

progressif est le droit à la protection de la santé énoncé à l'article 16. 2 : « Les Etats parties à la présente Charte s'engagent à prendre les mesures nécessaires en vue de protéger la santé de leurs populations et de leur assurer l'assistance médicale en cas de maladie ». A défaut pour la Charte africaine de déclarer le caractère programmatoire des droits économiques, sociaux et culturels, elle met à charge des Etats parties l'obligation d'assurer leur jouissance immédiate.

La conséquence en est que, dans le système de la Charte, les droits de la première génération et ceux de la deuxième génération sont virtuellement soumis aux mêmes conditions de juridicité. Il suffirait pour un individu, de convaincre la Commission africaine des droits de l'homme et des peuples que l'Etat défendeur a les moyens, pour prétendre à la justiciabilité des droits économiques, sociaux et culturels, ce que la Commission africaine a affirmé dans sa jurisprudence. Dans la décision portant sur la communication 155 /96 - Social and Economic Rights Action Center, Center for Economic and Social Rights / Nigeria[40], la Commission, après avoir affirmé que les droits collectifs, environnementaux, économiques et sociaux sont des éléments essentiels des droits de l'homme en Afrique, a tenu à préciser que « (...) La Commission africaine appliquera n'importe lequel des droits contenus dans la Charte africaine. La Commission saisit cette occasion pour clarifier qu'il n'y a pas de droit dans la Charte africaine que l'on ne puisse mettre en œuvre (...) ».

L'option de la Charte africaine de soumettre les droits civils et politiques ainsi que les droits économiques, sociaux et culturels aux mêmes conditions de juridicité s'est plus tard révélée comme une illusion, comme la Commission africaine l'a reconnu dans sa Résolution sur les droits économiques, sociaux et culturels[41].

Dans cette Résolution, la Commission africaine reconnaît qu'en dépit du consensus sur l'indivisibilité des droits de l'homme, les droits économiques, sociaux et culturels restent marginalisés dans leur application. Elle a décidé de mettre sur pied un Groupe de travail composé de membres de la Commission africaine et d'organisations non gouvernementales ayant entre autres pour mandat de formuler et de proposer à la Commission africaine, un projet de principes et de lignes directrices sur les droits économiques, sociaux et

[40] Communication 155 / 96, 15ème rapport d'activités de la Commission, §. 68.
[41] Résolution 78 ACHPR/Res. 73 (XXXVI) précitée adoptée au cours de la 36ème session ordinaire de la Commission africaine, tenue du 23 novembre au 7 décembre 2004 à Dakar, au Sénégal.

culturels; d'élaborer un projet révisé de lignes directrices relatives aux droits économiques, sociaux et culturels, pour la rédaction des rapports des Etats; d'entreprendre sous la supervision de la Commission africaine, des études et recherches sur les droits économiques, sociaux et culturels.

§ 3. Les droits de la troisième génération

Une autre spécificité de la Charte africaine, au regard des autres instruments juridiques de même nature et ayant le même objet, consiste en ceci que cette Charte affirme, en plus des droits de la première et de la deuxième générations, les droits de la troisième génération appelés aussi, droits de solidarité ou droits des peuples[42]. Cette singularité de la Charte exige d'abord de s'interroger sur la consistance des droits des peuples contenus dans cette Charte avant de s'interroger ensuite sur ce que recouvre la notion de peuple au sens de la même Charte.

A. Les droits des peuples garantis par la Charte africaine

La Charte africaine consacre au total six dispositions aux droits des peuples. L'article 19 énonce l'égalité des peuples; l'article 20 est consacré au droit des peuples à l'existence et à l'autodétermination; l'article 21 concerne le droit des peuples à la libre disposition de leurs richesses et ressources naturelles; l'article 22 affirme le droit au développement ainsi que le droit au patrimoine commun de l'humanité; l'article 23 vise le droit à la paix et à la sécurité ; enfin, l'article 24 reconnaît le droit à un environnement satisfaisant.

Le droit au développement a été affirmé par la Charte bien avant la Déclaration des Nations Unies sur le droit au développement de 1986[43]. La Charte africaine est ainsi le premier instrument contraignant à conférer au droit au développement, au droit à la paix et au droit à l'environnement, une consécration en droit international.

La plupart de ces dispositions se réfèrent à l'idée de décolonisation largement répandue dans les pays du tiers-monde dès les années 1950, notamment lors

[42] D'après K. Mbaye, l'un des rédacteurs de la Charte africaine, les droits des peuples ont été intégrés dans cette Charte sur l'insistance de deux pays africains du groupe dit progressiste, en l'occurrence la Guinée et le Madagascar. Pour plus de précisions, voy. Mbaye K., op.cit., p. 172. C'est également l'influence des deux Pactes internationaux des droits de l'homme.

[43] Résolution 41/128 de l'Assemblée générale des Nations Unies du 4 décembre 1986.

de la Conférence de Bandung[44], ce qui fait que ces dispositions se basent sur différentes résolutions déjà adoptées dans le cadre des Nations Unies.

Ainsi, les articles 19 et 20 de la Charte sont directement inspirés par la Résolution 1514 (XV), Déclaration sur l'octroi de l'indépendance aux pays et aux peuples coloniaux[45]. Les articles 20 et 21 sont inspirés aussi bien par le préambule de la Résolution 1514 (XV) que le dispositif de la Résolution 1803 (XVIII), Déclaration sur la souveraineté permanente des Etats sur leurs ressources naturelles[46]. L'article 23 s'inspire du principe 1 de la Résolution 2625 (XXV) portant Déclaration sur les principes du droit international touchant les relations amicales et la coopération entre les Etats[47] conformément à la Charte des Nations Unies.

Signalons, avant de terminer cette matière, que sans être aussi complet que la Charte africaine, l'article premier commun aux deux Pactes internationaux de 1966, énonce certains droits reconnus aux peuples.

Cette disposition indique, en ses points 1 et 2 :

1. « Tous les peuples ont le droit de disposer d'eux-mêmes. En vertu de ce droit, ils déterminent librement leur statut politique et assurent librement leur développement économique, social et culturel.
2. Pour atteindre leurs fins, tous les peuples peuvent disposer librement de leurs richesses et de leurs ressources naturelles, sans préjudice des obligations qui découlent de la coopération économique internationale, fondée sur le principe de l'intérêt mutuel, et du droit international. En aucun cas, un peuple ne pourra être privé de ses moyens de subsistance ».

B. La notion de peuple au sens de la Charte africaine

L'affirmation par la Charte des droits des peuples rend indispensable la détermination des bénéficiaires de tels droits. La Charte africaine n'indique

---

[44] Cette Conférence fut une étape décisive dans la lutte pour l'émancipation et l'autodétermination des peuples colonisés et a marqué le début des vagues successives de décolonisation, principalement en Asie et en Afrique.

[45] Cette Résolution a été adoptée par l'Assemblée générale de l'ONU le 14 décembre 1960.

[46] Cette résolution a été adoptée par l'Assemblée générale de l'ONU le 14 décembre 1962.

[47] Cette Résolution a été adoptée par l'Assemblée générale de l'ONU le 24 octobre 1970.

nulle part ce que recouvre la notion de peuple mais la Commission africaine y fait allusion aussi bien dans sa jurisprudence que dans ses résolutions.

La doctrine[48], au premier chef africaine, a relevé la position de la Commission africaine à ce sujet qui sera développée dans les lignes suivantes.

1. Les thèses en présence

Dans le discours officiel et populaire africain, le concept de peuple est utilisé pour désigner principalement trois réalités.

Tout d'abord, la notion de « peuple » s'impose dans le langage courant lorsqu'il s'agit d'identifier les populations africaines par rapport aux populations des autres continents (Amérique, Europe, Asie, Océanie). C'est dans ce sens que l'on parle de « peuple africain ». Une telle approche met l'accent sur la dimension régionale du concept de peuple.

Ensuite, les dirigeants et les populations d'un pays se réfèrent souvent à la terminologie « peuple » pour désigner les populations des autres pays africains et étrangers. C'est dans ce sens que l'on parle de peuple égyptien, congolais, etc.

Cette conception est largement utilisée dans la plupart des Constitutions des Etats africains sous la formule consacrée : « Nous, peuple de (tel pays), ... ».

C'est la dimension nationale du concept qui a prévalu dans le cadre de la décolonisation et dans celui de l'affirmation de l'Etat postcolonial.

---

[48] Parmi les auteurs africains qui se sont exprimés à ce sujet, nous ferons plus particulièrement référence à :

- OUGUERGOUZ, F., *The African Charter of Human and People' Rights. A comprehensive Agenda for Human Dignity and Sustainable Democracy in Africa*, Leiden/Boston, Martims Nijhoof/BRILL, 2003, pp. 249-263.
- MURRAY, R. et WHEATLEY, S., *Groups and the African Charter on Human and People' Rights*, Human Rights Quarterly, vol. 25, 2003, pp. 233-23.
- GODINEC, P-F., « Conflits internes et question nationale en Afrique: le droit à l'autodétermination interne », R. A. D. I. C., vol. 9, 1977, pp. 543-572;
- ABIE, M. O., *Droits des peuples dans la Charte africaine des droits de l'homme et des peuples : Quelle réalité dans le contexte africain* ? in : Société africaine de droit international et comparé, Actes du dixième congrès annuel (Addis-Abeba, 3-5 août 1996), Glasgow, Bell and Bain Ltd, p. 236.

Enfin, dans le cadre national ou interne des Etats africains, plusieurs communautés ont eu recours à la dénomination de « peuple » pour marquer leur différence avec les autres composantes de la population du pays.

Telles sont les approches du concept de peuple et il faut déterminer alors celle qui a été retenue par la Commission africaine des droits de l'homme et des peuples.

2. L'approche adoptée par la Commission africaine

a) Dans ses résolutions

Il ressort des résolutions que la Commission africaine a adoptées sur la notion de peuple qu'elle privilégie la double dimension étatique et infra-étatique de ce concept.

En effet, la Commission africaine a longtemps refusé d'aborder la question du statut des populations autochtones et des minorités, s'alignant ainsi sur la thèse des Etats qui soutiennent que toute leur population constitue une population à part entière et qu'il n'y a pas lieu ou besoin d'accorder un statut spécial à l'une ou l'autre des composantes du pays.

À la demande de l'O.U.A, la Commission africaine a pris une résolution[49] dans laquelle elle décide de créer un groupe de travail sur les peuples et communautés autochtones, chargé d'examiner le concept de peuple et communautés indigènes en Afrique et d'étudier les implications de la Charte africaine ainsi que du bien-être des communautés indigènes, notamment en ce qui concerne les droits inscrits aux articles 2, 3, 5, 19, 20 et 22 de la Charte.

La Commission africaine a dans la suite adopté le rapport de ce groupe de travail dans une Résolution[50] adoptée au cours de la 34e session ordinaire tenue à Banjul, Gambie du 6 au 20 novembre 2003. Dans ce rapport, le Groupe de travail a d'une part, reconnu l'existence des peuples autochtones en Afrique et d'autre part, établi que les articles 19 à 24 de la Charte leur étaient applicables.

---

[49] ACHPR/Res. 47 (XXVIII)00 : Résolution sur les droits des peuples et communautés indigènes en Afrique, adoptée au cours de la 28ème session ordinaire à Cotonou, Bénin, du 23 octobre au 6 novembre 2000.

[50] ACHPR/Res. 65 (XXXIV) 03 : Résolution sur l'adoption du groupe de travail de la Commission africaine sur les populations/ communautés indigènes.

b) Dans sa jurisprudence

A l'analyse des décisions de la Commission africaine sur les communications relatives à la matière sous analyse, force est de constater que la Commission adopte la double approche étatique et infra-étatique avec une tendance à privilégier les aspects économique, social et culturel des droits des peuples au détriment de leur dimension politique. Dans ses décisions, la Commission africaine respecte d'une part le principe de l'intangibilité des frontières héritées de la colonisation « *uti possidetis juris* »[51] du droit latino-américain. D'autre part, elle reconnaît des droits économiques, sociaux et culturels au profit de certaines communautés.

Ainsi, dans la communication « Congrès du peuple katangais » contre République du Zaïre[52], actuellement République Démocratique du Congo, les plaignants demandaient à la Commission africaine de condamner l'Etat défendeur pour avoir violé leur droit à l'autodétermination garanti par l'article 20§ 1er de la Charte. La Commission africaine a rejeté la demande dans le cas d'espèce, mais elle a toutefois estimé que, dans le cadre de la Charte, le droit des peuples à l'autodétermination pouvait s'exercer de plusieurs manières par l'indépendance, l'autonomie ou le fédéralisme. L'exercice de ce droit devrait être subordonné au respect de la souveraineté et de l'intégrité des Etats.

De même, dans le rapport de la mission de bons offices qu'elle a effectuée au Sénégal en 1996, la Commission, tout en reconnaissant la réalité des frustrations des populations locales, a rejeté le bien fondé de leur revendication d'indépendance, aux motifs que celle-ci n'irait pas seulement à l'encontre de l'intégrité du territoire du pays mais ouvrirait la voie à la séparation d'autres entités que celui-ci.

De plus, dans les communications groupées 51/91, 61/91, 98/93, 164/97 et 210/98 introduites par des ONG au nom et pour le compte des personnes appartenant à la communauté négro-mauritanienne contre la Mauritanie, la Commission africaine a, dans sa décision, fait expressément référence à la

---

[51] Expression romaine signifiant « selon que vous possédez ». Cette expression a été utilisée pour caractériser le principe proclamé par les Républiques hispano-américaines, suivant lequel les limites des Etats nouvellement constitués seraient les frontières des colonies espagnoles auxquelles se substituaient ces Etats. Ce principe a été repris par les Etats membres de l'O.U.A.

[52] Communication n° 75/92 (1995)- Congrès du Peuple Katangais c. Zaïre, 8ème rapport d'activités de la Commission.

Déclaration des droits des personnes appartenant aux minorités nationales ou ethniques, religieuses ou linguistiques adoptée par l'Assemblée générale des Nations Unies en 1992. Elle a interprété l'article 2 de la Charte (droit à l'égalité et à la non-discrimination) dans une perspective intercommunautaire, reconnaissant implicitement l'existence des droits du peuple négro-mauritanien distincts des autres composantes ethniques ou linguistiques de Mauritanie.

Enfin, dans la décision portant sur les communications groupées *Social and Economic Rights Action Center et Centre for Economic and Social Rights*[53] *contre Nigeria* concernant la violation des droits économiques, sociaux et culturels des populations Ogonis du Delta du Niger, la Commission a conclu à la violation du droit des peuples à disposer de leurs ressources naturelles, dans sa dimension infra étatique.

SECTION 2 : LES DEVOIRS DE L'HOMME

Une autre originalité de la Charte africaine des droits de l'homme et des peuples est que, corrélativement à ces droits ci-dessus énoncés, elle énonce des devoirs pour les individus. Les devoirs consacrés par la Charte africaine se répartissent en deux grandes catégories :

- Les devoirs généraux qui ne prescrivent à l'individu aucune obligation particulière envers des entités précises (article 27, article 28 et article 29. 7.).
- Les devoirs spéciaux envers des entités déterminées : la famille et les parents (article 29. 1.), la société (article 29. 4, 6 et 7), l'Etat et les autres collectivités légalement reconnues (article 29. 2, 3 et 5), la communauté internationale (article 29. 8.).

D'autres textes universels ou régionaux, antérieurs à la Charte africaine des droits de l'homme et des peuples, assignent des devoirs aux individus mais dans une optique différente.

Ainsi, au niveau universel l'article 29. 1° de la Déclaration universelle des droits de l'homme prévoit que « L'individu a des devoirs envers la communauté dans laquelle le libre et plein développement de sa personnalité est possible ».

[53] Communication 155/96 *Social and Economic Rights Action Centre, Centre for Economic and Social Rights c. Nigeria*, 15ème rapport d'activités, §§ 55 56.

De même, le mot « devoir » apparaît à l'article 19, 3 ° du Pacte international relatif aux droits civils et politiques consacrant la liberté d'expression qui déclare en substance que « L'exercice des libertés prévues au paragraphe 2 du présent article comporte des devoirs spéciaux et des responsabilités spéciales... » et dans le 5e considérant du préambule « le fait que l'individu a des devoirs envers autrui et envers la collectivité à laquelle il appartient et est tenu de s'efforcer de promouvoir et de respecter les droits reconnus dans le présent Pacte ».

Au niveau régional, la Convention interaméricaine des droits de l'homme contient un chapitre consacré aux devoirs des personnes. L'article 32 de cette Convention, qui constitue la seule disposition de ce chapitre, dispose

> « 1. Toute personne a des devoirs envers la famille, la communauté et l'humanité.
> 2. Les droits de chaque personne sont limités par les droits d'autrui, par la sécurité de tous et par les justes exigences du bien commun, dans une société démocratique ».

Dans le cadre du Conseil de l'Europe, cette notion de devoir apparaît uniquement à l'article 10. 2 de la Convention européenne des droits de l'homme qui indique que « l'exercice de la liberté d'expression comporte des devoirs et responsabilités... ».

Le concept devoir dans la Convention européenne des droits de l'homme et dans le Pacte international relatif aux droits civils et politiques n'est envisagé que comme corollaire des droits subjectifs garantis par ces instruments et donc dans une optique individualiste plutôt que communautaire.

La différence entre ces textes et le texte africain est évidente : l'individu est envisagé dans ses rapports avec les groupes sociaux dont il fait partie : la famille, la cité, la communauté nationale ou internationale.

C'est donc dans une optique collective que la Charte africaine énonce ces devoirs car dans la société africaine traditionnelle, il n'y a pas d'opposition entre droits et devoirs de l'individu ou entre individu et communauté, les uns et les autres s'imbriquent. Dans cette approche, la Charte africaine est suivie partiellement par la Convention interaméricaine des droits de l'homme.

CONCLUSION DU CHAPITRE

Une approche comparée du contenu des différents instruments internationaux ou régionaux des droits de l'homme aboutit à cette constatation que la Charte africaine des droits de l'homme et des peuples présente une originalité notable : elle combine en son sein les droits de la première, de la deuxième et de la troisième générations ainsi que les devoirs de la personne humaine.

Cette originalité de la Charte a pour corollaire tantôt une relative pauvreté dans l'énoncé des droits de la première et de la deuxième générations, tantôt une plus value dans la détermination des droits de la troisième génération et des devoirs de l'homme.

Le catalogue des droits civils et politiques que contient la Charte africaine ressemble à celui des autres instruments internationaux des droits de l'homme mais il souffre de certaines insuffisances. La Charte africaine ne distingue pas, parmi les droits qu'elle énonce, les droits fondamentaux ou noyau dur des droits qui ne sont pas susceptibles de dérogation, elle ne définit pas les droits qu'elle consacre et n'indique généralement pas les conditions de limitation dans l'exercice de ces droits. Une telle absence de qualification des limitations dans l'exercice des droits donne aux Etats parties beaucoup de possibilités d' y admettre des restrictions, même pour les droits considérés comme intangibles ou absolus dans les autres systèmes juridiques.

Le contenu de la Charte au regard des droits de la deuxième génération est très lacunaire, l'énumération des droits économiques, sociaux et culturels est en deçà de celle que font les autres instruments des droits de l'homme qui ont pris le soin, non seulement d'y consacrer une Convention spécifique mais aussi de les soumettre à des mécanismes de sauvegarde différents des mécanismes destinés à protéger les droits civils et politiques. La Commission africaine n'a pas su développer des mécanismes adéquats pour la juridicité des droits de la deuxième génération.

En revanche, contrairement à ces deux premières catégories de droits, la Charte africaine s'est montrée plus explicite dans l'énoncé des droits de la troisième génération et les devoirs de l'homme. En ce qui concerne les droits de la troisième génération appelés aussi droits de solidarité ou droits des peuples, la Charte africaine est plus explicite et même pour certains droits, tels que le droit au développement, le droit à l'environnement, elle innove dans la mesure où elle constitue le premier instrument juridiquement contraignant qui les affirme.

Du reste, la pratique de la Commission a permis d'identifier le bénéficiaire de ces droits, dans sa double dimension étatique et infra-étatique.
Enfin, les devoirs de l'homme ont été définis par la Charte en suivant une approche communautaire et non dans l'optique individualiste privilégiée par les autres instruments internationaux des droits de l'homme.

CHAPITRE II:

LES ORGANES CONVENTIONNELS DE PROTECTION DE LA CHARTE AFRICAINE DES DROITS DE L'HOMME ET DES PEUPLES

Au titre des mesures de sauvegarde des droits et libertés contenus dans la Charte africaine, il a été initialement prévu un organe quasi juridictionnel, la Commission africaine des droits de l'homme et des peuples. Les articles 30 à 62 de cette Charte déterminent la composition de cette Commission, ses compétences et procédures. À la lecture de ces dispositions, il apparaît que l'efficacité de ce mécanisme ne peut pas être supposée a priori, ce qui a poussé à imaginer plus tard un mécanisme juridictionnel.

Ce chapitre sera consacré à la présentation de ces deux mécanismes, l'un quasi-juridictionnel, la Commission africaine des droits de l'homme et des peuples (1ère section), et l'autre juridictionnel, la Cour africaine de justice et des droits de l'homme (2e Section).

SECTION 1 : LA COMMISSION AFRICAINE DES DROITS DE L'HOMME ET DES PEUPLES

§ 1. La physionomie de la Commission

A. Une Commission non permanente

La Commission africaine des droits de l'homme et des peuples, n'est pas un organe permanent. Elle siège en sessions ordinaires et en sessions extraordinaires.

La Commission tient normalement deux sessions ordinaires par an, d'une durée d'environ deux semaines chacune. En somme, la Commission africaine ne dispose que de trente jours par an pour s'acquitter de son mandat de promotion et de protection des droits de l'homme et des peuples.

Les sessions ordinaires de la Commission sont convoquées à une date fixée par la Commission elle-même, sur proposition de son Président et en consultation avec le Secrétaire général de l'Organisation de l'Unité Africaine (O.U.A.) actuelle « Union Africaine », qui peut même dans les circonstances exceptionnelles, modifier la date d'ouverture d'une session, en consultation avec le Président de la Commission[54]. Depuis sa création jusqu'à la fin de l'année 2007, la Commission a déjà tenu 42 sessions ordinaires[55], la durée de la session variant entre huit et quatorze jours selon la situation financière de l'O.U.A.

La Commission tient des sessions extraordinaires chaque fois que les circonstances et l'intérêt des questions l'exigent.

Il est également permis au Président de convoquer ces sessions extraordinaires en consultation avec les membres de la Commission ou sur la demande de la majorité de ceux-ci ou sur celle du Président en exercice de l'Union Africaine. Depuis sa création jusqu'en 2008, la Commission africaine des droits de l'homme et des peuples n'a tenu que cinq sessions extraordinaires[56].

Toutes les sessions se tiennent normalement au siège de la Commission, c'est-à-dire à Banjul, capitale de la République de Gambie.

Le Règlement intérieur de la Commission permet cependant à la Commission de tenir des sessions ailleurs, c'est-à-dire dans d'autres villes que Banjul[57].

Aucune session ne peut être convoquée sans un ordre du jour déterminé, établi par le Secrétaire de la Commission, en consultation avec le Président et

[54] Article 2 du Règlement intérieur de la Commission africaine des droits de l'homme et des peuples.
[55] Source : Les communiqués finaux établis à la fin de chaque session de la Commission africaine. Ces communiqués finaux peuvent être consultés sur le site de la Commission africaine : www. achpr. Org.
[56] Source : site de la Commission : www. achpr. org
[57] Article 4 du Règlement intérieur de la Commission africaine. Les endroits où se sont tenues les sessions sont indiqués sur le site de la Commission africaine.

communiqué avant la tenue de la session à tous les membres de la Commission. Celui-ci est soumis aux membres de la Commission au moins six semaines (sessions ordinaires) ou au moins quatre semaines (sessions extraordinaires) avant la tenue de la session en cause.

En principe, l'ordre du jour comporte les points sur les communications à traiter ainsi que toutes les questions prévues par le Règlement intérieur ou proposées, soit par la Commission elle-même lors de sa précédente session, soit par le Président ou un autre membre en intersession, soit par un Etat partie à la Charte, soit par la Conférence des chefs d'Etat et de Gouvernement de l'Union Africaine, soit par le Secrétaire général de l'Union Africaine, soit encore par un mouvement de libération nationale, une organisation non gouvernementale reconnue par l'Union Africaine ou une institution spécialisée dont sont membres les Etats parties à la Charte[58].

B. La composition de la Commission

Aux termes des articles 31 et 33 de la Charte, complétés par l'article 11 du Règlement intérieur, la Commission africaine se compose de onze membres, appelés commissaires. Cette composition semble restreinte si on la compare aux autres organes de protection des droits de l'homme. Ainsi dans le cadre européen, la Cour européenne des droits de l'homme comprend un membre par Etat partie; dans le cadre américain, la Commission interaméricaine des droits de l'homme compte sept membres[59] mais elle est complétée par la Cour interaméricaine qui compte elle aussi sept juges[60]. Dans le cadre du Pacte international relatif aux droits civils et politiques, le Comité des droits de l'homme compte 18 membres[61].

Afin de permettre à la Commission de s'acquitter convenablement de sa mission, les membres de la Commission[62] ont proposé que le nombre des commissaires soit augmenté de 11 à 15-18.

---

[58] Article 63 du Règlement intérieur de la Commission africaine.
[59] Article 34 de la Convention interaméricaine des droits de l'homme.
[60] Article 52 de la Convention interaméricaine des droits de l'homme.
[61] Article 28 du Pacte international relatif aux droits civils et politiques.
[62] Rapport de la réunion de réflexion de la Commission africaine des droits de l'homme et des peuples, 9-10 mai 2006, Corinthia Atlantic Hotel, Banjul, Gambie.

Les membres de la Commission africaine siègent à titre personnel, c'est-à-dire qu'ils ne peuvent pas se faire représenter lors des sessions de la Commission[63] et doivent personnellement assister à toutes les sessions de la Commission.

Ils siègent également à titre individuel[64], c'est-à-dire qu'ils ne représentent pas leurs Etats au sein de la Commission.

C. Le régime linguistique de la Commission

Qu'il s'agisse de la plénière de la Commission ou des réunions de ses organes subsidiaires, les langues de travail sont celles de l'Organisation de l'Unité Africaine[65], c'est-à-dire l'Anglais, l'Arabe et le Français et si possible les langues africaines[66].

Dans la pratique, ce sont surtout l'Anglais, le Français et le Portugais.

L'article 35 du Règlement intérieur de la Commission africaine énonce que les personnes qui prennent la parole devant la Commission dans une langue autre que ces langues de travail doivent en assurer l'interprétation.

De même, les comptes-rendus analytiques des séances ainsi que toutes les décisions et documents de caractère officiel sont rédigés dans les langues de travail.

Pour assurer une meilleure connaissance, partant une meilleure diffusion de la jurisprudence de la Commission et afin d'éviter que cette jurisprudence ne soit connue que par un cercle privilégié d'initiés, ces dispositions méritent d'être revues.

En effet, si aucun problème ne semble se poser en ce qui concerne les communications interétatiques, tous les Etats étant en mesure de se procurer un traducteur, il en est autrement pour les communications individuelles. Que se passerait-il si un individu ayant introduit une communication devant la

[63] Article 12. 2. du Règlement intérieur de la Commission africaine.
[64] Article 12. 2. du Règlement intérieur de la Commission africaine.
[65] Articles 34 et 37 du Règlement intérieur de la Conférence des Chefs d'Etat et de Gouvernement.
[66] Article 8 du Règlement intérieur de la Conférence des Chefs d'Etat et de Gouvernement et article 10 du Règlement du Conseil des Ministres de l'O.U.A.

Commission, appelé à prendre la parole devant elle, ne s'exprime pas dans une des langues officielles et ne dispose pas des moyens de se payer les services d'un interprète ? Ne se trouvera-t-il pas en situation d'inégalité devant la justice par rapport à l'Etat mis en cause qui dispose forcément de plus de moyens pour s'offrir les mêmes services ?

Le cas d'espèce n'illustre-t-il pas une négation de l'une des garanties du droit à un procès équitable, reconnue dans les autres systèmes de protection des droits de l'homme[67]?

C'est une question très importante pour l'effectivité de la promotion et de la protection des droits de l'homme et des peuples dans le système africain où les langues de travail de la Commission ne sont pas les plus parlées.
Lors des procédures des communications individuelles, il serait ainsi préférable, pour respecter le droit du requérant à un procès équitable, de rendre obligatoires la traduction et l'interprétariat dans les cas où le requérant ne parle pas une des langues de travail de la Commission.

§2 : *Les procédures et compétences de la Commission africaine des droits de l'homme et des peuples*

Avant de déterminer la véritable nature juridique de la Commission africaine des droits de l'homme et des peuples, il est essentiel de préciser certaines notions. Ainsi après l'analyse des compétences de cette Commission (A), nous allons décrire la procédure d'examen des communications reçues par la Commission (B).

A. Les compétences de la Commission

Les articles 45 à 49 de la Charte africaine des droits de l'homme et des peuples, complétés utilement par quelques dispositions du Règlement intérieur de la

---

[67] La Convention européenne des droits de l'homme considère cette condition comme une obligation en vue d'assurer le déroulement du procès équitable. L'article 6. §. 3. e. de cette Convention dispose à cet effet que « Tout accusé a droit notamment à se faire assister gratuitement d'un interprète, s'il ne comprend pas ou ne parle pas la langue employée à l'audience ». De même, la Cour européenne des droits de l'homme, dans sa jurisprudence l'a affirmé sans cesse notamment dans l'affaire suivante : Cour eur.dr.h., arrêt *Luedicke, Belkacem et Koç c. Allemagne*,28 novembre 1978, §§ 38 - 43 « la garantie de l'article 6. §, 3. e. ne se limite pas à l'interprétation à l'audience, mais s'étend à la traduction ou à l'interprétation de tous les actes de la procédure engagée contre l'accusé qu'il lui faut comprendre pour bénéficier d'un procès équitable » ;

Commission déterminent les compétences réservées à cet organe.

Aux termes de l'article 45 de cette Charte, « la Commission a pour mission de :

1. Promouvoir les droits de l'homme et des peuples, et notamment :

   a. Rassembler de la documentation, faire des études et des recherches sur les problèmes africains dans le domaine des droits de l'homme et des peuples, organiser des séminaires, des colloques et des conférences, diffuser des informations, encourager les organismes nationaux et locaux s'occupant des droits de l'homme et des peuples et, le cas échéant, donner des avis ou faire des recommandations aux gouvernements;
   b. Formuler et élaborer, en vue de servir de base à l'adoption des textes législatifs par les gouvernements africains, des principes et des règles qui permettent de résoudre les problèmes juridiques relatifs à la jouissance des droits de l'homme et des peuples et des libertés fondamentales;
   c. Coopérer avec les autres institutions africaines et internationales qui s'intéressent à la promotion et à la protection des droits de l'homme et des peuples[68];

2. Assurer la protection des droits de l'homme et des peuples dans les conditions fixées par la présente Charte;

3. Interpréter toute disposition de la présente Charte à la demande d'un État partie, d'une institution de l'Organisation de l'Unité Africaine ou d'une organisation africaine reconnue par l'Union Africaine.

4. Exécuter toutes autres tâches qui lui seront éventuellement confiées par la Conférence des chefs d'Etat et de Gouvernement ».

Il ressort de cette disposition Conventionnelle que la Commission africaine dispose de quatre compétences majeures mais la question qu'on n'a cessé

[68] C'est dans l'exercice de cette mission de promotion des droits de l'homme que la Commission africaine a manifesté beaucoup d'enthousiasme. Elle a crée une structure des rapporteurs spéciaux, chargés de travailler sur des thèmes aussi différents que les prisons et autres lieux de détention, les exécutions extrajudiciaires, arbitraires et sommaires, les droits de la femme, la liberté d'expression, etc.

de se poser et sur laquelle il convient de revenir est de savoir comment une Commission non permanente peut remplir toutes ces missions.

Qui plus est, la formulation utilisée au sujet de la quatrième compétence corrobore cette crainte car elle montre que l'énumération des compétences de la Commission n'est pas limitative (voir les formules « toutes autres tâches qui lui seront éventuellement confiées »).

B. Les procédures applicables devant la Commission

Pour remplir sa mission de protection des droits de l'homme et des peuples, la Commission africaine applique un certain nombre de procédures qui se distinguent selon qu'elle se trouve devant des communications soit étatiques, soit individuelles.

Entre les deux procédures, seule sera décrite la procédure relative aux communications individuelles parce que c'est elle qui présente un rapport avec l'objet de notre recherche. Dans la même perspective, seule sera indiquée les conditions de recevabilités de ces requêtes.

L'article 56 de la Charte, appuyé par l'article 104 du Règlement intérieur, définit comme suit les conditions de recevabilité applicables aux communications individuelles:

1° La communication doit indiquer l'identité de son auteur (nom, adresse, âge, profession) même si celui-ci demande l'anonymat.

Si le requérant demande l'anonymat, la requête sera enregistrée sous une forme anonyme, c'est-à-dire par exemple, en utilisant les lettres de l'alphabet, mais le requérant doit être laisser son identité au secrétariat de la Commission pour des raisons de correspondance, notamment pour être informé des dates du procès, des mesures prises, etc.

L'auteur ne doit pas expliquer les raisons de garder l'anonymat[69].

---

[69] A l'exception d'un seul, aucun des auteurs des communications soumises à la Commission jusqu'ici n'a demandé l'anonymat, source : Procédure d'examen des communications, fiche d'information n°3.

Une communication ne comportant pas le nom et l'adresse de son auteur n'est pas examinée. Dans sa jurisprudence, la Commission a apporté deux précisions importantes à propos de cette condition. Ainsi, dans le cadre de l'examen groupé de plusieurs communications concernant la violation des droits de l'homme en Mauritanie présentées par plusieurs organisations non gouvernementales, la Commission a précisé que si les auteurs des communications doivent indiquer leur identité, ils ne doivent pas être nécessairement les victimes ou les membres de leurs familles.

Cette solution est la conséquence de la prise en compte du fait que les voies de recours nationales ou internationales peuvent ne pas être accessibles ou dangereuses à utiliser pour les victimes ou leurs proches. La Commission a rappelé que « dans une situation de violations graves et massives des droits de l'homme, il peut être impossible de donner la liste nominative de toutes les victimes[70]».

C'est pourquoi l'article 56, alinéa 1er de la Charte demande uniquement que les noms des auteurs des communications soient indiqués mais ne réclame pas ceux de toutes les victimes des violations alléguées.

Dans le même sens, la Commission africaine a précisé que l'exigence de la qualité à exercer la saisine, *locus standi*, n'est pas restrictive au point d'impliquer que seules les victimes peuvent saisir la Commission. Elle a déclaré que « tout ce que l'article 56(1) exige, c'est la divulgation de l'identité de l'auteur de la communication, indépendamment du fait qu'il soit victime réelle de la violation alléguée. Cette exigence est suffisamment large pour autoriser des observations émanant non seulement des individus concernés mais aussi d'autres individus ou organisations pouvant être des victimes et saisir la Commission pour une violation des droits de l'homme»[71].

[70] Décisions portant sur les communications 54/91 *Malawi African Association contre Mauritanie*, communication 61/91 *Amnesty International contre Mauritanie* ; communication 68/93 *Mme Sarr Diop Union Interafricaine des droits de l'homme et RADDHO contre Mauritanie*; communications 164/97 à196/97 *Collectif des veuves et ayants droits contre Mauritanie*; communication 210/98 *Association mauritanienne des droits de l'homme contre Mauritanie.*

[71] Décision rendue sur la communication 260/02 – *Bakweri Land Claims Committee c. Cameroun*, 17ème rapport d'activités, § 46.

2° La communication individuelle, doit, en outre, être compatible avec la Charte de l'Organisation de l'Unité Africaine ou de la Charte africaine des droits de l'homme et des peuples[72].

Si la compatibilité avec la Charte africaine des droits de l'homme et des peuples est habituellement interprétée comme l'indication précise des dispositions de la Charte prétendument violées, il est par contre incompréhensible d'exiger la compatibilité de la requête individuelle avec la Charte de l'Organisation de l'Unité africaine dans la mesure où la communication individuelle est introduite, non pas en vertu de cette dernière Charte, mais en vertu de la Charte africaine des droits de l'homme et des peuples.

3° La communication individuelle ne doit pas en outre contenir des termes « outrageants ou insultants à l'égard de l'Etat mis en cause, de ses institutions ou de l'O.U.A. »

Cette condition signifie que l'auteur doit indiquer les éléments de son dossier sans insulter quiconque. Le langage insultant rend une communication irrecevable, indépendamment de la gravité de la plainte.

Etant donné les multiples interprétations qu'on peut faire au sujet de cette disposition, il est permis d'affirmer que cette condition, dangereuse par sa formulation, nuit à la recevabilité des requêtes individuelles.

La décision d'irrecevabilité de la Commission africaine sur la communication n° 65/92 au motif que les requérants avaient utilisé, dans leur requête, les expressions « régime de torture » et de « gouvernement de barbarisme »[73] montre à quel point le maniement de cette disposition peut conduire à des dérives.

4° La communication ne doit pas non plus se limiter à rassembler des nouvelles diffusées par des moyens de communication de masse (presse, radio, télévisions, etc.).

---

[72] Voir les décisions portant sur les communications 57/91 et 1/88 où l'incapacité de révéler à première vue des violations rend la communication irrecevable.

[73] Commission africaine des droits de l'homme, fiche d'information n°3, procédure d'examen des communications, Organisation de l'Unité Africaine, Banjul, 1998, p. 5

L'auteur doit être capable de mener les enquêtes et d'établir la véracité des faits avant de demander l'intervention de la Commission. Dans l'affaire Sir Dawda K. Jawara contre Gambie, introduite par l'ancien Chef de l'Etat de la Gambie renversé en juillet 1994 concernant les exactions prétendument commises par la junte militaire ayant pris le pouvoir, la Commission a tenu à préciser le sens de cette condition. Dans cette communication, le Gouvernement soutenait que la communication devrait être déclarée irrecevable car fondée exclusivement sur des nouvelles diffusées par des moyens de communication de masse, contrairement à l'article 56, alinéa 4. La Commission a rejeté cet argument en précisant qu'une communication est irrecevable pour ce motif si elle est «exclusivement » basée sur de telles nouvelles mais que tel n'est pas le cas en l'espèce et que « la question ne devrait pas être de savoir si l'information provient des moyens de communication de masse, mais plutôt si cette information est correcte; il s'agit de savoir si le requérant a vérifié la véracité de ses allégations et s'il a pu le faire étant donné les circonstances dans lesquelles il se trouve[74] ».

L'information sur les violations des droits de l'homme provient très souvent des moyens de communications de masse, il serait donc délicat de priver totalement les auteurs des communications d'un tel moyen d'information.

5° La communication doit être postérieure à l'épuisement des voies de recours internes s'ils existent, à moins qu'il ne se manifeste à la Commission que la procédure de ces recours se prolonge d'une façon anormale, par des ajournements multiples et indus, par exemple[75].

6° La communication individuelle doit, en plus, être introduite dans un délai raisonnable après l'épuisement des voies de recours internes.

Ce délai raisonnable n'a été fixé ni dans la Charte ni dans le Règlement intérieur et relève de l'appréciation discrétionnaire de la Commission africaine des droits de l'homme et des peuples. D'après le Secrétariat de la Commission

[74] Décision rendue sur les Communications 147 /95 et 149 /96, § 26 Sir Dawda Jawara / Gambie, 13ème rapport d'activités de la Commission, p. 94.

[75] Dans presque toutes les décisions de recevabilité, le non-épuisement des voies de recours internes constitue le motif des décisions d'irrecevabilité. C'est même, une fois remplie, la seule condition sur laquelle se base généralement la Commission pour admettre la recevabilité des communications. La portée de cette condition sera détaillée dans le premier chapitre de la deuxième partie de notre étude.

africaine, il est toujours conseillé d'introduire sa plainte le plus tôt possible[76]. La Charte africaine se rapproche sur ce point du Pacte international relatif aux droits civils et politiques mais les autres instruments régionaux, la Convention européenne des droits de l'homme et la Convention interaméricaine des droits de l'homme, sont plus précis et fixent ce délai de manière identique : six mois[77] à partir de la décision interne définitive.

7° Enfin, la communication individuelle ne doit pas porter sur des cas qui ont été réglés conformément, soit aux principes de la Charte des Nations Unies[78], soit de la Charte de l'Organisation de l'Unité Africaine, soit des dispositions de la Charte africaine des droits de l'homme et des peuples.

La situation concernée par la communication ne doit pas avoir été réglée, ni être en instance devant un organe des Nations Unies ou devant un organe quelconque de l'Union Africaine. À ce sujet, la Commission a précisé que la médiation par les institutions politiques telles que l'Union Européenne[79] ne s'applique pas à l'article 56, alinéa 7, de la Charte africaine qui exige cette condition.

En substance, la Commission africaine exige, par cette condition, qu'une décision sur le fond ne soit pas déjà rendue sur l'affaire qui lui est soumise par un autre organe international. En effet, dans la décision rendue dans la communication précitée *Bakweri Land Committee contre Cameroun*[80], la Commission africaine a cité sa jurisprudence tirée de la Communication 40/90 *Bob Njoku contre Égypte*.

Elle a déclaré qu'elle a admis la recevabilité de cette communication dont la sous-commission de l'ONU a décidé de ne pas se saisir, en considérant que le rejet par la sous-commission de l'ONU ne se réduit pas à une décision sur le fond de l'affaire et n'indique aucunement que l'affaire a été réglée comme exigé à l'article 56 (7).

[76] Procédure d'examen des communications, fiche d'information n°3, p. 6.
[77] Article 35. 1 de la Convention européenne des droits de l'homme; Article 46. 1. b) de la Convention interaméricaine des droits de l'homme.
[78] Voir communication 15/88 où le Comité des droits de l'homme des Nations Unies avait statué en faveur de la victime et l'auteur a soumis le cas à la Commission. La communication a été déclarée irrecevable.
[79] Décision portant sur la communication 59 / 91, Emgba Mekongo Louis/Cameroun. L'objectif est d'éviter des duplications ou des solutions contradictoires au sujet d'une même communication.
[80] Paragraphe 49 de la décision.

En définitive, il faut satisfaire à toutes ces conditions pour que la requête individuelle soit déclarée recevable par la Commission. Telle que nous avons eu l'occasion de le préciser au fur et à mesure que nous avons présenté ces conditions, certaines d'entre elles montrent la volonté des initiateurs de ce système de limiter le plus possible le recours à ce moyen de saisine de la Commission.

§3 : La nature juridique de la Commission africaine des droits de l'homme et des peuples

Selon la nature des mécanismes de protection des droits de l'homme en vigueur tant dans le cadre universel que dans les cadres régionaux, les classifications généralement adoptées distinguent les mécanismes de type administratif, juridictionnel, quasi-juridictionnel ou non juridictionnel, juridique ou politique. Le parcours des principales compétences et procédures de la Commission africaine des droits de l'homme et des peuples montre que la Commission n'a pas de caractère juridictionnel plein. Tout au plus, elle peut être considérée comme un organisme quasi-juridictionnel.

À l'appui de cette thèse, on peut avancer les arguments suivants :

1° La Commission africaine des droits de l'homme et des peuples s'est vu confier de multiples compétences (*supra*) qui non seulement sont difficiles à remplir pour une Commission non permanente mais aussi, certaines d'entre elles sont incompatibles avec l'exercice d'une fonction juridictionnelle.

Ainsi, lesdites compétences placent la Commission tantôt dans le rôle de « médiateur ou de conseiller en matière de droits de l'homme » (voir les compétences et activités de la Commission en matière de promotion des droits de l'homme et des peuples) tantôt dans le rôle d' « exécuteur » des décisions (voir les compétences de la Commission comme structure exécutive de la décision de la Conférence des chefs d'Etat et de Gouvernement).

Ces deux missions, outre qu'elles pèsent lourd sur le travail de la Commission, sont incompatibles avec l'indépendance de la Commission en tant qu'organe, ayant entre autres pour tâche une mission juridictionnelle.

Les autres organes de protection des droits de l'homme institués par les différents instruments internationaux ne possèdent tout au plus que la double compétence consultative et contentieuse.

2° L'indépendance des membres de la Commission n'est pas totalement garantie dans les dispositions de la Charte.

En effet, le fait que les membres de la Commission continuent à exercer d'autres fonctions officielles dans leurs États respectifs créent l'impression d'un manque d'indépendance.

Certains Commissaires détiennent des portefeuilles ou occupent des fonctions qui peuvent gêner leur indépendance.

3° Les procédures généralement suivies par la Commission africaine des droits de l'homme et des peuples, dans l'exercice de sa mission de protection des droits de l'homme et des peuples, sont en deçà des standards minimaux des organes proprement juridictionnels. Dans ce cadre, on peut relever les défauts suivants :

- — Les conditions de recevabilité des communications sont contraignantes et certaines d'entre elles recèlent la volonté des concepteurs de ce système de gêner le recours aux communications individuelles.
- — La procédure d'examen des communications viole, à certains égards, le droit à un procès équitable tel qu'il est entendu en droit international des droits de l'homme.

En effet, outre la garantie omise dans le régime linguistique de la Commission en vertu de laquelle le requérant individuel est en droit de bénéficier gratuitement des services d'un interprète lorsqu'il ne comprend pas ou ne parle pas la langue employée à l'audience, ni la Charte, ni la Résolution[81] de la Commission relative au droit de recours et à un procès équitable ne contiennent de dispositions spécifiques sur la publicité de la procédure.

[81] Résolution sur la procédure relative au droit de recours et à un procès équitable, adoptée par la Commission africaine des droits de l'homme et des peuples réunie en sa 11ème session à Tunis du 2 au 9 mars 1992.

Le caractère secret de la procédure de la Commission résulte des dispositions de la Charte et de son Règlement intérieur.

Ainsi, l'article 59 de la Charte dispose que « Toutes les mesures prises dans le cadre du présent chapitre (ce chapitre concerne la procédure de la Commission) resteront confidentielles jusqu'au moment où la Conférence des Chefs d'Etat et de Gouvernement en décidera autrement ».

Dans une interprétation malheureuse[82], la Commission a considéré que l'expression « Toutes autres mesures » contenue dans cette disposition, renvoyait non seulement aux mesures spécifiques prises contre les Etats contrevenants ou aux recommandations faites auxdits Etats, mais également à l'ensemble de la procédure d'examen des communications individuelles.

Dans le même ordre d'idées, l'article 96.1 du Règlement intérieur de la Commission stipule que « La Commission examine les communications visées aux articles 48 et 49 de la Charte en séances tenues à huis clos ». Les articles 48 et 49 de la Charte dont il est fait mention concernent les communications interétatiques (les communication-plaintes et les communications-négociations).

De plus, l'article 106 du même Règlement intérieur indique, dans la section relative aux dispositions générales régissant l'examen des communications par la Commission ou ses organes subsidiaires que « Les séances de la Commission ou de ses organes subsidiaires, au cours desquelles sont examinées les communications prévues par la Charte, sont privées ».

En conséquence, toutes les procédures relatives à l'examen des communications individuelles par la Commission sont menées à huis clos. Le caractère secret de la procédure de la Commission a fait l'objet de nombreuses critiques de la part des ONG, des défenseurs des droits de l'homme et de la doctrine qui n'y voient pas un signal de transparence de ce mécanisme[83].

---

[82] TAVERNIER P., *Recueil juridique des droits de l'homme en Afrique 1996 - 2000,* Bruxelles, Bruylant 2002, p. 364.

[83] Pour plus de précisions voir notamment :
NGUYEN QUOC DINH, DAILLER, P. et PELLET, A., *Droit international public,* 6ème édit., Paris, LGDJ, 1999, p. 654.
OUGUERGOUZ, F., *op.cit.*, pp. 302 et s., et p. 311.

— Les délais de traitement des communications ne sont pas raisonnables.

En effet, une communication reçue au secrétariat peut, dans certains cas, n'être prise en considération par la Commission qu'au moment de sa prochaine session qui peut se tenir six mois plus tard étant donné que la Commission ne fonctionne qu'au rythme de deux sessions par an.

La Commission doit informer le plaignant et l'Etat défendeur dès qu'une décision sur la recevabilité est prise.

L'analyse du fond de l'affaire exige également beaucoup de temps, vu que la Commission ne travaille au plus que trente jours par an. Les délais sont d'autant plus longs que le nombre de commissaires et de juristes du secrétariat est insuffisant et qu'en plus il n'y a pas souvent de coopération entre l'Etat et la Commission. La Commission ne dispose même pas de moyens de contraintes contre les Etats. Tous ces facteurs combinés font que les délais des procédures de la Commission deviennent anormalement longs.

— Quant à la requête individuelle, elle ne saisit pas en soi et de façon automatique la Commission ; celle-ci se saisit elle-même sur la base de l'avis de la majorité absolue de ses membres, lesquels membres ne travaillent pas en permanence. Il en résulte ici un cumul de trois compétences pour un même organe à savoir la décision sur la saisine, la décision sur la recevabilité de la requête et son examen au fond par la même Commission non permanente.

Pour un bon filtrage des communications ayant un intérêt à être analysées au fond et pour pallier la surcharge de la Commission, les trois compétences méritent d'être départagées en mettant en place une nouvelle structure interne à la Commission qui serait chargée de l'analyse de la saisine ou de la recevabilité, l'examen du fond de l'affaire devant rester de la compétence de la Commission siégeant en plénière. La création des groupes de travail visés à l'article 115 du Règlement intérieur de la Commission ne devrait pas être une faculté mais une obligation.

4° Les décisions finales de la Commission, appelées « recommandations », n'ont pas de caractère juridiquement contraignant. Ces recommandations ne deviennent obligatoires qu'après leur adoption par la Conférence des Chefs d'Etat et de Gouvernement[84]. Dans ces conditions, on ne peut s'empêcher d'affirmer que la Commission africaine n'occupe que le rôle de conseiller de la Conférence des Chefs d'Etat et de Gouvernement, un organe qui seul est investi d'un pouvoir de décision alors qu'il est composé de violateurs potentiels de la Charte africaine.

En définitive, les observations précédentes montrent que la Commission africaine des droits de l'homme souffre de beaucoup d'entraves qui l'empêchent d'être considérée comme un organe efficace.

C'est à juste titre qu'on a pensé à la renforcer par un mécanisme juridictionnel. Dans la section qui va suivre, nous allons analyser la portée des dispositions relatives à ce nouveau mécanisme juridictionnel. L'analyse de la physionomie de la Cour africaine de justice et des droits de l'homme ainsi que ses relations avec la Commission africaine des droits de l'homme et des peuples permettra de porter un jugement d'ensemble sur l'effectivité du nouveau mécanisme africain de protection des droits de l'homme.

SECTION 2 : LA COUR AFRICAINE DE JUSTICE ET DES DROITS DE L'HOMME

§1 : La genèse et le développement de l'idée d'une juridiction africaine des droits de l'homme

Le protocole additionnel à la Charte africaine des droits de l'homme et des peuples portant création de la Cour africaine des droits de l'homme et des peuples a été adopté le 9 juin 1998 par la Conférence des Chefs d'Etat et de Gouvernement de l'O.U.A., actuelle Union Africaine. Ledit protocole est venu renforcer le système africain longtemps incarné par la Commission africaine des droits de l'homme et des peuples, installée au siège de l'O.U.A. (Addis -Abeba)[85] le 2 novembre 1987, avant de se voir attribuer, le 12 juin 1989, son propre siège à Banjul[86], capitale de la République gambienne.

[84] Article 54 de la Charte africaine des droits de l'homme et des peuples.

[85] C'est la XXIVème session des Chefs d'Etat et de Gouvernement de l'O.U.A. qui a pris cette décision.. Aussi bien la Charte que son Règlement intérieur étaient restés muets sur la question du siège de la Commission. Celle- ci n'avait pas donc de secrétariat permanent, ses activités étaient ainsi coordonnées à partir du secrétariat général de l'O.U.A.

[86] Le choix initial de Banjul repose sur trois facteurs :

Le processus d'élaboration du protocole a été long et entouré de mille et une difficultés.

En effet, la première proposition en vue de la création d'une Cour africaine des droits de l'homme est venue du Dr Mnandi Azikiwe alors premier Ministre de la République Fédérale du Nigeria, dans son discours prononcé devant une Conférence des juristes africains tenue à Lagos (Nigeria) en 1961.

La déclaration adoptée par cette Conférence et intitulée « Le droit de Lagos » contenait une recommandation relative à la mise en place d'une Cour africaine des droits de l'homme et des peuples. Néanmoins, du fait des contextes politiques défavorables propres au continent africain, un tel projet est resté lettre morte.

À cette époque, au sujet de la création d'un mécanisme de protection juridictionnelle des droits de l'homme, deux tendances s'opposaient : la minoritaire favorable à la création de cette Cour ; la majoritaire qui y était opposée. La tendance majoritaire estimait qu'au nom du respect des traditions africaines, lesquelles privilégient, selon elle, la conciliation par rapport au règlement judiciaire des litiges, il n'était pas indiqué ou à tout le moins pas opportun, d'opter pour une solution judiciaire de règlement des litiges en matière de droits de l'homme[87].

À la fin des années soixante-dix, la question des droits de l'homme et la possibilité de création d'une Cour africaine des droits de l'homme et des peuples, à l'instar de la Cour européenne des droits de l'homme et de la Cour interaméricaine des droits de l'homme, occupait de nouveau le devant de la scène africaine. Aux mois de septembre et décembre 1979, un groupe d'experts fut constitué sous la présidence du juge Kéba Mbaye en vue de l'élaboration d'un projet de Charte africaine des droits de l'homme et des peuples.

- L'histoire de la rédaction de la Charte africaine (cette dernière a été adoptée à Banjul, c'est la raison pour laquelle cette Charte est aussi appelée « Charte de Banjul »).
- La tentative de minimiser toute manipulation politique par l'O.U.A.
- Le fait que la Gambie était l'un des rares Etats africains à jouir d'un gouvernement démocratique de façon ininterrompue depuis l'indépendance. Ce dernier facteur a cessé d'exister en juin 1994 lors de la prise du pouvoir par un militaire.

[87] A ce sujet lire par exemple, pour plus de précisions MUTOY MUBIALA, « Vers la création d'une cour africaine des droits de l'homme et des peuples », in *Congo- Afrique*, n°322, février 1998, p. 86.

D'après le Président du groupe Kéba Mbaye[88], les experts ont examiné la possibilité de créer une Cour africaine des droits de l'homme et des peuples et ont approuvé cette idée. Cependant, le groupe n'a formulé aucune recommandation au sujet du mécanisme de protection juridictionnelle des droits de l'homme en Afrique estimant que le moment n'était pas encore venu et que les Etats membres de l'O.U.A. ne semblaient pas disposés à accepter cette idée.

Au mois de janvier 1993, la possibilité d'envisager la création d'une Cour africaine des droits de l'homme est de nouveau relancée à Dakar, dans le cadre d'une session de réflexion à l'initiative de la Commission internationale des juristes, en collaboration avec le Secrétariat général de l'O.U.A. et la Commission africaine des droits de l'homme et des peuples, sur le thème « Renforcement du système des droits de l'homme ». Lors de cette session, on a estimé que le moment était venu de faire de l'idée de la création d'une Cour africaine des droits de l'homme, une réalité.

Au titre du suivi de cette recommandation, un atelier a été organisé à Addis-Abeba en décembre 1993, en marge de la session de la Commission africaine, pour procéder à un échange de vues sur la nature et la compétence d'un tel mécanisme de protection juridictionnelle des droits de l'homme, ainsi que sur ses relations avec la Commission africaine des droits de l'homme.

La plupart des participants à cet atelier se sont prononcés en faveur de la création d'une Cour africaine. Quelques-uns, sans y être opposés, étaient en faveur d'une approche progressive consistant à renforcer d'abord le pouvoir de la Commission africaine, à l'instar de l'expérience de la Commission interaméricaine des droits de l'homme.

Toutefois, dans son allocution d'ouverture de la 14ème session de la Commission, tenue au même lieu et immédiatement après l'atelier, le Secrétaire général de l'O.U.A. a déclaré que « le moment était venu d'entamer des discussions sur la création d'une Cour africaine des droits de l'homme et des peuples ».

---

[88] MBAYE K., *op. cit*, pp. 60 et s.

On notera, en effet, une grande avancée dans le processus d'adoption d'un mécanisme de protection juridictionnelle des droits de l'homme en Afrique car cette fois-ci, ce sont les dirigeants des Etats africains qui l'affichaient dans le sillage de l'O.U.A.

C'est lors de la trentième session ordinaire de la Conférence des Chefs d'Etat et de Gouvernement, tenue à Tunis en juin 1994, qu'a été adoptée une résolution[89] qui demandait au Secrétaire général de l'O.U.A. de convoquer une réunion d'experts gouvernementaux pour examiner les possibilités de renforcer l'efficacité de la Commission africaine des droits de l'homme et des peuples, particulièrement la question de la création d'une Cour africaine des droits de l'homme et des peuples.

Conformément à la résolution susvisée, le Secrétaire général a convoqué ladite réunion d'experts gouvernementaux au Cap, en Afrique du Sud, du 6 au 12 septembre 1995. A l'issue de la réunion, les experts juristes ont adopté un projet de protocole à la Charte africaine des droits de l'homme et des peuples sur la création d'une Cour africaine. Tous les Etats membres ont été invités et 52 délégués provenant de 23 Etats membres ont effectivement pris part à la réunion. Une deuxième réunion des experts gouvernementaux s'est tenue à Nouakchott en Mauritanie du 11 avril au 14 avril 1997, pour examiner ledit protocole, suite à la demande de réunion du Conseil des Ministres qui avait tenu, auparavant, sa 65ème session à Tripoli (Libye).

De nouveau, le même Conseil des Ministres, tenu à Harare (Zimbabwe) du 26 au 30 mai 1997, a ordonné une troisième réunion d'experts juristes gouvernementaux élargie aux diplomates (113 déléguées de 45 Etats membres).

À l'issue de cette réunion, tenue à Addis-Abeba du 8 au 11décembre 1997, a été adoptée la recommandation suivante : « la réunion a pris bonne note du travail réalisé par les Experts juristes et la Commission africaine, depuis le Cap jusqu'à Nouakchott et finalement à Addis-Abeba, se déclare entièrement satisfaite du projet du protocole tel qu'il est précisément formulé. Par conséquent, elle recommande à l'unanimité l'adoption du projet de protocole par la Conférence des Ministres de la Justice/Procureurs généraux ».

---

[89] Résolution n°AHG230 (xxx), voir doc. OUA/LEG/EXP/AFC/HPR, septembre 1995.

Conformément à cette décision du Conseil des Ministres, la réunion d'experts à Addis-Abeba a été immédiatement suivie de la Conférence des Ministres de la justice /Procureurs généraux qui a eu lieu, toujours à Addis-Abeba, le 12 décembre 1997. Au cours de cette réunion a été examiné le projet de protocole portant création d'une Cour africaine. Cette Conférence a finalement adopté le projet de protocole et l'a recommandé au Conseil des Ministres et à la Conférence des Chefs d'Etat et de Gouvernement, pour examen et adoption.

C'est ainsi que, lors de sa 34ème session, la Conférence des Chefs d'État et de Gouvernement de l'O.U.A., réunie du 8 au 10 juin 1998 à Ouagadougou (Burkina Faso), a entériné officiellement la Recommandation du Conseil des Ministres. Le protocole portant création de ce mécanisme de protection des droits de l'homme et des peuples en Afrique a été, en outre, ouvert à la signature au même lieu. Trente Etats membres de l'O.U.A. l'ont signé.

Le protocole devrait entrer en vigueur trente jours après le dépôt du 15ème instrument de ratification ou d'adhésion[90]. Le dernier instrument de ratification a été déposé le 26 décembre 2003 par les Îles Comores à la suite de l'Afrique du Sud, de l'Algérie, du Burkina Faso, du Burundi, de la Côte d'Ivoire, de la Gambie, du Lesotho, de la Libye, du Mali, de l'Île Maurice, de l'Ouganda, du Rwanda, du Sénégal et du Togo. Le protocole est ainsi entré en vigueur, le 25 janvier 2004.

Une année après la mise en vigueur de ce protocole mais avant que la Cour africaine des droits de l'homme et des peuples ne devienne fonctionnelle, la Conférence de l'Union Africaine a pris la décision de fusionner cette Cour avec la Cour de Justice de l'Union Africaine en une juridiction unique dénommée « Cour africaine de justice et des droits de l'homme ».

Cette nouvelle juridiction n'est pas encore fonctionnelle et d'un point de vue théorique, nous examinerons successivement sa physionomie (§2), ses procédures et compétences (§3) ainsi que les places respectives de cette juridiction et de la Commission africaine des droits de l'homme et des peuples dans la protection des droits de l'homme en Afrique (§4).

---

[90] Article 34. 3 du protocole additionnel à la Charte africaine des droits de l'homme et des peuples portant création de la Cour africaine des droits de l'homme et des peuples.

§2 : La physionomie de la Cour africaine de justice et des droits de l'homme

A. Une cour non permanente

Aussi bien dans les dispositions du protocole additionnel à la Charte africaine portant création de la Cour africaine des droits de l'homme et des peuples que dans le statut de la Cour africaine de justice et des droits de l'homme, la juridiction africaine des droits de l'homme n'est pas conçue pour être permanente.

En effet, l'article 15.4 du protocole additionnel disposait que « Tous les juges, à l'exception du Président, exercent leurs fonctions à temps partiel ».

Cette disposition a été partiellement modifiée par le statut de la Cour africaine de justice et des droits de l'homme qui, en son article 8. 4 stipule que « Tous les juges, exceptés le Président et le Vice-président, exerceront leurs fonctions à temps partiel ».

Il en découle que dans le nouveau mécanisme africain de protection des droits de l'homme et des peuples, seuls le Président et le Vice-président de la Cour seront appelés à exercer leurs fonctions d'une façon permanente.

Les autres membres de la Cour devront les rejoindre au siège de la Cour seulement chaque fois qu'il y aura de la matière à examiner.

Des raisons d'ordre budgétaire auraient justifié ce caractère non permanent de la Cour. Si ces raisons sont pertinentes dans le contexte africain actuel, elles ne sont pas les seules à expliquer le maintien de ce caractère malgré les nombreuses critiques qui avaient été adressées à ce propos à la Commission africaine des droits de l'homme.

Cette mesure dénote le manque de volonté des dirigeants africains face à la nécessité d'une justice permanente des droits de l'homme en Afrique.

Le système africain devient ainsi, comme son homologue américain et contrairement au système européen[91], un système dualiste associant une Commission et une Cour non permanentes.

Le protocole additionnel à la Charte africaine avait laissé totalement de côté la règlementation du régime des sessions mais le statut de la Cour africaine de justice et des droits de l'homme détermine clairement que cette Cour tiendra des sessions ordinaires et des sessions extraordinaires.

Les sessions ordinaires seront arrêtées par la Cour elle-même tandis que les sessions extraordinaires seront convoquées par le Président ou sur la demande de la majorité des juges[92].

B. La composition de cette Cour

Le protocole additionnel à la Charte portant création de la Cour africaine des droits de l'homme et des peuples et le statut de la Cour africaine de justice et des droits de l'homme prévoient différemment les effectifs de la juridiction africaine des droits de l'homme.

En effet, aux termes de l'article 11 du protocole « la Cour se compose de onze juges… ».

Le statut de la Cour africaine de justice et des droits de l'homme prévoit que celle-ci sera composée de seize juges avec la possibilité pour cette Cour de recommander à la Conférence de réviser le nombre de juges[93].

Cette composition peut sembler restreinte si on la compare à celle de la Cour européenne des droits de l'homme qui comprend un juge pour chaque Etat partie[94], mais elle est supérieure à celle de la Cour interaméricaine qui ne comprend que sept juges[95]. En termes d'effectifs, le système africain comprendra dans l'ensemble 27 membres (11 pour la Commission et 16 pour la Cour),

---

[91] Dans le système européen, la Convention européenne des droits de l'homme, telle que modifiée après le protocole n° 11, dispose, en son article 19 que la Cour européenne des droits de l'homme est permanente.

[92] Article 20 du Statut de la Cour africaine de justice et des droits de l'homme.

[93] Article 3. 1 du statut de la Cour africaine de justice et des droits de l'homme.

[94] Article 20 de la Convention européenne des droits de l'homme.

[95] Article52 de la Convention interaméricaine des droits de l'homme.

il deviendra ainsi le deuxième organe après la Cour européenne des droits de l'homme qui comprend 47 juges car il surpasse le système interaméricain qui ne comprend au total que 14 membres (7 pour la Commission et 7 pour la Cour) et le Comité des droits de l'homme qui ne comprend que dix-huit membres[96].

§3 : Missions, procédures et compétences de la Cour

Le statut de la Cour africaine de justice et des droits de l'homme détermine dans les grandes lignes les missions, procédures ainsi que les compétences de cette juridiction.

A. Missions et compétences

1. Missions

Les missions de la Cour africaine de justice et des droits de l'homme se rapprochent mais excèdent celles qui avaient été initialement confiées à la Cour africaine des droits de l'homme et des peuples.

Elles se rapprochent en ce sens que les deux juridictions ont pour mission de renforcer la Commission africaine des droits de l'homme et des peuples.

Dans le cadre de la Cour africaine des droits de l'homme et des peuples, cette mission résultait de l'article 2 du protocole abrogé « la Cour (...) complète les fonctions de protection que la Charte africaine des droits de l'homme et des peuples (...) a conférées à la Commission africaine des Droits de l'homme et des peuples ».

Dans le cadre de la Cour africaine de justice et des droits de l'homme, cette mission est énoncée dans le cinquième considérant du préambule de son statut.

Les missions de cette dernière juridiction excèdent celles de la Cour africaine des droits de l'homme et des peuples car en plus de cette première mission, elle

[96] Article 28. 1 du Pacte international relatif aux droits civils et politiques.

va aussi renforcer le comité africain d'experts sur les droits et le bien-être de l'enfant[97] et est chargée de connaître de toute question relative à l'interprétation ou l'application de l'Acte constitutif de l'Union Africaine ou de tout autre traité adopté dans le cadre de l'Union Africaine.

Toutes ces missions excèdent celles qui sont naturellement conférées aux autres cours régionales des droits de l'homme dont les contentieux se limitent seulement aux droits de l'homme contenus dans leurs instruments respectifs.

2. Les compétences de la Cour

a. La compétence matérielle

À l'instar de la Cour africaine des droits de l'homme et des peuples[98], la Cour africaine de justice et des droits de l'homme exercera deux types de compétences, contentieux et consultatif, qui seront pourtant plus étendus comme le précise l'article 28 du statut de cette nouvelle juridiction.

En effet, cette disposition indique que la compétence matérielle de la Cour africaine de justice et des droits de l'homme s'étend à toutes les affaires et à tous les différends d'ordre juridique qui lui seront soumis ayant pour objet :

- l'interprétation et l'application de l'Acte constitutif;
- l'interprétation, l'application ou la validité des autres traités de l'Union et de tous les instruments juridiques dérivés adoptés dans le cadre de l'Union ou de l'Organisation de l'Unité Africaine;
- l'interprétation et l'application de la Charte africaine des droits de l'homme et des peuples, de la Charte africaine des droits et du bien-être de l'enfant, du protocole à la Charte africaine des droits de l'homme et des peuples relatif aux droits de la femme ou de tout

[97] Le Comité africain d'experts sur les droits et le bien-être de l'enfant est l'organe de sauvegarde des droits contenus dans la Charte africaine des droits et du bien-être de l'enfant, adoptée par la 26ème Conférence des Chefs d'Etat et de Gouvernement de l'OUA, le 11 juillet 1990 à Addis-Abeba, Ethiopie, entré en vigueur le 29 novembre 1999. Il est réglementé aux articles 32 à 41 de cet instrument. Pour renforcer les deux organes, la Commission africaine des droits de l'homme et des peuples et ce Comité africain d'experts, l'article 28 du statut de cette nouvelle juridiction l'invite à tenir compte, dans l'élaboration de son Règlement intérieur, des relations de complémentarité qu'elle entretient avec les deux organes.

[98] La compétence consultative et contentieuse de la Cour africaine des droits de l'homme et des peuples résultait des articles 3 et 4 du protocole additionnel abrogé.

autre instrument juridique relatif aux droits de l'homme, auxquels sont parties les États concernés;
- toute question de droit international;
- tous actes, décisions, règlements et directives des organes de l'Union;
- toutes questions prévues dans tout autre accord que les États parties pourraient conclure entre eux, ou avec l'Union et qui donne compétence à la Cour;
- l'existence de tout fait qui, s'il est établi, constituerait la violation d'une obligation envers un État partie ou l'Union;
- la nature ou la réparation due pour la rupture d'un engagement international.

La compétence matérielle de la Cour africaine de justice et des droits de l'homme apparaît trop large car elle englobe non seulement les litiges relatifs aux droits de l'homme mais aussi les conflits de droit international général.

À ce titre, elle excède non seulement celle de la Cour africaine des droits de l'homme et des peuples mais également les compétences matérielles des autres cours régionales des droits de l'homme.

b. La compétence personnelle

La compétence personnelle de la Cour africaine de justice et des droits de l'homme a été élargie par rapport à celle de la Cour africaine des droits de l'homme et des peuples.

En effet, le protocole portant création de la Cour africaine des droits de l'homme et des peuples reconnaissait, en son article 5. 1, la qualité de saisine aux entités suivantes :

- la Commission;
- l'Etat partie qui a saisi la Commission;
- l'Etat partie dont le ressortissant est victime d'une violation des droits de l'homme;
- les organisations intergouvernementales africaines.

L'article 5. 2 du même protocole précisait en outre que lorsqu' un Etat partie estime avoir un intérêt dans une affaire, il peut adresser à la Cour une requête aux fins d'intervention.

Enfin, le troisième alinéa de la même disposition indiquait que la Cour peut permettre aux individus ainsi qu'aux organisations non-gouvernementales dotées du statut d'observateurs auprès de la Commission d'introduire des requêtes directement devant elle conformément à l'article 34(6) du protocole. Cette dernière disposition soumet la recevabilité de ces requêtes à la condition que l'Etat fasse une déclaration dans laquelle il accepte la compétence de la Cour pour recevoir les requêtes susvisées.

Dans le cadre du statut de la Cour africaine de justice et des droits de l'homme, plusieurs entités se sont vu reconnaître la qualité de saisir cette Cour. Il s'agit, aux termes de l'article 29 du statut, des entités suivantes :

- les Etats parties au statut;
- la Conférence, le parlement et les autres organes de l'Union autorisés par la Conférence;
- un membre du personnel de la Commission de l'Union, sur recours, dans un litige et dans les limités et conditions définies dans les statut et Règlement du personnel de l'Union;

Il s'agit également, aux termes de l'article 30 du même statut, des entités :

- les Etats parties au protocole;
- la Commission africaine des droits de l'homme et des peuples;
- le comité africain d'experts sur les droits et le bien-être de l'enfant;
- les organisations intergouvernementales africaines accréditées auprès de l'Union ou de ses organes;
- les institutions nationales des droits de l'homme;
- les personnes physiques et les organisations non-gouvernementales accréditées auprès de l'Union ou de ses organes; sous réserve des dispositions de l'article 8 du protocole portant statut de cette juridiction qui soumet la recevabilité des requêtes individuelles à la déclaration des États parties.

c. La compétence temporelle

La Compétence temporelle est régie de la même manière tant dans le protocole portant création de la Cour africaine des droits de l'homme et des peuples que dans le statut de la Cour africaine de justice et des droits de l'homme.

En effet, dans les deux instruments, il est indiqué que la Cour ne connaîtra que des litiges postérieurs à l'entrée en vigueur du protocole[99], trente (30) jours après le dépôt des instruments de ratification de quinze (15) Etats. Pour chacun des Etats qui le ratifie ou qui y adhère, le protocole ne peut prendre effet à l'égard de cet Etat qu'à la date du dépôt de l'instrument de ratification ou d'adhésion[100].

Il en découle que les compétences matérielle et personnelle de la Cour ne pourront, à l'égard de cet Etat qui le ratifie ou qui y adhère, s'exercer que le jour de la ratification du traité ou d'adhésion. Les litiges antérieurs à la ratification ou à l'adhésion de même que ceux qui précédent la mise en vigueur du même protocole, échapperont certainement à la compétence de la Cour.

B. Le déroulement de la procédure

Le statut de la Cour africaine de justice et des droits de l'homme ne règlemente pas en détail la procédure qui sera suivie devant cette juridiction.

Son article 38 prévoit simplement que les procédures doivent être énoncées dans le Règlement de la Cour en tenant compte de la complémentarité entre la Cour et les autres organes de l'Union.

Seules sont indiqués dans ce statut :

1. Introduction de l'instance

L'introduction de l'instance se fera différemment selon que l'affaire est soumise à la section des affaires générales ou à la section des droits de l'homme.

---

[99] Articles 33. 3 du protocole portant création de la Cour africaine des droits de l'homme et des peuples et article 9. 2 du statut de la Cour africaine de justice et des droits de l'homme.

[100] Articles 33. 4 et 9. 2 des deux instruments respectifs.

Dans le premier cas, les affaires qui sont de la compétence de cette Section seront introduites par requête adressée au greffier. L'objet du litige doit être indiqué ainsi que les moyens de droit sur lesquels se fonde la requête.

Le greffier notifie immédiatement la requête à toutes les parties concernées et en informe également, par l'entremise du Président de la Commission, les Etats membres de l'Union ainsi que, le cas échéant, les organes de l'Union dont les décisions sont en cause[101].

Dans le deuxième cas, les affaires portées devant la Cour relatives à une violation alléguée d'un droit de l'homme ou des peuples sont introduites par requête adressées au Greffier. La requête doit indiquer le ou les droit(s) prétendument violé(s) ainsi que, dans la mesure du possible, la ou les dispositions de la Charte africaine des droits de l'homme et des peuples, de la Charte des droits et du bien-être de l'enfant, le protocole à la Charte africaine des droits de l'homme et des peuples relatif aux droits des femmes en Afrique ou de tout autre instrument juridique relatif aux droits de l'homme, ratifié par l'Etat partie concerné, disposition(s) sur laquelle ou sur lesquelles il se fonde[102].

2. Les mesures provisoires

En attendant l'arrêt définitif, la Cour aura le pouvoir d'indiquer, si elle estime que les circonstances l'exigent, de sa propre initiative ou à la demande d'une partie, des mesures provisoires qui seront immédiatement notifiées aux parties et au Président de la Commission avec copie à la Conférence[103].

3. L'examen du fond

À l'exception des décisions concernant l'interprétation de l'Acte constitutif, prises à la majorité qualifiée d'au moins deux voix et en présence d'au moins deux tiers des juges[104], le statut prévoit que les décisions sont prises à la majorité des juges présents. En cas de partage des voix, la voix du Président de séance est prépondérante[105].

---

[101] Article 33 du statut de la Cour africaine de justice et des droits de l'homme.
[102] Article 34 du même statut.
[103] Article 35 du même statut.
[104] Article 50. 4 du même statut.
[105] Article 42 du même statut.

Au cours des audiences, sous réserve de ce qui sera énoncé dans le Règlement intérieur de la Cour, le statut prévoit uniquement les garanties du procès équitable suivantes : la publicité des audiences[106], la représentation des parties[107], la motivation des arrêts[108], l'assistance judiciaire gratuite[109].

4. Les arrêts

La Cour doit rendre son arrêt dans les quatre-vingt-dix jours comptés à partir de la fin des audiences.

L'arrêt est signé par tous les juges et certifié par le Président de la séance et le Greffier. Il est lu en séance publique, les représentants des parties dûment prévenus[110].

S'agissant des caractères des arrêts, ils sont définitifs et ne peuvent faire l'objet d'appel[111]. Ils peuvent toutefois être révisés par la Cour elle-même en cas de découverte d'un fait nouveau de nature à exercer une influence décisive et qui, avant le prononcé de l'arrêt, était inconnu de la Cour et de la partie qui demande la révision, sans qu'il y ait eu, de sa part, faute à l'ignorer. La demande de révision doit être introduite au plus tard dans le délai de six mois après la découverte du fait nouveau. Aucune demande de révision ne pourra être introduite après l'expiration d'un délai de dix ans à dater de l'arrêt[112].

Si l'arrêt n'exprime pas en tout ou en partie l'opinion unanime des juges, tout juge aura le droit d'y joindre l'exposé de son opinion individuelle ou dissidente[113].

Lorsque la Cour estime qu'il y a eu violation d'un droit de l'homme ou des peuples, elle pourra ordonner toutes les mesures appropriées afin de remédier à la situation, y compris l'octroi d'une juste indemnité[114].

---

[106] Article 39 du même statut.
[107] Article 36 du même statut.
[108] Article 43 du même statut.
[109] Article 52. 2 du même statut.
[110] Article 43 du même statut.
[111] Article 46 du même statut.
[112] Article 48 du même statut.
[113] Article 44 du même statut.
[114] Article 45 du même statut.

Toutes ces précisions figuraient à l'article 28 du protocole portant création de la Cour africaine des droits de l'homme et des peuples.

5. Le contrôle de l'exécution des arrêts

Les arrêts de la Cour sont obligatoires et les parties doivent se conformer aux décisions rendues par la Cour dans les litiges auxquels elles sont parties et en assurer l'exécution dans le délai fixé par la Cour.

Si une partie ne satisfait pas aux obligations qui lui incombent en vertu d'une décision rendue par la Cour, cette dernière pourra porter l'affaire devant la Conférence de l'Union Africaine qui pourra décider des mesures à prendre pour donner effet à la décision. La Conférence pourra imposer des sanctions en vertu des dispositions du paragraphe 2 de l'article 23 de l'Acte constitutif de l'Union Africaine[115].

Le suivi de l'exécution des arrêts est réservé au Conseil exécutif de l'Union africaine[116]. En confiant ce rôle à cet organe, le statut de cette nouvelle juridiction lève une ambigüité qui figurait dans le protocole abrogé relatif à la Cour africaine des droits de l'homme et des peuples. L'article 29 de ce protocole abrogé avait chargé le suivi de l'exécution des arrêts au Conseil des ministres alors que l'Union Africaine n'a pas, parmi ses organes, un organe ainsi dénommé.

Enfin, le statut de cette juridiction prévoit le contrôle de l'exécution des arrêts par voie de rapportage. L'article 57 de ce statut dispose à ce sujet que la Cour soumet à la Conférence un rapport annuel sur ses activités et que ce rapport fait état, en particulier, des cas où une partie n'aura pas exécuté les décisions de la Cour.

§4 : Les places respectives de la Commission et de la Cour dans la protection de la Charte

Depuis la mise en vigueur du protocole du 9 juin 1998 portant création de la Cour africaine des droits de l'homme et des peuples, le système africain

[115] Le paragraphe 2 de cet article dispose « En outre, tout État membre qui ne se conformerait pas aux décisions et politiques de l'Union peut être frappé de sanctions notamment en matière de liens avec les autres États membres dans le domaine des transports et communications, et de toute autre mesure déterminée par la Conférence dans les domaines politique et économique ».

[116] Article 43. 5& 6 du statut de la Cour africaine de justice et des droits de l'homme.

de protection des droits de l'homme est devenu dualiste en associant une Commission et une Cour des droits de l'homme.

De même, après la fusion de la Cour africaine des droits de l'homme et des peuples et la Cour de Justice de l'Union, le système reste dualiste car il va associer la Commission africaine des droits de l'homme et des peuples à la Cour africaine de justice et des droits de l'homme.

Dans les deux cas, la juxtaposition des deux organes, la Commission et la Cour, nécessite une bonne détermination de leurs places respectives afin d'éviter tout risque de contradiction ou de chevauchement, de manière à refléter un fonctionnement coordonné du système.

La Commission africaine des droits de l'homme et des peuples est consciente de cette nécessité car le communiqué final de la quatrième session extraordinaire[117] indiquait que la principale raison de la tenue de cette session était la finalisation de « Règlement intérieur révisé » de la Commission africaine, avant la tenue d'une réunion prévue plus tard avec la Cour africaine, en vue d'harmoniser les règlements intérieurs des deux institutions.

Toutefois, la détermination des places respectives des deux organes est un exercice difficile et périlleux pour les raisons suivantes.

Tout d'abord, le Règlement intérieur révisé de la Commission africaine, dont il était question lors de cette session extraordinaire n'est pas encore terminé car le communiqué final de cette session indique que certains articles de ce règlement ont été finalisés, l'examen des autres articles ayant été reporté à une date ultérieure.

Ensuite, le Règlement intérieur de la Cour africaine de justice et des droits de l'homme n'est pas encore disponible alors que c'est lui qui va compléter les nombreux points sur lesquels le statut de cette juridiction n'est pas clair.

En l'absence de ces deux textes, les places respectives des deux organes ne peuvent être partiellement déterminées qu'à partir des dispositions de la

[117] Cette session a eu lieu du 17 au 23 février 2008 à Banjul en Gambie.

Charte africaine des droits de l'homme et des peuples, du statut de la Cour africaine de justice et des droits de l'homme et du protocole portant création de la Cour africaine des droits de l'homme et des peuples. Ce dernier est abrogé mais il y a un intérêt à s'y référer car les résultats seront utiles dans l'élaboration du Règlement intérieur révisé de la Commission africaine des droits de l'homme et des peuples et le Règlement intérieur de la Cour africaine de justice et des droits de l'homme.

Ainsi, aux termes de l'article 2 dudit protocole, « la Cour (…) complète les fonctions de protection que la Charte africaine des droits de l'Homme et des peuples (…) a conférées à la Commission africaine des droits de l'homme et des peuples ».

L'article 8 du même protocole précisait que « La Cour fixe dans son Règlement intérieur les conditions d'examen des requêtes en tenant compte de la complémentarité entre elle et la Commission ».

L'article 6. 3, quant à lui, disposait que « la Cour peut connaître les requêtes ou les renvoyer devant la Commission ».

Dans la même perspective, l'article 33 à son tour indiquait que (…) « La Cour consulte la Commission chaque fois que de besoin ».

Une lecture attentive de ces dispositions permet d'en déduire que le protocole assignait une complémentarité et une collaboration entre la Cour et la Commission africaines des droits de l'homme et des peuples.

Les deux organes devaient travailler presque de concert tant dans la recevabilité que dans l'examen des requêtes en matière de violation des droits de l'homme et des peuples. Pourtant, ces dispositions ne brillaient pas par la clarté nécessaire pour la détermination des domaines de compétences respectives des deux organes et risquaient même de créer des chevauchements, voire des risques de conflits de compétences. Quelques exemples permettent d'illustrer cette crainte :

1° En matière consultative, l'article 3. 1 du protocole sous analyse stipulait que « La Cour a compétence pour connaître de toutes les affaires et de tous les différends dont elle est saisie concernant l'interprétation et l'application de la Charte, du présent protocole, et tout instrument pertinent relatif aux droits de l'homme et ratifié par les États concernés ».

L'article 45. 3 de la Charte africaine des droits de l'homme et des peuples reconnaît une même compétence à la Commission en précisant que la Commission a entre autres pour mission d' « interpréter toute disposition de la présente Charte à la demande d'un État partie, d'une institution de l'O.U.A. ou d'une Organisation africaine reconnue par l'O. U. A ».

Il ressort de ces deux dispositions que les compétences consultatives des deux organes n'ont pas été clairement départagées dans la mesure où ils peuvent être saisis des mêmes affaires.

Dans le même ordre d'idées, l'avertissement fait à la Cour de ne donner ses avis consultatifs qu'à condition que l'objet de l'avis consultatif ne se rapporte pas à une requête pendante devant la Commission[118] corrobore cette crainte de conflit de compétence. À moins qu'une division interne du travail ne soit opérée, le risque de conflit de compétence est grand, ce qui risque de causer de possibles contradictions. Cette division interne du travail irait dans le sens de réserver à la Commission l'interprétation de la Charte tandis que l'interprétation du protocole et de tout instrument pertinent relatif aux droits de l'homme et ratifié par l'État demandeur serait de la compétence de la Cour.

L'article 3. 2. du protocole semble lever cette crainte en disposant que « En cas de contestation sur le point de savoir si la Cour est compétente, la Cour décide ». Cette disposition n'écarte pas cette crainte car ladite disposition n'a d'importance que lorsque les deux organes sont saisis en même temps d'une même affaire, le risque de contradiction subsiste, les deux organes gardant la latitude d'être saisis.

[118] Article 4. 1 du protocole additionnel à la Charte africaine des droits de l'homme et des peuples.

Cette confusion subsiste même à la lecture de la compétence consultative de la Cour africaine de justice et des droits de l'homme[119].

2° En ce qui concerne la compétence personnelle, le protocole portant création de la Cour africaine des droits de l'homme et des peuples de même que le statut de la Cour africaine de justice et des droits de l'homme placent la Commission au nombre des parties habilitées à les saisir.

Le fait de reconnaître la Commission comme ayant qualité pour exercer la saisine, la place dans une position contentieuse particulièrement ambiguë, parce que cette compétence suppose, d'une part qu'elle pourra toujours continuer à recevoir des communications et que d'autre part, ce sont ces communications qui constitueront en réalité son dossier de saisine de la Cour.

L'attribution de cette compétence à la Commission engendre concrètement que les victimes des violations des droits de l'homme, peu informées du récent mécanisme de protection des droits de l'homme et des peuples en Afrique qui est la Cour, continueront à s'adresser à la Commission au lieu de s'adresser directement à la Cour et devront ainsi attendre longtemps avant d'obtenir une décision contraignante[120] sur leur plainte déposée auprès de la Commission. Dans ces circonstances, la Commission apparaît comme une structure médiane entre la Cour et les victimes ignorantes du nouveau système, une passerelle parfaitement inutile pour l'efficacité de la protection des droits de l'homme en Afrique.

3° Au stade de la recevabilité des requêtes, il est dit[121] que la Cour, avant de statuer sur la recevabilité, « peut, en effet, solliciter l'avis de la Commission qui doit le donner dans les meilleurs délais ». De même, la Cour statue sur cette recevabilité en tenant compte des dispositions énoncées à l'article 56 de la Charte, tout comme elle peut, elle-même, connaître lesdites requêtes ou les « renvoyer devant la Commission ».

---

[119] Article 53 du statut de la Cour africaine de justice et des droits de l'homme.

[120] Pour rappel, les décisions de la Commission appelées « recommandations » n'ont pas de force obligatoire.

[121] Article 6 du protocole additionnel à la Charte africaine des droits de l'homme et des peuples.

> Une telle disposition précise le rôle de complément à la Commission confié à la Cour par les initiateurs du protocole de Ouagadougou mais elle risque de créer un conflit de chevauchement dans la mesure où, en laissant la possibilité pour la Cour de renvoyer une requête devant la Commission, les deux organes de protection des droits de l'homme et des peuples vont connaître des mêmes requêtes. Le protocole n'indique pas, par exemple, la procédure et les conditions dans lesquelles une affaire ayant commencé, ou renvoyée par la Cour devant la Commission pourrait être déférée à la Cour par la suite.

Compte tenu de toutes ces questions d'ordre procédural, restées sans réponse, on peut affirmer que les places respectives de la Cour et de la Commission, dans la protection des droits de l'homme et des peuples en Afrique ne sont pas bien fixées, ni dans les dispositions du protocole relatif à la Cour africaine des droits de l'homme et des peuples, ni dans le statut de la Cour africaine de justice et des droits de l'homme.

Dans l'élaboration du Règlement intérieur de la Cour africaine de justice et des droits de l'homme et du Règlement intérieur révisé de la Commission africaine des droits de l'homme et des peuples, on devra donc veiller à préciser toutes les questions de procédure et les conditions de recevabilité des requêtes et à clarifier les relations et la complémentarité entre les deux organes.

CONCLUSION DU CHAPITRE

Aux termes de cette analyse des mécanismes conventionnels de protection des droits contenus dans la Charte africaine des droits de l'homme et des peuples, il apparaît impossible de faire un jugement d'ensemble sur l'effectivité de ces mécanismes.

En effet, en ce qui concerne le premier mécanisme quasi-juridictionnel longtemps prévu par la Charte, l'analyse a montré qu'il n'est pas à classer parmi les organes efficients de protection des droits de l'homme, ce qui a poussé plus tard à vouloir le renforcer par un mécanisme de type juridictionnel. A l'heure actuelle, il apparaît impossible de faire une présentation complète de ce mécanisme juridictionnel car son Règlement intérieur n'est pas encore disponible. Plusieurs interrogations, liées à la répartition des compétences entre les deux mécanismes juridictionnels et non juridictionnel restent en suspens : les compétences consultatives, compétences personnelles, la recevabilité et le renvoi des requêtes d'un organe à un autre.

Le souhait que l'on peut émettre est que dans l'élaboration du Règlement interieur de la Cour africaine de justice et des droits de l'homme et dans la révision de celui de la Commission africaine des droits de l'homme et des peuples en cours, toutes ces questions d'ordre procédural soient soigneusement réglées de manière à éviter tout risque de contradiction ou de chevauchement entre les deux organes.

DEUXIEME PARTIE:

LA SUBSIDIARITE EN AMONT DU CONTROLE REGIONAL AFRICAIN

Dans le système établi par la Charte africaine des droits de l'homme et des peuples, la subsidiarité en amont se traduit par les manifestations suivantes.

La première figure à l'article 56, alinéa 5, de cette Charte ; elle subordonne la recevabilité de la requête individuelle à l'épuisement des voies de recours internes.

La deuxième, exprimée à l'article 26 de la même Charte, présente d'étroites affinités avec la première et exige que l'ordre interne doit offrir à toute personne victime d'une violation des droits reconnus par cet instrument, le droit à un recours devant un tribunal indépendant ou une institution nationale. Ce droit de recours apparaît ainsi comme constituant, dans le droit interne, la base nécessaire de l'obligation qu'a toute victime d'une violation de ses droits et libertés, d'épuiser les recours internes avant de saisir la Commission africaine des droits de l'homme et des peuples.

Se complétant mutuellement, les deux articles 26 et 56 alinéa 5, font clairement ressortir que c'est aux Etats eux-mêmes qu'il incombe, en premier lieu, de sanctionner les violations des droits et libertés garantis par la Charte, le contrôle assuré par la Commission africaine des droits de l'homme et des peuples n'étant que subsidiaire.

La troisième est la procédure de règlement amiable des différends. Cette procédure constitue une autre manifestation de la subsidiarité en amont car il s'agit, pour l'État, d'une ultime possibilité de remédier lui-même à une violation de la Charte dont il s'est rendu coupable, avant une possible condamnation.

La mise en œuvre de ces trois manifestations dans la jurisprudence de la Commission africaine des droits de l'homme et des peuples sera développée dans les trois chapitres de cette deuxième partie. Dans cette perspective, il nous a paru logique de commencer à analyser les exigences du système de la Charte africaine quant aux recours internes que les Etats parties doivent prévoir dans leurs ordres juridiques internes (***premier chapitre***), avant de revenir ensuite, dans le ***deuxième chapitre***, sur l'obligation qui pèse sur le requérant d'épuiser de telles voies de recours.

La troisième manifestation, la procédure de règlement amiable fera l'objet du ***troisième chapitre***.

CHAPITRE I:

LE DROIT DE RECOURS DANS LA CHARTE AFRICAINE DES DROITS DE L'HOMME ET DES PEUPLES

La règle de l'épuisement des voies de recours internes prévue à l'article 56, alinéa 5, de la Charte africaine des droits de l'homme et des peuples, repose sur l'hypothèse, confirmée par l'article 26 de la même Charte que, d'une part, à une violation d'une disposition de la Charte doit correspondre une voie de recours devant une institution nationale dans le système judiciaire et administratif interne, et que d'autre part cette voie de recours doit être appropriée.

La liaison entre ces deux dispositions découle explicitement du texte même de la Charte.

En effet, selon l'article 1er de la Charte, les Etats parties à la Charte reconnaissent les droits, les devoirs et libertés énoncés et s'engagent à adopter les mesures législatives ou autres pour les appliquer.

L'article 26 quant à lui stipule que *les Etats parties à la présente Charte ont le devoir de garantir l'indépendance des tribunaux et de permettre l'établissement et le perfectionnement des institutions nationales appropriées chargées de la promotion et de la protection des droits et libertés garantis par la présente Charte.*

Il est donc logique, en liant étroitement les articles 26 et 56, alinéa 5, d'imposer au requérant qui entend saisir la Commission africaine des droits de l'homme et des peuples, de tenter d'obtenir au préalable devant le juge national satisfaction dans la protection de ses droits.

Le but de l'article 26 est de mettre les Etats face à leurs responsabilités, en vertu du principe de subsidiarité, et de les inciter à créer, dans leurs systèmes juridiques internes, un recours approprié permettant aux justiciables de se plaindre de leurs griefs.

L'intervention de la Commission africaine est donc subsidiaire et laisse la place en première instance au juge interne, sans doute le mieux placé pour apprécier l'existence des violations de la Charte.

Dans ce chapitre, nous allons respectivement analyser le champ d'application de cette règle, l'imprécision de sa rédaction, la nature du droit de recours prévu, les actes pouvant donner lieu à un recours ainsi que la portée de ce droit à un recours affirmé par l'article 26 de la Charte africaine.

SECTION 1: CHAMP D'APPLICATION DU DROIT A UN RECOURS DANS LA CHARTE AFRICAINE DES DROITS DE L'HOMME ET DES PEUPLES

L'article 26 de la Charte africaine dispose que *Les Etats parties à la Charte ont le devoir de garantir l'indépendance des tribunaux et de permettre l'établissement et le perfectionnement des institutions nationales appropriées chargées de la promotion et de la protection des droits et libertés garantis par la présente Charte.*

La raison d'être de cette disposition est, comme la Commission l'a reconnu dans sa jurisprudence, qu'à chaque violation d'un droit ou liberté, il doit y avoir un recours et qu'en plus ce recours doit être approprié : « les droits et libertés des personnes garantis dans la présente Charte ne peuvent être pleinement réalisés que si les gouvernements mettent en place des structures qui leur permettent de trouver recours chaque fois qu'ils sont violés »[122].

L'article 7 de la même Charte consacre les garanties procédurales liées à ce droit de recours en son alinéa premier : *Toute personne a droit à ce que sa cause soit entendue. Ce droit comprend :*

[122] Décision portant sur les communications précitées 147/ 95 et 149/ 96 *Sir Dawda K. Jawara c. Gambie*, 13ème rapport d'activités, § 74.

a) *Le droit de saisir les juridictions compétentes de tout acte violant les droits fondamentaux qui lui sont reconnus et garantis par les Conventions, les lois et les coutumes en vigueur; (...)*

La Charte africaine n'est pas la seule à s'être préoccupée de la nécessité de reconnaître, selon les modalités diverses, un droit de cette nature, soit en s'inspirant des précédents créés en 1948 dans la Déclaration universelle des droits de l'homme, soit en puisant ailleurs son inspiration ou en formulant la notion dans un cadre juridique particulier.

En effet, au niveau universel, la Déclaration universelle des droits de l'homme[123] comporte deux dispositions y relatives.

Selon l'article 8 : *toute personne a droit à un recours effectif devant les juridictions nationales compétentes contre les actes violant les droits fondamentaux qui lui sont reconnus par la constitution ou par la loi.*

L'article 10 complète l'article 8 en précisant les garanties procédurales : *toute personne a droit, en pleine égalité, à ce que sa cause soit entendue équitablement et publiquement par un tribunal, qui décidera, soit de ses droits et obligations, soit du bien fondé de toute accusation en matière pénale dirigée contre elle.*

Dans le Pacte international relatif aux droits civils et politiques, on trouve deux dispositions de ce genre.

Ainsi l'article 2 § 3. a. dispose :

Les Etats parties au présent Pacte s'engagent à :

...

a) *Garantir que toute personne dont les droits et libertés reconnus dans le présent Pacte auront été violés disposera d'un recours utile, alors que même la violation aurait été commise par des personnes agissant dans l'exercice de leurs fonctions officielles;*

---

[123] Résolution 217 A (III) du 10 décembre 1948 de l'Assemblée générale des Nations Unies.

L'article 14. 1 du même Pacte complète cette disposition en précisant les garanties procédurales qui s'y rapportent :

Toute personne a droit à ce que sa cause soit entendue équitablement et publiquement par un tribunal compétent, indépendant et impartial, établi par la loi, qui décidera soit du bien-fondé de toute accusation en matière pénale dirigée contre elle, soit des contestations sur ses droits et obligations de caractère civil.

La Convention des Nations Unies du 21 décembre 1965 sur l'élimination de toute forme de discrimination raciale est également explicite à ce sujet et apparaît comme une transposition, *mutatis mutandis*, dans le domaine particulier qui est le sien, des principes dégagés par la Déclaration universelle des droits de l'homme et le Pacte international relatif aux droits civils et politiques. Son article 6 dispose que *Les Etats parties assureront à toute personne soumise à leur juridiction une protection et une voie de recours effectives, devant les tribunaux et autres organismes d'Etat compétents contre tout acte de discrimination raciale qui, contrairement à la présente Convention violerait ses droits individuels et ses libertés fondamentales, ainsi que le droit de demander à ces tribunaux une satisfaction ou une réparation juste et adéquate, pour tout dommage dont elle pourrait être victime par suite d'une telle discrimination.*

Au niveau régional, la formule se trouve affirmée dans les ordres juridiques européen, américain.

Au niveau européen, les instruments des droits de l'homme tant au niveau du Conseil de l'Europe que de l'Union Européenne, affirment les mêmes principes.

Au niveau du Conseil de l'Europe, l'article 13 de la Convention européenne des droits de l'homme indique que *toute personne dont les droits et libertés reconnus dans la présente Convention ont été violés, a droit à l'octroi d'un recours effectif devant une instance nationale, alors même que la violation aurait été commise par des personnes agissant dans l'exercice de leurs fonctions officielles.*

Dans le même sens, l'article 6 de la même Convention, longtemps considéré, dans la jurisprudence de la Cour européenne des droits de l'homme, comme une *lex specialis*[124] dans la mesure où il formule des garanties procédurales plus étendues par rapport à l'article 13, dispose que *toute personne a droit à ce que sa cause soit entendue équitablement, publiquement et dans un délai raisonnable, par un tribunal indépendant et impartial, établi par la loi, qui décidera, soit des contestations sur ses droits et obligations de caractère civil, soit du bien- fondé de toute accusation en matière pénale dirigée contre elle.*

Au sein de l'Union Européenne, l'article 47 de la Charte des droits fondamentaux de l'Union Européenne[125] intitulé « droit à un recours effectif et à accéder à un tribunal impartial » stipule que *toute personne dont les droits et libertés garantis par le droit de l'Union ont été violés a droit à un recours effectif devant un tribunal dans le respect des conditions prévues au présent article.*

Toute personne a droit à ce que sa cause soit entendue équitablement, publiquement et dans un délai raisonnable par un tribunal indépendant et impartial, établi préalablement par la loi. Toute personne a la possibilité de se faire conseiller, défendre et représenter.

Une aide juridictionnelle est accordée à ceux qui ne disposent pas de ressources suffisantes, dans la mesure où cette aide serait nécessaire pour assurer l'effectivité de l'accès à la justice.

Dans le cadre américain, l'article 25. 1 de la Convention interaméricaine des droits de l'homme reconnaît que *toute personne a droit à un recours simple et rapide, ou à tout autre recours effectif devant les juges et tribunaux compétents, destiné à la protéger contre tous les actes violant ses droits fondamentaux reconnus par la constitution, par la loi ou par la présente Convention, lors même que ces violations auraient été commises par des personnes agissant dans l'exercice de fonctions officielles.*

---

[124] Notamment dans les arrêts suivants :

- Cour eur. dr. h., *arrêt Foti et autres c. Italie* du 10 décembre 1982, § 78;
- Cour eur. dr. h., *arrêt précité Hentrich c. France* du 22 septembre 1994, § 65.

[125] Charte des droits fondamentaux de l'Union Européenne, faite à Nice le 7 décembre 2000, entrée en vigueur le 18 décembre 2000, in DE SCHUTTER, O., TULKENS, F., VAN DROOGNEBROEK, S., *Code de droit international des droits de l'homme, op.cit.*, p. 535 et suivants.

La même disposition continue en indiquant les garanties procédurales :

les Etats parties s'engagent :

a. *à garantir que l'autorité compétente prévue par le système juridique de l'Etat statuera sur les droits de toute personne qui introduit un tel recours;*

b. *à accroître les possibilités de recours judiciaire;*

c. *à garantir que les autorités compétentes exécuteront toute décision prononcée sur le recours.*

L'article 9 de la Charte arabe des droits de l'homme[126] abonde dans le même sens : *Tous sont égaux devant les tribunaux et le droit à un recours effectif est garanti à chaque personne qui réside dans un Etat membre.*

Il ressort de ces différentes formulations utilisées par les divers instruments internationaux et régionaux des droits de l'homme pour décrire le droit au recours effectif, au profit de toute personne victime d'une violation de ses droits et libertés, que certains instruments garantissent le droit au recours devant un organe juridictionnel ou non juridictionnel[127] au moment où d'autres textes prévoient le droit à un recours proprement juridictionnel. Ainsi la Déclaration universelle des droits de l'homme, la Convention interaméricaine des droits de l'homme, la Charte des droits fondamentaux de l'Union européenne et la Ligue des Etats arabes prévoient un droit de recours devant une juridiction alors que la Convention européenne des droits de l'homme, la Convention des Nations-Unies pour l'élimination de toute forme de discrimination raciale ainsi que la Charte africaine des droits de l'homme et des peuples prévoient des recours non seulement devant les tribunaux mais aussi devant des organes non juridictionnels. Le Pacte international est le seul instrument qui manque ne précise pas la nature de l'organe compétent pour recevoir le recours mais la généralité des termes employés laisse entendre que l'organe de recours, au sens du Pacte, peut être juridictionnel ou non juridictionnel.

---

[126] Charte arabe des droits de l'homme, adoptée par le Conseil de la Ligue des Etats arabes par sa Résolution n° 5437, lors de sa 102ème séance du 15 septembre 1994, le Caire (Egypte).

[127] Voir par exemple la formulation utilisée à l'article 13 de la Convention européenne des droits de l'homme « une instance nationale » ou à l'article 26 de la Charte africaine des droits de l'homme et des peuples « institutions nationales appropriées ».

Une autre distinction qu'une approche comparée des divers instruments permet d'établir réside au niveau de la nature du litige à entendre.

La Déclaration universelle des droits de l'homme, le Pacte international relatif aux droits civils et politiques et la Convention européenne des droits de l'homme fixent des conditions garantissant le droit à un procès équitable limitées aux contestations *sur les droits et les obligations à caractère civil et les accusations en matière pénale*[128].

En revanche, les autres instruments, dont la Charte africaine des droits de l'homme et des peuples et la Charte des droits fondamentaux de l'Union Européenne, la Convention interaméricaine des droits de l'homme, contiennent des principes fondamentaux relatifs à l'accès à la justice d'application tout à fait générale. Ces principes couvrent tous les domaines et en plus des matières civiles et pénales, ils peuvent notamment s'appliquer aux contentieux administratif, fiscal et même aux violations d'autres instruments internationaux dont le Pacte international relatif aux droits civils et politiques[129].

---

[128] Il faut noter ici que la Cour européenne des droits de l'homme a défini les notions de « contestation », « droits et obligations », « caractère civil », « accusation » et « matière pénale », sans s'en tenir aux sens retenus dans les droits internes des Etats parties à la Convention, afin d'en assurer une application uniforme. La notion de « contestation » a été définie notamment dans les arrêts suivants :

- Cour eur. dr. h., *arrêt Benthem c. Pays-Bas* du 23 octobre 1985, § 32;
- Cour eur. dr. h., *arrêt Balmer-Schafroth et autres c. Suisse* du 26 août 1997, § 40;
- Cour eur. dr. h., *arrêt Acquaviva c. France* du 21 novembre 1995, § 46.

La notion de « droits et d'obligation » est définie notamment dans les arrêts suivants :

- Cour eur. dr. h., *arrêt James et autres c. Royaume-Uni* du 21 février 1986, § 81;
- Cour eur. dr. h., *arrêt Al – Adsani c. Royaume-Uni* du 21 novembre 2001, § 46- 49.

La notion de « caractère civil » est définie notamment dans les arrêts suivants :

- Cour eur. dr. h., *arrêt König c. Allemagne* du 28 juin 1978, § 88 et 89;
- Cour eur. dr. h., *arrêt Editions Périscope c. France* du 26 mars 1992, § 40;
- Cour eur. dr. h., *arrêt Beaumartin c. France* du 24 novembre 1994, § 28.

La notion d' « accusation » est définie notamment dans les arrêts suivants :

- Cour eur. dr. h., *arrêt Deweer c. Belgique* du 27 février 1980, § 42 et 44;
- Cour eur. dr. h., *arrêt Eckle c. Allemagne* du 15 juillet 1982, § 73.

La notion de « matière pénale » est définie notamment dans les arrêts suivants :

- Cour eur. dr. h., *arrêt Campbell et Felle c. Royaume-Uni* du 28 juin 1984, § 68;
- Cour eur. dr. h., *arrêt Weber c. Suisse* du 22 mai 1990, § 31-34.

[129] Dans la communication précitée 209/ 97 *Africa Legal Aid (agissant pour le compte de Sieur Lamina Waa Juwara) contre Gambie*, 13ème rapport d'activités, le requérant invoquait la violation de l'article 5 du Pacte international relatif aux droits civils et politiques en plus des dispositions de la Charte africaine.

En définitive, la Charte africaine des droits de l'homme et des peuples prévoit un recours devant un organe qui peut être juridictionnel ou non juridictionnel (article 26) ; l'article 7 précise les garanties procédurales du recours juridictionnel. Dans ces conditions, on peut considérer que les dispositions de l'article 7 ne sont qu'une loi spéciale par rapport à l'article 26 de portée générale. Les principes fondamentaux relatifs à l'accès à la justice contenus dans cette Charte ont un champ d'application général et ne sont pas limités exclusivement aux contestations sur les droits et les obligations de caractère civil et les accusations en matière pénale.

SECTION 2 : L'IMPRECISION DE LA REDACTION DE L'ARTICLE 26 DE LA CHARTE AFRICAINE DES DROITS DE L'HOMME ET DES PEUPLES

La formulation utilisée par les rédacteurs de la Charte pour affirmer le droit au recours laisse dans l'ombre certains aspects essentiels liés à la bonne compréhension de ce droit de recours tel qu'il est entendu dans les autres instruments internationaux ou régionaux des droits de l'homme.

Tout d'abord, l'article 26 oblige les États parties d'abord de garantir l'indépendance des tribunaux et de permettre l'établissement des institutions nationales appropriées chargées de la promotion et de la protection des droits et libertés prévus dans la Charte. Une lecture attentive de cette disposition permet d'affirmer que tous les actes violant les droits et libertés garantis par la Charte doivent faire l'objet d'un recours et que la qualité de l'auteur de l'acte importe peu, il peut s'agir d'une personne privée ou d'une personne agissant dans l'exercice de ses fonctions officielles. Sous le couvert des immunités dont elles peuvent bénéficier dans le droit interne, les personnes agissant dans l'exercice de leurs fonctions officielles peuvent commettre des violations des dispositions de la Charte tout en échappant aux poursuites. L'article 26 n'a rien prévu pour parer à une telle éventualité, contrairement aux autres instruments dans lesquels on trouve l'adjonction de la précision « alors que la violation aurait été commise par des personnes agissant dans l'exercice de leurs fonctions officielles »[130]. Cette formule est destinée à lever toute incertitude quant à la pertinence des immunités de toutes sortes que les Etats pourraient être amenés à invoquer.

On imagine mal comment les rédacteurs de la Charte ont omis une telle précision dans le contexte africain où les dirigeants veulent sauvegarder jalousement leur souveraineté, comme en témoigne la réticence à vouloir répondre de leurs engagements devant un organe juridictionnel. La mise en place d'une seule Commission qui n'est pas secondée par une Cour, une Commission dont le rôle se limite uniquement à la présentation d'un rapport devant la Conférence des Chefs d'État et de gouvernement qui, elle a le pouvoir de décision témoigne de cette volonté des dirigeants africains de ne pas lâcher leur souveraineté.

SECTION 3 : LA NATURE DU DROIT A UN RECOURS DANS LE SYSTEME DE LA CHARTE

La doctrine et la jurisprudence internationales considèrent que le droit de recours prévu dans les différents traités internationaux des droits de l'homme présente trois caractères :

- C'est un droit subjectif;
- C'est un droit dépendant mais autonome;
- C'est un droit procédural.

Il y a dès lors lieu de vérifier si la Charte africaine et la jurisprudence de la Commission africaine des droits de l'homme et des peuples affirment ces trois caractères.

§ 1. Un droit subjectif

Tout en se rattachant aux moyens de mise en œuvre des droits de l'homme et libertés fondamentales reconnus dans la Charte, elle consacre néanmoins un droit subjectif. L'obligation imposée aux Etats parties à la Charte est corrélative

[130] Cette formule se trouve insérée dans l'article 13 de la Convention européenne des droits de l'homme, à l'article 2. 3. a) du Pacte international relatif aux droits civils et politiques et à l'article 25. 1 de la Convention interaméricaine des droits de l'homme.

à un droit individuel subjectif dans le chef des personnes victimes d'une violation d'un des droits ou libertés reconnus par la Charte. C'est un droit subjectif d'une nature différente de celle des autres droits et libertés qui sont reconnus ; son objet est d'obtenir la sanction de la violation des droits garantis.

§2. Un droit dépendant mais autonome

Si l'article 26 ne reconnaît le droit de recours devant un tribunal ou une institution nationale qu'aux personnes dont les droits et libertés contenus dans la Charte ont été violés, sa violation présuppose-t-elle celle des articles qui définissent les droits et libertés protégés ? C'est le problème de l'autonomie de l'article 26.

Il n'est pas contestable que la règle énoncée à l'article 26 n'a pas d'existence indépendante en ce sens que le droit de recours qu'il prévoit ne peut porter que sur un droit protégé par la Charte et non sur n'importe quel droit subjectif. Cette considération est confirmée dans la jurisprudence de la Commission africaine car l'article 26, de même que l'article 7, sont toujours invoqués en même temps que d'autres dispositions de la Charte dont la violation est alléguée.

Mais la question qu'on se pose est de savoir si l'on peut déduire de là que cette règle ne peut pas être appliquée de façon autonome.

Quand on se penche sur la jurisprudence de la Commission, on constate qu'elle n'a jamais voulu trancher formellement cette fameuse discussion sur l'autonomie de l'article 26 et qu'elle n'a jamais indiqué le contenu réel et les frontières qu'elle entend donner à cette disposition.

Elle gagnerait à rejoindre les autres tendances internationales[131] en ce domaine car ne pas admettre le caractère autonome de cette disposition équivaudrait à vider toute sa substance. Dans ce sens, la violation de cette disposition pourrait

---

[131] A ce sujet, la jurisprudence ancienne de la Commission européenne des droits de l'homme qui avait affirmé que la violation du droit à un recours effectif prévu à l'article 13 de la Convention ne pourrait être utilement invoquée que complémentairement à la violation d'un autre droit a été critiqué par plusieurs auteurs qui considèrent, non sans raison, qu'elle vide pratiquement l'article 13 de son contenu : VASAK, K., *La Convention européenne des droits de l'homme*, Paris, Pichon et Durand-Auzias, 1964, p. 28; MERTENS, P., *Le droit à un recours effectif devant les instances nationales en cas de violation d'un droit de l'homme*, éd. de l'Université Libre de Bruxelles, Bruxelles, 1977, pp. 64-65. La Cour européenne des droits de l'homme a par après reconnu une autonomie limitée à l'article

être déduite de ce qu'il n'existe pas de recours devant une institution nationale en cas de violation d'un autre droit reconnu par la Charte alors même que, dans l'espace considéré, la violation de cet autre droit ne serait pas établie, car la violation d'un droit est une chose, avoir un recours en est une autre.

§ 3. Un droit procédural

La règle énoncée à l'article 26 ne reconnaît pas à proprement parler un droit de l'homme ou une liberté fondamentale mais prévoit une sanction de droit interne en cas de violation des droits et libertés reconnus par la Charte. Il ne s'agit pas d'un droit de l'homme proprement dit mais d'un mode de sauvegarde des droits et libertés affirmés dans la Charte.

Elle garantit ainsi un droit de nature procédurale, un droit de recours générique en faveur de quiconque fait valoir ses droits substantiels garantis par la Charte. Dans le cadre du Conseil de l'Europe, les travaux préparatoires de l'article 13 de la Convention européenne des droits de l'homme qui, comme l'article 26 de la Charte, garantit le droit de recours, donnent des indications claires sur cette nature procédurale. Le Comité d'experts, dans son rapport au Comité des ministres du Conseil de l'Europe, déclarait que cette disposition ne garantissait pas « un droit de l'homme proprement dit, mais le mode de sauvegarde desdits droits »[132].

À ce titre, le champ d'application de l'article 26 peut, dans certains cas, chevaucher celui d'autres dispositions de la Charte qui garantissent un droit de recours spécifique dans certaines matières couvertes par celle-ci.

Ainsi, l'article 7 de la Charte qui garantit le droit d'accès au tribunal ainsi que les garanties procédurales qui s'y rapportent et la Résolution[133] sur la

---

13 de la Convention qui prescrit le droit à un recours effectif. Pour de plus amples explications à ce sujet voir l'arrêt *Klass c. Allemagne* du 6 septembre 1978, point 64; ADDLE DE BRUYN, « *Le droit à un recours effectif* », in *Les droits de l'homme au seuil du troisième millénaire : Mélanges en hommage à Pierre Lambert*, Bruxelles, Bruylant, 2000, p. 185 et MALINVERNI, G., « Variations sur un thème encore méconnu : l'article 13 de la Convention européenne des droits de l'homme » (observation sous Camenzind), *RTDH*, 1998, p. 647.

[132] DRZEMCZEWSKI, A., et GIAKOUMOPOULOS, C., *La Convention européenne des droits de l'homme, commentaire article par article*, op.cit., p.457.

[133] Résolution précitée, ACHPR / Res. 4 (XI) 92 : Résolution sur le droit de recours et à un procès équitable adoptée par la Commission africaine des droits de l'homme et des peuples lors de sa 11ème session tenue à Tunis du 2 au 9 mars 1992.

procédure relative au droit de recours et à un procès équitable présentent des garanties plus étendues que le simple droit de recours prévu à l'article 26 de la Charte.

Cette Résolution reconnaît que le droit à un procès équitable est essentiel à la protection des droits de l'homme et des peuples et dispose :

« Tenant compte de l'article 7 de la Charte africaine des droits de l'homme et des peuples;

1. Considère que toute personne dont les droits et libertés sont violés a un droit à une réparation appropriée;

2. Considère que le droit à un procès équitable, comprend entre autres, ce qui suit :

   a) Toute personne a droit à ce que sa cause soit entendue et tous les individus sont égaux devant les juridictions pour la détermination de leurs droits et obligations;
   b) Les personnes arrêtées seront informées lors de leur arrestation, et dans une langue qu'elles comprennent des motifs de leur arrestation; elles devront également être rapidement informées de toute charge retenue contre elles;
   c) Les personnes arrêtées ou détenues comparaîtront rapidement devant un juge ou tout autre responsable légalement investi du pouvoir judiciaire; soit elles auront droit à un procès équitable dans un délai raisonnable, soit elles seront relaxées;
   d) Les personnes accusées d'un délit pénal sont présumées innocentes jusqu'à l'établissement de la preuve du contraire par un tribunal compétent;
   e) Dans la détermination du chef d'inculpation contre les individus, ces derniers auront droit :

      i) De disposer suffisamment de temps et de facilités pour la préparation de leur défense, et de pouvoir communiquer, en toute discrétion, avec un avocat de leur choix;

ii) d'être jugées dans les délais raisonnables;

iii) d'interroger les témoins à charge et de pouvoir convoquer et interroger les témoins à décharge dans les mêmes conditions que les témoins à charge;

iv) de bénéficier de l'assistance gratuite d'interprète s'ils ignorent la langue utilisée par la Cour.

3. Les personnes accusées d'un délit auront le droit de faire appel devant une juridiction supérieure;

4. Recommande aux Etats parties à la Charte africaine des droits de l'homme et des peuples de prendre les dispositions nécessaires pour que leurs ressortissants soient informés de ce que les voies de recours leur sont accessibles et de fournir aux nécessiteux une assistance judiciaire;

5. Décide de rester saisie de la question du droit aux voies de recours et à un procès équitable en vue de l'élaboration des principes complémentaires se rapportant à ce droit ».

Par conséquent, ce sont les garanties de l'article 7 et de cette Résolution qui devraient normalement s'appliquer, l'article 26 étant absorbé par ces deux dispositions.

En effet, lorsque l'article 7 et la Résolution qui garantissent formellement un recours judiciaire trouvent à s'appliquer, l'article 26 qui garantit un recours devant un tribunal ou une institution nationale quelle que soit sa nature juridictionnelle ou non, est de ce fait moins exigeant, ne saurait ni être appliqué simultanément ni être superposé à ces dispositions. L'article 26 ne pourra en fait s'appliquer qu'au cas où un recours plus faible qu'un recours judiciaire suffit à satisfaire aux dispositions de la Charte. L'extension du domaine d'application de l'article 7 par l'intermédiaire de la Résolution susvisée conduit dès lors nécessairement à restreindre celui de l'article 26, ce qui profite bien entendu, à l'efficacité des garanties procédurales de protection des droits fondamentaux inscrits dans la Charte. La jurisprudence constante de la Commission africaine permet de tirer cette conclusion.

En effet, la Commission a déclaré dans plusieurs décisions que « si l'article 7. 1. a été violé, il y a aussi violation de l'article 26 de la Charte »[134].

SECTION 4 : LES ACTES POUVANT DONNER LIEU A UN RECOURS

§ 1. La nature de la violation

Tous les actes violant les droits et libertés contenus dans la Charte doivent donner lieu à un recours devant les tribunaux ou les institutions nationales appropriées. L'article 26 n'établit aucune distinction entre les organes et les fonctions de l'Etat, ce qui vaut pour l'exécutif vaut aussi pour le législateur et le juge.

Il est rédigé en termes généraux et ne fait aucune distinction selon la nature de l'acte constituant une violation, qu'il s'agisse d'un acte législatif, d'un acte réglementaire ou d'un acte juridictionnel. Quels sont les actes à l'encontre desquels un recours est exigé ? La réponse est délicate et il importe de distinguer plusieurs hypothèses suivant qu'il s'agit des actes du pouvoir exécutif, des actes du législateur, des actes du pouvoir judiciaire et des actes des personnes privées.

---

[134] C'est notamment dans les communications précitées qui suivent :

- Communications 137/ 94, 154/ 96 et 161/ 97 *International Pen, Constitutional Rights, Interights au nom de Ken Saro-Wiwa et Civils Liberties Organisation c. Nigeria,* 12ème rapport d'activités, §95;
- Communications 140/ 94, 141/ 94 et 145/ 95 *Constitutional Rights Project, Civils Liberties Organisation et Media Rights Agenda c. Nigeria,* 13ème rapport d'activités, § 34;
- Communications 147/ 95 et 149/ 96 *Sir Dawda K. Jawara c. Gambie,* 13ème rapport d'activités, § 74;
- Communication 151/ 96 *Civil Liberties Organisation c. Nigeria,* 13ème rapport d'activités, § 21;
- Communication 206/ 97 *Centre for Free Speech c. Nigeria,* 16ème rapport d'activités, § 16. Ainsi que les communications :
- Communication 224/ 98 *Media Rights Agenda c. Nigeria,* 14ème rapport d'activités, § 65;
- Communication 225/ 98 *Huri-Laws c. Nigeria,* 14ème rapport d'activités, § 46.

A. Les actes du pouvoir exécutif

Tous les actes de l'administration, sans distinction aucune, tombent sous le coup de l'article 26 de la Charte. L'interprétation littérale de cette disposition permet une telle affirmation. Une telle interprétation ne soulève aucun problème juridique car l'activité du pouvoir exécutif est, tout au moins quant à sa légalité, soumise au contrôle juridictionnel.

La seule inquiétude réside uniquement dans les immunités de toutes sortes que les Etats parties pourraient être amenés à invoquer puisqu'elles n'ont pas été écartées expressément, on l'a vu, par le texte de l'article 26.

B. Les actes du pouvoir législatif

Le pouvoir législatif est, au même titre que les autres pouvoirs constitutionnels, lié par les obligations qui découlent pour les Etats contractants de la ratification de la Charte : par sa ratification, en effet, l'Etat accepte d'assumer une responsabilité du chef de ses agissements dans l'exercice de ses fonctions législatives.

Toutefois, l'application de l'article 26 aux actes du pouvoir législatif soulève des questions importantes d'ordre constitutionnel.

En effet, pour que l'article 26 puisse produire des conséquences en matière d'actes du législateur, il faudrait que la Charte soit incorporée en droit interne, qu'elle jouisse d'un rang supérieur à celui des lois et qu'il existe un contrôle de compatibilité des normes législatives avec la Charte ou, à tout le moins, avec la constitution, qui consacrent les droits et libertés analogues à ceux que garantit la Charte. A cet égard, est-ce que la Charte va jusqu'à exiger un recours par lequel on puisse dénoncer les lois d'un Etat contractant comme contraires en tant que telles à la Charte ou à des normes juridiques nationales équivalentes ?

Pour répondre à cette question, il importe de distinguer selon qu'il s'agit d'une voie d'action au niveau de la Commission africaine des droits de l'homme et des peuples ou d'une action devant les tribunaux ou les institutions nationales que vise l'article 26.

Au niveau de la Commission, rien ne s'oppose à ce que la victime puisse faire grief à l'Etat contractant non seulement de ce que le pouvoir législatif de cet Etat a violé la Charte mais aussi de ce que l'ordre juridique interne de cet Etat n'assure pas un recours devant les structures nationales aux personnes dont les droits et libertés reconnus par la Charte ont été violés par le pouvoir législatif.

Au niveau des institutions nationales, le problème posé est de décider s'il appartient au pouvoir judiciaire de sanctionner les actes ou omissions du pouvoir législatif. Cette question touche au fond du principe de la séparation des pouvoirs, composante essentielle de l'Etat de droit.

L'article 26 n'étant pas directement applicable dans l'ordre juridique interne, la réponse à la question qu'on s'est posée dépendra des recours que le droit interne prévoit ou tout au moins admet contre les actes du pouvoir législatif.

Dans les Etats qui reconnaissent l'applicabilité directe de la Charte, une lecture cohérente et dynamique de l'article 26 pousse à affirmer que, lorsqu'une violation active de la Charte est la conséquence de l'application d'une loi nationale, l'autorité compétente doit appliquer et interpréter le droit national, en tenant compte des droits et libertés garantis dans la Charte et de manière à mettre le droit national en harmonie avec celle-ci.

Il faut rappeler ici que les Etats parties à la Charte n'ont pas l'obligation d'incorporer la Charte dans leurs droits internes et que la Recommandation sur l'intégration des dispositions de la Charte dans le droit interne des Etats parties n'a pas été suivie d'effet[135].

C. Les actes du pouvoir judiciaire

La règle énoncée à l'article 26 protège également les victimes des violations qui auraient été commises par les cours et tribunaux.

Cette lecture doit cependant être nuancée car elle renvoie à une interrogation plus fondamentale, au sujet de laquelle la Commission africaine n'a jamais osé se prononcer.

---

[135] Voy. *supra*, deuxième section du deuxième chapitre de la deuxième partie de notre étude.

En effet, la question qui se pose à cet égard est de savoir si l'article 26, consacré au droit au recours en cas de violation d'une disposition de la Charte, entre en ligne de compte en cas d'atteinte à l'article 7 qui, lui, consacre les garanties procédurales dudit recours.

Le texte de l'article 26 n'exclut pas une telle éventualité mais une approche rationnelle voudrait que seules les violations des droits et libertés substantiels de la Charte constituent des violations de la Charte au sens de l'article 26.

Ni l'article 26, ni l'article 7 de la Charte ne reconnaissent, en tant que tel, le droit à un second degré de juridiction. Seule la Résolution sur le droit à un recours et à un procès équitable prise par la Commission en interprétation de l'article 7 de la Charte précise, en son troisième alinéa, que les personnes accusées d'un délit auront le droit de faire appel devant une juridiction supérieure.

Aucune disposition de la Charte ou résolution de la Commission ne garantit, et à juste titre, le droit d'une personne à ce que sa cause soit entendue successivement par trois instances car, dans l'éventualité où un acte d'une Cour de cassation constituerait une violation des droits et libertés reconnus par la Charte, si l'on devait considérer que l'article 26 impose l'ouverture d'un recours contre les arrêts de la Cour de cassation, il faudrait, dans la logique de cette thèse, que les décisions de l'institution qui aurait à connaître du recours puissent elles aussi faire l'objet d'un nouveau recours et ainsi de suite.

Enfin, aucune disposition de la Charte n'oblige une Haute Partie contractante à octroyer, aux personnes relevant de sa juridiction, une voie de recours devant une Cour constitutionnelle en plus des recours qu'elles peuvent exercer devant les tribunaux ordinaires.

D. Les actes des personnes privées

Pris à la lettre, l'article 26 exige que les Etats parties à la Charte assurent en droit interne un recours contre les violations des droits et libertés prévus par la Charte quelle que soit la qualité de l'auteur de la violation. Les violations commises par les personnes privées comme celles que commettent des personnes agissant dans l'exercice de leurs fonctions officielles tombent sous le coup de l'article 26 de la Charte.

Cette interprétation littérale de l'article 26 n'a reçu aucune consécration dans la jurisprudence de la Commission africaine des droits de l'homme et des peuples. S'appuyant sur une jurisprudence bien établie des autres instances internationales de protection des droits de l'homme[136], la Commission africaine a décidé dans ce sens que « les gouvernements ont le devoir de protéger leurs citoyens, non seulement en adoptant des législations appropriées et en les appliquant effectivement, mais également en protégeant lesdits citoyens d'activités préjudiciables qui peuvent être perpétrées par les parties privées»[137].

§2. *La qualité de la violation invoquée : le caractère défendable du grief*

Il ne suffit pas que l'individu allègue la violation d'un droit, encore faut-il qu'il puisse se prétendre, de manière plausible, victime de la violation d'un droit ou d'une liberté protégé par la Charte. L'article 26 ne saurait s'interpréter comme exigeant un recours interne pour toute doléance, si injustifiée soit-elle, qu'un individu peut présenter sur le terrain de la Charte.

Il doit s'agir d'un grief défendable au regard de celle-ci, en fait et en droit[138].

Le grief est défendable en fait lorsqu'il s'appuie sur des éléments factuels dont l'exactitude est avérée, ou au moins sur des allégations sérieuses. Dans ce sens, celui qui se prétend victime d'une violation a l'obligation de produire des pièces authentiques et suffisamment convaincantes pour constituer des indices sinon des preuves quant à la véracité des faits qu'il dénonce. Il doit étayer les griefs qu'il expose, ne fût-ce que par des commencements de preuve.

Le grief manque en droit lorsque les faits incriminés, aussi incontestables soient-ils, ne traduisent aucune violation d'une disposition de la Charte.

---

[136] Notamment :
- Cour interam. dr. h., arrêt précité *Velasquez Rodriguez c. Honduras*, jugement du 19 juillet 1988, série C, n° 4;
- Parmi plusieurs arrêts de la Cour européenne des droits de l'homme : cour eur. dr. h., *arrêt Osman c. Royaume-Uni*, 30 octobre 1988, § 116;

[137] Communication précitée 155/ 96 *Social and Economic Rights Action Center, Center for Economic and Social Rights c. Nigeria*, 15ème rapport d'activités, § 57.

[138] La Cour européenne des droits de l'homme a illustré cette exigence notamment dans les arrêts suivants :
- Cour eur.dr.h., arrêt Silver et autres c. Royaume-Uni , 25 mars 1983, §113 ;
- Cour eur.dr.h., arrêt Leander c. Suède, 26 mars 1987, § 77 ;
- Cour eur.dr.h., arrêt Boyle et Rice c.Royaume-Uni, 27 avril 1988, § 52 ;
- Cour eur.dr.h., arrêt Plattform « Ärze für das Leben » c. Autriche, 21 juin 1988, § 25.

SECTION 5 : LE CONTENU SUBSTANTIEL DE L'ARTICLE 26 DE LA CHARTE

Le contenu de l'article 26 de la Charte peut être dégagé à partir d'une double interprétation littérale et jurisprudentielle de cette disposition.

§1. L'interprétation littérale

Le libellé de l'article 26 de la Charte peut être découpé en deux parties. Dans le premier membre de la disposition, il est fait état de l'obligation des États de garantir l'indépendance des tribunaux. Le deuxième membre de la même disposition indique que les États ont le devoir de permettre l'établissement et le perfectionnement des institutions nationales appropriées chargées de la promotion et de la protection des droits et libertés garantis par la Charte. Le premier membre de cet article vise les tribunaux indépendants et le deuxième, les institutions nationales appropriées. Pour dégager le sens général de cette disposition, il convient d'interpréter séparément les deux membres.

A. Les tribunaux indépendants

Le premier membre de la disposition ne soulève pas de difficultés particulières d'interprétation dans la mesure où il contient des termes courants du langage juridique : les tribunaux indépendants.

D'après la jurisprudence internationale, plus particulièrement celle de la Cour européenne des droits de l'homme[139] et l'Observation générale[140] du Comité des droits de l'homme dans le cadre du Pacte international relatif aux droits civils et politiques, le tribunal signifie une institution déterminée substantiellement et qui se caractérise par son rôle juridictionnel consistant à trancher, sur la base des normes de droit et à l'issue d'une procédure organisée, toute question relevant de sa compétence.

---

[139] Notamment les arrêts :
- Cour eur.dr.h., arrêt *Bentham c. Pays-Bas*, 23/10/1985,§40 ;
- Cour eur.dr.h., arrêt *H. c. Belgique*, 30/11/1987,§40 ;
- Cour eur.dr.h., arrêt *Belilos c. Suisse*, 29/04/1998, § 64.

[140] Observation générale n° 13 sur l'article 14 du Pacte international relatif aux droits civils et politiques, HRI/GEN/Rev.2, 1984,§§ 3- 4

Au titre des qualités que doivent présenter ces tribunaux, la même disposition précise qu'ils doivent être indépendants. Le sens du mot indépendant peut être déterminé à partir des enseignements que dégage l'Observation générale précitée du Comité des droits de l'homme dans le cadre du Pacte international relatif aux droits civils et politiques ainsi que la jurisprudence de la Commission européenne des droits de l'homme[141]. D'après les deux sources, l'indépendance d'un tribunal s'envisage non seulement à l'égard du pouvoir exécutif mais aussi à l'égard des parties. L'indépendance à l'égard du pouvoir exécutif se rapporte principalement à la séparation des pouvoirs de l'État. Le pouvoir exécutif ne doit pas s'ingérer dans la poursuite des procès et le tribunal ne doit pas être un agent du gouvernement. L'indépendance à l'égard des parties signifie en matière pénale que les juges doivent être indépendants aussi bien vis-à-vis de la personne soupçonnée que de la victime. L'obligation de se récuser lorsqu'il y a un lien de parenté, d'alliance, d'amitié ou d'inimitié, ou le droit de demander la récusation des juges permettent d'assurer cette indépendance.

A ce niveau, on ignore pourquoi cette disposition de la Charte parle simplement de la seule qualité d'indépendance alors que d'ordinaire, les qualités que doit présenter un tribunal sont, en plus de l'indépendance, la compétence, l'impartialité et l'établissement par la loi.

B. Les institutions nationales appropriées

Si le premier membre de l'article 26 de la Charte ne semble pas soulever de difficultés particulières d'interprétation, le sens du deuxième membre n'est pas facile à déterminer en raison de la terminologie employée par la Charte.

Le deuxième membre de l'article 26 indique que les Etats ont l'obligation de permettre l'établissement et le perfectionnement des institutions nationales chargées de la promotion et de la protection des droits et libertés garantis dans la Charte. Afin de déterminer la signification de cette disposition, il convient de chercher le sens des termes employés : « institutions nationales, établissement, perfectionnement ».

Les termes « institutions nationales » entendus dans le sens ordinaire correspondent à une notion plus large que la notion de juridiction.

---

[141] Rapport de la Commission européenne des droits de l'homme, req. n° 7360/76, *Zand c. Autriche*, 12/10/1978, D.R., 15, p.70, § 81.

D'après le dictionnaire *Vocabulaire juridique*, le terme « institution » est défini comme étant « réalité que constitue soit un organisme existant (ex. un établissement administratif) lorsque s' y dégagent la conscience d'une mission et la volonté de la remplir en agissant comme une personne morale, soit une création lorsque le fondateur, découvrant l'idée d'une œuvre à réaliser, entreprend cette réalisation en suscitant une communauté d'adhérents; ou encore l'organisation sociale établie en relation avec l'ordre général des choses dont la permanence est assurée par un équilibre de forces ou par une séparation des pouvoirs et qui constitue par elle-même un état de droit »[142].

D'après le même dictionnaire, le mot « perfectionnement » signifie au sens technique toute invention nouvelle se rattachant étroitement à l'invention de base dans laquelle on retrouve la même idée essentielle et fondamentale.

Toujours d'après le même dictionnaire, le terme « établissement » signifie l'action consistant à instituer une réalité nouvelle (ordre social, ordre juridique, système, régime, méthode, activité, etc.) en lui donnant à la base, par une impulsion originaire, son existence et les moyens de sa réalisation.

L'interprétation littérale qui se dégage de toutes ces précisions terminologiques est que par cette disposition, les États parties à la Charte ont l'obligation de prévoir des structures nouvelles qui seront chargées d'assurer à la fois la promotion et la protection des droits et libertés garantis par la Charte. Les termes employés dans les définitions théoriques des différentes notions permettent d'affirmer que de telles structures peuvent avoir la nature juridictionnelle ou non juridictionnelle.

En ce qui concerne les qualificatifs de ces structures, la disposition sous analyse indique que les structures à prévoir doivent être « appropriées ». Un tel qualificatif est particulier à la Charte.

En effet, la Déclaration universelle des droits de l'homme, la Convention des Nations Unies sur l'élimination de toutes les formes de discrimination raciale, la Convention européenne des droits de l'homme, la Charte des droits fondamentaux de l'Union européenne, la Charte arabe des droits de l'homme parlent d'un « recours effectif »; la Convention interaméricaine des droits de

[142] CORNU, G., *Vocabulaire juridique*, Association Henri Capitant, P. U. F., 8e édition, 2000, p. 465.

l'homme utilise les termes « recours simple et rapide ou tout autre recours effectif », le Pacte international relatif aux droits civils et politiques emploie la formulation « recours utile » au moment où l'article 26 de la Charte indique simplement que les institutions nationales doivent être « appropriées ».

Les expressions « recours utile » et « recours effectif » ont la même signification car les textes anglais de la Convention européenne des droits de l'homme et du Pacte international relatif aux droits civils et politiques comportent des termes identiques « effective remedy » et à ce titre on peut affirmer que tous les instruments internationaux ou régionaux utilisent des termes identiques pour la qualification du droit de recours.

Peut-on dès lors imaginer qu'en utilisant les termes « institutions nationales appropriées », la Charte a voulu exiger que le recours soit effectif au même titre que les autres instruments supranationaux ?

Une réponse affirmative paraît difficile à donner. La définition du terme « approprié » n'apparaît pas dans les dictionnaires juridiques mais selon le dictionnaire « Le petit Robert » *approprié* signifie : qui convient, propre, adéquat, assorti, conforme, convenable, pertinent et en anglais approprié signifie « adapted » et à moins d'une précision jurisprudentielle ces termes ne possèdent pas la même signification que l'adjectif effectif.

Le dictionnaire français-anglais, anglais-français Le Robert & Collins[143] donne une définition semblable de celle que donne le précédent dictionnaire car il indique que le mot français « approprié » veut dire en anglais « appropriate » et signifie en français « qui convient ».

§2. L'interprétation jurisprudentielle de l'article 26 de la Charte

En droit international des droits de l'homme, la jurisprudence est d'une grande importance dans la détermination de la portée des droits et libertés garantis dans les instruments internationaux.

---

[143] Le Robert & Collins, Dictionnaire pratique français-anglais, anglais-français, Harper Collins Publishers, 4ème édition, 2004.

Les conventions internationales des droits de l'homme n'énoncent que les principes qui doivent être, pour reprendre la formule souvent utilisée par la Cour européenne des droits de l'homme, constamment interprétés par les organes de protection à la lumière des conditions du moment. La Charte africaine des droits de l'homme et des peuples a employé une terminologie qui lui est particulière dans la consécration de l'obligation pour les États de prévoir, conformément à l'idée de subsidiarité, des recours internes pour toute personne qui se prétendrait être victime des droits et libertés garantis par la Charte. Cette formulation particulière importe peu, l'essentiel étant que la Commission africaine parvienne à dégager la portée de cette disposition.

Dans le respect de la conception retenue précédemment qui distingue deux membres de l'article 26 de la Charte, les développements qui vont suivre feront un état des lieux de la jurisprudence de la Commission sur les deux composantes de la disposition sous-examen.

A. Les tribunaux indépendants

Les termes « tribunaux indépendants » contenus dans le premier membre de l'article 26 de la Charte ont déjà été interprétés par la Commission africaine des droits de l'homme et des peuples.

En effet, dans les communications où étaient invoquées la violation de l'article 26 de la Charte, la Commission a déclaré dans ses décisions que « si l'article 7 porte sur le droit de l'individu à être entendu, l'article 26 parle des institutions essentielles pour donner une signification et un contenu à ce droit. Cet article prévoit clairement la protection des tribunaux qui sont traditionnellement le bastion de la protection des individus contre les abus de pouvoir de l'Etat »[144].

C'est la raison pour laquelle, la Commission retient le critère d'indépendance du tribunal pour justifier la violation de l'article 26.

---

[144] Décisions portant sur:

- Communication 52/ 91 *Lawyers Committe for Human Rights c. Soudan*;
- Communication précitée 54/ 91 *Malawi African Association c. Mauritanie*;
- Communication précitée 129/ 91 *Civil Liberties Organisation c. Nigeria*.

C'est la même raison qui justifie pourquoi, dans la même jurisprudence, la Commission retient assez souvent la violation de l'article 7 considéré isolément, parfois la violation de l'article 7 combiné avec l'article 26 mais jamais la violation du seul article 26.

Toutefois, la Commission africaine n'a pas élaboré une définition autonome de ce caractère d'indépendance mais se réfère aux instruments suivants :

- Principes de base de l'O. N. U. sur l'indépendance de la magistrature[145], spécialement les articles 1er, 11 et 18.

L'article 1er de ces principes dispose « L'indépendance de la magistrature est garantie par l'Etat et énoncée dans la constitution ou la loi nationale.

Les institutions gouvernementales ou autres sont tenues de respecter et observer l'indépendance de la magistrature »;

Quant à l'article 11 des mêmes principes, il dispose que « Le mandat des juges, leur indépendance, sécurité, ... sont adéquatement assurés par la loi »;

L'article 18, quant à lui, indique que « les juges ne sont suspendus ou révoqués que pour des raisons d'incapacité ou de conduite qui les rendent indignes d'exercer leurs fonctions ».

- Les articles 1(b) et 30 des Règles minima de l'indépendance de la magistrature de l'Association Internationale du Barreau[146].

L'article 1(b) stipule que « L'indépendance personnelle signifie que les termes et les conditions de service des magistrats sont adéquatement sécurisés pour s'assurer qu'ils ne sont pas soumis au contrôle de l'exécutif ». L'article 30 quant à lui précise que « un juge n'est pas révoqué à moins que, pour des raisons d'un acte criminel ou de négligence grave et répétée ou d'incapacité physique ou mentale, il ne se soit manifestement montré incapable d'assumer les fonctions de juge ».

---

[145] Principes de base de l'O. N. U. sur l'indépendance de la magistrature adoptés par la septième réunion du Congrès des Nations-Unies sur la prévention du crime et le traitement des délinquants tenue à Milan du 26 août au 6 septembre 1985 et approuvés par les Résolutions 40/ 32 de l'Assemblée générale du 29 novembre 1985 et 40/ 146 du 13 décembre 1986.

[146] Règles minima de l'I. B. A. sur l'indépendance de la magistrature adoptées en 1982.

- La Résolution de la Commission africaine sur l'indépendance de la magistrature[147] dans laquelle elle « a exhorté tous les Etats parties à la Charte à abroger toutes les législations contraires aux principes de respect de l'indépendance de la magistrature, spécialement en ce qui concerne la nomination et l'affectation des juges et de s'abstenir de prendre une action qui pourrait menacer directement ou indirectement l'indépendance et la sécurité des juges et des magistrats ».

À part ce critère d'indépendance, la Commission africaine s'est également référé, pour se prononcer sur la composition du tribunal, au premier paragraphe des Principes fondamentaux relatifs à l'indépendance de la magistrature qui dispose « Les personnes sélectionnées pour remplir les fonctions de magistrat doivent être intègres et compétentes et justifier d'une formation et qualifications juridiques suffisantes »[148].

Nous avons déjà signalé antérieurement que dans la jurisprudence internationale, l'indépendance des tribunaux signifie non seulement l'indépendance à l'égard de l'exécutif mais aussi l'indépendance à l'égard des parties. Les textes sur lesquels se base la Commission africaine pour définir ce critère d'indépendance insistent sur l'indépendance des tribunaux à l'égard de l'exécutif mais ne font nullement allusion à l'indépendance à l'égard des parties. Afin de se conformer à ces enseignements dégagés par la jurisprudence internationale, la Commission africaine devrait intégrer dans sa jurisprudence les conceptions de l'indépendance des tribunaux.

B. Les institutions nationales appropriées

Dans l'interprétation de l'article 26 de la Charte, la Commission africaine ne considère que le premier membre de la disposition. Le deuxième membre qui parle des institutions nationales appropriées n'a jamais fait l'objet d'interprétation de la part de la Commission africaine.

---

[147] Résolution sur l'indépendance de la magistrature adoptée lors de la 19e session ordinaire de la Commission africaine du 26 mars au 4 avril 1996 à Ouagadougou, Burkina Faso.

[148] Décisions portant sur les communications précitées 224/ 98 *Media Rights Agenda c. Nigeria*, 222/ 98 et 229/ 99 *Law Office of Ghazi Suleiman c. Soudan*, 16ème rapport d'activités, § 66.

La jurisprudence n'indique pas si le recours devant n'importe quelle institution nationale répond aux exigences de cette disposition ni quelles sont les conditions nécessaires et suffisantes pour y satisfaire. Elle n'indique pas la manière dont les institutions doivent être organisées en droit interne.

Comment faut-il dès lors entendre les termes « institutions nationales » contenus dans le deuxième membre de l'article 26 de la Charte ?

A défaut d'une jurisprudence y relative, le sens des mots « institutions nationales » ne peut être déterminé qu'à partir de la seule interprétation littérale de ces termes combinée avec l'interprétation littérale et jurisprudentielles des termes « tribunaux indépendants » contenus dans le premier membre de l'article 26 de la Charte.

En effet, le premier membre de la disposition parle des tribunaux indépendants au moment où le deuxième membre de la même disposition complète le premier en obligeant les Etats parties à prévoir des recours devant les institutions nationales, un concept qui couvre, théoriquement, une réalité juridique plus large que la notion de tribunal pour englober non seulement les recours juridictionnels mais aussi les recours non juridictionnels. Retenir cette conception large du terme « institution » aboutirait à vider de son sens le premier membre de l'article car il résulterait une ambiguïté de dire que l'on prévoit d'abord un recours devant un tribunal lorsque dans la suite on va dire que l'on prévoit un recours devant un organe juridictionnel ou même non juridictionnel dans une même disposition. Si l'on veut sauvegarder l'économie générale de cette disposition, il est logique d'admettre que dans l'esprit des rédacteurs de la Charte, les termes « institutions nationales » ont été utilisés pour désigner les organes non juridictionnels devant lesquels les victimes des violations des droits et libertés garantis dans la Charte pourraient intenter les recours.

Une telle interprétation est même conforme à celle qui a été fait par la Cour européenne des droits de l'homme sur l'article 13 de la Convention européenne des droits de l'homme. Cette disposition reconnaît le droit de recours devant « une instance nationale », des termes qui ont été interprétés comme synonyme de « autorité nationale » pouvant être une autorité quasi-juridictionnelle (par exemple un ombudsman[149]), administrative (par exemple le ministre ou un directeur de prison[150]), ou politique (par exemple une Commission parlementaire[151]).

La même jurisprudence ajoute d'autres précisions importantes en indiquant que cette « instance nationale » ne cadrera, toutefois, pas avec les exigences de l'effectivité du recours garanti à l'article 13 que si elle présente certaines caractéristiques :

- Elle doit se composer de membres impartiaux et jouissant de garanties de l'indépendance ;
- Elle doit en outre, se conformer à certaines garanties procédurales, sous peine de rendre le recours ineffectif. Ces garanties n'iraient pas toutefois jusqu'à être identiques à celles d'un organe juridictionnel car l'effectivité du recours n'est pas subordonnée au caractère juridictionnel de l'autorité. Seules les irrégularités graves de procédures devraient entraîner la violation du droit au recours effectif ;
- Elle doit présenter la garantie qu'elle statuera sur les griefs par une décision à caractère obligatoire. L'instance qui rend un avis ne répondra pas à la condition d'effectivité imposée par l'article 13 ;
- Le caractère contraignant de la décision implique de plus, qu'une suite adéquate soit donnée par l'autorité compétente à tout recours qui sera reconnu justifié.

La Commission africaine est invitée à se prononcer sur le véritable sens qu'il faut donner à ces termes et indiquer également les caractéristiques de ces institutions nationales au regard des exigences de l'effectivité.

Avant de terminer cette matière, soulignons que lorsque le deuxième membre de l'article 26 de la Charte indique que les institutions nationales sont chargées de la promotion et de la protection des droits et libertés garantis par la Charte, une telle combinaison ne concorde pas avec la place que devrait normalement occuper l'article 26 dans le système de la Charte.

---

[149] Cour eur.dr.h., arrêt Leander c. Suède, 26 mars 1987, § 77.
[150] Cour eur.dr.h., arrêt Boyle et Rice c.Royaume-Uni, 27 avril 1988, § 52.
[151] Cour eur.dr.h., arrêt Klass c. Allemagne, 9 juin 1978, § 67.

En effet, l'article 26 garantit le droit au recours en cas de violation des droits et libertés prévus dans la Charte. Or, dans l'hypothèse de violation des mêmes droits et libertés, on devrait normalement avoir recours à un organe qui a pour mission la protection et non à un organe ayant pour mission la promotion des droits et libertés. Les autres dispositions des différents instruments internationaux relatifs au droit de recours précisent bien que les organes de recours ont uniquement pour mission la protection des droits et libertés garantis.

Les institutions nationales que vise l'article 26 devraient avoir pour unique mission de protéger les droits et libertés inscrits pour satisfaire à la raison d'être de cette disposition dans la Charte.

§3. Les critères d'effectivité d'un recours d'après la jurisprudence de la Commission africaine des droits de l'homme et des peuples

Que l'organe de recours soit juridictionnel ou non juridictionnel, il doit présenter certaines caractéristiques pour son effectivité. Les organes internationaux ou régionaux de protection des droits de l'homme ont élaboré des règles sur les caractéristiques que doivent présenter les recours internes. Si les organes de recours ne présentent pas ces caractéristiques, le requérant n'est plus dans l'obligation de les épuiser avant de porter sa réclamation devant un organe international de contrôle.

Il convient d'analyser les critères d'effectivité des recours retenus dans la jurisprudence de la Commission africaine des droits de l'homme et des peuples.

La décision rendue dans les communications groupées *Sir Dawda K. Jawara contre Gambie*[152] précise que trois critères fondamentaux doivent être pris en compte :

1° La disponibilité : au sens de la Commission, un recours disponible est synonyme de recours accessible. Il est qualifié ainsi lorsque le requérant a, en droit et en fait, la possibilité de déclencher lui-même la procédure de recours en vue de rétablir une situation conforme au

[152] Décision rendue sur les communications précitées 147/ 95 et 149/ 96 *Sir Dawda K. Jawara c. Gambie*, 13e rapport d'activités, § 31. Ces critères ont été également repris par la Commission africaine dans les décisions portant sur les communications précitées 299/2005 *Anuak Justice Council c. Ethiopie* et 275/2003 *Article 19 contre Etat d'Erythrée*, ici au paragraphe 46 de la décision.

droit. Dans ce sens, le requérant doit avoir la qualité de partie devant les tribunaux ou les institutions nationales que vise l'article 26 de la Charte africaine et surtout être à même d'intenter le recours et de déclencher la procédure nationale. Le recours doit être disponible non seulement en théorie mais aussi en pratique, c'est-à-dire que l'exercice du recours ne doit pas être entravé de manière injustifiée par les actes ou omissions des autorités de l'Etat défendeur.

2° L'efficacité : un recours est jugé efficace, selon la jurisprudence de la Commission, s'il offre des chances de succès. En revanche, ce n'est pas l'issue favorable ou défavorable d'un recours qui en détermine l'effectivité car le requérant peut ne pas avoir convaincu le juge interne du bien fondé de ses allégations, sans que cela soit une source d'engagement de la responsabilité internationale de l'Etat. L'article 26 consacre une garantie de moyens : ce qui est garanti est l'existence d'un recours et non son résultat favorable.

3° La satisfaction : une voie de recours est considérée comme satisfaisante lorsqu'elle est à même de donner satisfaction au plaignant, si elle est capable de réparer le préjudice dont se plaint la personne victime. Ne serait pas considérée comme telle une voie de recours qui ne conduit qu'à remédier à certains griefs.

La jurisprudence de la Commission relative à l'article 26 reste néanmoins muette sur les effets de l'aboutissement d'un recours pouvant être selon le cas l'annulation de l'acte en violation de la Charte, la cessation matérielle de l'acte constitutif de la violation, son retrait, sa modification, une réparation adéquate (des réparations civiles, des sanctions pénales ou disciplinaires), etc.

La Commission se borne uniquement à indiquer que le recours doit être de nature à remédier à la situation qui viole la Charte, faute de quoi le caractère effectif du recours disparaîtrait. Les Etats contractants disposent à cet égard d'un large pouvoir discrétionnaire, ils peuvent organiser les recours comme ils l'entendent, soit en étendant les compétences des institutions nationales existantes, soit en créant des institutions nouvelles.

La Commission donne ainsi les définitions des critères d'effectivité du recours qui ne diffèrent en rien de celles que retiennent la Cour européenne des droits de l'homme[153] et la Cour interaméricaine des droits de l'homme[154] mais sur un autre plan, la Commission africaine reste en défaut dans l'affirmation de plusieurs aspects essentiels pour la compréhension de ces différents critères.

1° Elle omet de préciser que l'effectivité d'un recours devant les institutions nationales dont fait mention l'article 26, se mesure à la lumière des garanties procédurales.

Ainsi, elle n'indique nulle part que le recours en question doit avoir un effet suspensif. Les problèmes relatifs aux recours sans effet suspensif apparaissent en cas d'exécutions des mesures contraires à la Charte dont les conséquences sont potentiellement irréversibles car, dans ces circonstances, seul un recours avec effet suspensif est effectif.

Or, dans certaines communications[155], la Commission africaine est saisie pour des cas de condamnations à mort, des peines et traitements inhumains ou dégradants, d'éloignement des étrangers, des situations qui *prima facie* produisent des conséquences irréversibles et dans lesquelles les impératifs d'une protection effective des droits fondamentaux rendent nécessaire l'effet suspensif des recours. La question de la conformité de l'article 26 avec un recours dépourvu d'effet suspensif n'a été posée dans aucune communication. Cette absence constitue une lacune importante dans la jurisprudence de la Commission africaine des droits de l'homme et des peuples. La Commission africaine a pris l'habitude, notamment dans le cas des condamnations à mort, d'adresser à l'Etat défendeur des lettres pour

---

[153] Notamment dans les arrêts suivants :
- Cour eur. dr. h., *arrêt Kudla c. Pologne* du 26 octobre 2000, § 152;
- Cour eur; dr. h., *arrêt Iatridis c. Grèce* du 25 mars 1999, § 47;
- Cour eur. dr. h., *arrêt précité Deweer c. Belgique* du 7 février 1980, § 29.

[154] Notamment les arrêts suivants :
- Cour interam. dr. h., arrêt précité *Velasquez Rodriguez c. Honduras* du 29 juillet 1988, série C n° 4, § 64 et § 66;
- Cour interam. dr. h., *arrêt Durand et Ugarte contre Pérou* du 28 mai 1999 (exceptions préliminaires), série C n° 50, § 34 et § 67.

[155] Notamment dans les communications contre le Nigeria sous le régime militaire, par exemple : *communication précitée 151 / 96 Civils Liberties Organisation contre Nigeria*, 13ème rapport d'activités.

lui demander de surseoir à l'exécution de la peine mais cette démarche n'empêcherait pas que la Commission soit plus explicite sur l'exigence de l'effet suspensif dans sa jurisprudence.

2° Dans le système de la Charte, le caractère effectif entraîne t-il le caractère directement applicable des droits et libertés dont la violation est invoquée et la primauté de ces derniers par rapport à toute norme interne ?

Cette question conduit à une autre interrogation encore plus fondamentale, qui est de savoir si l'applicabilité directe est une exigence de l'article 26 de la Charte ou si les droits et libertés que la Charte énumère peuvent être garantis sous une autre forme dans les ordres juridiques internes des Etats parties[156].

La Commission africaine reste muette sur cette question, mais comme déjà indiqué, la Commission ne va pas jusqu'à exiger l'incorporation directe de la Charte dans les ordres juridiques internes des Etats parties, ces derniers gardent la latitude de choisir le mode d'intégration des dispositions de la Charte.

3° La jurisprudence de la Charte n'indique pas si la nature du droit en cause entre en considération dans la vérification de l'effectivité d'un recours[157].

L'article 26 apparaît comme un droit à géométrie variable d'après lequel l'accent est mis sur tel ou tel droit substantiel de la Charte. Le caractère effectif doit être renforcé lorsqu'un droit intangible est en

[156] Cette interrogation est à l'origine de l'affirmation par la Cour européenne des droits de l'homme, notamment dans *l'arrêt Observer Guardian c. Royaume-Uni* du 26 novembre 1991, § 76, que l'article 13 qui reconnaît le droit à un recours effectif dans la Convention « garantit l'existence en droit interne d'un recours permettant de s'y prévaloir des droits et libertés de la Convention *tels qu'ils peuvent s'y trouver consacrés* ».

[157] A ce sujet, la Cour européenne des droits de l'homme a expressément affirmé que « la portée de l'obligation découlant de l'article 13 (droit à un recours effectif) varie en fonction de la nature du grief que le requérant fonde sur la Convention » et que « lorsqu'un individu formule une allégation défendable de violation de l'article 3 (interdiction de la torture) ou de l'article 2 (droit à la vie), la notion de recours effectif implique de la part de l'Etat, des investigations approfondies et effectives propres à conduire à l'identification et à la punition des responsables » : *arrêt Aksoy c. Turquie* du 18 décembre 1996, § 98; *Assenov et autres c. Bulgarie* du 28 octobre 1998; § 102; *mutatis mutandis arrêt Soering c. Royaume-Uni* du 7 juillet 1989, § 88, *arrêt Selmouni c. France* du 28 juillet 1999, § 79, etc.

jeu, notamment le droit à la vie ou le droit de ne pas être soumis à la torture, peines ou traitements cruels inhumains ou dégradants. Or, nombreuses sont les communications soumises à la Commission alléguant des violations de tels droits à caractère absolu et on peut difficilement comprendre pourquoi la Commission n'a pas encore intégré ce critère d'effectivité dans sa jurisprudence.

Dans cette perspective, elle pourrait également s'inspirer, en vertu des articles 60 et 61, de l'article 12 de la Convention contre la torture ou autres peines ou traitements cruels, inhumains ou dégradants adoptée en 1984 par les Nations Unies, qui impose une obligation de procéder « immédiatement à une enquête impartiale » chaque fois qu'il y a des motifs de croire qu'un acte de torture a été commis.

4° La même jurisprudence reste muette sur la question de savoir si le caractère effectif d'un recours s'apprécie au regard du caractère obligatoire de la décision.

Certes, en interprétant l'article 26 de la Charte, la Commission africaine ne vérifie que l'indépendance du tribunal mais ne dit rien sur le caractère de la décision que doit rendre le tribunal. La décision doit être juridiquement contraignante sans devoir pour autant être revêtue de l'autorité de la chose jugée.

5° Une autre omission est que la Commission ne s'est jamais prononcée sur la question de savoir si le caractère effectif d'un recours s'évalue aussi au regard de la mise à exécution de la décision. La communication *Constitutional Rights contre le Nigeria*[158] invoquait le cas de onze soldats de l'armée nigériane qui avaient été acquittés mais n'avaient pas été libérés et la Commission a retenu la violation par l'Etat nigérian de l'article 6 relatif au droit à la liberté et à la sécurité de la personne[159]. Si les faits invoqués portent atteinte à la liberté des

[158] Décision portant sur la communication précitée 148/ 96 *Constitutional Rights contre Nigeria,* 13e rapport d'activités.

[159] Cette disposition se lit ainsi : « Tout individu a droit à la liberté et à la sécurité de la personne. Nul ne peut être privé de sa liberté sauf pour des motifs et dans des conditions préalablement déterminées par la loi; en particulier nul ne peut être arrêté ou détenu arbitrairement ».

victimes, ils démontrent aussi que le recours dont ils disposaient n'était pas effectif et en tant que tel cela constituait aussi une violation des articles 26 et 7. 1 de la Charte.

De même, dans les décisions portant sur les communications *Constitutional Rights Project et Civils Liberties Organisation c. Nigeria*[160], la Commission a déclaré que « le fait que le Gouvernement refuse de libérer sous caution Chief Abiola comme cela a été ordonné par la Cour d'Appel est une violation de l'article 26 de la Charte qui enjoint les Etats à assurer l'indépendance des tribunaux ».

Si la Commission a bien agi en retenant la violation de l'article 26, c'était aussi l'occasion d'affirmer dans sa jurisprudence que la mise en exécution des décisions rendues figure au nombre des critères d'effectivité des recours.

La difficulté ne réside pas toujours dans l'obtention d'une décision mais se situe parfois au stade de son exécution par l'autorité compétente, raison pour laquelle la Commission gagnerait à affirmer ce critère d'effectivité.

6° Enfin, le libellé de l'article 26 fait allusion aux institutions nationales et aux tribunaux indépendants comme organes appropriés de protection des droits et libertés contenus dans la Charte. La question qu'on peut dès lors se poser est de savoir si c'est l'une de ces différentes structures ou l'ensemble de ces structures qui doivent être retenues pour apprécier l'effectivité du droit de recours au niveau national. La jurisprudence de la Commission n'est pas de nature à fournir une interprétation déterminante sur la portée de l'article 26 quant au point considéré. Elle pourrait s'inspirer utilement de la jurisprudence de la Commission[161] et de Cour européennes des droits de l'homme[162], qui considère à ce sujet que l'ensemble des recours offerts par le droit interne peut remplir les exigences de l'effectivité même si aucun d'entre eux n'y répond à lui seul.

---

[160] Décisions rendues sur les communications 143/95 et 150/96 *Constitutional Rights Project et Civils Liberties Organisation c. Nigeria*, 13ème rapport d'activités, § 30.

[161] Notamment dans la décision : req. n° 927/81, décision du 17/11/1983, D.R. 35, p.14.

[162] Notamment dans l'arrêt : Cour eur.dr.h., arrêt Boyle et Rice c.Royaume-Uni, 27 avril 1988, § 67.

§4. Les limitations du droit de recours

Bien que l'article 26 ne prévoie pas *expressis verbis* la possibilité pour les Etats contractants d'apporter des limitations à l'exercice du droit de recours devant les institutions nationales, il ne revêt pas un caractère absolu. Le libellé de cette disposition ne fait pas obstacle en effet à ce que les Etats contractants réglementent l'exercice du droit de recours devant les institutions nationales, sous la seule réserve que de telles réglementations ne puissent entraîner une atteinte à la substance de ce droit ni se heurter à d'autres droits consacrés par la Charte.

La Commission africaine l'a admis, dans la décision rendue sur la *communication K. Dawda c. Gambie* et l'a même rappelé dans celle portant sur la *communication Lawyers for Human Rights c. Royaume du Swaziland* : « La Charte doit être interprétée holistiquement et toutes les clauses doivent se renforcer mutuellement. L'objectif ou l'effet de toute limitation doit également être examiné dans la mesure où la limitation de ce droit ne peut servir à subvertir les droits acquis »[163].

Prenant appui sur ce précédent jurisprudentiel posé par la Commission africaine, les Etats parties à la Charte peuvent ainsi poser des conditions de recevabilité des recours, établir des procédures et des compétences relatives à l'observation des délais, aux heures d'ouvertures des bureaux, à l'emploi de certaines formules, etc. La Commission n'en dit rien.

De même, les limitations possibles de l'exercice du droit de recours peuvent découler de la qualité de la personne mise en cause. Tel est le cas lorsque cette personne bénéficie d'une immunité généralement admise par les Etats contractants parce que cette immunité est considérée comme nécessaire au bon fonctionnement des institutions parlementaires ou des services diplomatiques et assimilés. À ce niveau également, la Commission africaine garde le silence alors que le texte de l'article 26, contrairement aux autres instruments internationaux[164], n'a pas écarté une telle éventualité.

---

[163] Décision portant sur la communication 251/ 2002 *Lawyers for Human Rights c. Royaume de Swaziland,*18e rapport d'activités, § 37.

[164] Pour rappel, dans ces instruments, en particulier la Convention européenne des droits de l'homme, le Pacte international relatif aux droits civils et politiques, on trouve la formule « alors que la violation aurait été commise par des personnes agissant dans l'exercice de leurs fonctions officielles ».

Enfin, d'autres limitations peuvent découler de la qualité de la personne titulaire de ce droit de recours notamment les mineurs d'âge, les déséquilibrés mentaux, les détenus, etc. La Commission ne s'est jamais prononcée à ce sujet alors que l'occasion s'était présentée dans la *communication Purohit et Moore c. Gambie*[165]. Dans cette affaire, le plaignant était un défenseur des malades mentaux qui a introduit la communication pour le compte des malades détenus dans l'Unité psychiatrique de l'Hôpital Royal Victoria à Campama en Gambie et pour le compte des malades mentaux existants et futurs détenus en vertu de la loi sur la maladie mentale de la République de Gambie. La question soumise à l'attention de la Commission africaine était de savoir s'il existe ou non des voies de recours valables pour les plaignants. La Commission a considéré que les voies de recours offertes dans l'affaire n'étaient pas réalistes pour cette catégorie de personnes et a déclaré la communication recevable et plus tard retenu la violation de l'article 7 (1). a et c de la Charte africaine.

On peut regretter que la Commission n'ait pas saisi cette occasion pour se prononcer catégoriquement sur les limitations possibles du droit de recours relatif à la qualité de la personne titulaire de ce droit[166].

[165] Décision rendue dans la communication 241/ 01 *Purohit et Moore c. Gambie*, 16ème rapport d'activités.

[166] Ces limitations sont même prévues dans les dispositions des articles 16, 17 et 18 des Principes des Nations Unies pour la Protection des malades mentaux et l'amélioration des soins de santé mentale dont la Commission africaine pouvait s'inspirer en vertu des articles 60 et 61 de la Charte.

CONCLUSION DU CHAPITRE

L'article 26 garantit un droit de recours en cas de violation des droits et libertés contenus dans la Charte africaine des droits de l'homme et des peuples.

Il vise à instituer un mécanisme de contrôle national, indépendant du contrôle de la Commission africaine, destiné à remédier à la source aux violations de la Charte. Il répond au souci d'une protection effective des droits fondamentaux et, à ce titre, il devrait avoir une place de premier rang parmi les garanties procédurales consacrées par la Charte. Or, cette disposition n'a joué qu'un rôle apparemment mineur dans le système de protection mis en place par la Charte.

En effet, jusqu'à présent, le contentieux africain relatif à l'application de l'article 26 n'est pas abondant et cette disposition n'a pas encore fait l'objet d'une interprétation substantielle à telle enseigne que, au vu de la jurisprudence actuelle, on ne saurait déterminer avec précision sa portée exacte.

Cette situation est due en grande partie à l'imprécision de sa rédaction.

D'une part, la formulation utilisée par les rédacteurs de la Charte pour affirmer le droit au recours laisse dans l'ombre certains aspects essentiels de ce droit de recours tel qu'il est entendu dans les autres instruments régionaux des droits de l'homme.

D'autre part, la disposition ne prévoit rien pour parer à l'éventualité de la violation des droits et libertés contenus dans la Charte par des autorités publiques qui agiraient sous le couvert des immunités de toute sorte dont elles pourraient bénéficier en droit interne.

De plus, les termes « institutions nationales » prêtent à confusion, la Charte et la jurisprudence de la Commission n'indiquent pas les pouvoirs ainsi que la manière dont ces institutions sont organisées en droit interne.

La même attitude s'observe à propos des qualificatifs du recours qu'il prévoit. Enfin, la Commission africaine garde toujours le silence sur la question de savoir si la disposition sous analyse peut avoir ou non un caractère autonome.

Une autre cause de sa marginalisation est le développement jurisprudentiel de l'article 7 qui a eu comme conséquence l'absorption de cette disposition. L'article 26 n'est jamais invoqué seul dans les communications et, dans tous les cas où la Commission a retenu une violation de cette disposition, il est combiné avec l'article 7. L'article 7 de la Charte et la Résolution sur la procédure relative au droit de recours et à un procès équitable contiennent toute la panoplie des garanties propres aux procédures judiciaires. À ce titre, ils sont plus stricts que le simple droit de recours prévu à l'article 26 qui se trouve ainsi absorbé. L'extension du domaine d'application de l'article 7 conduit nécessairement à restreindre celui de l'article 26.

Cette absorption de l'article 26 par l'article 7 conduit à une interrogation encore plus fondamentale au sujet de laquelle la Commission ne s'est pas encore prononcée, de savoir si l'article 26 entre en jeu en cas de violation de l'article 7.

Une dernière cause de sa marginalisation est l'interprétation restrictive que donne la Commission africaine aux exigences de l'article 26.

Dans les rares cas où cette disposition est invoquée dans les communications, la Commission africaine est restée en défaut d'affirmer plusieurs aspects essentiels pour la compréhension des critères d'effectivité déjà retenus dans sa jurisprudence : les garanties qu'offrent les structures internes de recours, en particulier la conformité de l'article 26 avec un recours dépourvu d'un effet suspensif; la question de savoir si l'applicabilité directe est une exigence de cette disposition ou si les droits et libertés qu'énumère la Charte peuvent être garantis sous une autre forme dans les droits internes des Etats parties; la prise en compte de la nature du droit en cause dans la vérification de l'effectivité d'un recours; le rapport entre le caractère obligatoire de la décision de l'organe de recours et l'effectivité dudit organe; le caractère effectif d'un recours au regard de la mise à exécution de la décision de cet organe; la question de savoir si c'est une seule institution ou l'ensemble des institutions qui doit être retenu pour apprécier l'effectivité du droit de recours au niveau national ainsi que le caractère absolu ou relatif de la disposition sous analyse.

La Commission est habilitée, en vertu des articles 60 et 61 de la Charte, à s'inspirer de la jurisprudence des autres organismes internationaux pour éclairer les notions nouvelles inconnues dans sa jurisprudence. Une telle habilitation combien constructive a été matérialisée par la Commission pour éclairer les notions de peines, traitements inhumains et dégradants[167] ainsi que la liberté d'expression[168]. La Commission africaine devrait manifester le même dynamisme pour éclairer tous les principes se rapportant à l'article 26 qui demeurent toujours dans l'ombre. Du reste, ceci répond à la préoccupation de la même Commission car, déjà dans sa Résolution sur la procédure relative au droit de recours et à un procès équitable, *in fine*, elle avait indiqué qu'elle décidait de rester saisie sur la question du droit aux voies de recours et à un procès équitable en vue de l'élaboration des principes complémentaires se rapportant à ce droit.

[167] Dans la décision portant sur la communication précitée 247/ 2002 *Institut pour les droits humains et le développement en Afrique (au nom de Jean Simbarakiye) c. République Démocratique du Congo*, 16e rapport d'activités, § 37, la Commission africaine s'est inspirée des affaires *Tyler c. Royaume -Uni*, 1978 et *Ireland c. Royaume - Uni*, 1978, § 162 pour définir les termes « traitements cruels inhumains et dégradants » contenus dans l'article 5 de la Charte africaine; Dans la décision portant sur la communication précitée 241/ 01 *Purohit et Moore c. Gambie*, 16ème rapport, § 54 : la Commission africaine s'est inspirée du Principe 1 (4) des Principes des Nations Unies pour la protection des malades mentaux et l'amélioration des soins de santé mentale pour éclairer les droits reconnus aux articles 2 et 3 de la Charte africaine.

[168] Dans la décision portant sur la communication précitée 228/ 99 *Law Office of Ghazi Suleiman c. Soudan*,16e rapport d'activités, § 46-49, la Commission africaine s'est appuyée sur la jurisprudence de la Cour européenne des droits de l'homme et de la Cour interaméricaine des droits de l'homme pour clarifier les aspects de cette liberté d'expression prévue à l'article 9 de la Charte africaine.

CHAPITRE II:

LA REGLE DE L'EPUISEMENT DES VOIES DE RECOURS INTERNES AU SENS DE LA CHARTE AFRICAINE DES DROITS DE L'HOMME ET DES PEUPLES

L'épuisement des voies de recours internes est une règle bien établie, souvent appliquée et à laquelle les Etats sont fermement attachés.

Elle compte parmi les principes les mieux assis du droit international coutumier[169] et du droit international conventionnel[170].

Les instruments internationaux protégeant les droits de l'homme, apparus depuis une cinquantaine d'années, subordonnent toujours la mise en œuvre de leur mécanisme de protection à l'épuisement préalable des recours internes.

[169] La jurisprudence et la doctrine reconnaissent le caractère coutumier de cette règle. Ainsi la Cour internationale de justice (C. I. J) a affirmé le caractère coutumier de la règle, dans son arrêt rendu à propos de l'affaire de *l'Interhandel*, C. I. J Recueil 1959, P. 27. Il en est de même de la doctrine, voy. notamment SULLIGER, D., *L'épuisement des voies de recours internes en droit international général et dans la Convention européenne des droits de l'homme*, Imprimerie des Arts et Métiers, Lausanne, 1979, P. 11.

[170] Au niveau conventionnel, la règle est affirmée dans les systèmes européen, américain et africain de protection des droits de l'homme. Dans le système européen, elle figure à l'article 26 (nouveau article 35 § 1) de la Convention européenne des droits de l'homme. Dans le cadre américain, c'est l'article 9 bis du Statut de la Cour interaméricaine des droits de l'homme qui l'affirme et l'article 46 de la Convention interaméricaine relative aux droits de l'homme. Dans l'espace africain, c'est l'article 56, alinéa 5, de la Charte africaine des droits de l'homme et des peuples qui l'affirme. Dans le système onusien, cette règle est affirmée à l'article 41 alinéa 1, litera c du Pacte international relatif aux droits civils et politiques; à l'article 11, chiffre 3 de la Convention sur l'élimination de toutes les formes de discrimination raciale et à l'article 22 §5 (b) de la Convention des Nations Unies contre la torture, peines ou traitements inhumains ou dégradants.

Dans le système africain de protection des droits de l'homme, l'analyse pratique de cette règle présente un double intérêt.

Tout d'abord, parmi les sept conditions de recevabilité des communications individuelles que prévoit l'article 56 de la Charte africaine des droits de l'homme et des peuples, seule la condition relative à l'épuisement des voies de recours internes est celle qui a non seulement fait l'objet d'une jurisprudence abondante mais aussi a fait l'objet d'une interprétation substantielle.

Ensuite, presque toutes les communications individuelles déclarées irrecevables par la Commission africaine des droits de l'homme et des peuples le sont pour défaut d'épuisement des voies de recours internes[171].

Dans ce chapitre, nous allons d'abord analyser la terminologie employée par la Charte pour formuler cette règle, à partir d'une approche comparée des autres formulations utilisées par les autres instruments internationaux relatifs aux droits de l'homme (*première section*).

Dans la suite, nous analyserons la jurisprudence de la Commission africaine des droits de l'homme et des peuples, relative aux aspects suivants liés à la mise en œuvre de cette règle :

- La finalité de la règle dans le système africain de protection des droits de l'homme et des peuples (*deuxième section*);
- Les recours internes dont la Commission africaine exige l'épuisement (*troisième section*);
- Le moment où les recours internes sont considérés comme épuisés (*quatrième section*);

---

[171] Voir notamment les décisions rendues sur les communications suivantes : communication n° 162/ 97 *Mouvement des Réfugiés Mauritaniens au Sénégal c. Sénégal*; communication 198/ 97 *S. O. S Esclaves c. Mauritanie*; communication 221/98 *Alfred B. Cudjoe c. Ghana*, Communication 73/92 *Mohamed Lamine Diakité c. Gabon*; communication 201/97, *Egyptian Organisation for Human Rights c. Egypte*; communication 209/97 *Africa Legal Aid (agissant pour le compte du sieur Lamin Waa Juwara) c. Gambie*; communication 219/98 *Legal defence Centre c. Gambie*; communication 220/98 *Law Office of Ghazi Suleiman c. Soudan*, communication 239/2001 *Interights (pour le compte de José Domingos Sikunda) c. Namibie*; communication 252/2002 *Stephen O. Aigbe c. Nigéria*; communication 254 /2002 *Mouvement des Réfugiés Mauritaniens au Sénégal c. Sénégal*; communication 247/2002 *Institut pour les Droits Humains et le Développement en Afrique (au nom de Jean Simbarakiye) c. République Démocratique du Congo* ; communication 299/2005 *Annuak Justice Council c. Ethiopie.*

- Les circonstances qui dispensent le requérant de l'épuisement des recours internes (*cinquième section*);
- La charge de la preuve de l'épuisement des recours internes (*sixième section*);
- La nature de la règle de l'épuisement des recours internes dans la Charte africaine des droits de l'homme et des peuples (*septième section*).

SECTION 1 : LA FORMULATION DE LA REGLE DE L'EPUISEMENT DES VOIES DE RECOURS INTERNES DANS LA CHARTE AFRICAINE DES DROITS DE L'HOMME ET DES PEUPLES

La règle de l'épuisement des voies de recours internes est affirmée dans tous les textes internationaux et régionaux des droits de l'homme mais avec une formulation particulière dans la Charte africaine des droits de l'homme et des peuples.

En effet, au niveau universel, l'article 41 *litera* c du Pacte international relatif aux droits civils et politiques précise, parmi les conditions de recevabilité des communications individuelles, que *Le comité ne peut connaître d'une affaire qui lui est soumise qu'après s'être assuré que tous les recours internes et disponibles ont été utilisés et épuisés, conformément aux principes de droit international généralement reconnus…*

L'article 11. 3 de la Convention sur l'élimination de toutes les formes de discriminations raciales reprend les mêmes termes dans la formulation de cette règle.

Dans les instruments régionaux relatifs aux droits de l'homme, au sein du Conseil de l'Europe, l'article 35. 1 (ancien article 26) de la Convention européenne des droits de l'homme indique que *La Cour ne peut être saisie qu'après l'épuisement des voies de recours internes tel qu'il est entendu selon les principes de droit international généralement reconnus…*

Dans le cadre américain, l'article 46. 1 de la Convention interaméricaine relative aux droits de l'homme dispose que *La Commission ne retient une pétition ou une communication présentée conformément aux articles 44 ou 45 que sous les conditions suivantes à savoir :*

> *a) que toutes les voies de recours internes aient été dûment utilisées et épuisées conformément aux principes du droit international généralement reconnus...*

Dans l'enceinte régionale africaine, l'article 56 de la Charte africaine des droits de l'homme et des peuples stipule que *Les communications visées à l'article 55 (les communications individuelles) reçues à la Commission et relatives aux droits de l'homme et des peuples, doivent nécessairement, pour être analysées, remplir les conditions ci-après : ...*

5) être postérieures à l'épuisement des voies de recours internes s'ils existent à moins qu'il ne soit manifeste à la Commission que la procédure de ces recours se prolonge de façon anormale ...

Une lecture comparée de ces différentes formulations amène à constater que le Pacte international relatif aux droits civils et politiques, la Convention sur l'élimination de toutes les formes de discriminations raciales, la Convention européenne des droits de l'homme, la Convention interaméricaine relative aux droits de l'homme utilisent des formulations identiques pour illustrer la règle de l'épuisement des voies de recours internes dans la mesure où tous ces instruments précisent que les voies de recours internes doivent être entendues « suivant les principes de droit international généralement reconnus », c'est-à-dire d'après la coutume internationale.

Le texte africain est le seul qui a omis une telle précision, car il énonce la règle mais reste muet sur sa référence. Comment faut-il alors entendre la règle de l'épuisement des recours internes au sens de la Charte africaine ?

La jurisprudence de la Commission africaine des droits de l'homme et des peuples ne fournit aucune indication à cet égard mais la réponse à cette question peut être déduite de l'interprétation des articles 60 et 61 de la même Charte.

En effet, l'article 60 dispose que *la Commission s'inspire du droit international relatif aux droits de l'homme, notamment les dispositions des divers instruments africains relatifs aux droits de l'homme et des peuples, des dispositions de la Charte des Nations Unies, de la Charte de l'Organisation de l'Unité Africaine, de la Déclaration universelle des droits de l'homme, des dispositions des autres instruments adoptés par les Nations Unies et par les pays africains dans le domaine des droits de l'homme et des peuples ainsi que des dispositions des divers instruments adoptés au sein d'institutions spécialisées des Nations Unies dont sont membres les parties à la présente Charte.*

L'article 61 complète cette disposition en indiquant que *La Commission prend aussi en considération, comme moyens auxiliaires de détermination des règles de droit, les autres Conventions internationales, soit générales, soit spéciales, établissant des règles expressément reconnues par les Etats membres de l'Organisation de l'Unité Africaine, les pratiques africaines conformes aux normes internationales relatives aux droits de l'homme et des peuples, les coutumes généralement acceptées comme étant le droit, les principes généraux du droit reconnus par les nations africaines ainsi que la jurisprudence et la doctrine.*

Il découle de la lecture de l'article 60 que, dans l'interprétation des dispositions de la Charte, en particulier l'article 56, alinéa 5, la Commission africaine est habilitée à s'inspirer de plusieurs sources notamment *des dispositions des autres instruments adoptés par les Nations Unies* dans le domaine des droits de l'homme et des peuples. Or, parmi ces instruments visés et auxquels sont parties les Etats africains figurent, le Pacte international relatif aux droits civils et politiques et la Convention des Nations Unies sur l'élimination de toutes les formes de discrimination raciale. Les textes de ces deux instruments énoncent la règle de l'épuisement des recours internes dans des termes identiques en indiquant que *la règle doit être entendue d'après les principes de droit international généralement reconnus.*

Une interprétation logique conduit dès lors à en déduire que la Commission africaine doit appliquer la règle sous analyse d'après les principes de droit international généralement reconnus. Une telle interprétation est conforme à la lettre de l'article 61 qui précise notamment que la Commission prend en considération, dans l'interprétation de la Charte les *coutumes généralement acceptées comme étant le droit, les principes généraux du droit reconnus par les Nations africaines.*

Ainsi, l'interprétation des articles 60 et 61 de la Charte permet de rapprocher le sens général de l'article 56, alinéa 5, de celui des autres règles relatives à l'épuisement des voies de recours internes dans les instruments internationaux ou régionaux des droits de l'homme. La règle de l'épuisement des recours internes inscrite à l'article 56 alinéa 5 de la Charte africaine, doit elle aussi, être entendue d'après les principes de droit international généralement reconnus, c'est-à-dire d'après le droit international coutumier[172].

SECTION 2 : LA FINALITE DE LA REGLE DANS LE SYSTEME AFRICAIN DES DROITS DE L'HOMME ET DES PEUPLES

§1. Les raisons d'être de la règle

A. Les justifications issues du droit international

À lire la jurisprudence internationale et la doctrine, cinq raisons sont couramment avancées pour justifier la règle de l'épuisement des voies de recours internes :

1ère raison d'être : offrir à l'Etat défendeur la possibilité de constater, prévenir et redresser par ses propres moyens les griefs allégués contre lui, préalablement à toute réclamation internationale

[172] À l'appui de cette thèse, on peut noter que, dans sa jurisprudence, la Commission africaine des droits de l'homme et des peuples affirme qu'elle interprète les autres dispositions de la Charte (les articles 5 et 12.5) en invoquant le droit coutumier international, notamment dans la décision portant sur la communication 249/2002 *Instituts pour les droits humains et le développement en Afrique pour le compte des refugiés sierra- léonais en Gambie c. République de Guinée*, 20ème rapport d'activités, § 32.

La doctrine internationaliste, le droit coutumier, le droit conventionnel et la jurisprudence rappellent sans cesse que la première finalité de la règle de l'épuisement des voies de recours internes est de ménager aux Etats contractants l'occasion de constater, prévenir ou redresser les violations alléguées contre eux avant que ces allégations ne soient soumises aux organismes internationaux[173].

2ème raison d'être : protéger les souverainetés étatiques

La communauté internationale se caractérise par le fait que ses membres originaires sont des Etats simplement juxtaposés, égaux et souverains. Chacun d'eux exerce sa souveraineté sur les personnes, ressortissant ou non de cet Etat, sur les choses qui se trouvent sur son territoire ainsi que sur les actes qui s'y passent. La règle de l'épuisement des recours internes apparaît comme un corollaire de cette souveraineté. Celle-ci, en effet, permet d'exclure toute autre compétence à l'intérieur des limites dans lesquelles elle s'exerce.

Max Huber a bien illustré cette conception quand il a affirmé que la souveraineté étatique implique le droit exclusif d'exercer les activités étatiques, dont l'activité juridictionnelle est une part importante[174].

---

[173] Dans la doctrine, on peut citer notamment :
- ANTONOPOULOS, N., *La jurisprudence des organes de la Convention européenne des droits de l'homme*, Leyde, 1967, p. 49.
- DANIELUS, H., "Conditions of admissibility in the jurisprudence of the European Convention of human rights", R.D.T., 1969, p. 285.
- FAWCETT, J.E. S., *The application of the European Convention of human rights*, Oxford, 1969, pp. 293-294.
- CASSESSE, A., « Le droit de recours individuel devant la Commission européenne des droits de l'homme », in "Les clauses facultatives ...", Bari, 1954, p. 57.
- SULLIGER, D., *op. cit.*, pp. 39-42.

En droit coutumier, on peut citer notamment :
- La sentence arbitrale rendue dans l'affaire des "Finnish Ships", Recueil des Sentences Arbitrales de l'O.N.U., Vol. III, p. 1502.
- Affaire de l'Interhandel, arrêt du 21 mars 1959, C. I.J., Recueil 1959, p. 27.

En droit conventionnel, on peut citer le message du Conseil fédéral de l'assemblée fédérale du 23 novembre 1965 concernant l'approbation des traités de conciliation, de règlement judiciaire et d'arbitrage conclu par la Suisse avec le Cameroun, Costa Rica, la Côte d'Ivoire, la Grande Bretagne, l'Israël, le Libéria, Madagascar et le Niger (Feuille Fédérale de la Confédération suisse, 1965 III, p. 143) dans lequel on affirme que le préalable de l'épuisement visait à permettre à l'Etat tenu responsable de redresser lui-même le dommage allégué.

Dans la jurisprudence de la Commission et de la Cour européennes des droits de l'homme ainsi que celle de la Cour interaméricaine des droits de l'homme, cette justification se trouve dans presque tous les arrêts et décisions rendus. La Commission interaméricaine des droits de l'homme a reconnu la même justification notamment dans sa décision du 5 mars 1996, pétition 10636 contre Guatemala, Rés. 10/96, Rapport annuel 1995, p. 135, § 44.

[174] Max Hubert., cité par SULLIGER, D., *op.cit.*, p. 39.

Le principe de l'épuisement des recours internes commande à l'individu qui se prétend victime d'une violation d'un droit de l'homme, de chercher réparation de cette violation auprès des autorités de l'Etat sous la souveraineté duquel il se trouve, protège cette souveraineté.

Dans le même ordre d'idées, pour tous les Etats ayant ratifié une Convention internationale, en particulier en matière de droits de l'homme, il existe une présomption générale selon laquelle les lois, l'organisation judiciaire et les actes des organes étatiques de chacun d'eux, sont conformes aux exigences du droit international[175]. Le renversement de cette présomption réclame l'épuisement des recours internes.

En d'autres termes, puisque le droit international oblige les Etats à assurer un traitement minimum à toutes les personnes qui se trouvent sous leur juridiction, traitement qui doit être garanti par les organes de l'Etat y compris ceux du pouvoir judiciaire, il est naturel d'exiger, avant que le différend soit porté sur le plan international, que l'individu lésé use préalablement des moyens que le droit des gens lui assure dans l'ordre interne. C'est dans ce sens qu'on peut parler de la subsidiarité des juridictions internationales auxquelles il ne faut s'adresser qu'en dernier ressort, une fois que tous les moyens internes ont échoué.

3ème raison d'être : favoriser la détente dans les relations internationales

La règle de l'épuisement des recours internes est un facteur de modération dans les relations internationales. Si les autorités internes auxquelles le requérant s'adresse lui accordent réparation, elles dégagent l'Etat dont elles relèvent de sa responsabilité internationale évitant ainsi les tensions que le passage de la réclamation de l'ordre interne à l'ordre international ne manque pas de provoquer. Au 19ème siècle, de nombreux traités ont pris soin de justifier cette règle par le désir des parties « d'éviter tout ce qui pourrait troubler leurs relations amicales[176]».

[175] DE VISSCHER, Ch., « *Le Déni de Justice* », *R.C.D.I.*, 1935, p. 423 « il s'agit avant tout d'une règle de procédure propre à réaliser un certain équilibre entre la souveraineté de l'Etat recherché et d'autre part, les exigences supérieures du droit international qui, loin d'abdiquer devant les juridictions internes, ne s'en remet à elles que dans la mesure où celles-ci se montrent à même d'assurer une protection juridique vraiment adéquate ».

[176] Art. 5 de la Convention pour le Rétablissement des relations d'amitiés entre la France et le Venezuela du 26 novembre 1885 (Kiss, Répertoire, vol. III, p. 499). ; art. 19 al. 2 du Traité d'amitié, de commerce et de navigation entre la France et le Mexique du 27 novembre 1886, p. 491.

Plusieurs arrêts de la Cour permanente de justice internationale et de la Cour internationale de justice[177] affirment cette fonction d'apaisement des relations internationales dévolue à cette règle. C'est dans le même esprit que longtemps avant que ces arrêts ne soient rendus, en 1846, le Secrétaire d'Etat américain Buchanan rappelait à son collègue britannique Pakenham combien les difficultés entre ces deux pays seraient nombreuses si toutes les réclamations de leurs ressortissants établis près de la frontière américano-canadienne étaient traitées immédiatement au niveau international[178].

4ème raison d'être : répondre aux exigences pratiques

Les tribunaux internes sont souvent mieux placés et mieux armés que les juridictions internationales pour rendre justice à un individu lésé. Ces dernières disposent des moyens d'enquêtes peu importants, elles sont saisies le plus souvent longtemps après les faits générateurs du différend. De plus elles peuvent éprouver de grandes difficultés à résoudre les questions de droit interne que soulève inévitablement une réclamation internationale[179].

La règle de l'épuisement des recours internes permet aux tribunaux nationaux d'établir les faits et d'examiner les questions de droit délicates que soulève une réclamation. De même, les tribunaux internes, plus proches des lieux où se sont déroulés les faits, peuvent agir plus rapidement. Ils présentent encore cet avantage supplémentaire considérable que l'individu lésé participe directement à l'instance. C'est pour illustrer cette plus-value des tribunaux nationaux par rapport aux juridictions internationales en termes d'efficacité, que dans le commentaire du projet de Convention sur la responsabilité des Etats pour les dommages causés aux étrangers de la Harvard Law School il est indiqué, « il n'est pas exagéré d'affirmer qu'à condition d'impartialité égale, la justice interne est plus satisfaisante que la justice internationale »[180].

---

[177] Affaire *Mavrommatis*, C.P.J.I., Série C n° 13, vol III, p. 465 « His Britannic Majesty's Government regards the maintenance of this principle as of general importance, as a party of the respect due to each by the members of the family of nations and as a safeguard against vexatious international litigation". Affaire relative à l'administration du prince von Pless, C.P.J.I., Série C n° 70, p. 244; Affaire de *l'Interhandel*, C.I.J., Recueil 1959, p. 27.

[178] Moore, Digest, vol. VI, p. 659.

[179] Ce sont ces difficultés qui justifient la présence du juge national dans les affaires qui intéressent un pays, notamment dans les systèmes européen et américain de protection des droits de l'homme (voy. *supra*).

[180] Commentaire du projet de Convention sur la responsabilité des Etats pour les dommages causés aux étrangers de la Harvard Law School (1961), cité in Whiteman, Digest, vol. 8, p. 777.

5ème raison d'être : réaliser une économie de procédures internationales

S'appuyant sur les décisions arbitrales[181], les arrêts de la Cour permanente de justice internationale[182] et de la Cour internationale de justice[183] ainsi que la doctrine[184] affirment que l'établissement des points de fait controversés et la résolution des questions de droit plus au moins douteuses par les autorités nationales peuvent conduire au règlement rapide des différends. Ce n'est en effet qu'après l'établissement des faits et l'application du droit interne que l'Etat défendeur est à même d'apprécier sa responsabilité et de déterminer s'il doit réparer par ses propres moyens les griefs soulevés contre lui. Si l'Etat choisit cette voie, la règle aura permis de faire l'économie des procédures internationales.

Dans le même ordre d'idées, l'obligation préalable pour le requérant d'épuiser les recours internes soulage les chancelleries et les agents diplomatiques. Au lieu de chercher eux-mêmes à obtenir justice, les requérants qui se prétendent lésés peuvent opter pour se plaindre aux ambassades afin que ces dernières exercent la protection diplomatique. Ces ambassades seraient ainsi débordées si elles ne pouvaient renvoyer les réclamants aux tribunaux internes[185].

Telles sont les raisons couramment avancées pour justifier la règle de l'épuisement des voies de recours internes. Cette analyse conduit à comparer ces justifications avec celles avancées dans le système de la Charte africaine.

B. Les justifications de la règle dans la jurisprudence de la Commission africaine

En dépit de l'originalité de la formulation utilisée par la Charte pour décrire la règle de l'épuisement des voies de recours internes, force est de constater que les fondements de cette règle, retenus par la doctrine et la jurisprudence internationale, s'y retrouvent avec une relative analogie.

---

[181] Les affaires des *armateurs finlandais*, Recueil des Sentences Arbitrales de l'O.N.U., vol. III, pp. 1496-1497.

[182] Affaire *Phosphates du Maroc*, exceptions préliminaires du Gouvernement français, C.P.J.I., Série C n° 84 p.222.

[183] Affaire *Certains emprunts norvégiens*, réplique du Gouvernement français, C.I.J.- M.P.D., vol I, p. 140.

[184] SUDRE, F., *Droit international et européen des droits de l'homme*, Paris, P. U. F., 1989, p. 210.

[185] MUMMERY, "The Content of Duty to Exhaust Local Judicial Remedies", *American Journal of International Law*, 1964, p. 393.

En effet, dans l'affaire *Social and Economic Rights Action Center, Center for Economic and Social Rights contre Nigeria*[186], la Commission a résumé sa conception générale des objectifs visés par la condition de l'épuisement des recours internes. Dans la décision rendue sur cette communication, elle a indiqué que l'un des objectifs visés par cette condition est de donner la possibilité aux juridictions internes de statuer avant de porter des cas devant un forum international, pour éviter des jugements contradictoires.

Une autre justification de l'épuisement des voies de recours internes est qu'un Gouvernement devrait être informé d'une violation des droits de l'homme afin de pouvoir y remédier lui-même, avant d'être appelé devant un tribunal international.

La condition de l'épuisement des voies de recours internes devrait être comprise comme un moyen de s'assurer que l'Etat visé a eu suffisamment de possibilités de remédier à la situation.

Enfin, la dernière justification est que la règle de l'épuisement des voies de recours internes permet aussi à la Commission africaine de ne pas devenir un tribunal de première instance pour des affaires pour lesquelles il existe des solutions internes efficaces.

La Commission reprend ainsi en partie les justifications développées ci-dessus. Celles qui ont été omises sont nécessairement incluses dans celles que la Commission a tenu à préciser qui sont, non seulement les justifications les plus importantes de cette règle, mais aussi les justifications sur la base desquelles les autres peuvent être déduites.

§ 2. La portée de la règle

A. Notion

Dans le cadre du Conseil de l'Europe, la Cour européenne des droits de l'homme a résumé et affiné sa conception générale sur les fondements et la portée de la règle de l'épuisement des voies de recours internes consacrée à l'article 35. 1 de la Convention.

[186] Décision portant sur la communication 155/ 96 *Social and Economic Rights Action Center, Center for Economic and Social Rights c. Nigeria*, 15ème rapport d'activités, § 37-39. La Commission reprend ces justifications dans toutes les communications qui lui sont présentées.

En effet, dans la plupart de ses arrêts[187], la Cour européenne des droits de l'homme rappelle sans cesse que la finalité de cette règle est de ménager aux Etats contractants l'occasion de prévenir ou de redresser les violations alléguées contre eux avant que ces allégations ne soient soumises aux organes de la Convention. Les Etats n'ont donc pas à répondre de leurs actes devant un organisme international avant d'avoir eu la possibilité de constater, réparer ou redresser la situation dans l'ordre juridique interne.

Si intéressante que soit cette jurisprudence, plus intéressante encore est l'interprétation donnée par la même Cour sur la portée réelle de cette règle. Dans plusieurs de ses arrêts[188] et dans les décisions[189] sur la recevabilité rendues par le comité, la Cour reconnaît, de jurisprudence constante, que la règle de l'épuisement des recours internes doit s'appliquer avec une certaine souplesse et sans formalisme excessif et qu'elle n'exige pas seulement la saisine des juridictions compétentes et l'exercice des recours destinés à combattre une décision déjà rendue, elle exige aussi, en principe, de soulever devant ces mêmes juridictions, au moins « en substance » et dans les formes prescrites par le droit interne, les griefs qu'il entend formuler par la suite à Strasbourg.

Il découle de cette interprétation que la Cour assouplit cette règle en n'exigeant pas que soit invoquée devant les juridictions internes la disposition même de la Convention mais seulement sa substance, avant que la Cour ne soit valablement saisie. C'est ce que le juge Morenilla[190] a fort pertinemment appelé « une interprétation souple *pro victima* » de la règle de l'épuisement des voies de recours internes[191].

[187] Voir par exemples, les arrêts *Hentrich c. France* du 22 septembre 1994, série A n° 296-A, p. 18, § 33; *Remli c. France* du 22 avril 1996, Recueil 1996 – II, p. 571, § 33.

[188] Notamment les arrêts suivants :
- *arrêt Guzzardi c. Italie* du 06 novembre 1980, Série A n° 39, p. 26, § 72;
- arrêt *Cardot c. France* du 19 mars 1991, Série A n° 200, p. 18 § 34;
- arrêt *Castells c. Espagne* du 23 avril 1992, série A n°236, p. 19 § 27;
- arrêt *Akdivar et autres c. Turquie* du 16 septembre 1996, recueil 1996 – IV, pp. 1210-1211, § 65-69;
- arrêt *Ahmet Sadik c. Grèce* du 15 novembre 1966, Recueil 1996- V, § 33;
- arrêt *Fressoz et Roire c. France* du 21 janvier 1999, § 37.

[189] Notamment les décisions sur la recevabilité des affaires suivantes :
- Y. Küküк c. Turquie, décision du 28 août 2001;
- *Garaudy c. France*, décision du 24 janvier 2003.

[190] Voir son opinion dissidente dans l'affaire *Cardot c. France*, arrêt du 19 mars 1991, série A n° 200, p. 24.

[191] Un exemple de cette interprétation « en substance » de la règle : dans l'arrêt déjà référencé *Fressoz & Roire c. France*, le requérant s'était prévalu devant le juge interne d'une violation de la liberté de la presse (loi du 29/07/1881) ou de communication des pensées et des opinions (art. 11 D.D.H.C.

L'argument avancé pour soutenir cette thèse est que cette interprétation libérale évite que cette règle puisse être un obstacle au pouvoir, pour la Cour, de rendre justice dans les affaires de violations des droits de l'homme où la victime n'a pas bénéficié d'une bonne assistance au niveau interne.

B. Traduction de cette interprétation dans la jurisprudence de la Commission africaine des droits de l'homme et des peuples

Si intéressantes que soient les justifications données par la Commission au sujet de la finalité de la règle de l'épuisement des voies de recours internes, force est de constater que cette jurisprudence reste muette sur la portée réelle de cette obligation.

En effet, dans aucune des recommandations ou décisions sur la recevabilité rendues sur les communications qui lui ont été présentées, la Commission africaine des droits de l'homme et des peuples n'a osé se prononcer sur la question de savoir si c'est la disposition elle-même de la Charte qui doit être invoquée devant le juge interne ou seulement sa substance.

La preuve en est que, si le requérant ne précise pas dans sa communication les dispositions de la Charte dont il impute la violation à l'Etat défendeur et qu'il a invoquées devant le juge interne, la Communication est déclarée immédiatement irrecevable. La Commission en a décidé ainsi dans la communication introduite par le *Mouvement des Réfugiés Mauritaniens au Sénégal contre le Sénégal*[192].

La jurisprudence est sur ce point trop timide, ce qui aboutit à vider la signification essentielle de cette condition de recevabilité.

Pourtant, l'interprétation souple de cette règle se justifie à plus d'un titre.

: Déclaration des Droits de l'homme et du Citoyen). La Cour européenne des droits de l'homme a jugé que le requérant a satisfait à l'exigence du relevé en « substance » même s'il n'a pas évoqué l'article 10 de la Convention européenne des droits de l'homme. La Cour interaméricaine des droits de l'homme a fait une même interprétation de l'exigence de l'épuisement des recours internes, voy. notamment l'arrêt : Cour interam.dr.h., arrêt juan Humberto Sanchez c. Honduras, arrêt sur le fond et les réparations, 7 juin 2003, pp.164.

[192] Décision rendue sur la communication n° 162 / 97 *Mouvement des Réfugiés Mauritaniens au Sénégal contre Sénégal,* 11ème rapport d'activités, § 22.

D'une part, la première raison qui milite en faveur d'une interprétation souple tient au constat que la réception de la Charte africaine dans l'ordre interne des Etats parties à cet instrument n'est pas uniforme.

En effet, dès sa 5è session ordinaire tenue à Benghazi (Libye) du 3 au 14 avril 1989, la Commission africaine s'était préoccupée de la question de l'intégration effective de la Charte africaine dans les ordres juridiques internes des Etats parties. Elle avait à cette occasion adopté une résolution dans laquelle elle constatait que l'application de la Charte ne suscite aucun enthousiasme particulier de la part des autorités nationales des Etats parties et demandait à la Conférence des Chefs d'Etat et de Gouvernement de l'OUA de recommander aux Etats parties à la Charte africaine d'incorporer les articles 1 à 29 de celle-ci dans leurs constitutions, lois et règlements et autres instruments relatifs à la protection des droits de l'homme et des peuples[193].

C'est dans le même esprit que, quelques années plus tard, la Commission africaine organisait un séminaire sur la mise en œuvre, au plan national, de la Charte africaine. Les participants à ce séminaire, tenu à Banjul (Gambie) du 26 au 30 octobre 1992, avaient notamment considéré que l' « l'introduction automatique de la Charte africaine dans les systèmes juridiques internes des Etats parties pourrait profiter à ces derniers en ce sens qu'elle leur épargnerait la difficile tâche de réviser leur législation en vigueur de manière à se conformer à la Charte » et que « quel que soit le moyen choisi par un Etat partie à la Charte africaine dans le but de rendre cette dernière applicable au sein de son système juridique interne, les dispositions de la Charte doivent entièrement être respectées conformément aux exigences du droit international[194]».

Dans la même perspective, au cours de sa 19ème session ordinaire, tenue à Ouagadougou (Burkina Faso) du 26 mars au 4 avril 1996, la Commission africaine adopta également une résolution dans laquelle elle demandait,

[193] Résolution sur l'intégration des dispositions de la Charte dans le droit national des Etats, 5è session ordinaire, Benghazi, Libye du 3 au 14 avril 1989.

[194] Conclusions et recommandations du Séminaire sur la mise en œuvre au plan national de la Charte africaine des droits de l'homme et des peuples, du 26-30 octobre 1992, Banjul, Gambie, Doc. OUA/ACHPR/MOC/XIII/014, p. 2, paragraphe 2.

d'une part, aux magistrats de faire plus souvent référence dans leurs jugements à la Charte africaine et à la jurisprudence y relative et, d'autre part, aux avocats d'invoquer plus souvent cet instrument à l'appui de leur argumentation[195].

En dépit de tous ces efforts d'harmonisation des dispositions de la Charte avec le droit interne des Etats parties, force est de constater que l'intégration de la Charte africaine dans les constitutions n'a pas donné lieu à une pratique constitutionnelle fertile. De même, l'invocation de la Charte africaine dans les procédures judiciaires africaines n'est pas une préoccupation des acteurs de la justice : les juges, les avocats et les justiciables préfèrent faire confiance aux instruments internes plus connus et certainement plus précis[196].

Ainsi, il est difficile, sinon impossible, de trouver sur le continent africain des espaces où la Charte aurait trouvé un oasis judiciaire pour se fertiliser dans les pratiques, raison pour laquelle la Commission gagnerait à faire cette interprétation souple *pro victima* de la règle de l'épuisement des voies de recours internes.

En outre, la même attitude rigide doit être appréciée avec cet autre constat que toutes les communications déclarées irrecevables par la Commission le sont pour le non-épuisement des recours internes.

Dans ces conditions, on ne peut s'empêcher de soupçonner que cette attitude indique la volonté de la Commission d'éviter de trancher une affaire au fond, ce qui ne cadre pas avec les fondements de la règle de l'épuisement des voies de recours internes. C'est une raison de plus en faveur de l'interprétation souple de la règle afin d'épargner à cette Commission de tels commentaires qui terniraient son image.

---

[195] (Res. 22 (XIX) 96 : Résolution sur le rôle des Avocats et des Magistrats dans l'incorporation des dispositions de la Charte et le renforcement des activités de la Commission dans les systèmes nationaux et sous-régionaux, 19ème session ordinaire, du 26 mars au 4 avril 1996, Ouagadougou, Burkina Faso.

[196] BOUKONGOU, J. D., in FLAUSS J. F. (sous la direction de), *op.cit., L'application de la Charte africaine des droits de l'homme et des peuples par les autorités nationales en Afrique centrale*, pp. 123 et s.. ; OUGUERGOUZ, F., in FLAUSS J. F. (sous la direction de), *op.cit., L'application de la Charte africaine des droits de l'homme et des peuples en Afrique occidentale*, pp. 161 et s. ; VILJOEN, F., in FLAUSS J. F. (sous la direction de), *op.cit., L'application de la Charte africaine des droits de l'homme et des peuples en Afrique australe et orientale*, pp. 75 et s. ; ABDERGAWAD, E. L., in FLAUSS J. F. (sous la direction de), *op.cit., L'application de la Charte africaine des droits de l'homme et des peuples en Afrique du Nord*, pp. 99 et s.

SECTION 3: LES RECOURS INTERNES DONT LA COMMISSION AFRICAINE EXIGE L'EPUISEMENT[197]

La règle de l'épuisement des voies de recours internes doit être comprise sous son double versant vertical et horizontal.

Sous son aspect vertical, cette règle signifie que le requérant doit intenter, dans le pays où il se prétend lésé, une action devant la première instance compétente et parcourir ensuite la hiérarchie complète des instances juridictionnelles jusqu'à la juridiction suprême dans l'Etat considéré. C'est seulement après avoir obtenu une décision de la plus haute instance de l'ordre juridictionnel considéré que le plaideur pourra faire porter sa demande devant une juridiction internationale.

Cet aspect vertical de la règle doit être complété par son aspect horizontal comme le souligne fort bien Friedmann[198] car cette règle ne signifie pas qu'il faut épuiser les recours internes pour les nécessités de les épuiser, le procès interne ne doit pas être un procès de pure forme dont le but serait de permettre la procédure internationale. Si le requérant doit tenter tous les recours internes, c'est dans le but de résoudre son différend sans aller devant la juridiction internationale. La règle exige que le plaideur parcoure les diverses instances de la hiérarchie juridictionnelle, mais à chaque stade de procédure, le requérant doit rechercher une solution au fond en faisant usage de tous les moyens juridiques en son pouvoir.

---

[197] Dans la détermination des recours qui entrent dans la catégorie des recours qu'il faut épuiser et ceux qui sont exclus de cette catégorie, nous nous sommes essentiellement référé à la doctrine et à la jurisprudence internationales.
Dans la doctrine, nous avons été guidés par les travaux réalisés par :
- CHAPPEZ, J., *La règle de l'épuisement des voies de recours internes, Paris*, Pédone, 1972 ;
- DE VISSCHER, C., *Aspects récents du droit procédural de la Cour internationale de justice*, Paris, Pédone, 1966 ;
- SULLIGER, D. (ouvrage déjà cité au début de ce chapitre).
- VILJOEN F., International Human Rights Law in Africa, Oxford University Press, 2007, pp.336-338.

Dans la jurisprudence, nous nous sommes essentiellement référé:
- Aux annuaires de la Convention européenne des droits de l'homme dans le cadre de la Commission européenne des droits de l'homme ;
- Aux Mémoires, Plaidoiries et Documents dans le cadre de la Cour internationale de justice ;
- Aux Recueils des arrêts, avis consultatifs et ordonnances dans le cadre de la Cour internationale de justice ;
- Au Recueil des sentences arbitrales de l'O.N.U.

[198] FRIEDMANN, H., « L'épuisement des voies de recours internes », *Revue de droit international et de législation comparée*, 1933, pp. 318-319.

Si on exige du requérant d'épuiser les recours internes, c'est une manière d'affirmer que le droit national de l'Etat considéré a une grande importance car l'organisation judiciaire, les différents recours possibles et les moyens de les mettre en œuvre sont régis par le droit interne. Selon les droits internes des Etats, des différences au niveau des recours à épuiser peuvent exister et la détermination du recours adéquat à utiliser est souvent une question d'espèce. Dans la matière qui va suivre, nous analyserons la position de la doctrine et de la jurisprudence au sujet de quels types de recours elles exigent généralement l'épuisement.

Dans cette perspective, nous partirons de la distinction qu'on établit assez généralement, dans la plupart des systèmes juridiques, entre les recours ordinaires et les recours extraordinaires (premier paragraphe) pour établir dans la suite que les voies de recours internes dont on exige l'épuisement doivent non seulement être exercées correctement (deuxième paragraphe) mais aussi qu'elles doivent être exercées normalement (troisième paragraphe).

§1. Les types de recours à épuiser : les voies de recours ordinaires ou les voies de recours extraordinaires ?

A. Une distinction à ne pas prendre en compte

D'une manière générale, tous les recours ouverts par le système juridictionnel de l'Etat en cause doivent être épuisés dès lors qu'ils peuvent réparer le tort subi. Mais compte tenu de la nature du préjudice souffert, de l'organisation juridictionnelle et de la procédure dans le droit interne considéré, la détermination du recours adéquat à mettre en œuvre est souvent une question d'espèce. Ainsi, si les recours les plus variés doivent être épuisés avant que la juridiction internationale puisse être saisie, les recours extraordinaires doivent-ils être rangés dans ces recours au même titre que les recours ordinaires ?

La jurisprudence internationale, judiciaire et arbitrale offre beaucoup de précédents importants et permet de répondre à cette question.

Dans la jurisprudence internationale, la Cour permanente de justice internationale a décidé, dans l'affaire de la *Compagnie d'électricité de Sofia et de Bulgarie* que le recours en cassation permettrait de réformer la décision attaquée et qu'il fallait en conséquence l'utiliser. Dans cette affaire, le gouvernement belge avait voulu exclure le recours en cassation car il s'agissait selon lui d'un recours extraordinaire[199].

De son coté, la Cour internationale de justice (C.I.J.), dans l'affaire Interhandel, a exigé également l'usage d'une voie de droit extraordinaire[200]. Dans cette affaire, bien que les Etats-Unis eurent déclaré à plusieurs reprises au gouvernement suisse que la Société Interhandel avait épuisé les recours internes, cette Cour a déclaré la requête irrecevable car la société suisse avait obtenu la reprise de la procédure devant les tribunaux américains par un « Writ of certiorari »[201] de la Cour suprême et la nouvelle procédure était en cours devant les tribunaux américains.

Dans la jurisprudence européenne, devant la Commission européenne des droits de l'homme, un requérant estimait que le recours constitutionnel allemand n'était pas un recours à épuiser au sens de la règle de l'épuisement des voies de recours internes car il s'agissait, en vertu de la législation allemande, d'une voie de recours extraordinaire. Or le texte de l'article 26 de la Convention européenne des droits de l'homme (nouvel article 35 § 1), relatif à l'épuisement préalable des voies de recours internes tel que publié au Journal officiel de la République fédérale allemande se réfère à l'épuisement des voies de recours internes ordinaires et non simplement des voies de recours internes. La Commission européenne des droits de l'homme a déclaré que les textes anglais et français de la Convention font foi et qu'ils renvoient aux principes généraux de droit international pour déterminer si un recours interne particulier doit être épuisé ou non. Les principes généraux de droit international exigent que le recours constitutionnel légal soit épuisé avant que la Commission puisse être saisie[202].

De même, dans les pays qui, comme l'Allemagne fédérale, possèdent non seulement une Cour constitutionnelle fédérale mais encore des cours constitutionnelles dans les Etats fédérés, le recours à la Commission européenne était subordonné à l'introduction d'actions devant les deux ordres

199 Affaire *Compagnie d'électricité de Sofia et de Bulgarie* (exception préliminaire), arrêt du 4 avril 1939, C. P. J. I., Série A / B n° 77, p. 79.

200 Affaire *Interhandel précitée*, C. I. J., Recueil 1959, pp. 26 et s.

201 La Cour suprême des Etats-Unis peut, en accordant un *Writ of certiorari* à la requête d'une partie, se saisir d'une instance pendante devant une juridiction inférieure ou tranchée par elle. Voy. TUNC, S. *Le système constitutionnel des Etats-Unis d'Amérique*, Domat-Montchrestien, 1954, t. II, n° 227 et 231.

202 Requête n°222/56, annuaire de la Convention européenne des droits de l'homme, vol. 2, p. 351.

de juridictions. Ce n'est que si une seule de ces catégories se trouve compétente au regard de la violation des droits de l'homme considérée, que l'épuisement du recours constitutionnel devant l'autre ordre de juridiction n'est pas exigé.

Dans la jurisprudence arbitrale, on trouve aussi des précédents importants.

Ainsi dans l'affaire Salem, le tribunal arbitral américano-égyptien a cherché à établir une distinction entre recours extraordinaires et recours ordinaires. Il semble avoir considéré que le recours en requête civile de la cour mixte d'appel en Egypte n'avait pas à être épuisé selon les principes généraux de droit international généralement reconnus, par le motif qu'il ne s'agissait pas d'un recours normal mais d'une possibilité de rouvrir une procédure déjà close par une décision rendue en dernier ressort[203].

Dans l'affaire des navires finlandais, le gouvernement britannique avait soutenu devant le Conseil de la S. D. N. au cours de la séance du 14 septembre 1931 que, même si les armateurs finlandais avaient accepté la décision de *l'Admiraly Transport Arbitration Board*, ils auraient eu néanmoins la possibilité de porter le cas devant les tribunaux ordinaires par « petition of right ».

Il s'agit d'un recours assez peu connu prévu par la législation anglaise pour les actions contre la Couronne. La Grande Bretagne soutenait aussi que les armateurs finlandais pouvaient recourir à la « War Compensation Court » et obtenir une indemnité[204]. Les armateurs finlandais ont rétorqué qu'ils ne pouvaient pas introduire devant les tribunaux ordinaires une action par « petition of right » parce que *l'Indemnity Act*, seule disposition sur laquelle ils pouvaient fonder leur action, interdisait tout recours devant les tribunaux ordinaires pour les actes ou faits de guerre accomplis dans l'intérêt public par un agent de la Couronne. La sentence arbitrale ne semble pas s'être prononcée sur le caractère extraordinaire des recours mais en réalité lorsque la jurisprudence estime qu'un recours extraordinaire n'avait pas à être épuisé, c'est davantage parce que ce recours s'avère inopérant pour apporter la satisfaction due qu'en raison de sa qualification.

Il ressort de cette jurisprudence internationale judiciaire ou arbitrale que la distinction entre les recours ordinaires et les recours extraordinaires n'est

[203] Affaire *Salem*, Recueil des sentences arbitrales O. N. U., vol. II, p. 1189.
[204] S. D. N. Journal Officiel, 1931, p. 2080 et le *mémorandum* britannique.

pas rigoureuse et que la qualification donnée à un recours par un ordre juridique interne déterminé ne correspond pas toujours à celle qui lui est attribuée par un ordre juridique voisin. L'utilisation de la distinction entre les deux catégories de recours est donc délicate. La jurisprudence, s'appuyant sur le fondement de la règle de l'épuisement des recours internes, estime qu'au delà de la qualification donnée à un recours considéré, c'est son aptitude à redresser le grief invoqué dans le cas d'espèce qui doit être déterminante.

En d'autres termes, la distinction est inopérante pour déterminer les recours internes qui doivent être épuisés, les recours à mettre en œuvre dépendent de la nature des griefs invoqués, c'est-à-dire du fond de la réclamation et des possibilités qu'offre à ce sujet, dans chaque cas, l'ordre interne considéré.

À l'appui de cette position jurisprudentielle qui a tranché de façon nette le problème de la qualification des recours internes, on peut citer l'affaire *Nielsen c. Danemark* devant la Commission européenne des droits de l'homme[205].

Dans cette affaire, le gouvernement danois défendeur prétendait que le droit de saisir la Cour spéciale de révision était un recours extraordinaire qui, comme tel, ne faisait pas partie des recours internes à épuiser selon les principes de droit international généralement reconnus. La Commission européenne déclara que l'important était que l'Etat défendeur puisse redresser le grief allégué par ses propres moyens dans le cadre de son ordre juridique interne et que « l'Etat défendeur est en droit d'exiger l'épuisement préalable des recours internes de caractère juridique qui paraissent de nature à offrir un remède efficace et suffisant sans établir de distinction entre recours ordinaires et recours extraordinaires ».

C'est dans le même sens que l'Institut de Droit international a estimé, dans sa résolution de 1954, que pour l'application de la règle des recours internes, la question essentielle n'est pas le caractère ordinaire ou extraordinaire du recours, mais de savoir si le recours offre un remède efficace et suffisant[206].

---

[205] Requête n°343 / 57, décision du 2 septembre 1959, *Annuaire de la Convention européenne des droits de l'homme*, vol. 2, pp. 439 et suivants.

[206] Annuaire de l'I. D. I., 1956, vol. 46, p. 364.

B. La position de la Commission africaine

Rejoignant les tendances internationales en ce domaine, la Commission africaine des droits de l'homme et des peuples n'attache pas d'importance à la distinction entre les recours ordinaires, les recours extraordinaires ou les procédures menées devant les juridictions spéciales.

En effet, dans deux communications présentées l'une contre le Nigeria et l'autre contre la Sierra Leone, la Commission africaine a décidé que « Dans de nombreux pays africains, des tribunaux militaires et des cours spéciales existent parallèlement aux institutions judiciaires ordinaires.

L'objectif des tribunaux militaires est de déterminer les délits de nature purement militaire, perpétrés par le personnel militaire. Dans l'exercice de cette fonction, les tribunaux militaires doivent respecter les normes du procès équitable. Ils ne doivent en aucun cas juger des civils. De même, les tribunaux spéciaux ne devraient pas connaître des délits qui sont de la compétence des juridictions ordinaires »[207].

Il en découle que dans la jurisprudence africaine, l'existence d'une juridiction spécialisée ou extraordinaire n'est pas en contradiction avec les droits stipulés dans la Charte africaine et n'implique pas une procédure injuste et inéquitable. La seule réserve est que ces catégories de juridictions doivent être soumises aux mêmes exigences d'équité, de transparence, de justice, d'indépendance et de respect de la procédure légale que les autres instances.

Les recours ouverts devant les juridictions extraordinaires doivent ainsi être épuisés au même titre que les voies de recours ordinaires pour satisfaire aux exigences de l'article 56, alinéa 5, de la Charte.

§2. L'exigence d'exercice correct des voies de recours

L'obligation pour le requérant qui désire saisir une juridiction internationale, de tenter toutes les voies de recours ouvertes contre les décisions juridictionnelles qui ne lui donnent pas satisfaction, jusqu'à ce qu'il n'y ait précisément plus de recours, est la signification du concept même d'épuisement.

---

[207] Décision portant sur la communication 223/ 98 *Forum of Conscience contre Sierra Leone*, 14ème rapport d'activités, § 17.

Il faut parcourir la hiérarchie complète de l'organisation judiciaire, c'est-à-dire toutes les juridictions administratives et judiciaires, civiles et pénales, de même que les recours tendant à résoudre certains problèmes spéciaux à porter parfois devant les juridictions spécialisées.

A. Les principes

De façon générale, la décision de la première instance saisie est couramment susceptible d'appel, puis la décision d'appel, de cassation. Toutes ces voies de recours doivent être épuisées pour satisfaire à la règle de l'épuisement des voies de recours internes.

1. L'appel

La jurisprudence judiciaire et arbitrale relative à l'épuisement des voies de recours internes a toujours exigé l'appel lorsqu'il permet de modifier une décision rendue par la première instance.

Au sein du Conseil de l'Europe, la Commission européenne a estimé dans de nombreuses affaires que les recours internes n'étaient pas épuisés parce que les requérants n'avaient pas interjeté appel alors que ce recours était possible.

Ainsi dans la requête X c. *le Gouvernement suédois*, la Commission européenne a indiqué : « Si les principes généralement reconnus de droit international lui imposaient d'épuiser les voies de recours devant la justice suédoise avant de saisir la Commission (...); Que toutefois, le gouvernement suédois a fait observer à la Commission que le Code de procédure suédois permet d'interjeter appel d'une décision de première instance de (...) devant la Haute cour; que cet appel permet une nouvelle audition de la cause et que le requérant, s'il interjetait appel devant la Haute cour aurait le droit de demander à nouveau une décision établissant sa comparution personnelle au procès comme nécessaire; que lors de l'audience contradictoire du 29 juin 1959, l'agent du gouvernement suédois a, sans cependant prendre engagement sur ce point, exprimé l'opinion que si la Cour ordonnait la comparution personnelle du requérant, la Commission des étrangers lui délivrerait un visa pour lui permettre de comparaître personnellement au procès.

Considérant dès lors qu'il n'est pas établi que le requérant a définitivement épuisé les voies de recours qui lui sont ouvertes en Suède en ce qui concerne sa comparution personnelle dans l'instance engagée aux fins d'obtenir le droit de visite de son fils.

Décide, en conséquence de déclarer irrecevable, conformément à l'article 26 de la Convention, pour cause de non-épuisement des recours internes, la partie de la requête qui a trait aux violations alléguées de l'article 6, § 1 et de l'article 8 de la Convention[208] ».

La Commission européenne a adopté la même attitude dans une autre affaire invoquée contre l'Autriche où elle a déclaré : « La Commission ne peut être saisie qu'après l'épuisement des voies de recours internes, tel qu'il est entendu selon les principes de droit international généralement reconnus; qu'en vertu du droit autrichien le requérant avait la faculté d'interjeter appel auprès d'une juridiction supérieure contre le rejet de sa demande tendant à ce qu'un expert médical soit entendu comme témoin au cours de la procédure devant le tribunal régional de Vienne, mais qu'il n'a pas exercé ce recours; qu'au surplus, l'examen du dossier tel qu'il se présente ne permet pas de dégager, même d'office, l'existence de circonstances particulières de nature à relever le requérant, selon les principes de droit international généralement reconnus, de l'obligation d'épuiser les voies de recours internes dont il disposait; qu'il appert donc que le requérant n'a pas observé la prescription de l'article 26 en ce qui concerne l'épuisement des voies de recours internes; qu'il y a lieu, dès lors, de rejeter cette partie de la requête de ce chef, par application de l'article 27, paragraphe 3 de la Convention[209] ».

Dans la jurisprudence arbitrale, on peut citer, dans le même ordre d'idées, l'affaire des *Navires finlandais* dans laquelle l'arbitre Bagge a estimé que l'appel devait être utilisé[210]. Dans cette affaire, les armateurs finlandais qui avaient vu leurs navires réquisitionnés pendant la première guerre mondiale avaient porté leur réclamation devant une juridiction spéciale pour ce genre de différend « l'Arbitration Board ». Un appel était ouvert contre les décisions de

---

[208] Requête n° 434/58, décision du 30 juin 1959, *Annuaire de la Convention européenne des droits de l'homme*, vol. 2, p. 377.
[209] Requête n°596/59, décision du 19 décembre 1960, *Annuaire de la Convention européenne des droits de l'homme*, vol. 3, p. 363.
[210] S. D. N., *Journal Officiel*, 1931, p. 2080.

cette juridiction devant la Cour d'appel. Les armateurs soutenaient que l'appel était inefficace parce que les juges devaient se conformer pour le calcul de l'indemnité à allouer à un barème fixé par le « Livre bleu ». Mais la juridiction de première instance était elle aussi, tenue par ce même barème. Outre que le montant jugé trop faible de l'indemnité escomptée ne pouvait suffire à rendre inadéquat un recours, l'arbitre Bagge souligna que les armateurs finlandais ayant suivi la voie du recours à « l'Arbitration Board », le défaut pour eux de poursuivre cette voie en appel ne pouvait se justifier, en bonne logique, par l'insuffisance de l'indemnité.

Les armateurs finlandais soutenaient aussi que, dans certaines affaires de prises, la mise en œuvre de l'appel n'avait pas été exigée comme condition d'une réclamation internationale. Mais il faut bien préciser que si dans ces cas d'espèces l'appel n'avait pas été jugé nécessaire, c'est justement parce qu'en l'occurrence la voie d'appel ne paraissait avoir aucune chance de succès. Cette précision signifie *a contrario* que si l'appel a la moindre chance de succès, il doit être intenté.

À ce sujet, Brochard a noté que « Dans quelques affaires de prises, l'on n'a décidé qu'en présence d'une jurisprudence constante des plus hautes cours, l'appel n'était pas exigible, un renversement de la condamnation ne présentant aucun espoir; mais cette règle a été très strictement interprétée et lorsqu'un appel effectif existait, le défaut de recours a été considéré comme une fin de non recevoir à l'encontre de la réclamation internationale[211] ».

Dans la même jurisprudence arbitrale, on peut aussi citer l'affaire *Martini* dans laquelle le recours en appel a été aussi exigé. La sentence rendue en cette affaire déclare : « La maison Martini n'a pas fait appel contre cette sentence (arrêt du 5 novembre 1907) après expertise, bien que cela fût possible d'après la loi de procédure civile vénézuélienne. C'est pour le gouvernement du Venezuela une question de principe de ne pas admettre l'intervention diplomatique, ni le recours à l'arbitrage international avant l'épuisement des remèdes locaux[212] ».

Après l'appel, il faut ensuite user des voies de recours ouvertes contre la décision rendue à ce niveau de juridiction. Dans la plupart des systèmes juridiques, il s'agit du pourvoi en cassation.

[211] Brochard, *Diplomatic protection of citizens abroad*, n°383, cité par la *sentence Bagge*, p. 17.
[212] Affaire *Martini, Recueil des sentences arbitrales O.NU.*, vol. II, p. 983.

2. La cassation

L'organe juridictionnel de cassation est généralement le degré le plus élevé de la hiérarchie judiciaire. Dans la jurisprudence internationale, il faut donc s'être adressé à cette juridiction pour que les recours internes soient considérés comme épuisés.

La Commission européenne l'a affirmé dans l'affaire *De Becker c. Belgique* dans laquelle elle a estimé que le pourvoi en cassation faisait partie de la catégorie des recours à épuiser. Si elle n'a pas exigé l'utilisation de ce recours, c'est parce que, en l'espèce, il n'aurait pas été efficace en raison de la nature du grief invoqué[213] « Considérant que le requérant avait la faculté de se pourvoir en cassation contre l'arrêt de la Cour Militaire de Bruxelles, mais n'a point usé de cette faculté; qu'il semble toutefois ressortir des mémoires et des plaidoiries des parties que celles-ci s'accordent à reconnaître que, vu la nature de son grief, De Becker n'avait pas l'obligation d'exercer le recours en question; qu'il découle effectivement de l'article 17 de la loi belge du 04 août 1832, lequel définit la compétence de la Cour de cassation, que le requérant ne pouvait utilement contester, devant cette Cour, la validité des déchéances prévues à l'article 123 *sexies* du code pénal belge, puisque la Cour militaire de Bruxelles avait exactement appliqué cet article et qu'au surplus la Cour de cassation n'était pas habilitée à soustraire le requérant à l'application dudit article, s'agissant d'une prescription légale qui s'imposait à elle au même titre qu'aux juridictions inférieures ».

La même exigence a été rappelée à plusieurs reprises dans les arrêts[214] et décisions[215] de la Cour européenne des droits de l'homme.

Dans sa jurisprudence, cette Cour insiste sur le rôle crucial de l'instance en cassation en précisant que, s'il n'entre pas dans les attributions de la Cour

[213] Requête n°214/56, décision du 09 juin 1958, *Annuaire de la Convention européenne des droits de l'homme*, vol. 2 p., 237.

[214] Notamment les arrêts suivants :
- Cour eur. D. H., arrêt *Van Oosterwijck c. Belgique* du 06 novembre 1980;
- Cour eur. D. H., arrêt *cardot c. France* du 19 mars 1991;
- Cour. eur. D. H., arrêt *Dalia c. France* du 19 février 1998;
- Cour eur. D. H., arrêt *Civet c. France* (G.C.) du 28 septembre 1998.

[215] Notamment les décisions suivantes :
- Requête n° 39291 / 98, *Hamaïdi c. France*, décision du 06 mars 2001;
- Requête n° 41357 / 98, *L. et M. c. Belgique*, décision (comité) du 28 mars 2003.

de cassation de revenir sur l'appréciation des éléments de pur fait puisque sa compétence est limitée aux moyens de droit, on ne saurait pour autant appréhender les « faits » et le « droit » comme deux domaines radicalement séparés, et se satisfaire d'un raisonnement conduisant à nier leur imbrication et leur complémentarité. La Cour de cassation n'en a pas moins pour mission de contrôler entre d'une part, les faits établis par les juges du fond, d'autre part, la conclusion à laquelle ces derniers ont abouti sur le fondement de ces constatations. Au-delà d'un examen de la régularité de l'arrêt qui lui est déféré, elle vérifie que la décision est justifiée et adéquatement motivée.

En n'utilisant pas la voie de recours en cassation, le requérant n'aurait donc pas donné à l'Etat en cause l'occasion d'éviter ou redresser les violations alléguées contre lui et ainsi les voies de recours internes ne se trouvent pas épuisées.

C'est la même position qui avait été adoptée par la Cour permanente de justice internationale dans sa décision sur l'affaire *Compagnie d'électricité de Sofia et de Bulgarie* quand elle a estimé que les recours internes n'étaient épuisés que si la Cour de cassation bulgare avait rendu sa décision « La règle de l'épuisement des voies de recours internes, telle qu'elle est envisagée par le traité de 1931 implique l'épuisement de tous les recours, y compris ceux de la Cour de cassation, laquelle seule peut, soit — en cassant la sentence de la Cour d'appel - renvoyer l'affaire pour un autre examen, soit — en rejetant le pourvoi- rendre la sentence définitive[216] ».

C'est dans le même sens que déjà dès le 19ème siècle, les juristes anglais insistaient particulièrement sur l'obligation d'en appeler à l'organe de cassation.

Dans une affaire opposant un Anglais à la France, le Royaume-Uni a refusé d'accorder sa protection diplomatique, tant que le citoyen britannique n'aurait pas obtenu un arrêt de la Cour de cassation alors qu'un arrêt de la Cour d'appel de Rouen avait été rendu. Les jurisconsultes anglais déclarèrent :

« Il y a présomption que la Cour supérieure rectifiera, le cas échéant, l'erreur commise par la juridiction subordonnée[217] ».

---

216 Affaire *Compagnie d'électricité de Sofia et de Bulgarie* précitée, arrêt du 04 avril 1939, Série A/B n° 77 p. 79.

217 Rapport du 30 avril 1844 dans Mc Nair, *International Law Opinions*, Oxford, Clarendon Press, vol. II p. 314. Cité par PINTO, M., « La sentence Ambatielos », *Journal du droit international*, 1957, p. 572.

En fonction de la nature du grief et de l'organisation juridictionnelle propre à l'ordre interne concerné, le recours de dernier ressort peut ne pas être le pourvoi en cassation. Certains problèmes spéciaux doivent être soumis aux juridictions particulières car l'épuisement des recours internes est effectif lorsque la décision de justice obtenue est définitive.

3. Les autres catégories de juridictions susceptibles d'être saisies

Si l'ordre interne en cause offre un recours particulier ou un recours possible seulement dans des circonstances exceptionnelles, ce recours doit être tenté dès lors qu'il constitue la voie de droit normale pour obtenir réparation dans le cas considéré.

Ainsi, lorsqu'il existe un recours devant une Cour administrative, il faut l'utiliser. La Commission européenne des droits de l'homme a considéré dans ce sens que l'absence de recours à la Cour fédérale administrative allemande entraîne l'irrecevabilité de la requête[218].

De même, dans les Etats qui ont mis en place une Cour constitutionnelle et où il existe un recours individuel de constitutionnalité, celui-ci doit être utilisé.

De très nombreuses décisions de la Commission européenne des droits de l'homme rangent le recours constitutionnel dans la catégorie des recours internes à épuiser[219].

Dans d'autres cas, l'épuisement des voies de recours internes exige la saisine d'une juridiction spéciale. Il en a été ainsi dans l'affaire Nielsen dans laquelle la Commission européenne a estimé que le recours à la Cour spéciale de révision danoise devait être épuisé pour satisfaire aux conditions de l'article 26 de la Convention européenne, ce recours offrant en l'espèce un remède efficace pour certains des griefs invoqués par le requérant[220]. La même exigence a été formulée dans l'affaire précédemment citée des navires finlandais qui donna lieu à une sentence arbitrale du 09

---

[218] Requête n°232/56, décision du 15 juillet 1957, *Annuaire de la Convention européenne des droits de l'homme*, vol. I., p. 144.

[219] Notamment les requêtes n°s 188/56, 255/56, 254/57, 272/57, 277/57, 333/57, *Annuaire de la Convention européenne des droits de l'homme*, vol. 2, p. 349.

[220] Requête n° 343/57 précitée, décision du 2 septembre 1959, *Annuaire de la Convention européenne des droits de l'homme*, vol. 2., pp. 437 à 443..

mai 1934. Les armateurs finlandais auraient dû s'adresser à une juridiction britannique spéciale créée par l'Acte d'indemnité de 1920. Cette juridiction spéciale appelée *Admiraly Transport Arbitration Board* devait connaître des litiges relatifs à la rémunération à verser pour l'utilisation des navires réquisitionnés pendant la guerre.

D'autres recours doivent avoir été épuisés avant que la juridiction internationale ne soit saisie. À titre exemplatif:

I. Lorsque un requérant estime qu'une juridiction ne peut pas lui apporter des garanties suffisantes d'impartialité, compte tenu de sa composition et du climat social, il doit, avant de saisir la juridiction internationale, avoir exercé l'action pour cause de suspicion légitime devant la juridiction supérieure, pour dessaisir le tribunal initialement compétent[221].

II. Si le requérant prétend que le tribunal n'a pas été impartial parce qu'un des juges a penché d'un côté, il n'aura pas épuisé les recours internes s'il n'a pas introduit une requête en récusation du juge[222].

III. Si le requérant accuse un magistrat d'avoir commis une faute grave, il n'aura pas épuisé les recours internes s'il n'a pas intenté une action en prise à partie contre celui-ci[223].

IV. Si les fonctionnaires auteurs des sévices sont connus, les recours civils et pénaux contre ces fonctionnaires responsables doivent être épuisés même si la requête vise à établir la responsabilité de l'Etat. C'est seulement dans l'hypothèse où il serait impossible d'identifier les fonctionnaires responsables, que les recours dirigés contre eux n'auraient pas à être épuisés[224].

---

[221] Requête n° 788/ 60 Autriche contre Italie, décision du 11 janvier 1961, *Annuaire de la Convention européenne des droits de l'homme*, vol. 4. pp. 167-171.

[222] Requête n° 1706 /62, décision du 4 octobre 1966, *Annuaire de la Convention européenne des droits de l'homme*, vol. 9, p. 129. Dans cette requête, un des juges avait été accusé d'être un ancien membre du parti nazi.

[223] Requêtes n°s 578 / 59 et 780 /60, décisions non publiées.

[224] Requête n° 343 /57 précitée, décision du 2 septembre 1959, *Annuaire de la Convention européenne des droits de l'homme*, vol. 2, pp. 193- 195.

Tels sont les recours dont l'épuisement est généralement exigé pour satisfaire à la règle des remèdes locaux.

En revanche, d'autres recours n'ont pas besoin d'être épuisés pour satisfaire aux exigences de la même règle.

4. Les recours dont l'épuisement n'est pas exigé

La jurisprudence arbitrale et judiciaire, appuyée par la doctrine, considère que certains recours n'entrent pas dans la catégorie des recours à épuiser d'après les principes de droit international généralement reconnus.

Tout d'abord, elle n'exige pas l'épuisement des recours non prévus par la loi ou qui ne tendraient qu'à obtenir une mesure de faveur.

La Commission européenne des droits de l'homme a ainsi décidé dans l'affaire *Lawless* que la possibilité donnée à une personne détenue d'obtenir sa relaxe à tout moment en prenant l'engagement de respecter la constitution et les lois et de ne plus appartenir à une organisation illégale, n'était pas un recours prévu par la loi et qu'il n'était pas nécessaire de l'utiliser pour satisfaire à la règle de l'épuisement des recours internes.

« Considérant qu'il suffit d'observer que la signature d'un tel engagement par un détenu et la mise en liberté d'un détenu à la suite de la signature d'un tel engagement ne constituait pas une procédure prévue par la loi ; que, en conséquence, cette procédure ne peut être considérée comme une voie de recours interne au sens des principes de droit international généralement reconnus relatifs à l'épuisement des voies de recours internes »[225].

L'action en réhabilitation n'est pas non plus un recours à épuiser pour satisfaire à la règle des remèdes locaux. L'affaire *De Becker contre la Belgique* l'illustre : « Considérant que le gouvernement belge a attiré toutefois l'attention de la Commission sur le fait que la loi du 25 avril 1896, modifiée par celle du 8 février 1954, consacre la possibilité d'une action en réhabilitation; qu'aux yeux de la Commission, pareille action en réhabilitation, telle que réglementée

[225] Requête n° 332/ 57, décision du 30 août 1958, *Annuaire de la Convention européenne des droits de l'homme*, vol. 2. p. 327.

par les deux lois susmentionnées, ne semble pas cependant présenter les caractéristiques d'un recours ordinaire dont les principes de droit international généralement reconnus exigent l'épuisement, car elle a pour objet l'obtention d'une faveur et non la revendication d'un droit... »[226].

Ensuite, le recours en grâce est à exclure dans la catégorie des recours à épuiser tel que la Commission européenne l'a affirmé dans l'affaire X *c. Belgique* introduite le 23 janvier 1959 et enregistrée le 16 février 1959 :

« Le recours en grâce, rejeté le 28 novembre 1958, ne doit pas être pris en considération pour l'application des règles de l'article 26 de la Convention européenne des droits de l'homme, du fait qu'il ne s'agit pas d' « un recours » au sens de cette disposition »[227].

De plus, selon l'avis de certains auteurs[228], le recours en révision n'a pas en principe, à être épuisé. Le recours en révision est exceptionnel et ne peut être exercé que si certaines conditions sont réalisées et que dans la plupart des cas, les recours internes sont considérés comme épuisés sans que le recours en révision ait besoin d'être tenté.

Cependant, lorsque des faits nouveaux sont intervenus qui permettent de rouvrir l'examen de l'affaire sur la base de données inconnues précédemment, la raison d'être du recours en révision est de conduire à une issue différente et par conséquent il peut fournir au requérant un remède efficace.

La Cour internationale de justice en a ainsi décidé dans l'affaire de la *Barcelona Traction*. Le Président Bustamante Y. Rivero estimait que le recours en révision aurait dû être exercé pour éviter la vente des biens de la société faillie.

La Belgique soutenait que ce recours en révision n'était pas possible contre le jugement de faillite parce qu'il ne s'agissait pas d'un jugement définitif.

---

[226] Requête n° 214 / 56 précitée, décision du 09 juin 1958, *Annuaire de la Convention européenne des droits de l'homme*, vol. 2 pp. 238-239.

[227] Requête n° 458 /59, décision du 29 mars 1960, *Annuaire de la Convention européenne des droits de l'homme*, vol. 3, p. 235.

[228] Cf. les travaux préparatoires, notamment le rapport de M. Teitgen à l'Assemblée consultative du Conseil de l'Europe, cités par MONCONDUIT, F. , *La Commission européenne des droits de l'homme*, Sijthoff, La Haye, 1965, p. 313.

Or pour le Président Rivero, le jugement de faillite avait été confirmé et était définitif.

En cas de doute sur la possibilité du recours en révision, la règle de l'épuisement des voies de recours internes exige que ce recours soit tenté car seul le juge peut se prononcer sur sa recevabilité[229].

Une telle jurisprudence a été aussi affirmée par la Commission européenne des droits de l'homme[230].

Toujours selon la même jurisprudence, si la requête est dirigée contre une décision qui rejette une demande en révision, le requérant doit alors faire usage des voies de recours ouvertes contre cette décision de rejet pour satisfaire aux exigences de la règle de l'épuisement des voies de recours internes.

Le recours en annulation dans l'intérêt de la loi n'entre pas également dans la catégorie des recours à épuiser[231].

Il en est également ainsi du recours à adresser au médiateur. S'appuyant sur sa jurisprudence constante à ce sujet, la Cour européenne des droits de l'homme a rappelé dans l'affaire *Lehtinen c. Finlande*[232] que, en règle générale, une plainte adressée au médiateur ne saurait passer pour un recours effectif à épuiser au sens de la règle de l'épuisement des recours internes.

Enfin, la jurisprudence tant arbitrale que judiciaire considère que les recours adressés aux organes politiques ou administratifs, même lorsqu'ils sont prévus, ne sont pas considérés comme devant être épuisés pour satisfaire à la règle de l'épuisement des recours internes, dès lors qu'ils ne présentent qu'un caractère gracieux.

---

229 Affaire *Barcelona Traction précitée, Light and Power Company Limited*, arrêt du 5 février 1970, C. I. J., Recueil 1970. Opinion individuelle du Président Bustamante Y. Rivero, p. 62.

230 Requête n°343 /57 précitée, décision du 2 septembre 1959, *Annuaire de la Convention européenne des droits de l'homme*, vol. 2, p. 43.

231 Requête n°1053 / 61, décision du 19 décembre 1961, *Recueil des décisions de la Commission*, n° 8, p. 7. Requête n°1159 / 61, décision du 12 mars 1962, *même Recueil*, n° 8, p. 129..

232 *Lehtinen c. Finlande*, décision du 14 octobre 1999 (*mutatis mutandis*, arrêt *Leander c. Suède* du 26 mars 1987, Série A n° 116, pp. 30-32, §§ 80-84 et Requête n° 11192 / 84 *Montion c. France*, décision du 14 mai 1987.

En ce qui concerne les organes politiques, le droit de pétition pouvant être exercé devant l'une, ou devant l'une et l'autre des chambres du parlement, suivant le système constitutionnel d'un pays donné, n'est pas considéré comme une voie de recours à épuiser au sens des principes généraux du droit généralement reconnus. La Commission européenne des droits de l'homme a décidé ainsi que le droit de pétition pouvant être exercé devant l'une, ou devant l'une et l'autre des deux chambres des Etats généraux du Royaume des Pays-Bas, n'est pas une voie de recours à épuiser au sens de l'article 26 de la Convention européenne des droits de l'homme. L'explication que la Commission européenne a donnée à ce sujet est que, d'une part, les chambres ne sont pas tenues de statuer dans un délai déterminé, ce qui peut entraîner d'importants retards dans la procédure, et que d'autre part, le dépôt d'une pétition n'implique pas obligation pour la chambre ou les chambres de prendre une décision et enfin, même si une mesure intervenait, il ne s'agirait pas d'une véritable décision, les chambres ne pouvant qu'inciter le gouvernement à prendre une décision.

La Commission en conclut, à juste titre, que ce droit de pétition ne peut donc conduire qu'à une mesure gracieuse et ne doit pas entrer dans la catégorie des voies de recours à épuiser[233].

C'est dans le même sens que dispose la sentence arbitrale du 27 novembre 1863 rendue dans l'affaire de « L'Eliza ». Dans cette affaire, le gouvernement des Etats-Unis, s'il invoquait un recours inutilisé : la pétition au Congrès, n'estimait pas cependant que, du fait de cette carence, les recours internes n'étaient pas épuisés. Le surarbitre déclara :

« Montrant qu'il n'appartenait pas au Département d'Etat d'indiquer les moyens qu'il pouvait ou devait employer, car c'était le rôle de son conseil, le secrétaire d'Etat mentionnait comme possible, entre autres choses, une pétition au Congrès. Il me semble que c'est sous l'impression que le réclamant avait épuisé les moyens ordinaires d'obtenir justice que le Général Cass avait cru probable que cette démarche aurait amené un résultat favorable à l'intéressé »[234].

---

[233] MONCONDUIT, F., op.cit., p. 314. et *Annuaire de la Commission européenne des droits de l'homme*, vol. 2, p. 567.

[234] DE LA PRADELLE, A., ET POLITIS, *Recueil des arbitrages internationaux*, Paris, Sirey, 1923, t. II, p. 276.

En ce qui concerne les organes administratifs, une distinction fondamentale s'impose. Il faut distinguer les simples demandes de faveur des recours adressés à l'autorité administrative pour obtenir d'elle la réformation ou l'annulation de la décision litigieuse.

Les simples demandes de faveur, tel le recours devant un gouverneur ou devant un souverain, ne rentrent pas dans la catégorie des recours à épuiser. La Commission européenne des droits de l'homme a décidé dans ce sens, dans une affaire opposant le Gouvernement du Royaume de Grèce au Gouvernement du Royaume-Uni de Grande Bretagne et d'Irlande du Nord « Considérant à ce sujet, que le gouvernement britannique a fait valoir en premier lieu que bien qu'aucune action en justice ne puisse être intentée contre l'Etat lui-même, qu'il s'agisse de la Couronne britannique ou du gouvernement de Chypre, il est possible d'introduire une demande en réparation par requête adressée, soit au gouverneur de Chypre, soit à la Reine, qu'il importe toutefois d'observer que, vu son caractère gracieux, pareil recours ne rentre pas parmi ceux dont l'article 26 exige l'épuisement[235] ».

Dans le même sens, les recours hiérarchiques telles que les demandes à adresser au Président du tribunal ou au Ministère de la Justice en vue de faire accélérer la procédure ne font pas partie des recours dont les principes de droit international généralement reconnus exigent l'épuisement. La Cour européenne des droits de l'homme a décidé ainsi dans l'affaire *Horvat c. Croatie*[263] que de telles demandes constituent des recours hiérarchiques qui reviennent en fait à communiquer des informations à l'organe de contrôle en lui suggérant qu'il fasse usage de ses pouvoirs s'il l'estime indiqué. Si une telle demande est présentée, l'organe de contrôle peut aborder ou ne pas aborder l'affaire devant le magistrat concerné, s'il juge que la demande en question n'est pas manifestement mal fondée. Dans le cas contraire, il ne prendra de toute façon aucune mesure. Si une procédure est engagée, elle implique exclusivement l'organe de contrôle et les magistrats visés. Le requérant ne serait pas partie à une telle procédure, tout au plus pourrait-il être informé des suites que l'organe de contrôle aura données à son recours[237].

---

[235] Requête n° 299 / 57, décision du 12 octobre 1957, *Annuaire de la Convention européenne des droits de l'homme*, vol., 2, p. 193.

[236] Cour eur. dr. h., arrêt *Horvat c. Croatie*, 26 juillet 2001.

[237] *Mutatis mutandis*, affaire *Karrer et autres c. Autriche*, n° 7464/76, décision de la Commission du 05 décembre 1978, D.R. 14, p.51.

Les recours adressés à l'autorité administrative et qui tendent à obtenir d'elle la réformation ou l'annulation de la décision litigieuse sont parfois exigés avant que le requérant saisisse valablement la juridiction compétente.

Ces recours administratifs doivent être effectués pour que les recours juridictionnels puissent eux-mêmes être exercés et épuisés. C'est notamment le cas en droit espagnol tel que l'illustre l'affaire *Barcelona Traction.*

Dans cette affaire, le gouvernement espagnol reprochait à la société « Barcelona Traction » de ne pas avoir utilisé le recours hiérarchique et le recours contentieux administratif contre les décisions administratives espagnoles.

Dans son opinion individuelle, le Président de la Cour internationale de justice Bustamante Y. Rivero estimait également que l'Institut Espagnol de Monnaie Étrangère (I. E. M. E.) refusant l'octroi de devises qui auraient permis le remboursement partiel des obligataires de la Barcelona Traction aurait dû faire l'objet d'un recours administratif hiérarchique devant le Ministre du commerce dont l'I. E. M. E. dépendait directement.

Ce recours administratif était d'autre part indispensable pour exercer plus tard un recours contentieux administratif[238].

Dans sa défense, la Belgique n'a pas prétendu que le recours hiérarchique ne s'imposait pas pour satisfaire à la règle de l'épuisement des recours internes, mais qu'il était impossible de l'exercer car les décisions avaient été prises avec le concours du Ministre lui-même et portées à la connaissance des intéressés par lui[239].

Toutefois, le requérant qui s'adresse à une autorité administrative n'aura épuisé les recours internes que s'il a utilisé ensuite les voies juridictionnelles de recours ouvertes contre la décision de cette autorité. C'est dans ce sens que la Commission européenne a tranché quand elle a déclaré irrecevable pour non-épuisement des recours internes la demande d'un requérant qui avait intenté seulement un recours hiérarchique et non le recours juridictionnel contre la décision rendue lors du premier recours[240].

---

[238] *Affaire Barcelona Traction* précitée, *Light and Power Company Limited*, arrêt du 5 février 1970, opinion individuelle du Président Bustamante Y. Rivero, pp. 59-60.

[239] *Affaire Barcelona Traction précitée, Light and Power Company, Limited*, arrêt du 5 février 1970, C. I. J., conclusions finales du gouvernement belge, Recueil, 1970, p. 27.

[240] Commission européenne des droits de l'homme, décision du 06 mars 1957, *Annuaire de la Convention européenne des droits de l'homme*, vol. 1, p. 140.

B. Traduction de ces principes dans la jurisprudence de la Commission africaine

Certains de ces principes se trouvent affirmés dans la jurisprudence de la Commission africaine des droits de l'homme et des peuples et quelques précédents importants peuvent être signalés.

Ainsi, le droit d'interjeter appel est déterminant dans la réalisation des exigences de l'article 56, alinéa 5, de la Charte africaine. La Commission africaine l'a affirmé dans la décision rendue sur la communication *Law Office of Ghazi Suleiman contre le Soudan*[241].

De même, dans tous les cas où les requérants se sont vu refuser la possibilité de faire appel contre les jugements rendus par les juridictions saisies au premier degré, la Commission en a conclu que les recours internes étaient inexistants, inefficaces et illégaux et a déclaré les communications recevables.

C'est la raison pour laquelle dans les décisions rendues dans les communications introduites par *International Pen, Constitutional Rights, Interights et Civils Liberties Organisation contre Nigeria*, la Commission a déclaré que « L'existence des clauses dérogatoires interdisant aux tribunaux ordinaires d'examiner tout appel interjeté contre les décisions prises par les tribunaux spéciaux rend les recours internes inexistants, inefficaces et illégaux »[242]. Dans toutes ces affaires, la Commission a constaté que les procès engagés dans le cadre du décret n° 2 de 1987 sur les troubles civils (Tribunaux Spéciaux), violaient la Charte africaine du fait que les jugements des tribunaux n'étaient pas sujets à appel, mais devaient être confirmés par le Conseil de Gouvernement National Provisoire dont les membres étaient des officiers militaires.

La Commission a ainsi considéré que le décret en question évince la juridiction des tribunaux ordinaires et en tant que tel, les justiciables n'avaient pas accès à un tribunal compétent, indépendant, équitable et impartial.

---

[241] Décision rendue sur la communication 228/ 99 *Law Office of Ghazi Suleiman contre Soudan*, 16ème rapport d'activités, § 35.

[242] Décisions portant sur les communications :
- 137/ 94, 154/ 96, 161/ 97 *International Pen, Constitutional Rights, Interights, Civils Liberties contre Nigeria*, 12ème rapport d'activités, § 76.
- 105 / 93, 128 / 94, 130/ 94 et 152/ 96 *Media Rights Agenda and Constitutional Rights Project contre Nigeria*, 12ème rapport d'activités, §50.

C'est la même position qu'a adoptée la Commission dans la décision rendue à propos de la communication *Forum of Conscience contre Sierra Leone* quand elle a affirmé que « le déni des droits d'appel des victimes devant les juridictions nationales compétentes dans un délit aussi grave que celui-ci, est une violation des normes du procès équitable attendues de ces cours »[243].

De même, de jurisprudence constante, la Commission africaine exige la saisine de la plus haute juridiction dans l'ordre juridique interne considéré (Cour de cassation, Cour suprême) pour que le requérant puisse prétendre avoir épuisé les recours internes. C'est notamment dans la décision portant sur la communication *Legal Resources Foundation contre Zambie* qu'elle a été explicite à ce sujet : « la communication est conforme à l'article 56 de la Charte car la Cour suprême de Zambie, la plus haute juridiction du pays a été saisie, tous les recours au plan national ont été épuisés »[244].

Au titre d'autres catégories de recours susceptibles d'être exercés, on peut noter le recours administratif et le recours à la procédure de référé. Dans la communication introduite par le *Mouvement des Réfugiés mauritaniens au Sénégal* contre le Sénégal[245], le représentant de l'Etat défendeur a indiqué que le plaignant avait la possibilité d'intenter une action contre l'arrêté incriminé qui est un acte administratif susceptible de trois voies de recours dont le recours administratif, le recours juridictionnel, le recours à la procédure de référé d'heure à heure.

À la lumière du dossier sous examen, la Commission africaine a constaté que le plaignant n'avait fourni aucune indication sur l'épuisement des recours internes qui lui étaient ouverts et l'a déclarée irrecevable.

C'est une manière implicite d'affirmer que lesdits recours entrent dans la catégorie de ceux dont l'épuisement est exigé.

Concernant les recours exclus de cette catégorie, la Commission africaine s'est déjà prononcée sur les suivants :

---

243 Communication 223/ 98 précitée, *Forum of Conscience contre Sierra Leone*, 14ème rapport d'activités, § 18.

244 Décision rendue sur la communication 211/ 98 *Legal Resources Foundation contre Zambie*, 14ème rapport d'activités, § 51.

245 Décision portant sur la communication 254/ 02 *Mouvement des Réfugiés Mauritaniens au Sénégal contre le Sénégal* précitée, 16ème rapport d'activités, § §18-19.

- Le recours en grâce : la Commission a exclu le recours gracieux au motif qu'il ne présente nullement les caractéristiques d'un recours juridictionnel et n'a d'effet que sur l'exécution de la peine. Elle a déclaré ainsi dans la communication *Alfred B. Cudjoe contre Ghana* :

« La Commission constate que le requérant, bien qu'ayant versé au dossier la décision rendue en sa faveur par la Commission ghanéenne des droits de l'homme, ne lui donne aucune indication quant à la procédure qu' il aurait suivie devant les tribunaux car il convient de le préciser, les recours internes dont fait mention l'alinéa 5 de l'article 56 ci-dessus, s'entendent des recours introduits devant les tribunaux de l'ordre judiciaire; ce que la Commission ghanéenne des droits de l'homme n'est manifestement pas.

Du point de vue de la Commission africaine, la saisine de cette instance peut se ramener à un recours gracieux préalable et devrait en principe, eu égard à l'absence de réaction de l'employeur, se prolonger par une action devant les tribunaux »[246].

- Le recours en révision : dans la communication introduite par *Avocats Sans Frontières* contre le Burundi au nom de Gaétan Bwampamye[247], le délégué du Gouvernement du Burundi avait développé dans sa présentation orale l'existence d'autres voies de recours internes qui n'ont pas été utilisées par le plaignant, tel que le recours en révision.

La Commission n'a pas admis que le recours en révision devait avoir été exercé pour satisfaire aux exigences de l'épuisement des recours internes car il est subordonné à la découverte de faits nouveaux susceptibles d'entraîner la réouverture du dossier.

- Le recours dans l'intérêt de la loi : dans la communication précédente, le recours dans l'intérêt de la loi a aussi été exclu dans la mesure où il était limité à l'initiative du Ministre de la Justice.

---

[246] Décision portant sur la communication 221/ 98 *Alfred B. Cudjoe contre Ghana précitée*, 12ème rapport d'activités, § 13.
[247] Décision rendue sur la communication 231 / 99 *Avocats Sans Frontières contre le Burundi*, 14ème rapport d'activités, § 22-23.

- Le recours devant une organisation ou une institution non judiciaire : dans la décision portant sur la communication *Ilesanmi contre Nigeria*[248], la Commission africaine a été explicite « La Commission africaine souhaiterait traiter de l'assertion de l'Etat défendeur selon laquelle la communication n'a pas été soumise à la *National Human Rights Commission ou à l'Independent Corruption Practices Commission*; ces deux organisations mentionnées par l'Etat défendeur sont des institutions non judiciaires, même si elles offrent des recours. Elles ne font pas partie de la structure judiciaire de l'Etat défendeur. Quand bien même la Commission Africaine encouragerait les plaignants à chercher réparation, même auprès d'organes non judiciaires, ils ne sont pas obligés de le faire. Les voies de recours prescrites aux termes de l'article 56 (5) sont des voies de recours légales qui n'empruntent pas le canal de l'administration ou de l'exécutif ».

Il ressort de ces précédents que la jurisprudence de la Commission africaine des droits de l'homme et des peuples n'est pas d'un grand secours dans la détermination des recours internes qui entrent dans la catégorie de ceux dont l'épuisement est exigé ou de ceux qui sont exclus de cette catégorie, suivant les principes de droit international généralement reconnus.

D'un côté, elle se rallie à certains des principes adoptés par les autres tendances internationales et de l'autre, elle reste muette sinon moins explicite.

§3. *L'exercice normal des voies de recours internes*

A. La signification de l'exigence

La règle des remèdes locaux exige l'exercice normal des recours, c'est-à-dire que le requérant doit introduire, dans les formes et délais prescrits par le droit interne, tous les recours susceptibles de remédier à la situation dont il se plaint.

En effet, comme déjà indiqué, la règle sous analyse comporte deux aspects complémentaires.

---

[248] Décision portant sur la communication 268/ 2003 *Ilesanmi contre Nigeria*, 18ème rapport d'activités, § 42.

Le premier aspect de la règle qualifié d'« aspect vertical », signifie que le requérant doit intenter dans son pays une action devant la juridiction de la première instance compétente et parcourir ensuite la hiérarchie complète des instances juridictionnelles jusqu'à la juridiction suprême dans l'ordre considéré.

Le deuxième aspect de la règle, qualifié d'« aspect horizontal », signifie que le requérant doit, à chaque stade de la procédure, rechercher efficacement et sans négligence, les moyens de procédure essentiels propres à redresser ses griefs.

C'est, en d'autres termes, la nécessité pour le plaideur d'utiliser à chaque stade de la hiérarchie juridictionnelle, tous les moyens de procédure qu'il est possible d'invoquer pour résoudre le litige. C'est la sentence arbitrale rendue dans l'affaire *Ambatielos* qui, pour la première fois, a souligné cet aspect horizontal de la règle en déclarant : « Il n'y a aucun doute que l'épuisement des moyens de droit interne exige l'usage des moyens de procédure qui sont essentiels pour rétablir la situation dont se plaint la personne qui se prétend avoir été lésée[249] ».

C'est ce qui a poussé Lord Mc Nair à affirmer que, depuis cette sentence, la règle de l'épuisement des recours internes a la portée suivante : « La notion d'épuisement des recours internes, a-t-il été jugé, exige l'épuisement de tous les moyens de procédure ouverts au demandeur, devant tous les tribunaux pouvant les accueillir[250] ».

Plusieurs décisions de la Commission européenne ont dans la suite insisté sur cet aspect horizontal de la règle.

Ainsi, la Commission européenne des droits de l'homme a décidé dans le même sens dans l'affaire *Delcourt c. Belgique* en déclarant « ...le requérant aurait eu la faculté de demander au Tribunal correctionnel de Bruges que la procédure ait lieu en français, mais que cette demande n'était plus recevable devant la Cour d'appel de Gand, ni par conséquent devant la Cour de Cassation; ...qu'il n'est pas établi, par contre, que le requérant ait renouvelé sa demande devant le Tribunal correctionnel; qu'il affirme, il est vrai, qu'il aurait voulu formuler

---

249 Affaire *Ambatielos*, sentence, London Stationary Office, 1956, pp. 277-28.
250 Lord Mac Nair, *International Law Opinions*, Oxford, Clarendon Press, vol. II, p. 319.

cette demande, mais que la parole lui aurait été refusée par le Président; qu'à ce sujet cependant, la Commission estime que Delcourt ou l'avocat qui l'assistait aurait pu demander que ce refus soit acté au plumitif d'audience; qu'il aurait pu ensuite se plaindre devant la Cour d'appel et, le cas échéant, devant la Cour de cassation du refus à lui opposé par le tribunal ; qu'il ne ressort pourtant d'aucune pièce du dossier que soit le requérant, soit son avocat, ait fait usage de cette faculté; qu'il résulte de tout ce qui précède que le requérant n'a pas épuisé les voies de recours dont il disposait en droit belge; ... »[251].

Dans la même requête, la Commission européenne a déclaré à propos de la même exigence que « Si le requérant se plaint de certaines déclarations partiales à son égard faites par les magistrats, il doit avoir demandé que ces déclarations soient consignées par écrit au compte rendu de l'audience pour pouvoir s'en plaindre devant la juridiction supérieure[252] ».

Dans la même perspective, la Commission européenne des droits de l'homme a décidé que si l'ordre interne considéré n'offre pas de recours spécial permettant de réparer le grief invoqué, mais qu'une action fondée sur les principes généraux du droit est possible, il faut utiliser ce moyen de droit : « ...qu'il est vrai que la législation néerlandaise ne prévoit pas de procédure spécifique par laquelle le requérant ait pu contester l'ordre d'expulsion en tant que tel; que, toutefois, le requérant avait selon les principes généraux du droit néerlandais, la possibilité d'engager une action devant les tribunaux en faisant valoir que sa détention suivie de son expulsion des Pays-Bas, constituait un abus de pouvoir de la part des autorités responsables des mesures prises contre lui; que le requérant n'a pas usé de cette possibilité et qu'il n'a donc pas épuisé les voies de recours que lui offrait le droit néerlandais »[253].

Ainsi définie, en particulier sous son aspect horizontal, cette règle risque d'être trop formaliste et de formuler à l'encontre du requérant une exigence impossible dans l'absolu. Elle risquerait de faire reposer la possibilité d'une action internationale sur une notion contingente et de paralyser ainsi toutes les actions judiciaires internationales.

---

[251] Requête n° 2689/ 65, décision partielle du 7 février 1967, *Annuaire de la Convention européenne des droits de l'homme*, vol. 10, p. 279.

[252] *ibidem.*

[253] Requête n° 1211 / 61, décision du 4 octobre 1962, *Annuaire de la Convention européenne des droits de l'homme*, vol. 5, p. 227.

Aussi convient-il d'en préciser la portée exacte.

En effet, la doctrine et la jurisprudence parlent souvent de l'utilisation des moyens ou des ressources de procédure. Il s'agit pour le plaideur de mettre en œuvre, pour assurer la meilleure défense de sa cause, tous les moyens juridiques que permettent l'organisation juridictionnelle et le système procédural de l'Etat concerné. Dans ce contexte, s'il fallait exiger du plaideur qu'il fasse usage devant chaque degré de juridiction de toutes les ressources de la procédure, il serait illogique et inacceptable que celui qui n'a pas fait usage d'un moyen de procédure sans importance pour la solution de son litige, voie son action internationale déclarée irrecevable. Il en découle la nécessité de poser certaines limites comme l'a indiqué le Professeur Pinto dans son opinion générale sur la sentence *Ambatielos*. Le Professeur Pinto estime, à juste titre, que le requérant doit se conduire en plaideur raisonnable devant les juridictions internes et qu'il doit conserver une certaine liberté d'action dans la conduite de son procès, notamment quant aux choix des moyens de droit qu'il estime les plus adéquats « L'étendue de l'obligation d'épuiser les recours internes dépend d'une appréciation subjective du réclamant, puis de l'Etat dont il relève, sur le caractère essentiel, décisif d'un moyen de procédure »[254].

C'est cette conception du Professeur Pinto qui a été adoptée par la majorité des auteurs dans les débats qui ont eu lieu à la session de Grenade de l'Institut de Droit International en 1956, relatifs aux moyens de procédure à utiliser.

Au cours de cette session, les débats eurent lieu au sujet de la définition même des voies de recours et les auteurs ont estimé, d'une façon générale, que la notion d'épuisement doit être moins exigeante. Le texte proposé était ainsi libellé :

« L'obligation d'épuisement préalable des voies de recours internes comporte celle d'utiliser jusqu'à la dernière instance les moyens de procédure essentiels à la disposition de l'intéressé ».

M. Vallindas estimait que ce texte allait un peu loin. Il déclarait :

[254] PINTO, M., *op. cit*, p. 598.

« si on demande que non seulement les voies de recours mais aussi les moyens de procédure aient été tous employés, ne va-t-on pas paralyser toutes les actions judiciaires internationales et donner un redoutable pouvoir au juge international ? Ce qu'il faut dire, c'est que les voies de recours ont été employées mais pas les moyens de procédure[255] ».

M. de la Pradelle estime également que l'expression « moyens de procédure » est trop compréhensive. Elle aboutirait selon lui à conférer au juge international le contrôle de l'administration des preuves alors qu'il ne devrait contrôler que les recours et actions, c'est-à-dire l'existence d'une procédure dans l'ordre interne. Il résumait sa pensée de façon assez catégorique : « une interprétation aussi abusive de la règle de l'épuisement est en contradiction avec son acception traditionnelle...Prétendre donner à l'expression anglaise « remedy » un sens large de façon à y comprendre les voies de procédure et les moyens de preuve aboutirait à donner à la règle une interprétation et une portée d'application sans précédent[256] ». Cette interprétation généreuse de l'expression « voies de recours » est venue couper court à celle qui avait été avancée par M. Rolin lors des débats tenus à l'Institut de droit international en 1956. Ce dernier avait proposé de définir de façon précise les mots « voies de recours » utilisés dans la terminologie française à propos de la règle de l'épuisement.

Il notait que l'expression anglaise « local remedies » est beaucoup plus large et plus conforme à la pratique. Cette expression indique clairement que le ressortissant lésé ne doit pas seulement utiliser les voies de recours, mais, au cours même de chaque instance, les moyens de procédure essentiels propres à redresser ses griefs. Il y aurait intérêt, disait-il, à indiquer que telle est bien la portée de la règle[257].

M.Gidel proposait de remplacer les termes « moyens de procédure » par « moyens de droit et toutes les instances ».

M. de la Pradelle, tout en reconnaissant l'amélioration de cette nouvelle rédaction en montre cependant les dangers. On pourrait, selon lui, reprocher

[255] Annuaire de l'I. D. I., 1956, t. 46, pp. 306-307.
[256] Annuaire de l'I. D. I., 1956, t. 46, p. 307.
[257] Annuaire de l'I. D. I., 1956, t. 46, p. 272.

au plaideur de ne pas avoir épuisé tous les moyens de droit et donc lui interdire l'action internationale, dans le cas où il aurait commis une erreur de droit devant les tribunaux internes.

Il ressort de toutes ces considérations que la notion d'épuisement des recours internes doit être entendue de façon raisonnable et normale. Elle ne doit pas s'interpréter comme obligeant le plaideur à user de tous les moyens de droit et de toutes les ressources offertes par la procédure, elle exige seulement un exercice normal des voies de recours. Les débats de l'Institut de Droit International et les résolutions qu'il a adoptées permettent une telle interprétation. Bourquin semble avoir bien illustré cette exigence moyenne dans l'usage des recours internes : « La règle de l'épuisement n'exige pas nécessairement l'utilisation préalable de tous les moyens d'action prévus par le droit interne, mais simplement une utilisation normale de ces moyens ...

La règle doit être comprise d'une manière raisonnable, en tenant compte de ce que ferait un plaideur normal, ayant le souci de défendre ses intérêts, mais sans se croire obligé cependant de mettre en action toutes les procédures imaginables, quels que soient les retards et les frais qui peuvent en résulter[258] ».

La résolution adoptée par l'Institut lors de sa session de Grenoble en 1956 fait aussi appel à ce critère de modération quant à ce qu'on doit exiger du plaideur. Elle indique « S'il existe dans l'ordre juridique interne de l'Etat contre lequel la prétention est élevée des voies de recours accessibles à la personne lésée et qui, vraisemblablement sont efficaces et suffisantes, et tant que l'usage normal de ces voies n'a pas été épuisé ...»[259].

C'est dans le même sens qu'a abondé Ch. De Visscher quand il affirme :

« La pratique internationale démontre que les tribunaux internationaux l'ont généralement appliquée avec la modération et la souplesse que leur ont dictées les limites qui lui sont raisonnablement inhérentes ainsi que la diversité des espèces »[260].

---

[258] BOURQUIN, Annuaire de l'I. D. I., t. 45, 1954, vol. I, pp. 60-61.
[259] Annuaire de l'I. D. I., 1956, t. 3, p. 315.
[260] DE VISSCHER, C., *op.cit.*, p. 156.

B. La jurisprudence de la Commission africaine

Cette jurisprudence n'a eu que très peu d'écho dans la pratique de la Commission africaine des droits de l'homme et des peuples.

En effet, la Commission n'a pris le soin d'analyser la mise en œuvre de la règle que sous son aspect vertical et, dans aucune des décisions, elle n'a manifesté le moindre souci de concevoir l'aspect horizontal de la règle.

Dans la procédure visant la recevabilité des communications, la Commission africaine emploie assez souvent des termes vagues qui ne laissent pas percevoir le moindre souci de s'attarder à analyser si les requérants auraient invoqué, à toutes les étapes des recours internes, tous les moyens de procédure essentiels afin d'obtenir satisfaction de leurs griefs. Elle se contente ainsi simplement d'indiquer au requérant « d'apporter des clarifications sur les actions entreprises par l'auteur pour épuiser les recours internes » ou « de lui fournir par écrit les arguments relatifs à l'épuisement des recours internes ».

Argument plus fort encore, dans aucune de ses décisions, la Commission n'a reproché au requérant de ne pas avoir respecté les exigences de l'épuisement horizontal des recours internes. Or, on peut difficilement présumer que les auteurs des communications présentées à la Commission, soient tellement vigilants qu'ils ne commettent aucune négligence dans l'utilisation des ressources que leur offrent les procédures internes.

Le simple parcours de la hiérarchie interne dans l'ordre juridique considéré, du premier degré jusqu'au degré le plus élevé suffit, dans la jurisprudence de la Commission, pour que le requérant puisse invoquer qu'il a épuisé les recours internes.

Tel n'est pas le véritable sens de la règle de l'épuisement des voies de recours internes et la Commission africaine des droits de l'homme et des peuples devrait adapter sa jurisprudence pour considérer la règle dans tous ses aspects.

SECTION 4. LE MOMENT OU LES RECOURS INTERNES SONT CONSIDERES COMME EPUISES

§ 1. Le principe

La date à laquelle a été rendue la décision définitive dans l'ordre interne coïncide avec la date à laquelle les recours internes sont considérés comme épuisés.

En effet, les recours internes ne sont pas considérés comme épuisés s'ils sont simplement formés ou tentés et si l'instance est encore pendante devant les tribunaux internes. Il ne suffit pas d'introduire un recours, il faut encore avoir obtenu une décision définitive. La juridiction de dernier ressort doit avoir statué et rendu sa sentence.

La nécessité d'une décision définitive de la juridiction du degré le plus élevé dans l'ordre interne considéré est une exigence constante tant dans la jurisprudence arbitrale que judiciaire.

Dans la jurisprudence arbitrale, l'affaire *Christo G. Pirocaco*, soumise à la Commission des réclamations turco-américaine et l'affaire *Salem* illustrent bien cette exigence. Dans la première, la sentence arbitrale déclara : « En règle générale un déni de justice résultant d'une action incorrecte des autorités judiciaires ne peut être invoquée qu'après la décision d'une Cour de dernier ressort[261] ».

La sentence arbitrale rendue dans la deuxième affaire abonde dans le même sens : « En principe, il suffit que le demandeur ait poursuivi son action jusqu'à l'instance la plus élevée des tribunaux judiciaires nationaux »[262].

Dans la jurisprudence judiciaire, la nécessité d'une décision interne définitive pour satisfaire aux prescriptions de la règle de l'épuisement des voies de recours internes, a été affirmée pour la première fois par la Cour permanente de justice internationale et a été reprise par la jurisprudence de la Commission et de la Cour européennes des droits de l'homme.

---

[261] Cité par FREEMAN, *The international responsibility of states for denial of justice*, Londres, Longmans, 1938, p. 415.

[262] Affaire *Salem* précitée, *Recueil des sentences arbitrales de l'O. N. U.*, vol. 2, p. 1189.

Dans l'affaire *Compagnie d'électricité de Sofia et de Bulgarie* soumise à la Cour permanente de justice internationale, le gouvernement bulgare soutenait que la requête belge du 26 janvier 1938 qui saisissait cette Cour avait été introduite avant qu'une décision définitive, en l'espèce l'arrêt de la Cour de cassation bulgare, ait été rendue et qu'à ce titre la requête aurait été prématurée et irrégulière[263]. Il s'agissait pour la Cour de décider s'il y avait eu une décision définitive de la part des tribunaux bulgares et si par conséquent les recours internes étaient épuisés. Le gouvernement belge estimait qu'il y avait eu une décision définitive des juridictions bulgares dès l'arrêt de la Cour d'appel, prétendant que le recours à la Cour de Cassation constituait un recours extraordinaire. La Cour permanente de justice internationale a estimé que seul l'arrêt de la Cour de cassation pouvait être considéré comme la décision définitive.

La Commission européenne des droits de l'homme a repris le même raisonnement dans l'affaire X. *contre Allemagne* dans laquelle elle a fait observer : « Considérant, quant à la demande de révision du ... 1960 et quant à la condamnation pénale du ...1960, que la Commission ne peut être saisie, aux termes de l'article 26 de la Convention, tel qu'il est entendu selon les principes généraux du droit international généralement reconnus; que ladite demande en révision demeure pendante devant l'Oberlandes-gericht d'A...; que, de même, la Cour Fédérale de Justice n'a pas statué jusqu'ici, sur le pourvoi en cassation par X ... contre le jugement susmentionné du ...1960; qu'au surplus, l'examen du dossier ne permet pas en l'état de dégager même d'office, l'existence des circonstances particulières de nature à relever le requérant, selon les principes de droit international généralement reconnus, de l'obligation d'épuiser les recours dont il dispose; que l'intéressé n'a pas donc encore observé, sur les deux points en question, les prescriptions précitées de l'article 26, de sorte qu'il échet de rejeter la requête de ce deuxième chef par application de l'article 27 paragraphe 3 de la Convention; »[264].

La Cour européenne des droits de l'homme, dans la décision *Zutter c. France*, a respecté ce précédent : « Dans la mesure où le requérant aurait satisfait aux exigences de l'article 35 § 1er de la Convention, la Cour est d'avis que

[263] Affaire *Compagnie d'électricité de Sofia et de Bulgarie* précitée, arrêt du 4 avril 1939, Série A / B, n° 77, p. 78.

[264] Requête n° 892 / 60, décision du 13 avril 1961, *Annuaire de la Convention européenne des droits de l'homme*, vol. 4, p. 251.

ces décisions, qui sont purement procédurales et ne touchent pas au fond de l'affaire, ne sauraient porter préjudice à son droit à un procès équitable, d'autant que le requérant a toujours la possibilité de renouveler sa demande devant la Cour d'appel de Montpellier, actuellement saisie de l'affaire »[265].

Il ressort de cette jurisprudence arbitrale et judiciaire que la décision définitive traduit l'épuisement des recours internes. Que recouvre cette notion de décision définitive ? Dans son opinion dissidente sur l'affaire suscitée *Compagnie d'électricité de Sofia et de Bulgarie* et à laquelle se sont ralliés les juges Urrutia, Van Eysinga et Hudson, Anzilotti a bien précisé ce qu'il faut entendre par décision définitive. A son avis, on a voulu donner à l'Etat intéressé le moyen d'empêcher qu'un différend international s'élève tant que la source de ce différend peut être éliminée par une décision des instances internes. Il s'en suit que c'est seulement lorsque la décision adoptée ne peut plus être changée, tout au moins en ce qui concerne les points susceptibles de provoquer le différend international qu'on est en présence de la « décision définitive ».

Une décision qui peut être modifiée, annulée, remplacée par une autre n'est pas une décision qu'avaient en vue les Parties, quelle que puisse être par ailleurs, la qualification que lui donne le droit interne du pays où elle a été rendue[266].

La raison d'être de l'exigence d'une décision définitive est le souci d'éviter autant que possible, des décisions contradictoires qui peuvent surgir entre la juridiction internationale et les tribunaux internes si on accordait la possibilité de saisir la juridiction internationale alors que l'instance interne de dernier ressort n'a pas encore rendu sa décision.

C'est donc à la date de l'introduction de la requête internationale et non pas seulement à la date de la prononciation de la sentence internationale que le requérant doit pouvoir invoquer une décision interne définitive rendue à son égard.

La jurisprudence internationale arbitrale ou judiciaire estime qu'il faut exiger le caractère définitif de la décision des tribunaux internes à la

[265] Requête n° 30197 / 96 *Zutter c. France*, décision du 27 juin 2000.

[266] C. P. J. I., *Compagnie d'électricité de Sofia et de Bulgarie*, arrêt du 4 avril 1939, série A / B, n° 77, opinion dissidente Anzilotti, pp. 96, 97.

date de l'introduction de la requête internationale. Dans les nombreuses Conventions[267], notamment les traités de règlement judiciaire et d'arbitrage qui prévoient que l'action judiciaire internationale ne pourra être introduite que dans un certain délai après que les recours internes auront été épuisés, c'est la date de la décision définitive des juridictions internes qui constitue le point de départ.

Tel est le cas dans le texte de la Convention européenne et dans la jurisprudence de la Cour européenne des droits de l'homme. De jurisprudence constante[268], cette Cour a posé le principe que l'épuisement des voies de recours internes s'apprécie à la date de l'introduction de la requête devant la Cour.

Cette position renforce le caractère de condition de recevabilité qu'il faut attacher à la règle de l'épuisement des recours internes.

Le requérant qui dispose du texte ou d'une copie de la décision interne définitive apporte ainsi la preuve que les recours internes sont épuisés.

§ 2. Les exceptions au principe

A. La durée des procédures

Le principe connaît une exception lorsque la procédure interne ne respecte pas l'exigence du « délai raisonnable » pour obtenir la décision interne définitive. La Cour européenne des droits de l'homme a jugé ainsi dans plusieurs arrêts rendus contre l'Italie que la fréquence croissante de ses constats de non respect, par l'Etat italien, de l'exigence du « délai raisonnable » l'a amenée à conclure

[267] Exemples : -L'acte général de Genève du 26 septembre 1928, article 31 (délai d'un an); -Traité de conciliation, d'arbitrage et de règlement judiciaire du 23 juin 1931 entre la Belgique et la Bulgarie, article 3, alinéa 2. ;
- Convention européenne de sauvegarde des droits de l'homme et des libertés fondamentales du 4 novembre 1950, article 26 de même que l'article 35. 1 de la Convention révisée après le protocole n° 11 (délai de six mois);
- Convention européenne pour le règlement des différends du 29 avril 1957, article 29 (2mois);
- Convention sur la pêche signée à Londres le 9 mars 1964, annexe II.

[268] Notamment dans les affaires suivantes : Requête n°30197 /96, *Zutter c. France*, décision du 27 juin 2000; Requête n° 46051 / 99, *Malvé c. France*, décision du 20 janvier 2001; Requête n°33592 / 96, *Baumann c. France*, décision du 22 mai 2001; Requête n°60545 / 00, *Perhirin c. France*, décision du 04 février 2003; Requête n° 24699 / 94 *Vgt verein Gegen Tierfabriken c. Suisse*, décision du 28 juin 2001

que l'accumulation de ces manquements était constitutive d'une pratique incompatible avec la Convention et à attirer l'attention du « Gouvernement » sur le « danger important » que la lenteur excessive de la justice représente pour l'Etat de droit[269].

B. La complexité de l'affaire

Dans certains cas particuliers, il peut arriver que la décision d'une juridiction interne soit définitive pour certains aspects de la requête et ne le soit pas pour les autres. C'est l'hypothèse dans laquelle un requérant soulève plusieurs griefs dont certains seulement sont encore susceptibles de faire l'objet d'un nouveau recours interne. Le requérant doit-il attendre, pour soumettre l'ensemble de la requête à la juridiction internationale, que le recours encore ouvert pour une partie seulement de ses griefs soit épuisé, ou au contraire, peut-il déposer la requête pendant que le recours est encore ouvert ?

La Commission européenne s'est prononcée à ce sujet dans l'affaire *Nielsen*[270]. Dans cette affaire, la question qui s'est posée devant la Commission européenne était de savoir si le recours devant la Cour spéciale de révision danoise était ou non un recours efficace à épuiser et par voie de conséquence si la décision définitive faisant courir le délai de six mois était la décision rendue par cette Cour ou celle rendue par la Cour suprême.

La Commission européenne a déclaré qu'il fallait apprécier cette question en fonction de la nature et des conditions de chaque grief. La distinction entre les différents griefs invoqués conduit à reconnaître plusieurs décisions internes définitives et partant plusieurs points de départ de la réclamation internationale. C'est alors au requérant de prendre garde à ce que sa requête internationale ne soit pas recevable à l'égard de certains griefs alors qu'elle serait encore irrecevable à l'égard de certains autres.

La question de savoir comment le requérant doit prouver qu'il a bien épuisé les recours internes s'est posée notamment à la Commission européenne des

---

[269] Parmi plusieurs autres, voir les arrêts :
- Cour eur.dr.h., arrêt *Brusco c. Italie*, 6 décembre 2001 ;
- Cour eur.dr.h., arrêt *Bottazzi c. Italie* (G.C.), requête n° 34884/97, § 22, C.E.D.H. 1999-V.

[270] Requête n° 343 / 57 précitée, décision du 2 septembre 1959, *Annuaire de la Convention européenne des droits de l'homme*, vol. 2, p. 445.

droits de l'homme. La première session avait étudié à l'aide de quels documents la preuve de l'épuisement des voies de recours internes pourrait être établie[271].

La Commission s'est finalement ralliée à une conception assez favorable au plaignant. Elle exige seulement qu'il fournisse des éléments permettant d'établir que les recours internes sont épuisés, c'est-à-dire un commencement de preuve.

C'est ensuite à la Commission d'apprécier si ces éléments sont suffisants ou non. Si le requérant peut invoquer une décision définitive de l'ordre interne, il dispose alors d'un élément particulièrement probant.

§ 3. La jurisprudence de la Commission africaine

La jurisprudence de la Commission africaine s'inscrit en droite ligne de ce principe. Elle exige du requérant d'attendre la décision interne définitive avant de présenter sa communication à la Commission. Est significative de cette jurisprudence, la décision d'irrecevabilité que la Commission a rendue dans l'affaire *Interights contre Namibie*[272]. Dans cette affaire, la Commission a déclaré la communication irrecevable au motif que, lorsque le plaignant a présenté sa requête, l'affaire était pendante devant la Haute cour de la Namibie.

La décision d'irrecevabilité de la Commission dans la communication *Que choisir Bénin contre Bénin* s'inscrit également dans le même contexte.

Dans cette décision, la Commission a déclaré :

« Vu que le plaignant ne démontre pas, contrairement aux prétentions de l'Etat défendeur, que l'affaire est vidée par les tribunaux béninois et que les voies de recours internes sont ainsi épuisées, la Commission se voit dans l'obligation de tenir fondée, la position de l'Etat défendeur qui soutient que l'affaire est toujours pendante devant les tribunaux locaux »[273].

---

[271] MONCONDUIT, F., *op. cit.*, p. 318.

[272] Décision rendue sur la communication 239/ 2001 *Interights (pour le compte de Jose Domingos Sikunda) contre Namibie* précitée, 15ème rapport d'activités, § 30. Ce principe a été également affirmé dans la décision d'irrecevabilité portant sur la communication précitée 299/2005, *Annuak Justice Council c. Ethiopie*, 20ème rapport d'activités.

[273] Décision portant sur la communication 264/ 2002 *Association Que choisir Bénin contre Bénin*, 18ème rapport d'activités, § 30.

L'exception au principe, tirée du délai de la procédure, est prévue textuellement au deuxième membre de l'article 56, alinéa 5, de la Charte qui stipule que les communications adressées à la Commission doivent « être postérieures à l'épuisement des recours internes s'ils existent, à moins qu'il ne soit manifeste à la Commission que la procédure de ces recours se prolonge d'une façon anormale ».

Toutefois, en ce qui concerne la qualification du caractère raisonnable de la durée d'une procédure, la Commission africaine n'a pas encore développé ses propres critères mais préfère se référer, sans plus, aux critères dégagés par la jurisprudence européenne[274].

La deuxième exception à ce principe, liée à la complexité des affaires, n'a jamais été invoquée dans la jurisprudence de la Commission africaine.

SECTION 5. LES DISPENSES[275] D'EPUISEMENT DES RECOURS INTERNES

La règle de l'épuisement des voies de recours internes n'est pas absolue.

Certaines circonstances peuvent dispenser le requérant de l'épuisement des recours internes. Ces dernières se trouvent affirmées aussi bien dans le droit coutumier que le droit conventionnel et de manière très développée dans le système établi par la Convention européenne des droits de l'homme.

A ce sujet, Denis Sulliger[276] a indiqué que, comme le lui recommandait l'article 26 de la Convention, la Commission européenne des droits de l'homme a suivi fidèlement « les principes généraux du droit international généralement reconnus » dans l'appréciation des circonstances qui dispensent de l'épuisement des recours internes à telle enseigne que toutes les dispenses

[274] Voy. décision rendue sur la communication 275/2003, *Article 19 contre Etat d'Erythrée*, 22ème rapport d'activités, § 97.

[275] Une précision terminologique : L'expression « dispenses d'épuisement » est employée par la Commission européenne des droits de l'homme alors qu'en droit coutumier, on parle d'exceptions ou de dérogations à la règle, une terminologie qui a été critiquée. Cf. Verzijil, A. I. D. I. ,1954, I, pp. 21-22; Bourquin, ibid., p. 56; Giebeler, p. 268. Nous avons préféré utiliser la terminologie de la Commission européenne des droits de l'homme.

[276] SULLIGER, D., *op. cit*, p. 130.

d'épuisement retenues en droit coutumier se rencontrent dans la jurisprudence de la Commission, elle-même ayant été suivie plus tard par la jurisprudence de la Cour européenne des droits de l'homme.

Dans la matière consacrée à ces dispenses d'épuisement des recours internes, nous partirons de l'exposé des différentes dispenses d'épuisement admises d'abord dans le droit coutumier, reprises ensuite non seulement dans le système de la Convention européenne des droits de l'homme mais aussi dans celui de la Convention interaméricaine des droits de l'homme (premier paragraphe) pour les transposer dans la jurisprudence de la Commission africaine des droits de l'homme et des peuples (deuxième paragraphe).

§ 1. Les enseignements du droit international

Les circonstances généralement avancées pour justifier l'exemption de l'épuisement des recours internes forment une longue liste[277] et peuvent être subdivisées en deux grandes catégories :

- Les circonstances propres à l'Etat défendeur;
- Les circonstances propres à l'individu lésé.

A. Les circonstances propres à l'Etat défendeur

Plusieurs circonstances, imputables à l'Etat défendeur sont généralement retenues, pour exempter le requérant de l'obligation d'épuisement des recours internes. Il y a lieu d'en relever les principales catégories :

1° Inexistence des recours : Si, dans une hypothèse particulière, aucun recours adéquat, utile et efficace n'existe, l'obligation d'épuiser les voies de recours cesse d'exister.

La jurisprudence arbitrale[278] offre beaucoup d'exemples d'illustration de ce principe. La Cour permanente de justice internationale a reconnu le même principe dans l'affaire du *Chemin de fer Panevezys-Saldutiskis :*

[277] Dans l'établissement de cette liste, nous nous sommes référé aux sources doctrinales et jurisprudentielles précédemment indiquées dans la section 2 de ce même chapitre. En ce qui concerne les dispenses d'épuisement déjà affirmées dans le système américain des droits de l'homme, nous avons été guidé par l'ouvrage : TIGROUDJA, H. et PANOUSIS, L.K., *La Cour interaméricaine des droits de l'homme, Analyse de la jurisprudence consultative et contentieuse*, Bruxelles, Bruylant, 2003.

[278] CHAPPEZ, J., *op.cit.*, pp. 221-224; SULLIGER, D., *op.cit.*, p. 110.

« Il ne peut y avoir lieu de recourir aux tribunaux internes, si ceux-ci ne sont pas à même de pouvoir statuer »[279].

2° Agitations politiques, guerre, guerre civile : en période de troubles politiques ou en temps de guerre, il peut arriver que les tribunaux ne soient plus en mesure de fonctionner ou qu'ils perdent leur indépendance.

Dans un tel cas, le particulier n'est pas tenu d'exercer les voies de recours.

En droit coutumier l'affaire suivante peut illustrer cette hypothèse: un citoyen américain du nom de Johnson se plaignait de ce que les bandes armées contrôlées par le Gouvernement du Pérou avaient porté atteinte à son intégrité physique et à ses biens. Devant la Commission mixte de Lima de 1869-1870, le commissaire péruvien soutint que Johnson aurait dû épuiser les recours internes avant de s'adresser à la Commission.

Le surarbitre Elmore rejeta cette thèse en rappelant qu'il était de notoriété publique que les juges de la province de Lambayeque étaient « sous les menaces constantes et la domination du parti de la violence » et, par conséquent, incapables de rendre un jugement indépendant[280].

La Commission européenne a également jugé dans le même sens lorsqu'elle a statué sur la recevabilité des requêtes introduites par le Danemark, la Norvège, la Suède, les Pays-Bas contre la Grèce. Elle a en effet constaté que le principe de l'inamovibilité des juges avait été suspendu pour une courte période en 1967, pendant laquelle trente magistrats, dont le Président de la Cour de cassation, avaient été destitués. Pour des raisons analogues, elle considéra que les recours ouverts devant les autorités administratives n'avaient pas à être tentés[281].

3° Incompétence des tribunaux : les tribunaux peuvent exister, être même fort bien organisés et donner des garanties tout à fait suffisantes.

---

[279] C. P. J. I., *affaire du Chemin de fer Panevezys-Saldutiskis*, arrêt du 28 février 1939, Série A / B, fascicule n° 76, p. 18.

[280] DE LA PRADELLE, POLITIS, A. , *op.cit.*, pp. 593-594.

[281] Requêtes 3321-3323 / 67, An. XI, t. 2, p. 775 Cfr aussi requêtes 6780 / 74 et 6950 / 75 *Chypre c. Turquie*, *Annuaire de la Convention européenne des droits de l'homme*, vol. 18, pp. 83 et suivants.

Si cependant leur compétence ne s'étend pas à la réparation de tel ou tel grief de l'individu lésé, celui-ci n'a nullement besoin de les saisir.

La Commission européenne a fait application de ce principe dans l'affaire *Gerard Richard Lawless c. Irlande*[282] en déclarant que lorsqu' une autorité de recours ne peut connaître que du droit alors que le requérant souhaite faire valoir des moyens de fait ou qu'elle a compétence pour relaxer le requérant alors que celui-ci réclame en plus de sa libération des dommages et intérêts, un tel recours n'a pas besoin d'être épuisé.

4° Procédure inadéquate : une procédure peut être organisée de façon si déraisonnable qu'il n'est pas nécessaire de l'introduire.

En droit coutumier, on peut illustrer cette hypothèse par l'affaire *Joly de Sabla c. Panama* dans laquelle la Commission mixte américano-panaméenne a jugé que la procédure d'opposition prévue par la loi panaméenne sur les terres publiques n'offrait pas aux propriétaires une protection adéquate car la procédure d'opposition, si elle était admise, écartait la requête déposée mais n'empêchait pas une nouvelle requête, même si celle-ci émanait des personnes contre lesquelles l'opposition avait réussi[283].

Dans la jurisprudence européenne, la Commission et la Cour européennes des droits de l'homme ont admis à plusieurs reprises que lorsqu'un individu qui prétend que son expulsion dans un pays déterminé l'expose à un grave danger, ne dispose que d'une voie de recours dépourvue d'effet suspensif, cette voie de recours n'est pas à tenter.

5° Refus de rendre la justice : Il n'y a pas lieu d'épuiser les recours internes lorsque les tribunaux n'offrent pas de garanties suffisantes.

Tel est d'abord le cas lorsque le pouvoir judiciaire ne jouit pas de l'indépendance nécessaire vis-à-vis du pouvoir exécutif. Devant la Cour permanente de justice internationale, l'absence d'indépendance des tribunaux a été plaidée à plusieurs reprises notamment dans l'affaire du

[282] Requête n° 332 / 57 précitée, décision du 30 août 1958, *Annuaire de la Convention européenne des droits de l' homme*, vol. 2, p. 325.

[283] *Recueil des Sentences Arbitrales de l'O. N. U.*, vol. VI, pp. 358 et suivants.

Chemin de Fer Panevezys-Saldutiskis dans laquelle l'Estonie faisait valoir que les tribunaux lithuaniens dépendaient entièrement du ministre de la justice et du Président de la République[284].

Tel est ensuite le cas lorsque les tribunaux jouissent même des garanties d'indépendance mais où les juges sont corrompus, partiaux, indignes de confiance, ou encore lorsqu'ils refusent au plaideur ses moyens de défense.

La Commission européenne a déjà admis que toutes ces circonstances qui constituent un déni de justice, dispensent le requérant de l'obligation d'épuiser les recours internes : « Un manque général de confiance, peut constituer à la lumière des constatations de la Commission sur le fonctionnement des tribunaux, une raison particulière relevant le requérant d'exercer les voies de recours »[285].

6° Jurisprudence bien établie : il n'est pas nécessaire de s'adresser aux tribunaux internes lorsque ceux-ci se sont déjà prononcés dans les affaires semblables et suivent une jurisprudence si bien établie que le moindre espoir de succès fait défaut. Ce principe a été admis implicitement par la Cour permanente de justice internationale dans l'affaire du *Chemin de Fer Panevezys-Saldutiskis* : « Rien ne démontre non plus que la société Esimene se trouverait en présence d'une jurisprudence constante des tribunaux lithuaniens qui, malgré la différence des parties en cause, ne laisserait aucun espoir à une action éventuellement intentée par la société »[286].

La Cour européenne des droits de l'homme a également admis le même principe dans les affaires *De Wilde, Ooms et Versyp*[287] c. Belgique dans lesquelles elle a déclaré, au paragraphe 65 de son arrêt, « La Cour ne peut se rallier à cette manière de voir. Elle constate – sans qu'il soit même besoin d'examiner à cet endroit si un recours au Conseil d'Etat eut été de nature à parer aux griefs – que suivant *l'opinio communis* existant en Belgique jusqu'au 7 janvier 1967, un recours au Conseil d'Etat contre les ordonnances du juge de paix passait pour irrecevable ». Au niveau doctrinal, Velu et Ergec[288] ont soutenu le même principe.

[284] Affaire *Chemin de fer Panevezys-Saldutiskis* précitée, C.P.J.I. série C n ° 86, p. 195.
[285] Requêtes 5577-5583 / 73, Commission européenne des droits de l'homme, D.R. n°4, p. 159.
[286] C.P.J.I. série A /B n°76, p. 21.
[287] Cour eur. dr. h., arrêt *De Wilde, Ooms et Versyp c. Belgique*, 18 juin 1971.
[288] VELU, J. et ERGEC, R., *La Convention européenne des droits de l'homme*, Bruxelles, Bruylant, 1990, p. 862.

7° Répétition d'une décision déjà rendue : il n'est pas nécessaire de recourir encore une fois aux tribunaux internes si le résultat doit être la répétition d'une décision déjà rendue. La Cour permanente de justice internationale a affirmé ce principe dans l'affaire du *Chemin de fer Panevezys-Saldutiskis.*

Dans cette affaire, l'Estonie avançait que le tribunal suprême de Lituanie s'était déjà prononcé sur un point essentiel de la prétention de la société Esimene dans une affaire opposant celle-ci à un certain Jeglinas.

Comme le tribunal avait donné tort à la société, il était inutile que celle-ci intente une nouvelle action. La Cour admit qu' « il n'est pas (...) nécessaire de recourir encore une fois aux tribunaux internes si le résultat doit être la répétition d'une décision déjà rendue »[289].

S'appuyant sur cette jurisprudence, la Commission européenne des droits de l'homme en a ainsi décidé notamment dans l'affaire *Fritz Neumeister c. Autriche* dans laquelle elle a indiqué :

« Considérant, en second lieu, pour ce qui est de l'objection formulée par le Gouvernement au titre de l'article 26, qu'il est exact qu'en vertu des articles 113 et 114 du code de procédure pénale, le requérant peut à tout moment introduire une demande de mise en liberté sous caution et proposer, au cours de la procédure, de verser telle caution qui lui paraît raisonnable compte tenu de ses ressources financières; que la Commission, vu le fait que le tribunal autrichien a fixé la caution à 1 million de schillings, est convaincue qu'il n' y a aucune raison de penser que les tribunaux autrichiens auraient, environ un mois plus tard, ordonné la mise en liberté du requérant moyennant le versement d'une caution de 250. 000 schillings autrichiens, proposé par lui;

Considérant qu'il s'en suit que, dans le cas présent, le recours maintenant ouvert au requérant ne peut être considéré comme un recours efficace et suffisant qui, aux termes de l'article 26 de la Convention, devrait nécessairement avoir été épuisé par le requérant »[290].

---

[289] C. P. J. I., série A / B n° 76, p. 18.

[290] Requête n° 1936 / 63, décision du 06 juillet 1964, *Annuaire de la Convention européenne des droits de l'homme*, vol. 7, p. 243. Cf aussi Requête n° 514 / 59, décision du 5 janvier 1960, *Annuaire de la Convention européenne des droits de l'homme*, vol. 3, p. 203.

8° Délai déraisonnable pour obtenir une décision : lorsque les délais pour obtenir une décision des tribunaux sont si longs qu'il faut les considérer comme déraisonnables, il n'est pas nécessaire d'épuiser les recours.

En droit coutumier, ce principe a été admis dans l'affaire *El Oro Mining and Railway Company.* Cette société qui, exerçait ses activités au Mexique, se plaignait d'avoir subi des dommages pendant les troubles politiques qui isolèrent le pays de 1910 à 1920. Réclamant de l'Etat une indemnité, elle s'était adressée à l'autorité désignée par le droit mexicain, la Commission des réclamations, qui tardait à prendre sa décision. Devant la Commission mixte anglo-mexicaine, l'agent du Gouvernement défendeur fit valoir que les instances internes n'étaient pas épuisées, aucune décision définitive n'ayant été rendue.

La Commission déclara : « Neuf années ont passé depuis que la Compagnie a saisi le tribunal auquel la loi lui commandait de s'adresser, et, durant toutes ces années, justice n'a pas été rendue; il n'y a pas eu de décision. On n'a pas donné au requérant la moindre indication qu'il pouvait attendre la réparation qu'il pensait lui être due, ni même qu'il lui serait donné l'occasion de plaider sa cause devant le tribunal (...). La Commission ne chercha pas à établir avec précision dans quel délai on peut attendre d'un tribunal qu'il rende son jugement (...). Mais il est également clair qu'une période de neuf ans excède de loin la limite de la tolérance la plus grande qu'on puisse montrer »[291].

Ce principe a été repris dans la jurisprudence européenne, notamment dans la décision *Brusco c. Italie* dans laquelle la Cour européenne des droits de l'homme, s'appuyant sur sa jurisprudence antérieure, déclare « la fréquence croissante de ses constats de non-respect, par l'Etat italien, de l'exigence du délai raisonnable l'avait amenée à conclure que l'accumulation de ces manquements était constitutive d'une pratique incompatible avec la Convention et à attirer l'attention du Gouvernement sur le danger important que la lenteur excessive de la justice représente pour l'Etat de droit[292]. Par ailleurs l'absence de recours effectif pour dénoncer la durée excessive des procédures avait obligé les justiciables à soumettre systématiquement à la Cour de Strasbourg des requêtes qui auraient pu être instruites d'abord et de manière plus appropriée au sein de l'ordre juridique italien... »[293].

[291] *Recueil des Sentences Arbitrales de l'O. N. U.*, vol. V, p. 198.
[292] Cour eur.dr.h., arrêt précité *Bottazi c. Italie*, § 23.
[293] Requête précitée *Brusco c. Italie*, décision du 6 septembre 2001.

Il convient de relever qu'il n'est pas aisé de déterminer si un délai pour obtenir un jugement définitif est raisonnable ou non. Plusieurs facteurs entrent en ligne de compte, notamment, dans la jurisprudence européenne, l'importance de l'affaire, sa complexité, la difficulté de réunir les preuves, la diligence des parties ainsi que celle du juge[294].

9° Recours n'offrant qu'un redressement insuffisant : il n'y a pas lieu d'épuiser un recours qui ne peut que conduire à l'obtention d'une réparation insuffisante.

En droit coutumier, l'affaire des navires finlandais illustre ce principe.

Dans cette affaire, le gouvernement finlandais soutenait que l'indemnité garantie par la section II de *l'Indemnity Act* pour calculer les loyers dus pour les bateaux réquisitionnés était trop faible. Le Gouvernement britannique répondait que le taux appliqué résultait d'un accord pris entre l'administration et les armateurs, qu'il était périodiquement adapté à la situation du marché et qu'il permettait d'obtenir une indemnité qu'on pouvait qualifier d'importante. De plus, Londres rappelait que la règle des recours internes doit permettre à une instance de l'Etat dont la responsabilité est mise en cause d'examiner les questions de fait ou de droit douteuse avant qu'une action internationale ne soit engagée. Le gouvernement défendeur en déduisait qu'il fallait épuiser les recours dès que les tribunaux, quand bien même ils ne pouvaient allouer une indemnité, étaient compétents pour trancher le litige.

Sur ce point, l'arbitre Bagge jugea qu'on ne pouvait exiger d'un particulier qu'il perdît son temps et son argent à épuiser une voie de droit qui ne pouvait lui apporter aucun redressement. Pour le reste, il estima que la réparation qu'offrait *l'Indemnity Act* n'était pas dérisoire au point de rendre le recours inadéquat ou inefficace[295].

10° L'Etat défendeur refuse de produire les pièces présumées essentielles pour le succès de l'action du particulier : selon une opinion émise par Denis Sulliger[296] et à laquelle nous nous rallions, lorsque le droit interne permet à

---

[294] Cour eur. dr. h., Arrêt *Frydlender c. France* (GC), 27 juin 2000, § 43; Cour eur. dr. h, Arrêt *Perhirin c. France*, 04 février 2003 § 19.
[295] *Recueil des Sentences Arbitrales de l'O. N. U.*, vol. III., pp. 1496-1497.
[296] SULLIGER, D., *op.cit.*, p. 115.

l'Etat de refuser de fournir les preuves essentielles pour la cause de l'individu lésé, ce dernier doit être dispensé d'épuiser les recours internes, réserve faite du cas où il dispose d'autres moyens pour prouver les mêmes points. Le cas s'est présenté dans l'affaire *Ambatielos* : le Gouvernement britannique s'était en effet réfugié derrière le « Crown Privilege » pour ne pas avoir à fournir certains documents[297].

Le cas inverse s'est également présenté dans l'affaire de *l'Interhandel.*

Dans cette affaire, l'article 273 du code pénal suisse et l'article 47 de la loi fédérale suisse sur les banques et les caisses d'épargne interdisaient que les livres de compte et des pièces bancaires soient produits devant les tribunaux américains. La Cour internationale de justice n'a pas tenu compte de ce fait mais, d'un point de vue général, l'action de l'Etat demandeur doit être déclarée irrecevable quand le droit de celui-ci ne permet pas d'épuiser utilement les recours internes.

Dans la jurisprudence de la Commission européenne, il a été jugé que ces circonstances rendent pratiquement impossible l'exercice des recours internes. Tel a été le cas dans une affaire opposant le Gouvernement du Royaume de Grèce et le Gouvernement du Royaume-Uni et d'Irlande du Nord dans laquelle elle a affirmé :

« ... qu'en effet le Gouvernement hellénique a établi que les autorités britanniques ne se sont pas montrées disposées à indiquer le nom des auteurs de tortures ou sévices allégués même lorsqu'une demande expresse leur avait été adressée en ce sens et, que selon toute vraisemblance, une telle demande n'aurait par conséquent pas non plus produit de résultat positif...

Considérant que, dans ces conditions, l'absence de toute indication sur l'identité des auteurs des actes incriminés rend pratiquement impossible l'exercice des recours précédemment invoqués... »[298].

---

[297] *Recueil des Sentences Arbitrales de l'O. N. U.*, vol. XII, pp. 93-94.

[298] Requête n° 299 / 57 précitée, décision du 12 octobre 1957, *Annuaire de la Convention européenne des droits de l'homme*, vol. 2, p. 195.

11° L'existence d'une « pratique » : dans le système de la Convention européenne des droits de l'homme, l'existence d'une « pratique » ou d'une « pratique administrative » dispense le requérant individuel de l'obligation de l'épuisement des voies de recours internes. La notion de pratique ou de pratique administrative est une création jurisprudentielle propre à la Convention européenne des droits de l'homme, elle n'a pas d'antécédent en droit coutumier.

Que recouvre cette notion ?

Conçue d'abord sous l'angle du droit garanti par l'article 3 de la Convention européenne des droits de l'homme (interdiction de la torture, des peines ou mauvais traitements inhumains) et pour les seules requêtes interétatiques, la Commission européenne y a fait allusion, notamment dans *l'affaire grecque*[299] et dans l'affaire *Irlande c. Royaume-Uni*[300] dans les termes suivants :

« Si donc il y a une pratique de tortures ou de mauvais traitements, les recours judiciaires prescrits tendent à devenir inefficaces du fait de la difficulté de recueillir les preuves et les enquêtes administratives ou bien elles ne sont pas engagées ou, s'elles le sont, risquent de se faire sans conviction ou incomplètement »[301].

Cette notion de « pratique » a par la suite été étendue non seulement aux autres droits garantis par la Convention mais aussi aux requêtes individuelles.

La portée réelle de cette notion a été pendant longtemps incertaine jusqu'au moment où la Commission, dans sa décision du 15 décembre 1975 sur les requêtes 5577-5583/72[302], est sortie de sa réserve pour préciser son analyse

---

[299] Requête n° 176 / 56 *Gouvernement du Royaume de Grèce c. Gouvernement du Royaume-Uni de Grande Bretagne et d'Irlande du Nord*, décision du 2 juin 1956, *Annuaire de la Convention européenne des droits de l'homme*, vol. 2, p. 185.

[300] Cour européenne des droits de l'homme, *arrêt Irlande c. Royaume-Uni* du 18 janvier 1978, Série n° 25, § 159.

[301] Requête *Norvège, Suède, Danemark et les Pays-Bas c. Grèce, Annuaire de la Convention européenne des droits de l'homme*, vol. 12, p. 194 ; Affaire *Irlande c. Royaume-Uni, Annuaire de la Convention européenne des droits de l'homme*, vol. 19, pp. 513 et s., spec. p. 761.

[302] Commission européenne des droits de l'homme, D.R. n° 4, pp. 4 et suivants, cf. HANNUM BOYLE, , *The Donnelly case, Administrative practice and domestic remedies under the European Convention : one step forward and two steps Back, American Journal of International Law*, 1977, pp. 316 et suivants.

théorique. Cette dernière a été affinée par la Cour européenne des droits de l'homme, notamment dans les arrêts suivants rendus contre la Turquie[303].

Dès cette époque, cette notion de pratique recouvre deux éléments : la répétition des actes et leur tolérance officielle.

Le premier élément signifie l'accumulation des manquements de nature identique et à caractère général, peu importe qu'elle soit pratiquée en un seul ou en plusieurs endroits et par une ou plusieurs autorités. Il faut qu'elle représente un processus généralisé, qu'elle soit systématique et non pas simplement qu'il s'agisse de plusieurs actes isolés.

Le deuxième élément signifie que les actes incriminés, bien qu'illégaux, sont tolérés, c'est-à-dire que le pouvoir ne fait rien pour punir leurs auteurs et pour empêcher leur répétition, qu'il se montre indifférent en refusant toute enquête ou que dans la procédure judiciaire, les plaintes judiciaires ne sont pas entendues équitablement.

Toujours dans le même raisonnement, il faut tenir compte du rang des autorités qui font preuve de tolérance. Si celle-ci est le fait des autorités supérieures, il est permis de penser que le requérant n'a aucune possibilité d'obtenir un redressement par les voies de recours nationales. La règle des recours internes est alors inapplicable.

Si au contraire la tolérance se manifeste à un niveau inférieur, celui des autorités pénitentiaires par exemple, les autorités supérieures et les tribunaux peuvent fournir un redressement à la violation dénoncée. Le préalable de l'épuisement doit être en principe respecté.

La Cour interaméricaine des droits de l'homme a aussi reconnu, dans l'arrêt *Velasquez Rodriguez c. Honduras*[304], mais sans aller plus loin que le juge européen, que même lorsque les recours peuvent passer pour adéquats et effectifs, le particulier peut être dispensé de les épuiser « if there is proof of

---

303 Cour eur. dr. h., *arrêt Chypre c. Turquie*, 10 mai 2001, § 99;
Cour eur. dr. h, *arrêt Akdivar et autres c. Turquie, 16 septembre 1996*, §§ 66-67..
Cour eur.dr.h., arrêt Aksoy c.Turquie, 18 décembre 1996, § 52.

304 Cour interam. dr. h., arrêt *Velasquez Rodriguez contre Honduras* (fond), 29 juillet 1988, Série C n° 4, § 68.

the existence of a practice or policy ordered or tolerated by the government », c'est-à-dire « si la preuve existe d'une pratique ou d'une politique ordonnée ou tolérée par l'Etat ».

12° Déclaration de l'autorité de l'Etat défendeur alléguant qu'il n'y a pas ou plus de recours à épuiser : l'argument avancé par les requérants que des fonctionnaires ou des magistrats leur avaient indiqué qu'une voie de droit n'avait aucune chance de succès a été rejeté pour justifier le non-épuisement des voies de recours internes. La Cour internationale de justice a décidé ainsi dans l'affaire de l'*Interhandel*. Le Département d'Etat américain avait affirmé que l'*Interhandel* avait épuisé ses recours internes devant les tribunaux américains. Le Gouvernement suisse ne manqua pas de relever que cette déclaration avait été déterminante pour l'attitude du Gouvernement suisse, lorsqu'il a intenté une action devant la Cour et que les Etats-Unis ne pouvaient dès lors soulever l'exception de non-épuisement. La Cour se contenta de relever que l'opinion émise par le Département d'Etat était erronée sans examiner les conséquences qu'il fallait en tirer. Dans son opinion dissidente, le juge Armand-Ugon semble admettre qu'une telle déclaration pourrait avoir des effets sur le sort de l'exception américaine mais qu'en l'espèce ce point n'avait pas fait l'objet d'éclaircissements suffisants[305].

Par contre, la Commission européenne des droits de l'homme a admis que la règle de l'épuisement des recours internes est écartée lorsque l'information même erronée, selon laquelle un recours est inutile ou impossible, émane de l'autorité appelée à statuer sur celui-ci[306].

B. Les circonstances propres à l'individu lésé

À part les dispenses d'épuisement des recours internes imputables à l'Etat défendeur, les requérants ont avancé, devant les juridictions internationales, certaines circonstances afin d'être dispensés de parcourir les instances internes.

1° Inaccessibilité des recours : certains requérants ont avancé qu'ils devraient être dispensés de l'obligation d'épuiser les recours internes

---

[305] C.I.J., *Recueil 1959*, pp. 25 et s.

[306] Requête n° 2742 / 66, décision du 30 mai 1967, *Annuaire de la Convention européenne des droits de l'homme*, vol. X, pp., 367-369.

compte tenu de leur situation liée notamment à l'éloignement ou à l'emprisonnement.

Sur ce point, le droit coutumier et la jurisprudence européenne ont gardé une attitude trop timide qui ne permet pas de dégager une ligne directrice.

En droit coutumier, tantôt on admet que la non-accessibilité des recours dispense le requérant de l'obligation d'épuiser lesdits recours, tantôt la jurisprudence reste muette.

Ainsi, dans la cause *John W. Carmalt*, la Commission arbitrale anglo-américaine de 1871 déclara recevable la réclamation, bien qu'elle n'ait pas été soumise aux tribunaux internes parce que, à l'époque du dommage, le lésé se trouvait dans un Etat en guerre contre les Etats-Unis, la Caroline du Nord, et n'avait pas pu de ce fait communiquer avec son avocat[307]. La même circonstance n'a pas été retenue dans l'affaire du *MS Perry* parce que la grande rapidité de la procédure devant une Cour des prises avait rendu impossible toute intervention du réclamant, domicilié à La Havane[308].

Par contre, la Cour internationale de justice a préféré ne pas se prononcer sur cette question dans l'affaire *Nottebohm* dans laquelle le Liechtenstein arguait qu'on ne pouvait exiger de son ressortissant qu'il épuise les recours internes guatémaltèques pendant les années 1944 à 1946 puisqu'il était déporté et interné aux Etats-Unis[309].

Dans la jurisprudence européenne, la même attitude nuancée s'observe.

En effet, dans l'affaire X. c. *Pays-Bas*, la Commission européenne a rejeté la requête du plaignant qui n'avait pas intenté une action au motif qu'il aurait été contraint d'engager une procédure contre les Pays-Bas depuis l'Allemagne où il avait été expulsé. Elle a déclaré :

« Considérant (...) que, toutefois, le requérant avait, selon les principes généraux du droit néerlandais, la possibilité d'engager une action devant les tribunaux en faisant valoir que sa détention, suivie de son expulsion aux Pays-

[307] DE LAPRADELLE, A et POLITIS, N., vol. III, *op.cit.*, p. 126.
[308] Affaire du *MS Perry*, Moore, Arb., Vol. III., p. 3158.
[309] C.I.J.-M.P.D. vol. I., réplique du gouvernement du Liechtenstein, p. 416.

Bas, constituait un abus du pouvoir de la part des autorités responsables des mesures prises contre lui; que le requérant n'a pas usé de cette possibilité et qu'il n'a donc pas épuisé les voies de recours internes que lui offrait le droit néerlandais; qu'en outre, l'examen du dossier tel qu'il se présente ne permet pas de dégager, même d'office, l'existence de circonstances particulières de nature à relever le requérant, selon les principes généraux de droit international généralement reconnus, de l'obligation d'épuiser les voies de recours internes dont il disposait; qu'en particulier, le fait que le requérant, ayant été expulsé des Pays-Bas, aurait été contraint d'engager une action hors du territoire néerlandais ne peut en l'espèce, être considéré comme constituant une telle circonstance particulière… »[310].

L'emprisonnement n'a pas non plus été considéré par la Commission européenne comme une circonstance de nature à empêcher le requérant d'épuiser les voies de recours internes. Dans une affaire opposant le Gouvernement du Royaume de Grèce et le Gouvernement du Royaume-Uni et d'Irlande du Nord, elle a décidé que « Considérant que le gouvernement hellénique a toutefois souligné que, dans la plupart des cas en question, les victimes prétendues se trouvent actuellement détenues et partant, ne disposent pas de la liberté morale nécessaire pour pouvoir intenter une action judiciaire contre les agents de l'autorité; que ledit Gouvernement n'a cependant pas établi de manière satisfaisante que l'Etat de détention empêchait, par lui-même, les intéressés de faire valoir leurs droits devant les tribunaux; qu'il n'a pas non plus été établi que l'introduction par un détenu d'une action contre un agent de l'autorité exposerait ce détenu à des risques particuliers; …la Commission estime que, conformément à l'article 26 de la Convention, les recours susmentionnés auraient dû être épuisés; … »[311].

Par contre, dans les affaires opposant Chypre à la Turquie, elle a admis que l'intervention militaire de la Turquie avait gravement perturbé les Chypriotes grecs vivant dans le nord de l'Île, de sorte que ces derniers n'avaient pas à épuiser les recours internes : « La Commission ne pense pas donc, dans la situation que connaît Chypre depuis le 20 juillet 1974, début de l'intervention militaire turque, que les voies de recours indiquées par le gouvernement

[310] Requête n° 1211 / 61 X c. *Pays-Bas* précitée, décision du 04 octobre 1962, *Annuaire de la Convention européenne des droits de l'homme*, vol. 5, p. 227.

[311] Requête n° 299 / 57 précitée, décision du 12 octobre 1957, *Annuaire de la Convention européenne des droits de l'homme*, vol. 2, p. 195.

défendeur puissent être considérées comme des voies de recours internes, efficaces et suffisantes au sens de l'article 26 de la Convention. Il s'en suit que les requêtes ne sauraient être rejetées pour non-épuisement des voies de recours internes en vertu des articles 26 et 27, par. 3 »[312].

La jurisprudence est sur ce point trop timide et il paraît souhaitable, comme il a été suggéré dans l'affaire *Nottebohm*, que lorsque « par suite des mesures de rigueur prises par l'Etat fautif contre le lésé, ce dernier n'est plus matériellement, pratiquement, physiquement en mesure d'agir utilement »[313], il soit dérogé à la règle de l'épuisement des recours internes.

2° Détresse financière du requérant : aussi bien en droit coutumier que dans la jurisprudence européenne, l'absence ou la faiblesse des ressources du requérant ne saurait à elle seule revêtir le caractère d'une circonstance de nature à relever le requérant de l'obligation d'épuiser les recours internes.

En droit coutumier, plusieurs décisions des juridictions internationales[314], à l'exception de *l'affaire du Napier*[315], ont décidé dans ce sens.

Les Secrétaires d'Etat américains Olney et Adee, en 1869 et 1901, ont également refusé de voir dans ce fait un motif pour ne pas épuiser les recours internes.

Sulliger[316] a critiqué cette jurisprudence, surtout lorsque la détresse financière du requérant trouve son origine dans la violation du droit international dont il a été victime.

La Commission européenne a adopté la même attitude dans les requêtes 181/56 et 2257/64[317]. La Cour européenne des droits de l'homme n'est pas non plus suffisamment claire sur ce point car dans l'arrêt *Oosterwijck*

---

312 Requête n° 6780 / 74 et requête 6950 / 75 précitées, décisions du 26 mai 1975, *Annuaire de la Convention européenne des droits de l'homme*, vol. 18, p. 123.

313 Affaire *Nottebohm* précitée, plaidoirie de Sauser-Hall, vol. II, p. 118.

314 Notamment les affaires *Sarah Star et Aigburth, Prince Léopold, Adelso* (Moore, Arb., vol. III., p. 3158) et *Jesse Lewis (Recueil des Sentences Arbitrales de l'O. N. U.*, vol. VI, pp. 85 et suivants, spéc. 93).

315 Affaire du Napier, Moore, Arb., vol., III., pp. 3152 et suivants.

316 SULLIGER, D., *op.cit.*, p. 118.

317 Requête 181/56, *Annuaire de la Convention européenne des droits de l'homme*, vol. 1, pp. 140-141; Requête 2257/64, décision du 5 avril 1968, *Annuaire de la Convention européenne des droits de l'homme*, vol. 11, pp. 227-229.

c. *Belgique*[318], elle a repris la décision de la Commission du 6 mars 1957 sur la recevabilité de la requête n° 181/56. Dans cet arrêt, la Cour a refusé l'argument présenté par le requérant concernant sa mauvaise situation financière, en indiquant que non seulement le requérant n'a pas établi qu'il était en détresse financière mais aussi qu'il n'a pas sollicité le bénéfice de l'assistance judiciaire gratuite. Les termes employés par la Cour dans cet arrêt ne laissent pas percevoir sa véritable position car si *Oosterwijck* avait apporté la preuve de ses finances et sollicité, sans succès, le bénéfice de l'assistance judiciaire, on n'est pas sûr qu'une position différente aurait été adoptée par la Cour.

Il faut noter toutefois que la Convention européenne des droits l'homme reconnaît, en son article 6, § 3, le droit de tout accusé d'être assisté gratuitement par un avocat d'office lorsque les intérêts de la justice l'exigent.

Parallèlement, un système d'aide judiciaire avait été institué pour les requêtes présentées à la Commission elle-même[319] et actuellement un tel système est prévu pour les requêtes présentées à la Cour européenne des droits de l'homme, dans les conditions et selon les modalités prévues aux articles 91, 92 et 93 du Règlement intérieur[320].

Par contre, la Cour interaméricaine des droits de l'homme, dans son avis consultatif du 10 août 1990[321], a été explicite à ce sujet en reconnaissant que l'indigence est un motif d'exonération, en faveur des particuliers, de l'obligation d'épuiser les voies de recours internes.

3° Dangers encourus par le plaideur : si l'organisation d'un recours est telle que son introduction pourrait être dangereuse pour la liberté, l'intégrité physique ou les biens du requérant, ou si celui- ci subit des pressions de nature à le dissuader de s'adresser aux tribunaux nationaux, on ne saurait lui reprocher de ne pas avoir épuisé les recours internes.

---

[318] Cour eur. dr. h., *arrêt Van Oosterwijck c. Belgique* précité du 06 novembre 1980.

[319] Addendum au Règlement intérieur de la Commision européenne des droits de l'homme, *Annuaire de la Convention européenne des droits de l'homme*, vol. 17, pp. 69-71.

[320] Règlement intérieur de la Cour européenne des droits de l'homme entré en vigueur le 01 novembre 1998.

[321] Cour interam. dr. h., avis consultatif du 10 août 1990, Exceptions to the exhaustion of domestic remedies, Série A n° 11.

En droit coutumier, l'affaire du *Neptune* est un bon exemple d'illustration.

Dans cette affaire, l'autorité britannique d'appel en matière des prises avait déclaré qu'elle condamnerait à une forte amende les plaideurs qui s'en prendraient devant elle à un capteur agissant selon les ordonnances de 1793.

Il a été jugé que dans ces conditions, le Gouvernement anglais ne pouvait invoquer le défaut d'épuisement des recours internes par les propriétaires du *Neptune*[322].

Dans la jurisprudence européenne, la Commission européenne a rejeté de telles allégations lorsque la crainte n'avait pas réellement motivé l'omission de poursuivre une procédure.

C'est notamment dans l'affaire *Dr Michael Graf Soltikow contre la République Fédérale d'Allemagne*, dans laquelle elle a décidé comme suit :

« ...la Commission estime que, même si le requérant a été menacé de poursuites pour le cas où il continuerait son action en formant un recours constitutionnel, les activités du requérant pendant la période considérée montrent que ce n'est pas par peur des conséquences qu'il s'est abstenu de former un recours constitutionnel; que la Commission estime par ailleurs que le requérant n'a pas prouvé que d'autres aspects de sa situation personnelle aient été des circonstances propres à le dispenser de la nécessité d'épuiser cette voie de recours; ... »[323].

Par contre, lorsque la Commission estime que le danger encouru par le plaideur est justifié, celui-ci est dispensé de l'obligation d'épuisement. Tel a été le cas dans l'affaire *Kaiser contre Autriche* dans laquelle la Commission a dispensé le requérant d'un recours hiérarchique que ce dernier devait exercer à l'encontre du magistrat appelé à rédiger le jugement de condamnation de cet accusé :

« La Commission constate que l'exercice d'un recours hiérarchique, c'est-à-dire une procédure disciplinaire devrait conduire à l'établissement de la faute

---

322 Affaire du *Neptune*, Moore, Arb., vol., III, pp. 3079-3080.

323 Requête 2257 / 64 précitée, décision finale du 5 avril 1968, *Annuaire de la Convention européenne des droits de l'homme*, vol. 11, t. 1, p. 229.

éventuelle du magistrat qui a enfreint les exigences de l'article 270, § 1er, du code de procédure pénale; or, l'on ne saurait raisonnablement s'attendre à ce qu'un accusé doive prendre l'initiative d'une telle procédure dirigée contre le magistrat qui est appelé à rédiger le jugement de condamnation de cet accusé »[324].

Il en a été de même dans l'affaire *Herbert Huber contre l'Autriche* dans laquelle la Commission a dispensé le requérant de l'exercice d'une action disciplinaire contre un juge qui devrait se prononcer sur sa culpabilité et fixer la peine qui lui sera infligée :

« ... on peut difficilement s'attendre à ce qu'un accusé déclenche une action disciplinaire contre un juge qui se prononcera ensuite sur sa culpabilité et fixera la peine qui lui sera infligée »[325].

C'est cette jurisprudence qui a été suivie par la Cour européenne des droits de l'homme, notamment dans l'arrêt *Akdivar et autres contre Turquie*[326] dans lequel elle affirme que le danger encouru par le plaideur et des éventuels avocats dispense le requérant d'épuiser les recours internes.

La Cour interaméricaine des droits de l'homme soutient également cette position.

Dans son avis consultatif du 10 août 1990 ci-dessus indiqué, elle a reconnu que les difficultés pour trouver un avocat, dues en particulier à la crainte de défendre certaines personnes du fait de leur appartenance ou activités politiques, est une circonstance qui dispense le requérant de l'obligation d'épuiser les voies de droit internes.

4° L'avis de son avocat : l'allégation que le requérant s'en est remis à l'opinion de son avocat, lequel lui déconseillait de tenter un recours, n'est pas une excuse valable pour ne pas épuiser les voies de recours internes.

---

[324] Requête n° 4459 / 70, décision finale du 3 avril 1971, *Annuaire de la Convention européenne des droits de l'homme*, vol. 14, p., 473.

[325] Requête n° 4517/ 70, décision finale du 14 juillet 1971, *Annuaire de la Convention européenne des droits de l'homme*, vol. 14, p., 11.

[326] Cour eur. dr. h., *arrêt Akdivar et autres c. Turquie* précité du 16 septembre 1996.

La Commission européenne a indiqué sa position à ce sujet dans l'affaire *Dr Michael Graf Soltikow contre la République Fédérale d'Allemagne :*

« Considérant, premièrement, que le requérant a soutenu que plusieurs avocats l'ont avisé qu'un recours constitutionnel n'aurait aucune chance d'aboutir; que, sur ce point, la Commission a constamment estimé que l'avis des avocats sur les chances de succès en appel n'est pas une excuse valable pour ne pas épuiser une voie de recours particulière (cf. requête n° 1488/62- X c. *Belgique*, Recueil des décisions, vol. 13, pages 93, 97); considérant que la Commission renvoie particulièrement à sa décision du 22 mars 1958 en ce sens, déclarant irrecevable la requête n° 272/57 qui concerne l'avis d'un avocat sur l'issue possible d'un recours constitutionnel en République Fédérale d'Allemagne »[327].

Cette position jurisprudentielle a été reprise par la Cour européenne des droits de l'homme, notamment dans *l'arrêt Van Oosterwijck c. Belgique*[328].

Dans cet arrêt, la Cour a été bien explicite à ce sujet en précisant que l'opinion négative d'un avocat ne saurait à elle seule justifier ou excuser la non-utilisation d'un recours, elle peut au maximum contribuer à révéler, avec d'autres données, l'inefficacité ou insuffisance probables de ce dernier.

Cette jurisprudence nous paraît trop stricte dans la mesure où, si l'examen des circonstances révélait que l'avocat s'est comporté comme un conseil peu soucieux des intérêts de son client, il serait logique de dispenser le requérant de l'épuisement des recours internes.

5° Le sentiment de l'individu lésé sur les chances de succès d'un recours : l'opinion personnelle du requérant quant aux chances de succès d'un recours ne saurait être prise en considération, si cette opinion ne s'appuie sur aucun élément susceptible de prouver que le recours sera vraisemblablement inefficace ou insuffisant.

S'appuyant sur une coutume internationale bien établie notamment dans les affaires arbitrales *Ambatielos et des bateaux finlandais* ainsi que sur l'opinion de la Cour permanente de justice internationale dans l'affaire du *Chemin de*

---

[327] Requête n° 2257 / 64 précité, décision du 5 avril 1968, *Annuaire de la Convention européenne des droits de l'homme*, vol. 11, t. 1, p., 225.

[328] Cour eur. dr. h., *arrêt Van Oosterwijck c. Belgique* précité du 06 novembre 1980.

fer Panevezys-Saldutiskis, la Commission européenne a décidé, dans la requête introduite par la *Société Retimag contre la République Fédérale d'Allemagne*, que le simple doute sur l'existence et les chances de succès d'un recours interne n'est pas une circonstance particulière autorisant le non-exercice de ce recours, car il s'agit là de problèmes sur lesquels les juridictions nationales compétentes doivent avoir eu l'occasion de statuer elles-mêmes avant tout appel à la Commission :

« ...qu'un individu n'est pourtant pas relevé de l'obligation d'épuiser les voies de recours internes, tant qu'il existe un recours qui, manifestement, n'est pas dépourvu de toute chance de succès (*Aff. Ambatielos*; Aff. *Bateaux finlandais*, Recueil des Sentences Arbitrales de l'O. N.U., t. III; pp. 1481-1550); qu'en outre, s'il existe un doute quant à la question de savoir si une voie de recours déterminée peut être ou non de nature à offrir une chance réelle de succès, c'est là un point qui doit être soumis aux tribunaux internes eux-mêmes, avant tout appel au tribunal international (*Aff. du chemin de fer Panevezys-Saldutiskis*, C. P. J. I., série A / B n° 76) »[329];

Rien d'étonnant si cette jurisprudence fut confirmée par la Cour européenne des droits de l'homme, notamment dans *l'arrêt Akdivar et Aksoy c. Turquie*[330] ainsi que dans la décision sur la recevabilité de la requête *Luc Misson c. Belgique*[331], que le simple fait de nourrir des doutes quant aux chances de succès d'un recours donné qui n'est pas de toute évidence voué à l'échec ne constitue pas une raison valable pour justifier la non-utilisation des recours internes.

6° Les considérations d'opportunité : lorsque le requérant omet sciemment d'avancer certains moyens devant le juge interne ou ne proteste pas contre certains griefs dirigés contre lui, il n'est pas dispensé d'épuiser les recours qui lui sont ouverts.

En droit coutumier, on a considéré, notamment dans l'affaire *Ambatielos*[332], que le requérant qui agit ainsi le fait à ses risques et périls.

---

[329] Requête n° 712 / 60, décision du 16 décembre 1961, *Annuaire de la Convention européenne des droits de l'homme*, vol. 4, p. 401.

[330] Cour eur. dr. h., *arrêt Akdivar et Arksoy c. Turquie* précité du 16 septembre 1996.

[331] Requête n° 41357/ 98 précitée, décision (comité) du 28 mars 2003.

[332] Affaire *Ambatielos précitée, Recueil des Sentences Arbitrales de l'O. N. U.*, vol. XII, p. 121.

La Commission européenne a adopté le même raisonnement dans la requête788/60 opposant le Gouvernement de la République Fédérale d'Autriche au Gouvernement de la République italienne :

« Considérant du reste que l'épuisement d'une voie de recours interne déterminée ne cesse normalement d'être nécessaire, selon les principes de droit international généralement reconnus, que si la partie requérante réussit à établir que, dans les circonstances de l'espèce, cette voie n'était pas vraisemblablement efficace et suffisante quant au grief dont il s'agit (décision de la Commission sur la recevabilité de la requête n° 299/ 57 du Gouvernement hellénique); que de l'avis de la Commission, le Gouvernement autrichien n'a pas développé à cet égard que des arguments se situant sur le terrain de l'opportunité et, plus précisément, de la tactique que les accusés avaient ou n'avaient pas intérêt à adopter; qu'il n'a pas été établi qu'une demande de renvoi pour cause de suspicion légitime n'eût pas constitué, en l'occurrence, un recours vraisemblablement efficace et suffisant (le Gouvernement défendeur avait soutenu que l'introduction d'un tel recours aurait en effet indisposé le tribunal et constitué une grave faute de la défense).

Constate, dès lors, que l'épuisement des voies de recours internes ne se trouve pas réalisé sous ce rapport, de sorte qu'il échet de rejeter une partie de la requête par application de l'article 27, § 3, de la Convention »[333].

7° L'ignorance ou l'erreur de droit du requérant : l'erreur de droit ou l'ignorance du requérant n'est jamais une circonstance de nature à justifier le non-épuisement d'un recours ou d'un moyen interne. Ce principe a été confirmé par la jurisprudence internationale dans les affaires *Ariel, Minnie et Will-O-the-Wisp*[334] dans lesquelles la Commission mixte de Washington-Newport a considéré comme une excuse insuffisante le fait que les réclamants ignoraient qu'un recours leur était ouvert. De même, dans l'affaire des *importateurs de foin canadiens*[335], l'ignorance de la législation douanière ne fut pas non plus retenue pour justifier le non-épuisement des recours internes.

[333] Requête 788/ 60 précitée, décision du 11 janvier 1961, *Annuaire de la Convention européenne des droits de l'homme*, vol. 4, pp. 169 et 171.
[334] DE LAPRADELLE, A. POLITIS, N. vol. III, *op.cit.*, pp. 126-127.
[335] *Recueil des Sentences Arbitrales de l'O. N. U.*, vol. VI, pp. 142 et suivants, spéc. 147.

Le même principe a été adopté dans la jurisprudence européenne dans laquelle on a décidé que même si le requérant est de bonne foi, l'ignorance ou l'erreur de droit ne constitue pas une cause d'exemption de l'obligation d'épuiser.

Dans la requête 226/ 56 précitée de la Commission européenne, le requérant s'était fié à la version allemande de la Convention telle qu'elle est publiée au *Journal officiel* de la République Fédérale d'Allemagne. Or, la traduction de l'article 26 se réfère uniquement aux voies de recours ordinaires. Le requérant s'était donc cru fondé à ne pas épuiser le recours constitutionnel. Devant la Commission, il soutient qu'il avait été trompé par la version allemande officielle et qu'il s'agissait d'une circonstance de nature à le dispenser de l'épuisement. La Commission rejeta cette thèse au motif que seules les versions française et anglaise de la Convention font foi.

Cette jurisprudence est critiquable car lorsque l'erreur du requérant trouve sa source dans une erreur du Gouvernement, ce dernier ne devrait pas s'en prévaloir.

La Commission a rappelé de manière plus explicite sa jurisprudence relative à ce principe dans l'affaire *Oskar Plischke contre l'Autriche*, dans laquelle elle a déclaré fermement que l'ignorance juridique ne peut constituer une circonstance de nature à dispenser le requérant de l'épuisement des recours internes.

« ...que le requérant avait la faculté, dont il n'a point usé, d'introduire un pourvoi en cassation (Nichtigkeitsbeschwerde) dans lequel il aurait pu invoquer, ainsi que le souligne le Gouvernement autrichien (§ 3 du mémoire du 20 mai 1963), l'article 281, § 4, du code autrichien de procédure pénale; qu'au surplus, l'examen du dossier ne permet pas de dégager, même d'office aucune circonstance particulière qui ait dispensé *Plischke*, selon les principes de droit international généralement reconnus, d'exercer un recours qui s'offrait à lui sous ce rapport; que, spécialement l' « ignorance juridique » dont excipe le requérant ne saurait constituer une telle circonstance (cf. les décisions de la Commission sur la recevabilité des requêtes n° 1094/61(Recueil 9, page 44, n° 1211/61(*ibidem*, page 48) et n° 1254/61, non publiée);»[336]

[336] Requête n° 1446 / 62, décision du 18 septembre 1963, *Annuaire de la Convention européenne des droits de l'homme*, vol. 8, p. 453.

8° L'état de santé ou l'âge du requérant : ni le mauvais état de santé, ni le grand âge du requérant ne l'exemptent de l'obligation d'épuiser les recours internes. La Commission européenne estime dans pareils cas que le réclamant doit se faire représenter[337].

§ 2. Traduction de ces enseignements dans la pratique de la Commission africaine des droits de l'homme et des peuples

L'article 56 alinéa 5 de la Charte africaine des droits de l'homme et des peuples dispose que les communications adressées à la Commission doivent nécessairement, pour être examinées, être postérieures à l'épuisement des recours internes s'ils existent, à moins qu'il ne soit manifeste à la Commission que la procédure de ces recours se prolonge d'une façon anormale.

À la lecture de cette disposition, il n'est pas exagéré d'affirmer que, dans l'esprit des rédacteurs de la Charte, les dispenses d'épuisement des recours internes sont uniquement l'inexistence des recours et l'absence de délai raisonnable pour obtenir une décision définitive.

La Commission africaine des droits de l'homme et des peuples a manifesté un certain dynamisme pour dépasser la lettre de la Charte car il ressort de sa jurisprudence que, à part les deux circonstances de dispense d'épuisement indiquées dans le libellé de cette disposition, elle n'a jamais admis l'application rigide de la condition lorsqu'il lui apparaissait qu'il n'était pas logique d'exiger l'épuisement des recours locaux avant de recevoir une communication. C'est dans ce cadre que d'autres dispenses d'épuisement ont été largement admises.

Pour une bonne présentation de ces dispenses admises dans cette jurisprudence, nous allons emprunter la même méthodologie en distinguant les circonstances imputables à l'Etat défendeur d'abord, ensuite celles propres au requérant.

A. Les dispenses imputables à l'Etat défendeur

1° Troubles, situation politique : la Commission a admis à plusieurs reprises que lorsqu'un pays se trouve sous régime militaire, les requérants ne

---

[337] Requête n° 289 / 57, *Annuaire de la Convention européenne des droits de l'homme*, 1 p. 149; Requête n° 2257/ 64, Rec. 27, pp. 27-28.

sont plus dans l'obligation d'épuiser les recours internes. Elle a affirmé dans plusieurs décisions rendues sur les communications contre le Nigeria que « Etant donné cette situation du Nigeria sous le régime militaire, la Commission a déclaré que les voies de recours internes seraient non seulement inefficaces mais n'aboutiraient à coup sûr à aucun résultat positif. Il ne serait pas approprié d'insister davantage sur la réalisation de cette condition »[338].

De même, lorsque l'état d'urgence a été décrété dans un pays, l'obligation d'épuiser les recours internes n'existe plus. La Commission a décidé ainsi dans deux communications, l'une contre le Nigeria[339], l'autre contre le Soudan[340] que dans une telle situation politique « il est raisonnable de supposer que, non seulement la procédure de ces recours internes serait trop longue, mais aussi qu'ils ne produiraient aucun résultat ».

Il en est de même lorsque dans un pays règne la terreur.

Ainsi, dans la décision rendue sur les communications groupées *Sir Dawda K. Jawara contre Gambie*[341]. Dans ces affaires, le requérant avait été renversé par les militaires et jugé par contumace, les anciens parlementaires et les membres de son Gouvernement avaient été mis aux arrêts et la terreur régnait dans ce pays, la Commission a déclaré que dans ces circonstances « ce serait un affront contre le bon sens de retourner dans son pays pour épuiser les voies de recours internes ».

2° Refus de collaboration de l'Etat défendeur : prenant appui sur l'article 57 de la Charte, la Commission a établi le principe que lorsque l'Etat défendeur refuse de collaborer avec elle, elle ne peut qu'accorder plus

[338] C'était dans les décisions portant sur les communications suivantes :
- 140 / 94, 141 / 94 et 145 / 94 *Constitutional Rights Project, Civil Liberties Organisation et Media Rights Agenda c. Nigeria*, 13ème rapport d'activités, § 27-29;
- 143 / 95 et 150 / 96 *Constitutional Rights Project et Civil Liberties Organisation c. Nigeria*, 13ème rapport d'activités, § 17;
- 148 / 96 *Constitutional Rights Project c. Nigeria*, 13ème rapport d'activités, § 8;
- 151 / 96 *Civil Liberties Organisation c. Nigeria*, 13ème rapport d'activités, § 14;
- 153 / 96 *Constitutional Rights Project c. Nigeria*, 13ème rapport d'activités, § 9;
- 206 / 96 *Centre for Free Speech c. Nigeria*, 13ème rapport d'activités, § 10;
- 205 / 97 *Ka zeem Aminu c. Nigeria*, 13ème rapport d'activités, § 13.

[339] Décision rendue sur la communication 129 / 94 *Civil Liberties Organisation c. Nigeria*, 12ème rapport d'activités.

[340] Décision rendue sur la communication précitée 228 / 99 *Law Office of Ghazi Suleiman c. Soudan*, 16ème rapport d'activités, § 40.

[341] Décisions portant sur les communications 147 / 95 et 149 / 96 *Sir Dawda K. Jawara c. Gambie*, 13ème rapport d'activités, § 35.

de poids aux accusations formulées par les requérants en se basant sur les moyens de preuves qu'ils lui ont fournis et dans ces circonstances, elle déclare la communication recevable. Cet article 57 de la Charte indique implicitement que l'Etat partie à ladite Charte contre lequel des allégations de violations de droits de l'homme sont portées, les examine de bonne foi et qu'il a l'obligation de fournir à la Commission toutes les informations à sa disposition, permettant à cette dernière de rendre une décision équitable.

Ce refus de collaboration de l'Etat défendeur s'est manifesté dans beaucoup de communications dressées contre le Nigeria[342], le Zaïre[343] (actuelle République Démocratique du Congo) et l'Angola[344].

3° Refus de rendre justice : La Commission africaine des droits de l'homme considère que lorsque, dans un Etat partie à la Charte, le pouvoir judiciaire est confronté à beaucoup de dysfonctionnements, les recours internes ne méritent pas d'être épuisés. Plusieurs décisions de la Commission affirment ce principe.

Ainsi, dans une affaire opposant *Lawyers for Human Rights et le Swaziland*, la Commission a décidé :

« La Commission africaine a considéré cette affaire et rapporte que depuis 31 ans, le Royaume de Swaziland n'a pas de constitution. Par ailleurs, le plaignant a présenté à la Commission africaine des informations démontrant que le Roi est préparé à se servir du pouvoir judiciaire dont il est investi pour renverser les décisions des tribunaux.

À ce titre, la Commission africaine, compte tenu du contexte général dans lequel le pouvoir judiciaire fonctionne au Swaziland et les défis qui sont présentés, en particulier au cours des dernières années, et par conséquent, toutes les voies de recours qui auraient pu être utilisées eu égard à la présente communication auraient probablement été temporelles. En d'autres termes, la

[342] Décisions rendues sur les communications précitées 59 / 91, 60/ 91, 64 / 91, 87 / 91, 101 / 93, 105 / 93, 128 / 94, 130 / 94 et 152 / 96 *Media Rights Agenda, Civil Liberties et Constitutional Rights Project contre le Nigeria.*

[343] Communications 25 / 89, 47 / 90, 56 / 91 et 100 / 93 *Organisation mondiale contre la torture et autres contre Zaïre.*

[344] Décision portant sur la communication 159 / 96 *Union Interafricaine des Droits de l'Homme, Rencontre Africaine des Droits de l'Homme, Organisation Nationale des Droits de l'Homme au Sénégal et Association Malienne des Droits de l'Homme contre Angola*, 11ème rapport d'activités.

Commission africaine considère que la probabilité de chance pour le plaignant de voir réparée la situation faisant objet de la plainte est minime au point de devenir indisponible et par conséquent ineffective »[345].

Dans le même ordre d'idées, lorsque le pouvoir judiciaire ne peut pas contrôler la branche exécutive du Gouvernement, la Commission a estimé que dans cette situation « il est raisonnable de présumer que les voies de recours internes ne seront pas seulement prolongées mais qu'elles ne pourront aboutir à aucun résultat »[346].

4° Violations massives des droits de l'homme : cette hypothèse peut être rapprochée de celle de « pratique » retenue, dans la jurisprudence de la Convention européenne des droits de l'homme et de la Convention interaméricaine des droits de l'homme parmi les circonstances qui dispensent le requérant de l'épuisement des recours internes. De jurisprudence constante, la Commission africaine des droits de l'homme et des peuples estime que le caractère massif des violations des droits de l'homme exempte les requérants de l'obligation d'épuiser les recours internes. Ainsi s'appuyant sur sa jurisprudence antérieure[347], la Commission a rappelé ce principe dans la communication *Rencontre africaine pour la défense des droits de l'homme contre Zambie* dans ces termes-ci :

« le caractère massif des arrestations, le fait que les victimes aient été maintenues en détention avant les expulsions et le rythme avec lequel les expulsions ont été opérées n'ont laissé aucune opportunité aux requérants pour établir l'illégalité des actes devant les tribunaux...Eu égard à ce qui précède, la Commission constate que les voies de recours n'étaient pas accessibles aux demandeurs »[348].

---

[345] Décision rendue sur la communication 251 / 2002 *Lawyers for Human Rights contre Swaziland*, 18ème rapport d'activités, § 27.

[346] Décision portant sur les communications 129 / 94 et 102 / 94, *Constitutional Rights Project et Civil Liberties Organisation c. Nigeria*, 12ème rapport d'activités.

[347] Décisions portant sur les communications groupées, 25 / 89, 47 / 90, 56/ 91 et 100 / 93 : *Free Legal Assistance Group, Lawyers' Commette for Human Rights, Union Internationale des Droits de l'Homme, Les Témoins de Jéhovah contre Zaïre.*

[348] Décision portant sur la communication 71 / 92, *Rencontre africaine pour la défense des droits de l'homme contre Zambie*, 11ème rapport d'activités. Cette position jurisprudentielle a été rappelée dans les décisions portant sur les communications précitées 299/2005 *Anuak Justice Council c. Éthiopie* et 275/2003 Article 19 c. Etat d'Erythrée, 22ème rapport d'activités, § 71. Dans ces communications, la Commission précise qu'elle a décidé ainsi dans les communications combinées 54/91, 61/91, 98/93, 164/97, 210/98, *Malawi African Association c. Mauritanie*; communications n°s 48/90, 50/91, 52/91, 89/93 *Amnesty International c. Soudan*; communications n°s 27/89, 46/91, 46/91, 99/93 *Organisation Mondiale contre la torture et Association Internationale des Juristes* (A. I. J.), *Union Interafricaine des Droits de l'Homme* c. Rwanda.

B. Les dispenses propres à l'individu lésé

Devant la Commission africaine des droits de l'homme et des peuples, les requérants ont avancé des motifs de dispenses d'épuisement des recours internes dont les uns furent admis et d'autres rejetés.

1° Dangers encourus par le plaideur : comme la jurisprudence tant judiciaire qu'arbitrale l'a admis sans équivoque, la Commission africaine des droits de l'homme et des peuples considère que le requérant n'est pas obligé d'épuiser les voies de recours internes lorsqu'il court un risque pour sa vie.

Ainsi, dans la communication 103/ 93 *Alhassane Aboubacar contre Ghana*[349], la Commission a estimé qu'il n'était pas logique de demander au plaignant de retourner épuiser les recours internes au Ghana. Le requérant avait été jugé et emprisonné. A la suite de son évasion il s'est réfugié à l'étranger et a saisi la Commission.

De même dans la communication 215/ 98 introduite par une ONG basée aux Etats-Unis au nom d'un étudiant nigérian *Baridorn Wiwa contre le Nigeria*[350], la Commission africaine a indiqué que le requérant était dans l'impossibilité de faire usage d'une quelconque voie de recours interne suite à sa fuite en République du Bénin, par peur pour sa vie, et l'octroi du statut de réfugié par les Etats-Unis d'Amérique.

En se basant sur ce précédent, la Commission a décidé, dans la communication *John D. Ouko contre Kenya*[351], que le plaignant ne disposait d'aucune voie de recours interne à épuiser, étant donné qu'il avait fui vers la République Démocratique du Congo parce qu'il craignait pour sa vie et aussi parce que le Bureau du Haut Commissariat des Nations Unies pour les Réfugiés lui reconnaissait le statut de réfugié.

---

[349] Décision rendue sur la communication 103 / 93 *Alhassane Aboubacar contre Ghana*, 12ème rapport d'activités.

[350] Décision portant sur la communication 215 / 98 *Rights International contre Nigeria*, 13ème rapport d'activités.

[351] Décision rendue sur la communication 232 / 99 *John D. Ouko contre Kenya*, 14ème rapport d'activités, § 19. Ce précédent jurisprudentiel a été suivi par la Commission africaine des droits de l'homme et des peuples dans la communication précitée 249/2002 *Institut pour les Droits Humains et le Développement en Afrique pour le compte des refugiés sierra-léonais en Guinée c. République de Guinée*, §§ 32-36.

2° La Commission africaine a également suivi la jurisprudence arbitrale et judiciaire quand elle a refusé d'admettre que l'éloignement puisse être invoqué comme motif du non-épuisement des voies de recours internes.

C'était dans la communication *Legal Defence Center contre Gambie*[352].

Dans cette communication, le requérant M. Musa, soutenait qu'aucun recours interne n'était à sa disposition en Gambie, puisque l'ordre de déportation demeurait en vigueur; et que par conséquent il serait handicapé en recourant à la justice ou à une réparation administrative. La Commission a indiqué que la victime n'avait nullement besoin d'être physiquement présente dans un pays pour avoir accès aux recours internes; elle peut y recourir par l'intermédiaire de son avocat.

3° Situation financière du requérant : sur ce motif, la Commission africaine a d'abord refusé de se prononcer avant d'obtenir des éclaircissements de la part d'autres organismes de protection des droits de l'homme.

Dans la communication *John K. Modise contre Botswana*[353], le requérant, répondant à la demande lui adressée par la Commission de fournir des éclaircissements sur le point relatif à l'épuisement des recours internes, a allégué qu'il n'a pas pu poursuivre son action devant les juridictions internes, faute de moyens financiers. La Commission a réexaminé la communication et a décidé de différer sa décision en attendant de recevoir des informations sur la manière dont les autres organismes des droits de l'homme géraient le cas des demandeurs dépourvus de moyens financiers.

La Commission européenne des droits de l'homme fut saisie de la demande par le secrétariat de la Commission et y a répondu. La Commission africaine s'est gardée de se prononcer sur cette question mais la communication a été déclarée recevable pour d'autres raisons, notamment que la procédure des recours internes était prolongée de façon anormale et de l'obstruction volontaire à la procédure judiciaire par le Gouvernement par des déportations répétées du requérant.

---

[352] Décision portant sur la communication précitée 219/98 *Legal Defence Center contre Gambie*, 13ème rapport d'activités, § 17.

[353] Décision rendue sur la communication 97/ 93 *John K. Modise contre Botswana*, 14ème rapport d'activités, 69.

La Commission a finalement adopté une attitude prudente, similaire à celle du Comité des droits de l'homme dans le cadre du Pacte international relatif aux droits civils et politiques, au risque de faire peser un fardeau insupportable sur la tête des Etats africains parties à la Charte : « par ailleurs, il est souhaitable que dans les affaires où l'accusé n'est pas en mesure de s'offrir les services d'un avocat, il soit défendu par un avocat aux frais de l'Etat. Même dans ces cas, l'accusé devrait avoir la possibilité de choisir dans une liste l'avocat indépendant de son choix qui n'agit pas sur les instructions du Gouvernement, mais n'est responsable que devant l'accusé. Le Comité des droits de l'homme recommande également que l'accusé devrait avoir la possibilité de consulter son avocat dans des conditions qui garantissent la confidentialité de leurs communications.

Les avocats devraient pouvoir conseiller et représenter leurs clients conformément aux normes professionnelles, établies sans aucune restriction, influence, pression ou ingérence indue, d'où qu'elle vienne (*Burgos c. Uruguay et Estrella c. Uruguay*) »[354].

4° Le refus de l'assistance judiciaire : La Commission africaine estime que lorsque l'Etat défendeur empêche un avocat d'assurer la défense du requérant, ce dernier est exempté de l'obligation d'épuiser les recours internes.

Elle a décidé ainsi, dans la communication *Curtis Francis Drebbler contre le Soudan*[355], qu'en vue d'épuiser les recours internes, conformément à l'article 56, alinéa 5, de la Charte, l'on doit avoir accès à tous ces recours mais que, si les victimes n'ont pas d'assistance juridique, il est difficile d'y accéder.

Dans cette affaire, le Gouvernement défendeur avait refusé le visa d'entrée au représentant des victimes et la Commission a décidé que, de ce fait, le Gouvernement du Soudan n'a pas garanti aux demandeurs un procès équitable et a ainsi dénié aux demandeurs le droit d'avoir des voies de recours internes efficaces.

---

[354] Pétitions n°s 10. 029, 10. 036, 10. 145, 10. 372, 10. 374, 10. 375 dans le rapport 29/ 92 du 2 octobre 1992 du Comité des droits de l'homme des Nations Unies.

[355] Décision portant sur la communication 236/ 2000 *Curtis Francis Drebbler contre Soudan*, 16ème rapport d'activités, § 27.

5° Le non-respect des mesures provisoires : lorsque l'Etat défendeur n'a pas obéi à la demande de la Commission de suspendre l'exécution de la condamnation à une peine capitale prononcée contre un individu, la Commission africaine considère que le décès de la victime lève l'obligation de l'épuisement des voies de recours internes. Elle a décidé ainsi dans la communication *Forum of Conscience contre Sierra Leone*[356].

Dans cette communication, la Commission a indiqué qu'elle prend note du fait que la plainte est introduite au nom des personnes déjà exécutées. À cet effet, la Commission convient qu'il n'existe pas de recours locaux que le plaignant peut formuler et que cependant, même si un tel recours existait, l'exécution des victimes a définitivement exclu un tel recours.

6° L'opinion de la victime ou de son représentant légal : dans la jurisprudence de la Commission africaine, l'opinion de la victime ou de son représentant légal n'est pas admise comme dispense de l'épuisement des recours internes.

La Commission africaine a déclaré ainsi dans la communication *Ilesanmi contre Nigeria* : « La Commission africaine a considéré que, pour être épuisées, les voies de recours locales doivent être accessibles, effectives et suffisantes. Si les voies de recours internes qui existent ne remplissent pas ces critères, une victime ne peut pas être tenue à les épuiser avant de porter sa réclamation devant un organe international.

Toutefois, le plaignant doit pouvoir démontrer que les voies de recours ne remplissent pas ces critères in *practice* et non pas seulement dans l'opinion de la victime ou de son représentant légal »[357].

---

[356] Décision rendue sur la communication précitée 223/ 98 *Forum of Conscience contre Sierra Leone*, 14ème rapport d'activités, § 15.

[357] Décision portant sur la communication précitée 268/ 2003, *Ilesanmi c. Nigeria*, 18ème rapport d'activités, § 45. Dans les autres décisions rendues sur les communications (communication 260/02- *Bakweri Land Claims Committee c. Cameroun*, 17ème rapport d'activités, §§ 55-56; communication 263/02- *Section Kenyane de la Commission Internationale des Juristes, Law Society of Kenya, Kituo Cha Sheria c. Kenya*, 17ème rapport d'activités, §§ 42-43; communication 299/2005 *Annuak Justice Council c. Ethiopie*, 20ème rapport d'activités; communication n° 275/2003 *Article 19 c. Etat d'Erythrée*, 22ème rapport d'activités, § 67), la Commission africaine a admis ce motif de dispense en s'appuyant sur la jurisprudence du Comité des droits de l'homme dans ces termes-ci « La Commission se réfère à la décision du Comité des droits de l'homme sur l'affaire

SECTION 6 : LA CHARGE DE LA PREUVE DE L'EPUISEMENT DES VOIES DE RECOURS INTERNES

Le régime de la preuve dans la procédure de la Commission africaine des droits de l'homme et des peuples suit fidèlement le principe général selon lequel la preuve incombe au demandeur. L'examen de la recevabilité de la requête suivant, dans une première phase, une procédure non contradictoire à laquelle le défendeur ne participe pas, le fardeau de la preuve ne peut incomber qu'au requérant pendant cette période.

Dans le Règlement intérieur adopté par la Commission le 6 octobre 1995 se trouve intégré, au chapitre consacré aux procédures d'examen des communications individuelles, qualifiées « autres communications » dans la terminologie de la Charte, la disposition suivante (article 104 litera f) :

« La Commission, par l'intermédiaire du Secrétaire, peut demander à l'auteur d'une communication de fournir des éclaircissements concernant l'applicabilité de la Charte à sa communication et de préciser en particulier :

f. Les dispositions prises par l'auteur pour épuiser les voies de recours internes; »[358]

A c. Australie (communication n° 560/1993, UNDOC CCPR /C/D//560/1993 (1997) concernant laquelle le Comité soutient que de simples doutes sur l'efficacité des voies de recours internes ou les perspectives d'implications financières ne déchargent pas l'auteur de l'obligation d'épuisement de tels recours ». La Commission africaine cite également dans cette décision les communications suivantes du Comité :

- communication n° 674/1995 *L. Emil Kaaber c. Islande* UNDOC. CCPR/C/58/D/674/1995 (1996).
- Communication 910/2000 *Ati Antoine Randolph c. Togo*, UN DOC. CCPR/C/79/D/910/2000 (2003).

[358] L'article 104 se lit ainsi : « La Commission, par l'intermédiaire du Secrétaire, peut demander à l'auteur d'une communication de fournir des éclaircissements concernant l'applicabilité de la Charte à sa communication et de préciser en particulier :

a. Son nom, adresse, âge et profession, en justifiant de son identité, même s'il demande à la Commission de faire l'anonymat;
b. Le nom de l'Etat partie visé par la communication;
c. L'objet de la communication;
d. La ou les dispositions de la Charte prétendument violées;
e. Les moyens de fait;
f. Les dispositions prises par l'auteur pour épuiser les voies de recours internes;
g. Dans quelle mesure la même question est déjà en cours d'examen devant une autre instance internationale d'enquête ou de règlement ».

En interprétant cette disposition, il est permis de penser que la Commission africaine a voulu implicitement faire supporter le fardeau de la preuve au requérant. C'est à celui-ci qu'il incombe d'apporter, dans son acte introductif, la preuve qu'il a épuisé les voies de recours qui s'offraient à lui ou qu'il en a été dispensé, au vu des circonstances de l'espèce. Dans l'hypothèse où le requérant aurait omis de présenter toutes ces preuves, c'est à la Commission, à son tour, de lui demander les éclaircissements y relatifs.

En disposant ainsi, il semble que la Commission n'a pas voulu édicter une règle de preuve matérielle relative à l'épuisement. C'est une simple exigence de forme concernant l'introduction des requêtes dans la mesure où la disposition en cause figure dans cet article dont l'objet principal est de fixer les modalités relatives au dépôt de la requête parmi lesquelles on trouve une longue énumération des indications essentielles de l'acte introductif.

À l'appui de cette interprétation, on peut noter que dans toutes les affaires où la Commission africaine des droits de l'homme et des peuples a rejeté une requête parce que le requérant n'a pas démontré avoir épuisé les recours internes ou qu'il en a été dispensé par l'une ou l'autre circonstance, elle n'a jamais invoqué l'article 104 de son Règlement intérieur.

Pour montrer comment la Commission répartit la charge de la preuve, il convient ainsi de distinguer deux hypothèses :

- ✓ La première est celle où le plaignant affirme, dans sa requête, qu'il a épuisé tous les recours internes qui lui étaient ouverts;
- ✓ La deuxième est celle où le plaignant allègue, dans sa requête, une circonstance de nature à le dispenser de cette obligation d'épuiser les recours internes.

§ 1. Première hypothèse : les recours internes ont été épuisés

Dans cette hypothèse, la Commission africaine des droits de l'homme et des peuples a posé deux règles.

Selon la première, il appartient au requérant d'apporter la preuve qu'il a épuisé les recours internes comme la Commission l'a pertinemment souligné dans la décision portant sur deux communications introduites par *Sir Dawda K. Jawara contre Gambie* :

« La position de la Commission a toujours été qu'une communication fournisse des preuves indiquant à première vue une violation des droits de l'homme … »[359].

C'est en application de ce principe que, lorsque le requérant se garde d'apporter la preuve, dans sa communication, des voies de recours qu'il a exercées dans le cadre de la législation de l'Etat défendeur, la Commission envoie au requérant des lettres sollicitant davantage d'informations complémentaires relatives à l'épuisement des recours internes.

À défaut de présentation de ces informations dans les délais requis par la Commission, celle-ci déclare l'affaire close, les conditions de recevabilité n'ayant pas été remplies.

À ce niveau, il importe de noter que la jurisprudence de la Commission africaine est conforme à celle des autres organes internationaux ou régionaux de protection des droits de l'homme. Le droit coutumier[360], la Commission et la Cour européennes[361] des droits de l'homme ont toujours exigé du requérant qu'il apporte la preuve de l'épuisement des recours internes, pour la simple raison que l'Etat défendeur bénéficie de la présomption de conformité de son organisation judiciaire avec les exigences du droit international. Il incombe alors au requérant de renverser cette présomption. La doctrine[362] soutient également la même position.

La seconde règle commande au Gouvernement défendeur qui fait valoir l'exception tirée du non-épuisement des recours internes (article 56, alinéa 5,

---

[359] Décision portant sur les communications précitées 147/ 95 et 149/ 96 *Sir Dawda K. Jawara contre Gambie*, 13ème rapport d'activités, § 41. Cette règle a été rappelée plus tard dans l'analyse de la recevabilité de la communication précitée 299/2005 *Anuak Justice Council. Éthiopie*, 20ème rapport d'activités.

[360] Affaire précitée *du Chemin de fer Panevezys- Saldutiskis*, C.P.J.I., Série A/B, fascicule n° 76, p. 19.

[361] Notamment dans les affaires suivantes :

- Requête précitée 232/ 56, *Annuaire de la Convention européenne des droits de l'homme*, vol. 1, p. 144;
- Requête 254 / 57, *Annuaire de la Convention européenne des droits de l'homme*, vol. 1, p. 152;

[362] HAESLER, T., *The exhaustion of local remedies in the case law of international courts and tribunals*, Leyde, 1968, pp. 54-55; CHAPPEZ, J., op. cit., p. 235.

de la Charte), d'établir l'existence dans son système juridique, des recours qui n'ont pas été exercés.

À ce niveau également, la Commission africaine se conforme à la position jurisprudentielle soutenue aussi bien en droit coutumier[363], à la Commission[364] et à la Cour[365] européennes des droits de l'homme.

Le nombre de décisions[366] de recevabilité sanctionnant ces deux règles est si important qu'on peut affirmer que, sous cet angle, la jurisprudence de la Commission africaine des droits de l'homme est d'une grande fermeté.

Cette fermeté s'entoure malheureusement d'une relative carence car il ressort de cette jurisprudence que la Commission se contente uniquement de la preuve de l'épuisement vertical et reste muette sur la preuve de l'épuisement horizontal. Dans ce dernier cas, on aboutirait à un renversement de la charge de la preuve car l'épuisement des recours internes est présumé dans le chef du demandeur. On peut raisonnablement supposer, comme l'a excellemment indiqué l'arbitre Bagge qu'« il semblerait naturel de présumer que le requérant qui s'expose aux ennuis et à la dépense d'intenter une action devant un tribunal interne voudra faire tout ce qui est possible pour obtenir la réparation recherchée »[367], qu'un requérant qui saisit un tribunal se conduit de bonne foi et cherche à faire triompher sa cause en alléguant tous les moyens essentiels pour y parvenir. La Commission africaine ferait bien d'intégrer ce principe dans sa jurisprudence.

---

[363] Sentence arbitrale précitée du 6 mars 1956 relative à l'affaire *Ambatielos*.

[364] Notamment les décisions suivantes :
- Requête 299/ 57précitée du Gouvernement du Royaume de Grèce contre le Gouvernement du Royaume-Uni de Grande Bretagne et d'Irlande du Nord, décision du 12 octobre 1957, *Annuaire de la Convention européenne des droits de l'homme*, vol. 2, pp. 191-192;
- Requête 780/ 60 précitée du Gouvernement de la République Fédérale d'Autriche contre le Gouvernement de la République italienne, décision du 11 janvier 1961, *Annuaire de la Convention européenne des droits de l'homme*, vol. 4, pp. 167-169.

[365] Notamment les arrêts :
- Cour eur. dr. h., arrêt précité *De Wilde, Ooms et Versyp contre Belgique* du 18 juin 1971, § 60;
- Cour eur. dr. h., *arrêt Deweer c. Belgique*, 7 février 1980, § 26.

[366] Notamment les décisions rendues sur les communications précitées qui suivent :
- 162/ 97 *Mouvements des Réfugiés Mauritaniens au Sénégal contre Sénégal*, 11ème rapport d'activités, § 21;
- 198/ 97 SOS-Esclaves contre Mauritanie, 12ème rapport d'activités, §§ 15-16;
- 252/ 2002 *Stephan O. Aigbe contre Nigeria*, 16ème rapport d'activités, § 16;
- 247/ 2002 *Institut pour les droits humains et le développement en Afrique (au nom de Jean Simbarakiye) contre R. D. C.*, 16ème rapport d'activités, § 32.

[367] Recueil des Sentences Arbitrales de l'O. N. U., vol. XII, pp. 87 et s.

§ 2. Deuxième hypothèse : la dispense d'épuisement des recours

Dans la décision rendue sur la communication Ilesanmi contre Nigeria, la Commission africaine a dévoilé sa position sur la répartition de la charge de la preuve lorsque le requérant allègue un motif de dispense d'épuisement des recours internes.

« Si un plaignant souhaite soutenir qu'une voie de recours particulière n'a pas eu à être épuisée en raison de son indisponibilité, de son ineffectivité ou de son inadéquation, la procédure est la suivante :

a. Le plaignant déclare que la voie de recours n'a pas eu à être épuisée parce qu'elle est inefficace (indisponible ou insuffisante), cela reste à prouver;
b. L'Etat défendeur doit alors démontrer que la voie de recours est disponible, effective et suffisante;
c.Si l'Etat défendeur est capable d'établir cela, alors le plaignant doit soit démontrer qu'il a effectivement épuisé la voie de recours, soit qu'elle n'aurait pas pu être effective dans le cas d'espèce, même si elle peut l'être d'une manière générale »[368].

L'obligation pour le requérant qui invoque une circonstance de dispense d'épuisement de commencer à en apporter la preuve a été singulièrement soulignée par Trindade[369] et est conforme à la jurisprudence constante de la Commission européenne des droits de l'homme[370].

Si la Commission a, sur ce point, rejoint les tendances internationales en ce domaine, force est de constater que, sur un autre plan, elle a toujours gardé une attitude passive.

---

368 Décision portant sur la communication précitée 268/ 2003 *Ilesanmi contre Nigeria*, 18ème rapport d'activités, § 46.

369 TRINDADE, A. A. C., *The burden of proof with regard to local remedies in international law*, R.D.H., 1976, p. 93.

370 Voir notamment les requêtes précitées :
- 222/ 56 *X. contre République Fédérale d'Allemagne*, décision du 8 janvier 1959, *Annuaire de la Convention européenne des droits de l'homme*, vol. 2, p. 351;
- 299/ 57 du Gouvernement du Royaume de Grèce contre le Gouvernement du Royaume-Uni de Grande Bretagne et d'Irlande du Nord, décision du 12 octobre 1957, *Annuaire de la Convention européenne des droits de l'homme*, vol. 2, pp. 193-195.

En effet, dans aucune des décisions qu'elle a déjà rendues, elle n'a osé relever d'office la présence des circonstances qui dispenseraient le requérant de l'épuisement des voies de recours internes. De la sorte, elle a ainsi réservé à l'Etat défendeur, une position trop privilégiée, la lourdeur du fardeau de la preuve pesant sur la tête du plaignant.

Pourtant, si la Commission pouvait relever spontanément l'existence de ces circonstances qui exemptent le requérant de cette obligation, une telle attitude active profiterait aux deux parties en cause : le requérant et l'Etat défendeur.

Elle soulagerait le requérant du fardeau de la preuve, elle en déchargerait de même l'Etat défendeur car cette mesure permettrait à la Commission de rejeter une requête pour le non-épuisement d'un recours dont l'Etat défendeur ne s'était pas prévalu[371].

En définitive, le régime de la preuve dans la procédure de la Commission africaine des droits de l'homme et des peuples ne saurait être calqué en totalité sur celui qui prévaut dans la jurisprudence arbitrale et judiciaire.

Sa jurisprudence reste muette sur la preuve de l'épuisement horizontal des recours internes et fait supporter la charge de la preuve en grande partie sur le requérant. Une telle attitude fait souhaiter une modification de cette jurisprudence.

SECTION 7 : LA NATURE DE LA REGLE DE L'EPUISEMENT DES RECOURS INTERNES DANS LA CHARTE AFRICAINE DES DROITS DE L'HOMME ET DES PEUPLES

La nature de la règle de l'épuisement des voies de recours internes a fait l'objet de deux compréhensions contradictoires, la controverse portant sur le point de savoir si cette règle est de fond ou de forme. La jurisprudence arbitrale et judiciaire, la doctrine, le droit conventionnel n'apportent aucun éclaircissement sur la véritable nature de cette règle et donnent des solutions contradictoires.

---

[371] Exemple typique de cette attitude active, requête 2547/ 65 X. contre Autriche, décision définitive du 14 juillet1966, *Annuaire de la Convention européenne des droits de l'homme*, vol. 9, p. 473.

Il convient ainsi de rappeler les thèses avancées et de prendre position sur la nature de la règle dans la Charte africaine des droits de l'homme et des peuples.

§ 1. Les thèses avancées

L'objet de la controverse n'est pas bien palpable mais la question centrale sur laquelle se base cette controverse consiste à savoir où se situe le début de la responsabilité internationale de l'Etat en cas de violation d'un droit de l'homme.

En effet, lorsque la responsabilité internationale de l'Etat est engagée pour violation d'un droit de l'homme, il est possible de situer le moment de naissance de cette responsabilité de deux manières :

- Soit le moment de naissance de la responsabilité internationale coïncide dans le temps avec celui où les voies de recours ont été utilisées sans succès. Dans ce sens, les tenants de cette thèse considèrent que la règle est de fond et allèguent que le délit international apparaît comme un délit complexe, composé non seulement par l'action du premier ou du dernier des organes qui auraient pu redresser la situation, avant de porter la réclamation au niveau international, et qui ne l'ont pas fait, mais aussi par l'action combinée de chacun de ces organes;

- Soit la responsabilité internationale se situe avant l'exercice des voies de recours internes. Dans cette conception, la règle devient une règle de forme ou de procédure car l'épuisement des recours internes n'est qu'une simple condition de recevabilité de la réclamation internationale, la responsabilité internationale existerait avant que les voies de recours internes n'aient été épuisées. Dans ce sens, la règle ne concerne que le droit d'agir devant une juridiction internationale ou seulement la possibilité de mettre en œuvre la responsabilité internationale de l'Etat devant une juridiction internationale.

Sur les deux compréhensions de la nature de cette règle, les décisions de la jurisprudence arbitrale et judiciaire sont contradictoires à telle enseigne qu'il est impossible de dire qu'un mouvement se dessine en faveur de l'une ou l'autre thèse. Certaines décisions retiennent que la règle est de fond au moment où d'autres décisions traitent la règle comme une exigence de procédure[372].

Dans la jurisprudence judiciaire, la question de la nature de cette règle a été débattue à plusieurs reprises, devant la Cour permanente de justice internationale ou devant la Cour internationale de justice.

Dans les décisions rendues par les deux Cours de La Haye[373], il apparaît qu'elles ont toujours considéré l'exception de non-épuisement comme une règle procédurale. Elles n'ont jamais nié sa qualité d'exception préliminaire, la joignant au fond si besoin était. Parfois, comme ce fut le cas dans les affaires du *Chemin de fer Panevezys-Saldutiskis* et de l'*Interhandel*, elles ont admis au moins implicitement la nature formelle de la règle.

Néanmoins cette jurisprudence n'apporte aucune plus-value car, d'un côté, les juges n'ont jamais voulu se prononcer directement sur le problème, de l'autre côté, ils n'ont avancé aucun motif permettant de donner la préférence à l'une ou l'autre des deux thèses.

La doctrine est également très divisée sur ce point, les théories proposées peuvent être rangées en quatre groupes.

La première théorie, soutenue d'abord par Brochard[374] et plus tard par R. Ago[375], Anzilotti[376], Sacerdoti[377] ainsi que Thierry, Combaceau, Sur et Vallée[378] considère que la règle de l'épuisement des recours internes est une règle de fond.

[372] Pour une bonne présentation de ces décisions arbitrales contradictoires sur la nature de cette règle, consulter l'ouvrage, SULLIGER, D., *op. cit.*, p. 27.

[373] Pour une bonne présentation de ces décisions, idem, pp. 28-31.

[374] BROCHARD, *Theorical Aspects of International Responsibility of States*, ZaöRV 1929, tome 1, pp. 223 et s.

[375] *Annuaire de l'Institut de Droit International* 1954, vol. I, pp. 34 et s.; *Annuaire de la Commission de Droit International* 1977, vol. I, pp. 25 et s.

[376] ANZILOTTI, Cours de droit international, trad. Gidel, Paris, 1929, p. 520.

[377] SACERDOTI, *Epuisement préalable des recours internes et réserve rationne temporis dans la déclaration italienne d'acceptation du droit de requête individuelle*, in Les clauses facultatives de la Convention européenne des droits de l'homme, Bari, 1974, p. 142.

[378] THIERRY, COMBACEAU, SUR et VALLEE, *Droit international public*, Paris, 1975, p. 663.

La deuxième théorie défendue notamment par Charles de Visscher[379], Wittenberg[380], Freeman[381], Delbèz[382], Queneudec[383] et Amerasinghe[384] soutient la thèse contraire et considère que la règle est de nature procédurale.

La troisième théorie que soutiennent notamment Verzijl[385], Eagleton[386], Eustathiadès[387] et Fawcett[388] professe que la règle a un caractère mixte et qu'elle est tantôt procédurale, tantôt matérielle.

La quatrième théorie que défend Sulliger[389] admet qu'il semble impossible de rattacher la règle au fond ou à la procédure, elle ne peut être ni une règle procédurale ni une règle matérielle.

En droit conventionnel, la question n'est pas aussi tranchée qu'on pourrait être tenté de le croire.

En effet, les traités de conciliation, d'arbitrage et de règlement judiciaire[390] n'apportent guère d'éclaircissements sur la nature de la règle mais dans les affaires où l'exception de non-épuisement a été soulevée sur la base d'une disposition conventionnelle, elle a été toujours traitée comme une exception visant la recevabilité de la requête.

---

[379] DE VISSCHER, C., *Le déni de justice en droit international*, pp. 421 et s.

[380] WITENBERG, *La recevabilité des réclamations devant les juridictions internationales*, R.C.D.I., 1932, vol. III, pp. 50 et s.

[381] FREEMAN, *International Responsability*, pp. 403 e ts.

[382] DELBEZ, *Les principes généraux du droit international*, Paris, 3ème édition, 1964, pp. 380 et suivants.

[383] QUENEUDEC, *La responsabilité internationale de l'Etat pour les fautes personnelles de ses agents*, Paris, 1966, pp. 64-65.

[384] AMERASINGHE, *The formal character of the rule of local remedies*, Stuttgart, vol, 25, fasc. 3, 1965, p. 445.

[385] VERZIJL, *La règle de l'épuisement des recours internes, Exposé préliminaire et Rapport définitif présenté à l'Institut de Droit International en 1954, Annuaire de l'Institut de Droit International*, vol. I, pp. 5 et s., et p. 84 et s.

[386] EAGLETON, *The Responsability of States in International Law*, New York, 1928, p. 97.

[387] EUSTATHIADES, *La responsabilité internationale de l'Etat pour les actes des organes judiciaires et le problème du déni de justice en droit international*, Paris, 1936, pp. 24 et s.

[388] FAWCETT, *The Exhaustion of local Remedies : Substance or Procedure* ?, in BYBIL 1954, pp. 452 et s.

[389] SULLIGER, D., *op. cit.*, pp. 35-36.

[390] Pour une bonne présentation de ces différents traités, idem, pp. 38-39.

Dans la Convention européenne des droits de l'homme, C. F Amerasinghe[391] et D. Sulliger[392] ont conclu que la règle revêt un caractère formel non seulement en raison de la position de la règle dans le texte original de la Convention européenne des droits de l'homme du 4 avril 1950 que dans celui amendé par le protocole n° 11(l'épuisement des recours internes prévu à l'article 35, § 1er, figure parmi les conditions de recevabilité des requêtes individuelles) mais également pour le motif que l'Etat se voit reconnaître la faculté de renoncer à se prévaloir de ce que les recours internes n'aient pas été épuisés, dès lors que, selon la Cour, la règle a pour but essentiel de protéger l'ordre juridique interne des Etats parties.

On peut affirmer de même dans la Convention interaméricaine des droits de l'homme dans la mesure où la règle de l'épuisement des recours internes prévue à l'article 46 figure parmi les conditions de recevabilité des requêtes individuelles.

§ 2. Traduction de ces controverses dans la Charte africaine des droits de l'homme et des peuples

Nous pensons que dans le système de la Charte africaine des droits de l'homme et des peuples, la règle de l'article 56 alinéa 5 selon laquelle

« Les communications visées à l'article 55 reçues à la Commission et relatives aux droits de l'homme doivent nécessairement, pour être examinées, être postérieures à l'épuisement des recours internes s'ils existent, à moins qu'il ne soit manifeste à la Commission que la procédure de ces recours se prolonge d'une façon anormale », est une règle de nature procédurale.

Cette nature se déduit d'abord de la position de la règle dans le texte même de la Charte car la règle figure parmi les conditions de recevabilité des communications.

---

[391] AMERASINGHE, *op. cit.*, pp. 354-356.
[392] SULLIGER, D., *op. cit*, pp. 35-36.

Elle se déduit ensuite de la procédure que doit suivre la Commission.

Saisie d'une communication, la Commission examine les questions de recevabilité dans une procédure spéciale prévue aux articles 113-118 de son Règlement intérieur, à l'issue de laquelle elle prend une décision de recevabilité uniquement.

Si la communication est déclarée recevable, elle aborde le fond de l'affaire dans une deuxième phase régie par les articles 119 et 120 du Règlement intérieur.

CONCLUSION DU CHAPITRE

La règle de l'épuisement des recours internes est l'une des sept conditions prévues à l'article 56 de la Charte africaine des droits de l'homme et des peuples pour la recevabilité des communications individuelles mais c'est elle qui, le plus souvent, requiert davantage d'attention.

Dans toutes les communications dont s'est saisie la Commission africaine, la première exigence concerne l'épuisement des recours internes, conformément à l'article 56, alinéa 5, de cette Charte. À ce titre, elle a fait l'objet d'une interprétation substantielle. Dans cette interprétation, la Commission africaine s'est inspirée directement de la jurisprudence des autres organismes de protection des droits de l'homme, ces derniers ayant à leur tour été inspirés par les principes généraux dégagés par le droit coutumier, comme le recommandaient leurs textes conventionnels respectifs.

Il y a dès lors lieu de faire une synthèse sur les points essentiels qui ont été développés : la finalité de cette règle, les recours internes dont la Commission africaine exige l'épuisement et ceux qui sont exclus de cette catégorie, le moment à partir duquel les recours internes sont considérés comme épuisés, les dispenses d'épuisement de la règle, la répartition de la charge de la preuve relative à la règle ainsi que sa nature dans la Charte africaine des droits de l'homme et des peuples.

En ce qui concerne la finalité de cette règle, la Commission africaine est bien explicite, elle rappelle sans cesse que le maintien de la règle de l'épuisement des recours internes dans le système africain de protection des droits de l'homme et des peuples correspond à sa fonction classique en droit international général et dans la jurisprudence des autres organismes de protection des droits de l'homme : il s'agit de permettre à l'Etat de constater, redresser et réparer au plan interne le litige qui le concerne avant que la réclamation ne soit portée devant le juge international.

Le mécanisme africain ne fait donc pas exception aux autres mécanismes de protection des droits de l'homme, il a une dimension subsidiaire.

Néanmoins, la même jurisprudence reste muette sur la portée réelle de l'obligation de l'épuisement des recours internes, dans la mesure où elle ne s'est jamais prononcée sur la question de savoir si c'est la disposition elle-même de la Charte qui doit être invoquée devant le juge interne ou seulement sa substance.

À ce propos, nous avons montré l'intérêt d'admettre cette dernière interprétation.

Au sujet des recours internes dont la Commission africaine exige l'épuisement, la jurisprudence de la Commission se rapproche sur certains points des conceptions généralement admises mais, sur d'autres points, elle reste imprécise.

Tout d'abord, la Commission rejoint les tendances internationales en reconnaissant que la distinction entre les recours ordinaires et les recours extraordinaires est inopérante, l'important étant que le recours considéré soit de nature à porter un remède efficace et suffisant aux griefs dont se plaint le requérant.

Ensuite, la jurisprudence de la Commission n'est pas d'un grand secours dans la détermination des recours internes qui entrent dans la catégorie de ceux dont l'épuisement est exigé et de ceux qui sont exclus de cette catégorie.

D'un côté, elle se rallie aux principes de droit international généralement reconnus, de l'autre, elle reste obscure ou moins explicite.

De même, la distinction généralement opérée entre l'exercice vertical et l'exercice horizontal des recours internes n'a produit aucune influence dans la jurisprudence de la Commission africaine. Cette dernière ne conçoit la règle que sous son aspect vertical et n'a pas manifesté le moindre souci d'analyse de l'aspect horizontal de la règle.

Pour ce qui est de la détermination du moment à partir duquel les recours internes sont considérés comme épuisés, la Commission affirme le principe établi tant en droit coutumier qu'en droit conventionnel, que les recours internes sont considérés comme épuisés dès l'instant où le requérant peut se prévaloir d'une décision interne définitive au sens autonome du droit international.

Selon la même jurisprudence, le principe subit théoriquement une seule exception liée à la durée anormale des procédures internes, ainsi que l'affirme le deuxième membre de l'article 56, alinéa 5, de la Charte africaine qui stipule que la Commission ne peut être saisie qu'après l'épuisement des recours internes s'ils existent *à moins que la procédure de ces recours se prolonge de façon anormale.*

En matière de circonstances qui dispensent le requérant de l'épuisement des recours internes, la Commission africaine a manifesté un certain dynamisme pour dépasser le texte de l'article 56, alinéa 5, de la Charte africaine qui ne reconnaît que deux circonstances de dispenses d'épuisement.

Néanmoins, un tel dynamisme ne doit pas être exagéré car, dans la longue liste des circonstances de dispenses d'épuisement des recours internes admises selon les principes de droit international généralement reconnus, très peu de circonstances ont été explicitement affirmées par la Commission.

Pour les autres circonstances, tantôt la Commission garde une attitude prudente, tantôt elle reste purement et simplement muette. A ce propos, on ne peut que saluer le courage déjà manifesté par la Commission, lorsque le requérant allègue une circonstance inconnue dans sa jurisprudence, de demander des avis des autres organismes de protection des droits de l'homme, avant de se prononcer. Le cas de figure s'est réalisé dans la décision portant sur la communication déjà citée *K. Modise contre Botswana*. Notre souhait est que la Commission continue à agir de la sorte pour lever les lacunes contenues dans sa jurisprudence.

En ce qui concerne la répartition de la charge de la preuve de l'épuisement des recours internes, la Commission s'est conformée, en partie, à la jurisprudence des autres organismes internationaux et régionaux lorsqu'elle dispose d'abord que la preuve de l'épuisement des recours internes incombe au requérant, suivant le principe que l'Etat défendeur bénéficie d'une présomption de conformité de son organisation judiciaire avec les exigences du droit international.

Ensuite, il appartient au Gouvernement défendeur qui fait valoir l'exception tirée du non-épuisement des recours internes d'établir l'existence, dans son système juridique, des recours qui n'ont pas été exercés.

De même, la Commission s'est ralliée à la jurisprudence des autres instances internationales quand elle affirme qu'il appartient au requérant qui invoque une circonstance de dispense d'épuisement, d'en apporter la preuve.

Cette conformité n'empêche que, ladite Commission s'écarte de ses homologues. Elle a, en effet, sur deux points non négligeables, réservé à l'Etat défendeur une position procédurale trop privilégiée en faisant peser la lourdeur du fardeau de la preuve sur la tête du requérant.

Le premier est que la jurisprudence de la Commission est toujours muette sur la charge de la preuve de l'épuisement horizontal qui, comme déjà expliqué, incomberait à l'Etat défendeur.

Le deuxième est que la Commission garde toujours une attitude passive en refusant de relever d'office la présence des circonstances qui dispenseraient le requérant de l'obligation de l'épuisement des recours internes.

Enfin, s'agissant de la nature de la règle, la Charte africaine fait de l'épuisement une règle procédurale au moment où les précédents sont contradictoires et la doctrine divisée sur la solution du problème dans la responsabilité internationale. La Charte se rapproche sur ce point du droit conventionnel.

CHAPITRE III :

LE REGLEMENT AMIABLE DANS LE SYSTEME DE LA CHARTE AFRICAINE DES DROITS DE L'HOMME ET DES PEUPLES

Au titre des mesures de sauvegarde des droits de l'homme et des peuples contenus dans la Charte africaine, les Etats parties à cet instrument avaient institué une seule Commission non secondée par une Cour, mécanisme particulier à cette Charte si on se réfère du moins au système européen avant la fusion de la Commission et de la Cour européennes des droits de l'homme ou au système américain au sein duquel une Commission coexiste avec une Cour.

En optant pour ce mécanisme, les Etats parties à la Charte africaine semblent avoir privilégié la conciliation au détriment des mécanismes de type juridictionnel. La procédure de règlement amiable des différends que la Charte a intégrée dans ses dispositions peut facilement s'inscrire dans ce contexte. Pourtant, un tel système comporte des dangers dans la mesure où il peut aboutir à une sorte de privatisation du litige comme si celui-ci appartenait seulement aux parties, alors qu'il intéresse la communauté des Etats parties à la Charte dans son ensemble. Un emploi inconsidéré de ce mécanisme peut aboutir à saper la finalité de la Charte africaine des droits de l'homme et des peuples.

Il importe d'analyser la mise en œuvre de la procédure du règlement amiable dans la pratique de la Commission africaine pour voir si ce danger a été écarté et, s'il y a lieu, d'énoncer quelques principes auxquels doit obéir le bon usage des règlements amiables ou plus exactement tracer la frontière entre ce qui est souhaitable ou acceptable et ce qui est déconseillé.

SECTION 1ERE : LES STATISTIQUES

Dans le système africain, les règlements amiables sont apparus tardivement et n'occupent encore qu'une place très modeste dans l'activité de la Commission africaine des droits de l'homme et des peuples.

En effet, sur 312 communications[393] au sujet desquelles la Commission africaine a déjà rendu des décisions, seules quatre[394] ont été réglées par la procédure du règlement amiable. La première communication date de l'année 1994, soit sept ans après le début des activités de la Commission.

SECTION 2 : LA PROCEDURE

Dans le système de la Charte, la détermination de la procédure de règlement amiable nécessite au préalable quelques précisions sur la base légale de ce mécanisme.

§1. Base légale

La Charte africaine des droits de l'homme et des peuples n'évoque qu'une seule fois la possibilité du règlement amiable, pour les seules communications interétatiques.

En effet, l'article 52 stipule : « Après avoir obtenu, tant des Etats parties intéressés que d'autres sources, toutes les informations qu'elle estime nécessaires et après avoir essayé par tous les moyens appropriés de parvenir à une solution amiable fondée sur le respect des droits de l'homme et des peuples, la Commission établit, dans un délai raisonnable à partir de la notification visée à l'article

---

[393] Le nombre 312 figure dans le 22ème et dernier rapport d'activités de la Commission que nous avons consulté, rapport adopté au cours de la 11ème session de la Conférence de l'Union Africaine qui a eu lieu du 25 au 29 juin 2007.

[394] Il s'agit des communications suivantes :

- Communication précitée 97/93 *John K. Modise c. Botswana*, 14ème rapport d'activités de la Commission;
- Communication 133/94 *Association pour la Défense des Droits de l'Homme et des Libertés c. Djibouti*, 13ème rapport d'activités de la Commission;
- Communication précitée 204/97 *Mouvement Burkinabé des Droits de l'Homme et des Peuples c. Burkina Faso*, 14ème rapport d'activités de la Commission;
- Communication 290/2004 : *Open Society Justice Initiative (pour le compte de Pius Njawé Noumeni) c. Cameroun*, 20ème rapport d'activités de la Commission.

48, un rapport relatant les faits et les conclusions auxquelles elle a abouti. Ce rapport est envoyé aux Etats concernés et communiqué à la Conférence des Chefs d'Etat et de Gouvernement ».

Le libellé de cette disposition est le même que l'article 48. 1. litera f de la Convention interaméricaine des droits de l'homme.

L'article 98 du Règlement intérieur de la Commission complète cette disposition en indiquant que « la Commission met ses bons offices à la disposition des Etats intéressés, afin de parvenir à une solution amiable de la question, fondée sur le respect des droits de l'homme et des libertés fondamentales, tels que les reconnaît la Charte ».

Il découle de l'article 52 de la Charte et de l'article 98 du Règlement intérieur qu'en matière de règlement amiable, la Commission africaine possède une compétence strictement limitée aux seules communications étatiques.

En guise de rappel, dans le système de la Charte, un Etat auteur d'une communication a le choix entre deux procédures.

D'une part, il peut avoir recours à la procédure de « communication-négociation » au sujet de laquelle l'Etat auteur de la communication adresse celle-ci à l'attention de l'Etat mis en cause. La procédure de la communication -négociation se déroule, non pas devant la Commission africaine, mais directement entre les Etats en litige. Les deux Etats ont un délai de trois mois, à compter de la réception de la communication, pour parvenir à un règlement amiable du différend. En cas d'échec, chaque partie peut soumettre la question litigieuse à la Commission africaine par la procédure de « communication-plainte » qui se déroule devant la Commission. Cette procédure de « communication-plainte » peut intervenir soit après l'épuisement de la procédure de « communication-négociation » soit directement sur une communication d'un Etat auprès de la Commission africaine.

C'est au sujet de ces « communications-plaintes» que la Charte africaine reconnaît la compétence à la Commission africaine de recourir au règlement amiable. Elle se met à la disposition des Etats en litige et tente de parvenir à un règlement amiable dans le respect des droits de l'homme et des peuples.

La Commission africaine des droits de l'homme ne s'est encore prononcée dans aucune communication étatique mais, curieusement, elle a utilisé cette procédure de règlement amiable dans les communications individuelles alors que la Charte ne lui a pas reconnu explicitement une telle compétence.

Ainsi, de même que la Commission africaine s'est arrogé le droit d'admettre les communications individuelles qui n'étaient pas formellement reconnues par la Charte, elle a procédé à une interprétation extensive de la Charte pour étendre la procédure de règlement amiable aux communications individuelles.

§ 2. La procédure proprement dite

A. Décision des parties de recourir au règlement amiable

Dans la pratique de la Commission africaine, la décision de régler une affaire à l'amiable appartient aux parties. La Commission se met à la disposition des parties qui demeurent entièrement libres d'entamer ou non des négociations. Elle ne les exhorte pas à régler l'affaire à l'amiable et ne prend pas, à ce stade, d'initiative quant aux modalités que pourrait revêtir un règlement. Elle se borne à les informer qu'elle est disponible pour les discussions tendant à la conclusion d'un règlement et les invite à faire connaître leur position sur la question ainsi que les propositions qu'elles souhaitent formuler.

Pour faciliter la conclusion du règlement, la Commission africaine charge normalement un des commissaires, généralement celui qui est chargé des activités de promotion dans l'Etat défendeur, de prendre contact avec les parties afin d'évaluer les perspectives d'un règlement amiable. Les deux parties sont traitées sur un même pied d'égalité. La Commission instruit son secrétariat de s'enquérir de l'évolution des pourparlers entamés entre les parties.

Sur la base des propositions et réactions de chacun des deux camps, la Commission décide si elle continue ou non ses efforts en vue d'aboutir à un règlement amiable. Les négociations peuvent prendre du temps, la Charte n'en précise pas la durée. Afin de donner davantage de temps à la recherche d'un règlement amiable, l'examen de l'affaire est suspendu durant le déroulement des négociations.

Pas plus que le gouvernement, le requérant ne doit indiquer les motifs d'un refus d'entamer des négociations en vue d'un règlement amiable.

B. Les modalités des négociations

La conduite des négociations peut se dérouler suivant deux modalités.

Dans deux communications[395], les parties sont entrée en contact directement et n'ont informé la Commission que lorsqu'elles se sont mises d'accord sur les termes d'un règlement.

Dans cette hypothèse, la mission de la Commission consiste essentiellement à approuver l'accord après s'être assurée du contenu matériel et de l'effectivité des arrangements intervenus entre les parties.

Dans une autre communication[356], la Commission a demandé au gouvernement d'envisager un règlement amiable de l'affaire. Dans ce cas, la Commission attend l'accord mutuel des intéressés avant de faire quoi que ce soit.

C. Le contenu de l'accord

Les décisions contenant les règlements amiables n'indiquent pas exactement le contenu de l'accord intervenu mais la Commission a pris coutume de préciser qu'elle s'assure au préalable, avant l'agrément de l'accord, du contenu matériel et de l'effectivité des arrangements intervenus entre les parties.

Avant de formuler une appréciation à ce sujet, il importe d'abord de relever les violations qui étaient alléguées dans les communications au sujet desquelles la Commission a agréé les règlements amiables.

---

[395] Il s'agit des communications précitées :
- Communication 133/94, *Association pour la défense des droits de l'homme et des libertés contre Djibouti*, 13ème rapport d'activités de la Commission.
- Communication 204/ 97 *Mouvement burkinabé des droits de l'homme et des peuples c. Burkina Faso*, 14ème rapport d'activités de la Commission.

[396] Communication précitée 97/93, *John K. Modise c. Botswana*, 14ème rapport d'activités de la Commission, § 23.

1. Les violations alléguées

Dans la communication 133/94 introduite par *l'Association pour la Défense des Droits de l'Homme et des Libertés contre Djibouti*, l'association requérante alléguait la violation de l'article 2 (droit de ne pas être discriminé), de l'article 3 (l'égalité devant la loi), de l'article 4 (droit à la vie), de l'article 5 (droit inhérent à la dignité et la protection contre l'exploitation, l'esclavage et la traite des personnes; protection contre la torture, les peines et les traitements cruels, inhumains ou dégradants), de l'article 6 (droit à la liberté et à la sécurité de sa personne), de l'article 7 (droit à un procès équitable), de l'article 9 (droit de recevoir l'information et la liberté d'expression), de l'article 10 (liberté d'association), de l'article 11 (liberté de réunion), de l'article 12 (liberté de circulation, y compris le droit de quitter et de revenir dans son pays et le droit de chercher et d'obtenir asile en territoire étranger en cas de persécution) et de l'article 13 (droit de participer à la direction des affaires publiques de son pays et droit d'égal accès aux services publics).

La Commission a été prévenue par les parties que la communication a trouvé une solution dans le cadre d'un règlement amiable. Elle n'y a pas cru et a rendu une décision de recevabilité sur la communication au motif entre autres que le contenu matériel et l'effectivité des arrangements intervenus entre les parties lui demeuraient inconnus, de même que les résultats des enquêtes et des procédures judiciaires. Dans la suite, la Commission a clos la procédure sur la base du règlement amiable intervenu estimant, que la rencontre entre le demandeur et le Commissaire Rezag-Bara en mission à Djibouti, ainsi que la lettre du requérant reçue au secrétariat le 30 mai 2000, avaient clarifié la situation et confirmé la matérialité de l'arrangement trouvé entre les parties.

Dans la communication 97/93 *John K. Modise c. Botswana*, le plaignant invoquait la violation de neuf dispositions de la Charte : article 3. 2 (égalité devant la loi), article 5 (droit inhérent à la dignité et protection contre l'exploitation, l'esclavage et la traite des personnes; protection contre la torture, les peines et les traitements cruels inhumains ou dégradants), article 7. 1. a) (droit à un procès équitable), article 12. 1 & 2 (liberté de circulation, y compris le droit de quitter et de revenir dans son pays et le droit de chercher et d'obtenir asile en territoire étranger en cas de persécution), article 13. 1 & 2 (droit de participer à la direction des affaires publiques de son pays et le droit d'égal accès aux services publics), article 14 (droit de propriété), article 16. 1 &2 (droit à la bonne santé physique et mentale) et de l'article 18. 1 (droit de la famille à la protection).

Dans cette communication, le requérant avait été injustement privé de sa nationalité et la Commission avait renvoyé à plusieurs reprises son analyse en attendant un arrangement à l'amiable. La Commission a par après décidé de clore l'affaire en considérant que la naturalisation du requérant constituait un règlement amiable de l'affaire et donc vidait son délibéré. Cette décision fut prise sans l'accord du requérant. Par manque de moyens financiers pour continuer la procédure, le requérant fut par la suite représenté par l'ONG Interights. Cette dernière a par après envoyé un message au secrétariat de la Commission pour indiquer qu'elle n'était pas satisfaite de la décision de la Commission et qu'elle demandait subséquemment la réouverture du dossier.

La Commission a agréé la demande de l'ONG requérante et a ouvert le dossier, elle l'a analysé au fond et a finalement retenu la violation de toutes les dispositions invoquées dans l'acte introductif à la seule exception de l'article 16. 1 & 2.

Dans la communication 204/ 97 *Mouvement burkinabé des droits de l'homme et des peuples contre Burkina Faso*, l'ONG requérante invoquait la violation des articles 3 (égalité devant la loi), 4 (droit à la vie), 5 (droit inhérent à la dignité et protection contre l'exploitation, l'esclavage et la traite des personnes; protection contre la torture, les peines et les traitements cruels), 6 (droit à la liberté et à la sécurité de sa personne), 7 (droit à un procès équitable), 8 (liberté de conscience, de profession et de pratique libre de la religion), 9. 2 (liberté d'expression), 10 (liberté d'association), 11(liberté de réunion), 12 (liberté de circulation, y compris le droit de quitter et de revenir dans son pays et le droit de chercher et d'obtenir asile en territoire étranger en cas de persécution), 13. 2 (le droit d'égal accès aux services publics).

Les négociations ont abouti à un échec.

La Commission a entendu les parties et a été informée par l'Etat défendeur que la question des victimes des massacres commis par les policiers avait été réglée, tandis que d'autres questions demeuraient en suspens. Le plaignant a confirmé qu'une réunion entre les parties avait été tenue mais qu'aucun progrès n'avait été enregistré. Dans la suite, la Commission a pris une décision sur la recevabilité et par après, elle a déclaré la violation, par l'Etat défendeur, de plusieurs dispositions de la Charte (les articles 3, 4, 5, 6, 7. 1(d) et 12. 2).

Dans la communication précitée 290/2004-*Open Society Justice Initiative (pour le compte de Pius Njawé Noumeni) contre Cameroun*, le plaignant invoquait la violation des articles 1, 2, 9 et 14 de la Charte africaine des droits de l'homme et des peuples. Elle a été clôturée par un règlement amiable.

B. Appréciation d'ensemble

Les communications au sujet desquelles la Commission a fait usage de la procédure de règlement amiable font état des violations des dispositions importantes de la Charte et à ce titre devraient soulever des questions de principe. Pourtant, à la lecture de cette jurisprudence, on peut formuler deux constats :

1 : l'admissibilité du règlement amiable devant la Commission africaine ne se heurte à aucune limite matérielle : le règlement amiable est admis quelles que soient les violations alléguées, y compris du « noyau dur » des droits de l'homme (droit à la vie, interdiction de la torture, des peines ou traitements inhumains ou dégradants, etc.). A ce sujet, l'attitude de la Commission africaine se conforme à celle de la Cour européenne[397] mais pas à celle de la Cour interaméricaine des droits de l'homme[398] d'après laquelle la violation alléguée ou constatée de certains droits ne se prête pas, par leur nature, à une procédure de règlement amiable.

---

[397] Notamment dans les arrêts :

- Cour eur. dr., arrêt *Köksal c. Pays- Bas* du 20 mars 2001 dans lequel on invoque la violation des articles 2 (droit à la vie) et 3 (interdiction de la torture) de la Convention européenne des droits de l'homme.
- Cour eur. dr., arrêt *Erat et Saglam c. Turquie*, 26 mars 2002, dans lequel on invoquait la violation de l'article 3 (interdiction de la torture).

[398] La Cour interaméricaine des droits de l'homme a établi clairement sa position sur ce point dans son arrêt du 26 juin 1987 *Velasquez Rodriguez c. Honduras* (exceptions préliminaires) dans lequel elle a déclaré « lorsque la disparition forcée d'une personne détenue par les autorités de l'Etat est alléguée et que l'Etat nie les faits, il est très difficile de parvenir à un règlement amiable qui reflètera le respect du droit à la vie, de l'intégrité physique et de la liberté individuelle ».

2 : les termes employés par la Commission africaine pour décrire le contenu des règlements amiables intervenus entre les parties appellent certaines réserves.

Tout d'abord, le premier doute qui surgit à l'examen de la pratique de la Commission concerne l'affirmation selon laquelle celle-ci approuve un règlement intervenu moyennant une analyse approfondie de la matérialité et de l'effectivité des arrangements intervenus. Autant la Commission a fait preuve de prudence avant l'approbation du règlement conclu entre les parties dans la communication 133/94 ci-dessus référencée, autant la même Commission n'a pas manifesté la même attitude dans la communication 97/93 au sujet de laquelle elle a considéré que l'octroi de la nationalité au requérant valait, sans l'accord préalable de l'intéressé, règlement amiable de l'affaire. La circonstance que lorsque le dossier fut ouvert à la demande de l'ONG requérante et que la Commission a par la suite déclaré qu'il y a violation de plusieurs dispositions de la Charte montre à suffisance que la Commission n'avait pas fait un examen approfondi de l'affaire. La décision par laquelle la Commission approuve le règlement amiable doit d'abord refléter les points de vue des parties, faire ensuite l'objet d'une motivation suffisamment nourrie des dispositions de la Charte applicables à la situation litigieuse ayant débouché sur le règlement amiable.

De même, dans la communication précitée 290/2004 *Open Society Justice Initiative (pour le compte de Pius Njawé Noumeni) contre Cameroun*, la Commission africaine a d'abord indiqué qu'elle prenait note du règlement intervenu entre les parties et décidait de fermer le dossier. Dans la suite la même Commission a demandé aux parties de bien vouloir transmettre au secrétariat la copie écrite dudit règlement pour inclusion au dossier. Dans ces conditions, on ne peut s'empêcher de considérer que la Commission africaine a agréé le règlement amiable uniquement sur la base des déclarations orales des parties intéressées.

Ensuite, des doutes peuvent également surgir sur les éléments pris en considération par la Commission dans le compromis, que ce soit au titre des mesures individuelles ou au titre des mesures générales.

Au titre des mesures individuelles, rien n'est dit sur les réparations (les frais de procédure, les pertes matérielles, le dommage moral, les demandes de réouverture des procédures, la suspension de l'exécution d'une condamnation, la renonciation aux poursuites, etc.) contenues dans le règlement amiable afin de satisfaire les revendications du requérant.

Au titre des mesures générales, la Commission n'indique pas si le règlement intervenu contient des mesures de nature à faire cesser la violation ou à empêcher des violations semblables dans l'avenir. Cette précision, combien essentielle, est exigée dans les autres systèmes de protection des droits de l'homme.

Dans le système européen, elle est d'usage de longue date car, avant la fusion de la Commission et de la Cour européennes des droits de l'homme, dans plusieurs affaires où la Commission approuvait le règlement amiable intervenu entre les parties, en vertu de l'ancien article 28, § 2 de la Convention, la Commission européenne notait les réformes que l'Etat défendeur s'engageait à mettre en œuvre afin d'éviter une répétition de la violation alléguée[399].

Dans le système américain, le règlement amiable est accepté s'il contient tous les éléments d'une réparation équitable des préjudices subis ainsi que des garanties de non-répétition[400].

En effet, la tâche se complique si le problème ne peut trouver de solution appropriée qu'au travers d'une modification de la législation ou de changements de pratique. C'est la raison pour laquelle, la Commission devrait prendre soin de distinguer en cette matière trois catégories de mesures suivant la qualité de l'organe compétent : les mesures législatives, les mesures réglementaires et les mesures judiciaires.

En ce qui concerne les mesures législatives, le gouvernement n'est généralement pas capable d'assurer que telle législation spécifique relative aux violations alléguées sera adoptée. Sa compétence se limite uniquement à soumettre un projet de loi aux organes législatifs habilités, dans l'espoir qu'il sera approuvé. Lesdits organes peuvent être sensibles ou non au problème qui a surgi sur le terrain de la Charte.

---

[399] Notamment dans la décision portant sur la requête 2991/66, *Alam et Khan c. Royaume-Uni*, Vol. 11, p. 789.

[400] Notamment dans l'arrêt : Cour interam. dr. h., arrêt *Benavides Cevallos c. Equateur*, 19 Juin 1998, Série C n° 38, § 48.

Pour les mesures réglementaires, le gouvernement peut facilement les garantir parce qu'il a le pouvoir de les exécuter lui-même. Ainsi, lorsqu'il s'agit des questions administratives, le gouvernement peut provoquer un changement direct de la pratique, notamment en édictant les mesures organisationnelles appropriées.

En ce qui concerne les mesures judiciaires, un problème peut se poser dans la mesure où il s'impose de préserver l'indépendance et l'impartialité du pouvoir judiciaire. Le gouvernement ne peut dès lors que s'engager à attirer l'attention du pouvoir judiciaire sur la jurisprudence de la Commission relativement, au point considéré.

Il découle des considérations émises au sujet de ces trois catégories que le gouvernement ne peut pas garantir dans l'immédiat les mesures législatives et judiciaires requises. Pour ces deux catégories de mesures, la Commission africaine devrait être particulièrement vigilante. Elle devrait agréer le règlement amiable sous réserve de vérifier dans un avenir proche les dispositions prises par l'Etat défendeur non seulement pour garantir la cessation de l'illicite mais aussi pour éviter la répétition à l'égard d'autres personnes de la violation dont le requérant s'estime avoir été victime.

D. Approbation par la Commission et intérêt général

On peut déduire de l'article 52 de la Charte et de l'article 98 du Règlement intérieur que la Commission africaine approuve un règlement amiable « fondé sur le respect des droits de l'homme et des libertés fondamentales, tels que les reconnaît la Charte ».

En effet, appelé à approuver les modalités du règlement amiable intervenu entre les parties, la Commission africaine a normalement pour tâche de vérifier le caractère approprié des mesures proposées. Le règlement amiable doit répondre à l'intérêt général qui s'attache au respect des droits de l'homme et des libertés fondamentales que la Commission africaine a pour mission de sauvegarder. Elle doit éviter que, par ce procédé, les parties ne procèdent à une privatisation du litige alors que l'intérêt général réclame l'examen du fond de l'affaire.

Dans la pratique, la Commission n'a jamais refusé de souscrire au règlement proposé par les parties. On ne peut s'empêcher de considérer que cette acceptation est due au fait que le règlement n'est pas négocié exclusivement entre les parties et que la Commission est associée aux discussions.

E. Rapport de la Commission

La nature quasi juridictionnelle de la Commission africaine fait que celle-ci n'a pas de pouvoir de décision. Dans le système de la Charte, l'organe investi du pouvoir de décision est la Conférence des Chefs d'Etat et de Gouvernement comme l'indique l'article 59. 1. « Toutes les mesures prises dans le cadre du présent chapitre (Chapitre III. DE LA PROCEDURE DE LA COMMISSION) resteront confidentielles jusqu'à ce que la Conférence des Chefs d'Etat et de Gouvernement en décidera autrement ».

Ainsi, une fois le règlement amiable approuvé, la Commission africaine établit dans un délai raisonnable, un rapport relatant les faits et les conclusions auxquelles elle a abouti. Ce rapport est envoyé aux Etats concernés et communiqué à la Conférence des Chefs d'Etats et de Gouvernement[401].

Les parties continuent à être liées par un devoir de confidentialité[402], elles ne peuvent révéler les détails des négociations qui se sont déroulées, ni ce qu'elles ont appris au sujet de la position de la partie adverse ou de la Commission dans ce contexte.

Au moment de la transmission de son rapport, la Commission peut faire à la Conférence des Chefs d'Etat et de Gouvernement, telle recommandation qu'elle jugera utile[403].

Toutes ces dispositions s'appliquent non seulement lorsque les négociations ont abouti à un accord mais aussi en cas d'échec. Le règlement amiable peut intervenir à tout moment, c'est-à-dire avant la prise de la décision sur la recevabilité ou après la recevabilité de la requête. Dans la pratique, lorsque les négociations n'aboutissent pas à un accord[404] avant la décision sur la

401 Article 52 de la Charte.
402 Article 59. 1. de la Charte et article 96. 1. du Règlement intérieur de la Commission.
403 Article 53 de la Charte.
404 C'est le cas de la communication précitée 97/93 *John K. Modise c. Botswana*, 14ème rapport d'activités de la Commission.

recevabilité de la communication, la Commission procède à l'analyse de la recevabilité, puis en cas de décision positive sur la recevabilité, à l'analyse du fond de l'affaire.

F. Contrôle de l'exécution

La Charte africaine ne prévoit pas de mécanisme de contrôle pour l'exécution des règlements amiables. Elle s'est confiée à la bonne foi des parties aux négociations, estimant que l'Etat qui a fait certaines offres remplira par la suite ses engagements et que le requérant exécutera les obligations auxquelles il a souscrit dans le cadre du règlement. La Charte étant muette à ce sujet, les procédures d'exécution des obligations souscrites dans un règlement amiable obéissent au droit interne.

Dans la pratique, la question de savoir comment surveiller l'exécution des règlements amiables ne s'est pas encore posée.

Une autre question non abordée est celle de savoir si le requérant qui a obtenu un règlement amiable mais dont l'exécution n'a pas eu lieu ou un autre requérant peut introduire avec succès auprès de la Commission une requête concernant un problème similaire.

À la lecture des dispositions de la Charte, la recevabilité d'une telle action ne se heurterait à aucun obstacle juridique.

CONCLUSION DU CHAPITRE

Malgré l'absence de disposition expresse tant dans la Charte que dans le Règlement intérieur de la Commission africaine, force est de constater que celle-ci a développé une procédure de règlement amiable des communications individuelles similaire, à quelques exceptions près, à celle que prévoient les autres systèmes internationaux des droits de l'homme. L'autonomie de la volonté des parties de régler l'affaire à l'amiable, la conduite des négociations, l'approbation de l'accord intervenu entre les parties, qui doit être conforme à l'intérêt général, suivent la même procédure que celle des autres organes internationaux de contrôle des droits de l'homme.

Néanmoins, une bonne politique du règlement amiable devant la Commission africaine doit intégrer les propositions suivantes :

1° Pour lever cette ambiguïté originelle qui laisse toujours supposer que la procédure de règlement amiable n'est applicable que pour les seules communications interétatiques, le Règlement intérieur de la Commission africaine devrait étendre formellement cette procédure aux communications individuelles[405]. Cette proposition se justifie dans la mesure où le protocole additionnel à la Charte n'a pas reconnu expressément l'application de la procédure de règlement amiable aux communications individuelles. Son article 9 se borne simplement à indiquer que « La Cour peut tenter de régler à l'amiable les cas qui lui sont soumis conformément aux dispositions de la présente Charte ». A la lecture de cette disposition, il apparaît que non seulement l'ambiguïté subsiste, mais aussi que la procédure de règlement amiable s'appliquera aussi bien devant la Commission que devant la Cour africaine, à l'instar du système américain de protection des droits de l'homme. Les deux organes devraient définir clairement, dans leurs règlements intérieurs respectifs, la procédure des règlements amiables des communications individuelles.

2° Pour éviter des retards considérables, les deux organes (la Commission et la Cour) devraient prendre le soin de préciser également, le délai dans lequel les parties doivent présenter un rapport relatant les

[405] Telle est la solution adoptée dans le système américain au sein duquel cette ambiguïté se faisait également remarquer.

conclusions auxquelles le règlement amiable a abouti. Une telle proposition se justifie car, dans l'hypothèse où la procédure de règlement amiable n'est pas limitée dans le temps, la procédure risque de durer longtemps surtout lorsque les négociations aboutissent à un échec. Les systèmes européen et américain ne prévoient pas de délai pour la procédure du règlement amiable des différends mais cette indétermination ne préjudicie en rien la protection des droits et libertés contenus dans leurs instruments respectifs dans la mesure où les deux systèmes ont énoncé les critères d'appréciation du délai raisonnable d'une procédure. Le système africain ne fait pas beaucoup usage de cette notion dans sa jurisprudence et, à ce titre, il serait préférable qu'il s'inspire de la solution prévue dans le Pacte international relatif aux droits civils et politiques qui, en son article 41 litera f, prévoit un délai de 12 mois compté à partir du jour de la notification de la communication au comité.

3° La subsidiarité du contrôle africain à travers la procédure de règlement amiable serait favorisée par une jurisprudence bien nourrie, fournissant des indications plus précises sur la portée des engagements des parties. A cet égard, la Commission africaine devrait être vigilante et vérifier, avant l'agrément du règlement amiable, si celui-ci contient à la fois des mesures propres à garantir la cessation des violations, la garantie de non répétition des violations dans l'avenir ainsi que la réparation des préjudices. Une attention particulière devrait être portée aux communications dans lesquelles on allègue la violation des normes du *jus cogens.*

Dans tous les cas, comme l'ont affirmé les organes européen[406] et américain[407], le contenu du règlement amiable devrait être semblable à ce qu'aurait obtenu l'auteur d'une communication si la procédure juridictionnelle avait été menée à son terme.

[406] Dans le cadre européen, l'article 74, § 4 du Règlement intérieur de la Cour précise que si la Cour reçoit communication d'un accord intervenu entre la partie lésée et la partie contractante responsable, elle vérifie qu'il est équitable.

[407] Dans le cadre américain, la jurisprudence de la Cour interaméricaine est bien explicite à ce sujet, notamment dans les arrêts précités:
- Cour interam. dr. h., arrêt *Benavides Cevallos c. Equateur*, 19 juin 1998, Série C n° 38, § 48.
- Cour interam. dr. h., arrêt *Durand et Ugarte c. Pérou* (réparation), 3 décembre 2001, Série C n° 89.

4° Une autre proposition concerne l'instauration d'un contrôle de l'exécution du règlement amiable. En adoptant une approche comparée des autres systèmes régionaux de protection des droits de l'homme, on peut faire un choix entre deux modèles.

Le premier est le modèle européen. Dans celui-ci, le règlement amiable a un effet extinctif. Lorsque la Cour européenne des droits de l'homme accepte un règlement, elle décide de radier l'affaire du rôle ; le contrôle de l'exécution du règlement est alors confié au Comité des Ministres du Conseil de l'Europe. Mais la Cour européenne des droits de l'homme a le pouvoir de réinscrire l'affaire au rôle.

Le second modèle est le système américain dans lequel le règlement amiable n'a pas d'effet extinctif en tant que tel. Dans ce système, c'est l'organe saisi (la Commission ou la Cour) qui se charge du contrôle de la bonne exécution par l'Etat des termes du règlement[408]. Dans l'affaire *Benavides Cevallos* susvisée, la Cour interaméricaine a indiqué dans le dispositif de son arrêt qu'elle se réserverait le droit de surveiller l'exécution de l'accord et de connaître à nouveau de l'affaire si des difficultés d'exécution se présentaient.

L'avantage du système américain par rapport au système européen est que la procédure d'exécution du règlement amiable est surveillée par le juge auprès duquel les pétitionnaires peuvent directement se faire entendre.

Devant le silence de la Charte et de la jurisprudence de la Commission africaine, il serait intéressant de s'inspirer du modèle américain pour le contrôle de l'exécution des règlements amiables intervenus devant la Commission. Cette dernière devrait indiquer dans son Règlement intérieur ou préciser dans sa jurisprudence qu'elle se réserve le droit de connaître à nouveau de l'affaire en cas d'inexécution.

Devant la Cour africaine, le contrôle de l'exécution du règlement amiable semble par contre pencher vers le modèle européen.

---

408 Article 23 du Règlement intérieur de la Cour interaméricaine des droits de l'homme.

En effet, d'après l'article 43.6 du statut de la Cour africaine de justice et des droits de l'homme, « l'arrêt de la Cour est aussi signifié au Conseil exécutif qui doit s'assurer du suivi de son exécution au nom de la Conférence. » on ne peut s'empêcher de considérer que le Conseil exécutif assurera l'exécution non seulement des arrêts établissant des constats de violation mais aussi des arrêts qui confirment des règlements amiables survenus devant cette Cour.

Néanmoins, l'effectivité de ce contrôle exige que ledit Conseil ouvre largement, dans les dispositions de son Règlement intérieur, le recours individuel au profit de quiconque sera victime de l'inexécution du règlement amiable intervenu dans une affaire à laquelle il est partie.

TROISIEME PARTIE : LA SUBSIDIARITE EN AVAL DU CONTROLE REGIONAL AFRICAIN

En raison de l'affinité certaine entre les textes internationaux des droits de l'homme, les différents organes de protection internationale des droits de l'homme, appelés à trancher les différends internationaux partagent des préoccupations fondamentalement communes et une influence mutuelle paraît inévitable. En raison du caractère relativement tardif du contentieux africain des droits de l'homme, la Commission africaine apparaît comme le récepteur important de la jurisprudence de ces différents organes internationaux de protection des droits de l'homme.

Ainsi, nous allons prendre appui sur les enseignements qui se dégagent de la jurisprudence internationale pour évaluer la mise en œuvre de la subsidiarité en aval dans le cadre africain.

Dans le cadre de la Charte, cette forme de subsidiarité se traduit par la liberté reconnue aux Etats dans la mise en œuvre des décisions rendues par la Commission africaine des droits de l'homme et des peuples. Tous les instruments internationaux des droits de l'homme ainsi que la jurisprudence internationale affirment de façon unanime que les Etats sont libres de choisir les moyens par lesquels ils se conforment aux décisions de condamnation dans les litiges auxquels ils sont parties. La Charte africaine ne fait pas exception et la jurisprudence de la Commission africaine fait sienne cette forme de la subsidiarité en aval.

Toutefois, pour pouvoir mesurer l'étendue de cette liberté dans le système africain, il importe d'apporter au préalable, des précisions sur la procédure d'exécution des décisions de la Commission africaine des droits de l'homme et des peuples.

Ainsi après avoir décrit cette procédure dans le ***premier chapitre***, les développements qui vont suivre seront consacrés à l'analyse de l'étendue de la liberté reconnue aux Etats parties à la Charte dans l'exécution des décisions de la Commission africaine des droits de l'homme et des peuples (***deuxième chapitre***).

CHAPITRE I:

LA PROCEDURE D'EXECUTION DES DECISIONS DE LA COMMISSION AFRICAINE DES DROITS DE L'HOMME ET DES PEUPLES

S'il y a un domaine où la Charte africaine des droits de l'homme et des peuples accuse de graves lacunes, c'est celui de l'exécution des décisions prises par la Commission dès le moment où elles acquièrent une force obligatoire, c'est-à-dire après leur adoption par la Conférence des Chefs d'État et de Gouvernement.

La Charte y a laissé un vide, même si la Commission africaine des droits de l'homme et des peuples n'a pas manqué de créativité pour combler ce vide.

Le silence de la Charte se manifeste sur les points suivants :

- L'absence d'un cadre de suivi de l'exécution des décisions;
- L'absence de sanctions contre les Etats récalcitrants.

SECTION 1 : L'ABSENCE D'UN CADRE DE SUIVI

§1. Le vide légal

La première lacune, soulignée par bon nombre de juristes[409], est que la Charte africaine n'a pas prévu un cadre de suivi de l'exécution des décisions sur les

[409] OUGUERGOUZ, F., *op.cit.*, p. 347;
ANKRUMAH, E., *La Commission africaine des droits de l'homme et des peuples : pratiques et procédures*, Nijhoff Publishers, The Hague, 1996, p. 80; MURRAY, R., *op.cit.*, pp. 22 et 209.

communications après leur adoption par la Conférence des Chefs d'Etat et de gouvernement. Aucun mécanisme n'est envisagé par la Charte africaine pour en assurer l'exécution.

Le même vide s'observe dans le Règlement intérieur de la Commission africaine qui reste muet sur l'organe compétent pour faire exécuter les décisions sur les communications.

La charte africaine n'est pas le seul instrument qui présente des lacunes sur ce point.

En effet, dans l'ensemble des instruments des droits de l'homme tant au niveau universel que dans les différents cadres régionaux, seule la Convention européenne des droits de l'homme ne comporte pas une telle lacune. L'article 46.2 de cette Convention énonce explicitement que le suivi de l'exécution des arrêts est confié au Conseil des ministres du Conseil de l'Europe et un protocole spécifique[410] a été adopté.

La convention interaméricaine des droits de l'homme et le Pacte international relatif aux droits civils et politiques comportent la même lacune que la Charte africaine.

§2. Les tentatives pour combler ce vide

Le silence de la Charte africaine sur ce point a ouvert la voie à une controverse au sein même de la Commission africaine des droits de l'homme et des peuples. Deux thèses étaient en présence :

La première thèse se fondait sur l'argument qu'il ne fallait pas faire dire à la Charte africaine ce que ses auteurs n'avaient pas pu prévoir. Elle considérait que le mandat de la Commission africaine prenait fin avec la présentation de son rapport à la Conférence des Chefs d'Etat et de Gouvernement sur une communication donnée. Cette thèse a été trouvée trop légaliste et anti-productive par d'autres membres qui ont estimé qu'il fallait plutôt tenir compte de l'esprit de la Charte africaine et de l'objectif poursuivi par cet instrument.

---

[410] C'est le protocole n° 14 à la Convention de sauvegarde des droits de l'homme et des libertés fondamentales, ouvert à la signature le 13/5/2004.

La deuxième thèse, qui a prévalu sur la première, se fondait précisément sur une interprétation téléologique et dynamique de la Charte africaine, et considérait qu'il devait logiquement revenir à la Commission africaine de poursuivre l'exécution de ses propres décisions.

C'est en application de cette approche dynamique que la Commission africaine a tenté les démarches suivantes destinées à assurer l'exécution de ses décisions.

Tout d'abord, ayant constaté que les Etats parties ne disposaient pas de structures minimales pour s'acquitter de leurs obligations découlant de la Charte, y compris l'exécution des décisions, la Commission africaine a proposé en 1993, à la Conférence des Chefs d'Etat et de Gouvernement, un projet de résolution recommandant aux Etats parties de désigner des fonctionnaires de haut rang chargés des relations entre la Commission et lesdits Etats, en vue de faciliter le suivi des décisions. La Conférence a adopté ce projet de résolution[411] qui devait faciliter la tâche aux Etats parties et à la Commission africaine.

Ensuite, le Secrétariat de la Commission africaine a essayé de suivre la mise en œuvre des décisions au moyen de correspondances adressées aux Etats concernés. Dans ce cadre, des notes verbales sont adressées aux ministères des Affaires étrangères avec copie aux ministères ayant les questions des droits de l'homme dans leurs attributions, ainsi qu'aux ambassades desdits Etats accréditées auprès de l'Union Africaine à Addis-Abeba, auprès de la Gambie à Banjul et auprès du Sénégal à Dakar.

De plus, une autre approche du suivi des décisions est que, lors des visites effectuées par les membres de la Commission africaine dans les Etats parties[412], les délégations vérifient la suite réservée aux recommandations et font les observations et recommandations jugées utiles.

[411] Résolution précitée : AHG/Rés. 227(XXIX)Rév. I adoptée lors de la 29ème session ordinaire de la Conférence des Chefs d'Etat et de Gouvernement en juin 1993 au Caire en Egypte.

[412] La Commission africaine envoie ses membres en mission de promotion et de protection au sein des Etats parties. Les missions de protection au sein des Etats parties sont décidées collégialement par la Commission africaine tandis que l'initiative des missions de promotion est laissée à la discrétion des membres concernés de la Commission africaine. Pour les activités de promotion, les 53 Etats parties à la Charte africaine sont répartis entre les 11 commissaires, chacun ayant en moyenne 5 Etats à couvrir.

Dans la même logique, à l'occasion des rapports initiaux et périodiques présentés par les Etats parties[413], la Commission africaine vérifie ce que chaque Etat concerné a fait en exécution des résolutions et recommandations de ladite Commission.

Dans le même cadre, lors des sessions ordinaires de la Commission africaine, les délégués des Etats parties présents sont invités à donner des informations précises sur les mesures prises afin de donner effet aux décisions de la Commission.

Enfin, une dernière initiative fut le recours aux ONG et institutions nationales des droits de l'homme. Les ONG ayant le statut d'observateurs[414] auprès de la Commission africaine ont été invitées à assister les victimes des violations de la Charte pour qu'elles soient réhabilitées dans leurs droits et soient à l'abri des représailles éventuelles des Etats condamnés. Les institutions nationales[415] des droits de l'homme ayant le statut d'affilié auprès de la Commission africaine ont été également invitées à apporter leur concours aux plaignants qui en ont besoin.

Avant de mesurer l'efficacité de ces différentes initiatives, il importe de souligner que, comparées aux tentatives de solution adoptées dans les autres systèmes des droits de l'homme dans lesquels le même vide se faisait sentir, les diverses tentatives initiées par la Commission africaine lui confèrent une certaine particularité.

En effet, dans le cadre interaméricain, la Cour interaméricaine a comblé le vide que la Convention interaméricaine des droits de l'homme avait laissé sur la matière sous analyse par voie interprétative. Elle s'est attribué le rôle de l'exécution des arrêts en interprétant de manière combinée l'article 31 § 1 de la Convention de Viennes sur le droit des traités de 1969 ainsi que les articles 33, 62 § 1, 63 § 3 et 65 de la Convention interaméricaine des droits de l'homme :

---

[413] En vertu de l'article 62 de la Charte africaine, les Etats parties doivent présenter, tous les deux ans un rapport sur les mesures d'ordre législatif, ou autres, prises en vue de donner effet aux droits et libertés protégés par la Charte. Cette même obligation est précisée aux articles 81 à 86 du Règlement intérieur de la Commission africaine.

[414] D'après le communiqué final de la 42ème session ordinaire de la Commission africaine qui a eu lieu du 15 au 28 novembre 2007, à Brazzaville, République du Congo, le nombre d'ONG ayant le statut d'observateurs auprès de la Commission était de 375.

[415] Ces institutions nationales sont prévues dans la Résolution sur la création de comités de droits de l'homme ou d'autres organismes similaires à l'échelon national, régional ou sous régional adoptée en 1989. A la fin de l'année 2004, 17 institutions nationales avaient déjà acquis ce statut.

« La Cour, comme tout organe juridictionnel, détient le pouvoir, inhérent à ses fonctions, de déterminer la portée de sa propre compétence (*compétence de la compétence*). Les instruments d'acceptation de la clause facultative de juridiction obligatoire (article 62 § 1 de la Convention) présupposent l'admission par les États qui la présentent, du droit de la Cour de résoudre tout type de différend concernant sa juridiction comme, l'est dans cette affaire[416], la question du contrôle de l'exécution des arrêts.

Une objection ou n'importe quel agissement de l'État réalisé dans le but d'affecter la compétence de la Cour est inopérante. En toute circonstance, la Cour est maîtresse de sa juridiction au titre de la compétence de la compétence »[417].

L'assemblée générale de l'Organisation des États Américains (O.E.A.) a agrée cette interprétation de la Cour. Elle a considéré que l'exécution des arrêts relevait de la compétence de la Cour et que dans le cadre de son Rapport annuel, elle devait signaler les affaires dans lesquelles un État n'avait pas exécuté ses arrêts[418].

Dans le cadre du Pacte international relatif aux droits civils et politiques, la question du contrôle de l'exécution des constatations du Comité des droits de l'homme a été résolue par la désignation d'un Rapporteur spécial chargé de cette mission[419].

§3 : L'effectivité des mesures proposées

Dans l'ensemble, les diverses tentatives initiées par la Commission n'ont produit que des effets très limités.

Ainsi, la résolution qui recommandait aux Etats parties à la Charte de désigner des fonctionnaires chargés des relations entre la Commission et lesdits Etats n'a pas été suivie d'effets dans plusieurs pays malgré les appels répétés de la Commission[420].

---

[416] Cette affaire était : Cour interam.dr.h., arrêt Baena Ricardo et al.(270 travailleurs) c. Panama, arrêt sur la compétence du 28 novembre 2003, Série C n° 104, § 86.

[417] BURGORGUE-LARSEN, L., AMAYA UBEDA DE TORRES, *Les grandes décisions de la Cour interaméricaine des droits de l'homme*, Bruxelles, Bruylant, 2008, pp.196-197.

[418] Idem, p.202.

[419] C'est en 1990 que le Comité a adopté une procédure pour assurer le suivi des constatations qu'il adopte en application du paragraphe 4 de l'article 5 du protocole facultatif et a créé à cet effet la fonction de rapporteur spécial chargé du suivi des constatations.

[420] FLAUSS, J-F. (sous la direction de), *op. cit.*, p. 225.

De même, l'initiative de la Commission africaine de vouloir assurer la mise en œuvre des décisions au moyen des correspondances adressées aux Etats concernés a été jugée inefficace en raison des lenteurs habituelles des circuits diplomatiques et des énormes difficultés de communications dans les pays africains[421].

De plus, la procédure de suivi des décisions par le biais des rapports initiaux et périodiques que les Etats parties à la Charte doivent présenter en vertu de l'article 62 de la Charte, est d'une efficacité limitée du moment où la Commission africaine ne dispose d'aucun moyen de coercition à l'égard des Etats parties qui ne présentent pas leurs rapports ou les renseignements supplémentaires demandés. Les statistiques de la Commission africaine le prouvent à suffisance. En effet, jusqu'au mois de janvier 2002, 21 Etats parties n'avaient jamais présenté de rapport, seuls 13 Etats étaient tout à fait à jour et 19 Etats avaient présenté des rapports mais n'étaient plus à jour[422].

Enfin, le recours aux ONG et institutions nationales des droits de l'homme n'a satisfait ni les plaignants ni la Commission africaine[423].

L'échec de ces diverses initiatives a été avoué de façon authentique par le Secrétaire de la Commission africaine des droits de l'homme et des peuples qui a affirmé en 2004 que la Commission africaine est dans l'impossibilité de réunir des données exhaustives sur l'exécution de ses décisions[424].

§4 : Propositions pour un cadre de suivi de l'exécution des décisions de la Commission

Au regard du contenu des diverses tentatives initiées par la Commission, il n'est pas exagéré d'affirmer que l'échec était prévisible car on peut faire une double reproche à la Commission africaine :

- D'abord, elle n'a pas osé déterminer clairement un organe qui serait chargé de coordonner ou d'assurer lui-même le suivi de l'exécution des décisions ;

---

[421] FLAUSS, J-F. (sous la direction de), *op.cit.*, p. 213.
[422] FLAUSS, J-F. (sous la direction de), *op.cit.*, p. 218.
[423] Idem, p. 229.
[424] FLAUSS, J-F (sous la direction de), *op.cit.*, pp.207-234.

- Ensuite, elle n'a pas indiquée la procédure qui devrait être suivie dans l'exécution de ce contrôle.

C'est sur ces deux points que la Commission africaine devait se prononcer pour assurer un suivi de l'exécution de ses décisions.

A. Un organe de contrôle de l'exécution des décisions

Dans le cadre de la Charte africaine, pour désigner un organe qui serait chargé d'assurer le suivi des décisions de la Commission africaine des droits de l'homme et des peuples, les possibilités suivantes peuvent être explorées :

1. une structure interne à la Commission

Cette formule se rapproche beaucoup plus à celle adoptée dans le cadre du Pacte international relatif aux droits civils et politiques au sein duquel on a désigné un rapporteur spécial chargé de suivre l'exécution des constations du Comité des droits de l'homme. Dans le cadre africain, la formule semble être la plus facile mais son efficacité ne peut pas a priori être supposée. La facilité de cette formule réside au niveau de la forme car il s'agit d'une compétence propre à la Commission africaine. Celle-ci peut facilement mettre en place cette structure sans avoir besoin du concours d'un autre organe. En effet, l'article 28.1 du Règlement intérieur accorde la compétence à la Commission de créer, si elle le juge nécessaire pour l'exercice de ses fonctions, des comités ou des groupes de travail composés de membres de la Commission. L'alinéa 3 de la même disposition précise que les membres des comités ou groupes de travail sont désignés par le Président, sous réserve de l'approbation de la majorité absolue des autres membres de la Commission

Toutefois, son efficacité ne peut pas être supposée pour les raisons suivantes. La première raison tient à la composition de cette Commission et à son rythme de travail. En effet, la Commission africaine est composée de 11 membres[425] qui siègent au rythme de deux sessions ordinaires annuelles d'une durée d'environ deux semaines chacune sans compter les rares sessions extraordinaires[426].

---

[425] Articles 31 et 33 de la Charte africaine et article 11 du R.I. de la Commission africaine des droits de l'homme et des peuples.

[426] Article 31 de la Charte africaine des droits de l'homme et des peuples.

Dans ces conditions, il est compréhensible que la Commission africaine ne peut pas s'acquitter convenablement de cette tâche.

La deuxième raison tient à la surcharge du travail déjà confié à la même Commission. La Charte africaine[427] a confié à la Commission quatre compétences majeures qui sont difficiles à remplir pour une Commission composée de 11 membres et non permanente. Une autre tâche qui viendrait s'ajouter à ces quatre précédentes ne ferait que compliquer davantage la situation.

2. Une structure externe à la Commission

Une autre possibilité serait la désignation, au sein de l'Union Africaine, d'un organe qui serait chargé de suivre l'exécution des décisions de la Commission africaine des droits de l'homme et des peuples.

La mise en place de cette nouvelle structure peut soulever des difficultés politiques et juridiques car elle exigerait qu'il y ait soit un protocole additionnel à la Charte africaine soit une décision des organes de l'Union Africaine. C'est cette formule qui a été adoptée dans le cadre du Conseil de l'Europe avec le protocole n° 14 à la Convention de sauvegarde des droits de l'homme et libertés fondamentales.

La formule exige une volonté politique de la part des dirigeants africains et elle semble être la plus effective car on suppose que lorsque l'Union Africaine parviendrait à se résoudre à mettre en place une telle structure, celle-ci serait dotée de moyens suffisants pour remplir correctement sa mission.

3. Extension formelle du contrôle de l'exécution des arrêts de la Cour à celui de l'exécution des décisions de la Commission

Une troisième et dernière possibilité consiste à confier à un même organe, le Conseil exécutif de l'Union Africaine[428], le suivi de l'exécution à la fois des arrêts de la Cour africaine de justice et des droits de l'homme et des décisions de la Commission africaine des droits de l'homme et des peuples. Cette

[427] Articles 45 à 49 de la Charte africaine des droits de l'homme et des peuples.

[428] C'est cet organe qui est chargé d'assurer le contrôle de l'exécution des arrêts de la Cour africaine de justice et des droits de l'homme : article 43.5&6 du statut de cette juridiction.

extension ne se heurte à aucun obstacle juridique car elle ne nécessite qu'une consécration formelle dans les Règlements intérieurs des deux organes.

L'avantage de cette formule est qu'elle pourrait assurer une bonne lisibilité et un meilleur encadrement des violations de la Charte africaine.

Néanmoins, cette formule peut se heurter aux mêmes difficultés d'application que la formule précédente.

B. La procédure d'exécution des décisions

Une fois que l'organe de contrôle aurait déjà identifié, la procédure d'exécution des décisions de la Commission africaine devra ensuite être minutieusement règlementée. Dans cette perspective, le système africain devrait adopter sa propre procédure de suivi de l'exécution des décisions, en s'inspirant notamment des modèles européen et interaméricain.

Dans le système interaméricain, la procédure mise en place par la Cour pour le suivi de ses arrêts se déroule en deux temps[429].

Dans un premier temps, elle demande à l'État de lui transmettre les informations pertinentes relatives à l'exécution de l'arrêt, tandis qu'elle recueille également les observations de la Commission interaméricaine, des victimes ou de leurs représentants. C'est en possession de ces éléments que vient alors la deuxième étape au cours de laquelle la Cour évalue l'état d'avancement de l'exécution, oriente les actions de l'État et informe l'Assemblée générale sur base de l'article 65 de la Convention des éventuelles difficultés.

Cette procédure suivie par la Cour interaméricaine présente l'intérêt de garantir le respect du principe du contradictoire étant donné que l'État comme la Commission ainsi que les victimes ou leurs représentants peuvent à tout moment transmettre à la Cour les informations nécessaires et pertinentes qui l'éclairent sur le degré d'exécution et ce, avant qu'elle n'émette sa résolution.

---

[429] BURGORGUE-LARSEN, L., AMAYA UBEDA DE TORRES, *op.cit.*, pp.206-207.

La pratique montre que cette procédure n'est pas effective, la Cour a souvent de grandes difficultés à faire appliquer par les États ses exhortations. L'obstacle de taille à une exécution rapide et intégrale des arrêts est la multiplicité des mesures de réparation qu'ordonne la Cour.

Dans le système européen, le Comité des ministres du Conseil de l'Europe a élaboré des normes qui établissent clairement la procédure qu'il doit suivre pour surveiller l'exécution des arrêts de la Cour[430]. Le comité des ministres demeure l'organe central du contrôle de l'exécution des arrêts mais il n'est pas le seul, la Cour européenne est venue à son chevet tout comme l'Assemblée parlementaire du Conseil de l'Europe et il y a un service de l'exécution des arrêts de la Cour de la Direction générale des droits de l'homme.

Le Comité des ministres est l'organe majeur dans le contrôle de l'exécution des arrêts de la Cour européenne des droits de l'homme. L'examen des affaires par le Comité des ministres suit le schéma suivant[431] :

- Rubrique 3.a &b : contrôle du payement de la satisfaction équitable, selon que le délai de payement a expiré depuis moins ou depuis plus de six mois ;
- Rubriques 4.1,2 &3 : contrôle des mesures individuelles (4.1 : contrôle uniquement des mesures de caractère individuel ;4.2 : mesures de caractère individuel et/ou problèmes généraux ;4.3 : problèmes spéciaux) ;
- Rubrique 5 : contrôle des diverses mesures générales (5.1 : changements législatifs et/ou règlementaires ; 5.2 : changements de la jurisprudence des tribunaux ou de la pratique administrative ; 5.3 : Publication/diffusion ; 5.4 : autres mesures).

L'exécution complète de l'affaire est constatée par une résolution définitive du Comité des ministres. En cas de besoin, le Comité des ministres peut adopter des résolutions intérimaires avant une résolution définitive.

[430] Ces normes sont contenues dans le document suivant: Conseil de l'Europe, Règles adoptées par le comité des ministres en vue de l'application de l'article 46 § 2 de la Convention européenne des droits de l'homme approuvées le 10 janvier 2001.

[431] ABDELGAWAD, E. *L., L'exécution des arrêts de la Cour européenne des droits de l'homme*, R.T.D.H. 2007, pp.673 et suivants.

Les résolutions intérimaires sont de deux sortes : les résolutions d'encouragement et les résolutions menaces.

Les résolutions d'encouragement sont destinées à faire le point sur les mesures déjà adoptées et d'indiquer publiquement les mesures précises qui doivent encore être prises. La finalité de telles résolutions est d'aider l'Etat à progresser dans l'exécution d'arrêts qui requièrent souvent des mesures de vaste ampleur.

Les résolutions menaces sont prises en cas d'inexécution ou d'exécution partielle d'un arrêt et comportent des injonctions de nature à rappeler que les résultats exigés par un arrêt de la Cour soient atteints de manière inconditionnelle et sans délai supplémentaire.

La Cour européenne des droits de l'homme épaule de plus en plus le Comité des ministres dans l'exécution des arrêts. Dans le processus d'exécution de l'arrêt, le rôle de la Cour européenne des droits de l'homme consiste à indiquer les mesures générales à prendre afin d'assurer une exécution rapide et effective. De la sorte, le système européen associe une logique juridictionnelle à une logique politique incarnée par le Comité des ministres. La technique de l'arrêt pilote[432] alimente cette prédisposition de la Cour européenne des droits de l'homme.

L'Assemblée parlementaire du Conseil de l'Europe épaule également le Comité des ministres au stade final de l'exécution des arrêts. Son action se passe à travers plusieurs mécanismes : l'adoption de rapports, de résolutions destinées aux autorités nationales, de recommandations à l'égard du Comité des ministres, l'organisation des débats et des questions orales et écrites à l'intention des parlementaires nationaux, l'adoption d'une approche plus proactive privilégiant l'examen d'affaires qui concernent des problèmes structurels majeurs et dans lesquelles l'exécution des arrêts a pris un retard inacceptable.

[432] LAMBERT – ABDELGAWAD, E., La Cour européenne au secours du Comité des ministres pour une meilleur exécution des arrêts « pilote » (en marge de l'arrêt Broniowski), R.T.D.H. 2005, pp.203-224.

SECTION 2: L'ABSENCE DES SANCTIONS CONTRE LES ETATS RECALCITRANTS

La deuxième lacune est le fait qu'aucune sanction ne soit prévue à l'encontre d'un Etat partie qui viole les dispositions de la Charte africaine ou qui refuse d'exécuter les décisions de la Commission africaine. Il serait utile de s'inspirer des travaux du Comité de révision de la Charte de l'OUA[433], afin de prévoir des sanctions à l'encontre de ces Etats. Au titre des sanctions, ledit Comité avait prévu qu'un Etat pourra être privé de son droit de participer aux réunions ou activités de l'Organisation ou de son droit de tirer profit de quelque manière que ce soit, d'un service ou d'une activité de celle-ci, s'il n'en respecte pas les principes et objectifs comprenant notamment le respect des droits de l'homme et des peuples.

Ce double constat des lacunes que la Charte accuse dans la matière sous analyse conduit à se demander si le statut de la Cour africaine de justice et des droits de l'homme a comblé les deux lacunes qui paralysaient *de facto* l'action de protection des droits de l'homme garantis dans la Charte africaine.

SECTION 3: LE STATUT DE LA COUR AFRICAINE DE JUSTICE ET DES DROITS DE L'HOMME

Le statut de la Cour africaine de justice et des droits de l'homme a comblé partiellement les deux lacunes.

En ce qui concerne la première, le statut de cette juridiction indique clairement que le suivi de l'exécution des arrêts sera assuré par le Conseil exécutif de l'Union Africaine[434]. Il reste à déterminer d'abord la procédure qui sera suivie par cet organe dans le contrôle de l'exécution des arrêts de cette Cour et d'indiquer ensuite la répartition des tâches des différents acteurs dans tout le processus d'exécution des arrêts.

---

[433] Doc. OUA, CAB/LEG/97/DRAFT/RAPT. RPT (III) Rev. 2.

[434] Article 43. 6 du statut de la Cour africaine de justice et des droits de l'homme.

La deuxième lacune a été comblée par les paragraphes 4 et 5 du statut sous analyse, qui précisent que si une partie ne satisfait pas aux obligations qui lui incombent en vertu d'une décision rendue par la Cour, celle-ci pourra porter l'affaire devant la Conférence de l'Union, qui pourra décider des mesures à prendre pour donner effet à la décision. La Conférence pourra imposer des sanctions en vertu de l'article 23. 2 de l'Acte constitutif de l'Union Africaine qui dispose « En outre, tout Etat membre qui ne se conformerait pas aux décisions et politiques de l'Union peut être frappé de sanctions notamment en matière de liens avec les autres Etats membres dans le domaine des transports et communications, et de toute autre mesure déterminée par la Conférence dans les domaines politique et économique ».

CONCLUSION DU CHAPITRE

La crédibilité d'un système des droits de l'homme est largement tributaire de la bonne exécution des décisions prises suite aux violations constatées par les organes de contrôle. L'exécution intégrale des décisions contribue au renforcement du prestige de l'organe international de contrôle et augmente l'efficacité de son action. Même si le statut de la Cour africaine de justice et des droits de l'homme comporte, au regard du système antérieur de la Charte, des indications plus précises sur l'exécution des arrêts, force est de constater qu'un vide juridique subsiste en ce qui concerne l'exécution des décisions de la Commission africaine des droits de l'homme et des peuples. Ce vide doit être comblé car même lorsque la Cour africaine de justice et des droits de l'homme deviendra fonctionnelle, la Commission africaine continuera à être saisie et à rendre des décisions. Pour assurer un encadrement plus accru des violations de la Charte africaine des droits de l'homme et des peuples, deux propositions peuvent être formulées :

1°/ Tout d'abord, il s'impose de désigner formellement un organe qui sera chargé d'assurer le suivi de l'exécution des décisions de la Commission africaine des droits de l'homme et des peuples. Dans cette perspective, les différentes possibilités entre lesquelles il faut faire un choix, ont été présentées. Notre proposition est qu'il faut soumettre à un même organe, le Conseil exécutif de l'Union Africaine, le contrôle à la fois de l'exécution des décisions de la Commission africaine et des arrêts de la Cour africaine de justice et des droits de l'homme. A notre avis, cette formule pourrait assurer une meilleure coordination et une bonne lisibilité du contrôle des violations de la Charte vue la nouvelle structure hybride du mécanisme de contrôle de la Charte africaine des droits de l'homme et des peuples.

2°/ Après la désignation de cet organe, il faudra déterminer la procédure de suivi de l'exécution des arrêts et des décisions des deux mécanismes de contrôle institués par la Charte, la Commission et la Cour. Dans ce processus, les rôles des différents acteurs devront être clairement départagés : celui du Conseil exécutif de l'Union Africaine, ceux de la Commission et de la Cour ainsi que les différents mécanismes d'intervention de l'organe qui détient le pouvoir législatif au sein de l'Union Africaine à l'instar de l'Assemblée parlementaire du Conseil de l'Europe.

CHAPITRE II:

LA LIBERTE DES ETATS DANS L'EXECUTION DES DECISIONS[435] DE LA COMMISSION AFRICAINE DES DROITS DE L'HOMME ET DES PEUPLES

Par référence aux obligations de résultat qui incombent à l'Etat, le droit international ne fixe pas, en principe, les moyens par lesquels l'Etat doit assurer l'exécution de ses devoirs. Ces moyens sont en fait tellement liés à l'organisation interne des Etats que le droit international ne peut les déterminer sans envahir un domaine qui lui est tout à fait interdit[436].

Toutefois, la doctrine et la jurisprudence[437] en matière de droits de l'homme évoluent dans le sens de laisser l'Etat moins libre dans le choix des moyens par lesquels il pourra obtenir un certain résultat[438]. La liberté que le droit international laisse à l'Etat dans le choix des moyens pour l'accomplissement de ses devoirs ne doit pas rendre ces devoirs moins effectifs ou incertains. Si l'Etat est libre d'avoir les lois qu'il veut, de se donner l'organisation politique, judiciaire ou administrative qu'il juge préférable, il faut en tout cas que l'accomplissement de ses obligations internationales soit assuré. La Cour européenne des droits de l'homme a bien illustré cette tendance en déclarant dans l'arrêt Broniowski c. Pologne[439] que les États contractants parties à une

---

[435] Une précision terminologique : Les « recommandations » de la Commission africaine des droits de l'homme et des peuples deviennent des « décisions » lorsqu'elles sont adoptées par la Conférence des Chefs d'Etat et de Gouvernement.

[436] ANZILLOTTI, D., *La responsabilité des Etats en raison des dommages soufferts par les étrangers*, in R.G.D.I.P., 1906, pp. 26 et s.

[437] Voy. notamment :
- Les arrêts : Cour eur.dr.h., arrêt Papamichalopoulos c. Grèce, 31 octobre 1995, §§ 38-39 ;
- La procédure des arrêts pilotes dans le cadre de la Cour européenne des droits de l'homme (affaire Broniowski c. Pologne du 22 juin 2004).

[438] Pour une meilleure présentation de cette doctrine, voy. LATTANZI, F., , Milan, Giuffré, 1983, p. 198.

[439] Cour eur.dr.h., arrêt Broniowski c. Pologne, 22 juin 2004, § 192.

affaire sont *en principe* libres de choisir les moyens dont ils useront pour se conformer à un arrêt constatant une violation et cette liberté vaut sous le contrôle du Comité des ministres et pour autant que ces moyens soient compatibles avec les conclusions contenues dans l'arrêt de la Cour.

Dans ce chapitre, nous allons analyser si la jurisprudence de la Commission africaine des droits de l'homme et des peuples a été sensible ou non à ces enseignements récents du droit international. L'étendue de la liberté accordée aux Etats parties à la Charte peut être déterminée à partir de l'analyse des caractères et du contenu des décisions de la Commission africaine des droits de l'homme et des peuples.

SECTION 1 : LES CARACTERES ET LE CONTENU DES DECISIONS DE LA COMMISSION AFRICAINE DES DROITS DE L'HOMME ET DES PEUPLES

§1. Les caractères

La Charte africaine des droits de l'homme et des peuples et le Règlement intérieur de la Commission africaine fournissent très peu de précisions sur les caractères des décisions de la Commission africaine des droits de l'homme et des peuples.

Les décisions de la Commission africaine sont définitives et ne peuvent faire objet d'appel. En ce qui concerne l'objet et la nature de ces décisions, on peut déduire de l'article 120 du Règlement intérieur de la Commission africaine que les décisions ont un caractère déclaratoire. Cette disposition indique : « Si la Communication est recevable, la Commission africaine l'examine à la lumière de tous les renseignements que le particulier et l'Etat partie intéressé lui ont communiqués par écrit, et elle fait part de ces constatations à ce sujet… »

Il découle de cette disposition que la Commission n'a pas le pouvoir d'injonction à l'égard des Etats, elle ne sanctionne pas, elle ne censure pas, elle n'annule pas un acte des autorités nationales, elle constate une violation d'un droit garanti. Les pouvoirs de la Commission sont limités au constat d'une violation de la Charte par un Etat et ne s'étendent pas à l'infirmation ou à la réformation d'une décision émanant d'une autorité nationale.

Le caractère déclaratoire des décisions de la Commission africaine est également affirmé dans le dispositif de ses décisions. Dans la plupart des décisions, le dispositif emploie la formule : « Par ces motifs, la Commission ***déclare*** qu'il y a eu violation… »

Ce caractère déclaratoire a pour conséquence que la décision de la Commission africaine des droits de l'homme et des peuples laisse à l'Etat le choix des moyens à utiliser dans son ordre interne pour s'acquitter de son obligation qui découle du constat de violation.

Sur ce point, l'approche de la Commission africaine est identique à celle de la Cour européenne des droits de l'homme[440] et à celle de la Cour interaméricaine des droits de l'homme[441] qui, jusqu'ici se sont toujours refusé d'octroyer une réparation « punitive » ou exemplaire. Par ces notions de réparation punitive ou exemplaire, on veut signifier que lorsque la juridiction internationale des droits de l'homme rend un arrêt, elle n'entend pas sanctionner, censurer ou annuler un acte des autorités nationales, elle ne constate qu'une violation d'un droit collectivement garanti.

Par rapport à la forme et au prononcé des décisions de la Commission africaine, aucune disposition de la Charte ou du Règlement intérieur ne se prononce sur la motivation soit des décisions sur la recevabilité soit des décisions finales. La Commission africaine a levé cette lacune en précisant, pour ce qui est des décisions sur la recevabilité, que lorsque la communication est déclarée irrecevable, les raisons ayant dicté cette décision sont indiquées[442]. Une telle précision n'est apportée nulle part pour les décisions finales.

---

[440] De telles demandes avaient été formulées dans les affaires mettant en cause le Royaume-Uni notamment :
- Cour eur. dr. h., *arrêt B c. Royaume- Uni*, 9 juin 1998, § 7.
- Cour eur. dr. h., *arrêt Mac Cann et autres c. Royaume-Uni*, 27 septembre 1995, § 216.

[441] Cour interaméricaine dr. h., arrêt précité *Vélasquez Rodriguez c. Honduras*, 21 juillet 1989, § 38.

[442] Cette précision figure dans la Fiche d'information n° 3 : Procédure d'examen des communications.

Le même vide s'observe sur la possibilité des commissaires de joindre à la décision une opinion individuelle concordante ou dissidente lorsque la décision de la Commission n'exprime pas, en tout ou en partie, l'opinion unanime des Commissaires.

Signalons enfin que la Charte et le Règlement intérieur de la Commission africaine restent également muets sur les modalités de signification des décisions de la Commission africaine. Cette lacune a été levée dans la fiche d'information n° 3 consacrée à la procédure d'examen des communications, dans laquelle il est indiqué que lorsque la Commission constate qu'il y a violation, les parties sont notifiées par le secrétariat de la décision finale prise par la Commission.

Une telle indication se comprend dès lors que, dans la procédure d'examen des communications, pour présenter et défendre son dossier, le plaignant ou son représentant (s'il en a) ne doit pas se déplacer pour participer aux sessions de la Commission. L'examen d'un dossier peut commencer et se terminer uniquement par correspondance avec le secrétariat de la Commission.

§2. Contenu d'une décision de la Commission africaine

La lisibilité d'une décision de la Commission africaine des droits de l'homme et des peuples n'est pas de qualité remarquable.

Comparée à un arrêt de la Cour européenne des droits de l'homme[443], la rédaction d'une décision de la Commission africaine n'est ni parfaitement rigoureuse ni clairement structurée. La décision comprend généralement un avis sur la recevabilité, une interprétation des dispositions de la Charte invoquées par l'auteur, une réponse à la question de savoir si les faits tels que présentés révèlent ou non une violation de la Charte et, si la violation est établie, l'action qui doit être prise par l'Etat partie pour remédier à la situation. Le dispositif de la décision ne précise pas si celle-ci a été prise à l'unanimité ou suivant telle majorité.

---

[443] L'arrêt de la Cour européenne est bien structuré et comprend :

- Les noms des juges;
- La Procédure;
- Les faits : les circonstances de l'espèce et le droit interne pertinent;
- Le droit : les exceptions présentées par le gouvernement (s'il y en a), les dispositions dont les violations sont alléguées;
- Le dispositif qui précise si l'arrêt a été pris à l'unanimité ou suivant une majorité déterminée ainsi que les opinions individuelles (s'il y en a).

À l'analyse des dispositifs des différentes décisions déjà rendues par la Commission africaine et dans lesquelles des violations de la Charte ont été retenues, il y a lieu d'en établir une classification en deux grandes catégories :

- Les décisions dans lesquelles la Commission établit un constat de violation mais reste muette sur les conséquences qui en découlent, d'une part;
- Les décisions dans lesquelles en plus du constat de violation, il est indiqué les mesures qui doivent être prises pour remédier à cette situation, d'autre part.

A. Les simples constats de violation

La Commission africaine ne s'empêche pas, dans certaines décisions, de retenir la violation des dispositions de la Charte, sans pour autant indiquer les conséquences qui découlent de ce constat.

Il s'agit des décisions portant sur les communications suivantes :

- Suite aux communications groupées introduites par les ONG *International Pen, Constitutional Rights, Interights au nom de Ken Saro-Wiwa et Civil Liberties contre le Nigeria*[444], la Commission africaine a retenu la violation par le Nigeria des articles 1er (Engagement général des Etats de reconnaître les droits et libertés énoncés dans la Charte et de prendre les mesures législatives et autres pour les appliquer); 4 (droit à la vie); 5 (droit inhérent à la dignité et à la protection contre l'exploitation, l'esclavage et la traite des personnes, protection contre la torture, les peines et les traitements cruels, inhumains et dégradants); 6 (droit à la liberté et à la sécurité de sa personne); 7. 1a) b) c) d) (droit à un procès équitable); 9. 2 (liberté d'expression); 10. 1 (liberté d'association);

  11 (liberté de réunion); 16 (droit à la bonne santé physique et mentale); 26 (droit à un recours).

[444] Il s'agit des communications précitées 137/94, 139/94, 154/96 et 161/97 *International Pen, Constitutional Rights, Interights au nom de Saro-Wiwa et Civils Liberties c. Nigeria*, 12ème rapport d'activités de la Commission.

- Suite à la communication introduite par l'ONG *Amnesty international* contre Zambie[445], la Commission a déclaré qu'il y avait violation de l'article 2 (droit de ne pas être discriminé); de l'article 7 (1) (droit à un procès équitable); de l'article 8 (liberté de conscience, de profession et de pratique libre de la religion); de l'article 9 (2) (liberté d'expression); de l'article 10 (liberté d'association) et de l'article 18 (1) et (2) (droit de la famille à la protection et à l'assistance de l'Etat, droit des personnes âgées ou handicapées à des mesures spécifiques de protection et la protection des droits de la femme et de l'enfant).

- Suite à la communication introduite par l'ONG *Rights international* contre Nigeria[446], la Commission africaine a retenu la violation de quatre dispositions de la Charte : article 5 (le droit inhérent à la dignité et à la protection contre l'exploitation, l'esclavage et la traite des personnes, protection contre la torture, les peines et les traitements cruels, inhumains ou dégradants); article 6 (droit à la liberté et à la sécurité de sa personne); article 7. 1(c) (droit à un procès équitable) et article 12. 1 et 2 (liberté de circulation, y compris le droit de quitter et de revenir dans son pays et le droit de chercher et d'obtenir asile en territoire étranger en cas de persécution).

- Suite à la communication *Huri-Laws contre le Nigeria*[447], la Commission a retenu la violation des 7 dispositions suivantes de la Charte africaine : article 5 (droit inhérent à la dignité et à la protection contre l'exploitation, l'esclavage et la traite des personnes, protection contre la torture, les peines et les traitements cruels, inhumains ou dégradants); article 6 (droit à la liberté et à la sécurité de sa personne); article 7. 1. a)et d) (droit à un procès équitable); article 9 (droit de recevoir l'information et liberté d'expression); article 10. 1 (liberté d'association); article 12. 1(liberté de circulation y compris le droit de circuler et de revenir dans son pays et le droit de rechercher et d'obtenir asile en territoire étranger en cas de persécution) et article 14 (droit de propriété).

---

[445] Communication précitée 212/98 *Amnesty international c. Zambie*, 12ème rapport d'activités de la Commission.

[446] Communication précitée 215/98 *Rights international c. Nigeria*, 13ème rapport d'activités de la Commission.

[447] Communication précitée 225/98 *Huri-Laws contre Nigeria*, 14ème rapport d'activités de la Commission.

Face à cette violation de plusieurs dispositions de la Charte parmi lesquelles il y a les droits que les autres systèmes des droits de l'homme qualifient d' indérogeables et intangibles (notamment l'interdiction de la traite et de l'esclavage des personnes, protection contre la torture, les peines et les traitements inhumains ou dégradants, ...), la question que l'on peut se poser est de savoir si le simple constat d'illicéité que la Commission africaine déclare souvent constitue en soi une réparation satisfaisante.

Avant de répondre à cette question, il importe d'abord de préciser les enseignements du droit international en cette matière.

1. Les enseignements du droit international

Les études sur la responsabilité des Etats, entreprises récemment par les rapporteurs spéciaux de la Commission du Droit International[448] ont donné lieu à une analyse approfondie des conséquences qu'entraîne toute violation des droits de l'homme.

D'après la Commission du droit international, la violation par un Etat d'un droit de l'homme constitue un fait internationalement illicite et engendre une responsabilité internationale. Les conséquences qui s'attachent à la commission d'un fait internationalement illicite sont donc elles-mêmes internationales selon l'article 28 du « Projet d'articles sur la responsabilité internationale des Etats » de la Commission du droit international[449].

En effet, la violation d'une obligation internationale engendre trois conséquences. L'une d'elles est de faire naître l'obligation de « liquidation du passé »[450], d'effacer la violation commise. Il incombe à l'Etat de restaurer la situation qui existait antérieurement à la violation, ce qui met donc à sa charge l'obligation de faire cesser la violation constatée. La deuxième est l'obligation de réparation des préjudices. La troisième est l'obligation de poser l'avenir de

[448] Pour un aperçu circonstancié de ces études, consulter l'ouvrage : CRAWFORD, J., *Les articles de la C.D.I sur la responsabilité de l'Etat*, Paris, Pédone, 2003.

[449] Selon cette disposition, « la responsabilité internationale d'un Etat qui, conformément aux dispositions de la première partie, résulte d'un fait internationalement illicite entraîne des conséquences juridiques énoncées dans la présente partie ».

[450] DOMINICE C., , in Droit international 2, Institut des Hautes Études Internationales de Paris (I. H. E. I. P.), Pédone, 1982, p. 15.

l'obligation conventionnelle violée. Dans ce dernier cas, il s'agit pour l'Etat de rétablir le lien conventionnel et d'assurer l'exécution du traité de protection, ce qui fait naître l'obligation de cessation de la violation pour l'avenir.

a) L'obligation de mettre fin à la violation : la cessation de l'illicite

Dans le cadre de la responsabilité internationale, la conséquence juridique immédiate de la violation d'une règle primaire du droit international, de la commission d'un acte internationalement illicite est l'obligation de mettre fin à la violation. Mais pour que l'obligation de cessation puisse être invoquée, ajoute la Commission du droit international dans sa codification du droit sur la responsabilité des Etats, il faut que l'on soit en présence d'un comportement illicite ayant un caractère continu, c'est-à-dire d'une violation qui se prolonge dans le temps. La durée de la violation s'étend sur toute la période pendant laquelle l'acte se poursuit et demeure contraire à l'obligation internationale, précise l'alinéa 1er de l'article 25 du projet d'articles sur la responsabilité des Etats. En tant que réponse à une situation créée par un acte illicite, la cessation occupe une place spécifique dans les principes juridiques et le projet de codification sur la responsabilité de la Commission du droit international. D'après l'article 30 du projet d'articles sur la responsabilité des Etats, l'Etat responsable du fait internationalement illicite est tenu d'y mettre fin si ce fait continue.

Le fondement juridique de cette obligation a fait l'objet d'une controverse doctrinale mais la doctrine et la jurisprudence internationale s'accordent à reconnaître que, en cas de violation d'une règle du droit des gens, l'Etat responsable de la violation est tenu d'y mettre fin.

Au niveau doctrinal, la controverse résidait sur le point de savoir si l'obligation de cessation doit être classée parmi les règles primaires ou parmi les règles secondaires du droit international. Arangio- Ruiz[451] et Christian Dominicé[452] tranchent en faveur des règles primaires, Karl Zemanek[453] penche en faveur des règles secondaires tandis que Riphagen[454] juge inopportun de se

---

[451] ARANGIO - RUIZ, G., *Rapport préliminaire sur la responsabilité des Etats*, A/CN. A/ 416, *Ann. C. D. I.*, 1988, n° 41.

[452] DOMINICE, C., *op.cit.*, pp. 17 et s..

[453] ZEMANEK, K., *La responsabilité des Etats pour faits internationalement illicites ainsi que pour faits internationalement licites*, in Responsabilité internationale, I. H. E. I. P, Paris, Pédone, 1988, p. 65.

[454] RIPHAGEN, 2ème *Rapport sur la responsabilité des Etats, A. C. D. I.*, 1981, A/CN, 4/344, Vol. 2, 1ère partie, n° 68.

prononcer sur cette question. L'obligation de cessation est une obligation qui doit être envisagée de façon autonome préalablement à toute discussion sur la réparation. En effet, la cessation n'a pas pour but de compenser les conséquences juridiques ou matérielles du fait illicite, elle est avant tout une obligation de revenir au respect de la règle primaire. C'est dans ce sens que dispose l'article 26 de la Convention de Vienne sur le droit des traités lorsqu'il indique que la cessation a pour but de rétablir la situation voulue par le droit, d'assurer la permanence et l'efficacité de la règle primaire que l'Etat est tenu de respecter intégralement et de bonne foi dès lors qu'il a valablement contracté.

La distinction de la cessation et de la réparation rappelle le partage en droit pénal interne des fonctions du procureur qui défend la norme et l'intérêt public, et celles de la partie civile qui réclame la réparation du dommage qu'elle a subi. La pertinence de cette obligation de cessation immédiate de la violation est même rappelée constamment dans plusieurs résolutions du Conseil de sécurité ou de l'Assemblée Générale de l'O. N. U[455].

Ce principe de la cessation immédiate de la violation est respecté aussi bien dans la jurisprudence arbitrale que judiciaire. Ainsi, la sentence arbitrale rendue dans l'affaire *Nouvelle Zélande contre France*[456] l'a invoqué à plusieurs reprises en rappelant les idées des rapporteurs de la Commission du droit international Arangio-Ruiz et Dominice. La Cour internationale de justice l'a aussi affirmé tant dans ses avis consultatifs[457] que dans ses arrêts[458] et distingue clairement la cessation immédiate des actes illicites et l'obligation de réparation.

---

[455] Notamment les résolutions suivantes :
- Résolution condamnant le Portugal pour la poursuite de la répression et de ses guerres coloniales;
- Résolution condamnant l'Afrique du Sud pour ses agressions contre l'Angola, l'occupation de la Namibie, sa politique d'apartheid;
- Résolutions condamnant l'Israël pour ses actions militaires contre le Liban, son maintien dans les territoires occupés;
- Résolution condamnant l'URSS pour l'occupation de l'Afghanistan;
- Résolution condamnant l'Iraq pour l'invasion puis l'annexion du Koweït;
- Etc.

[456] Sentence arbitrale *Nouvelle Zélande contre France*, Affaire du *Rainbow Warrior* du 30 avril 1990, *R. G. D. I.P.*, p. 871- 872.

[457] Notamment l'avis consultatif de la C. I.J. sur la présence de l'Afrique du Sud en Namibie, Avis du 29 janvier 1971, Recueil 1971, p. 12.

[458] Notamment l'arrêt rendu dans l'affaire relative au personnel diplomatique et consulaire des Etats-Unis à Téhéran, arrêt du 24 mai 1980, Recueil 1980, p. 4, voir dispositif, p. 44, 3°, 4° et 5° ainsi que dans l'affaire des activités militaires et paramilitaires contre Nicaragua, Recueil 1984, p. 187 et Recueil 1986, p. 149, § 292.

La Cour européenne des droits de l'homme a expressément affirmé l'existence d'une telle obligation dans l'affaire *Norris contre Irlande*[459], au sujet de laquelle elle a affirmé que l'Etat doit, conformément à l'article 53, prendre des mesures pour cesser une telle violation continue. A l'instar de la Cour internationale de justice, la Cour européenne des droits de l'homme distingue l'obligation de cesser l'illicite et l'obligation d'indemniser l'individu, la première ne faisant pas obstacle à la seconde : « le droit d'obtenir la cessation d'une privation de liberté se distingue de celui de recevoir un dédommagement pour une telle privation »[460].

En droit américain, l'obligation pour l'Etat défendeur de cesser immédiatement les violations résulte expressément de la première phrase de l'article 63. 1. de la Convention interaméricaine[461].

b) La réparation des préjudices

Selon les principes de droit international particulièrement impérieux en matière de droits de l'homme, l'Etat responsable d'un fait internationalement illicite a l'obligation de réparer toutes les conséquences qui découlent du constat de violation. D'après les termes du Rapporteur de la Commission du droit international Arangio-Ruiz[462], l'obligation de réparation relève des normes secondaires et consiste à rétablir la situation qui existait avant la survenance de l'acte illicite, c'est-à-dire le *statu quo ante* ou à rétablir la situation qui eût existé si l'acte illicite n'avait pas été commis. L'article 31, § 1er, du projet de la Commission du droit international sur la responsabilité internationale des Etats pose le principe de la réparation intégrale selon lequel les Etats sont tenus « de réparer intégralement le préjudice causé par le fait internationalement illicite ».

La jurisprudence internationale est éclairante sur la portée du principe de la réparation. La Cour permanente de justice internationale a proclamé ce principe fondamental dans le cadre du procès de l'*Usine de Chorzów* : « C'est un principe de droit international que la violation d'un engagement

[459] Cour eur. dr. h., arrêt *Norris c. Irlande*, 26 octobre 1988.
[460] Cour eur. dr. h., arrêt *Tomasi c. France*, 27 août 1992.
[461] Pour rappel, cette disposition indique que « Lorsqu'elle reconnaît qu'un droit ou une liberté protégés par la présente Convention ont été violés, la Cour ordonnera que soit garantie à la partie lésée la jouissance du droit ou de la liberté enfreints (...)
[462] Arangio-Ruiz, Rapport de la C. D. I., doc. Off. 43ème session, suppl. n° 10, A/43/10, p. 201, n° 540.

entraîne l'obligation de réparer dans une forme adéquate. La réparation est donc le complément indispensable d'un manquement à l'application d'une Convention »[463]. La Cour internationale de justice a réaffirmé le même principe dans l'affaire relative au personnel diplomatique et consulaire des Etats-Unis à Téhéran[464]. Dans l'arrêt rendu dans cette affaire, la Cour a d'abord exigé la cessation immédiate des actes illicites et, dans un paragraphe distinct, elle a ensuite posé le principe de l'obligation de réparation.

En se conformant au principe énoncé par la C. P. J. I. dans l'arrêt de l'*Usine de Chorzów*, la Cour européenne des droits de l'homme a expressément reconnu qu' « un arrêt constatant une violation entraîne pour l'Etat défendeur l'obligation juridique au regard de la Convention (...) d'en effacer les conséquences de manière à rétablir autant que faire se peut la situation antérieure à celle-ci »[465].

Le Comité des droits de l'homme des Nations-Unies a aussi posé ce principe, notamment dans les affaires *Lanza et Torres- Raminez*, l'une et l'autre contre l'Uruguay, dans lesquelles il a déclaré : « en conséquence, le Comité conclut que l'Etat partie est dans l'obligation de fournir des recours efficaces à la victime, y compris une réparation, pour les violations qu'elle a subies... »[466].

En droit américain, l'obligation de réparation résulte expressément de la deuxième phrase de l'article 63. 1 de la Convention interaméricaine des droits de l'homme[467].

c) L'obligation de garantie contre la répétition de l'illicite

L'obligation de prendre toutes les mesures nécessaires pour éviter la répétition des violations semblables à celles que l'on sanctionne est une autre conséquence de la responsabilité internationale. L'Etat responsable d'un fait internationalement illicite a l'obligation de fournir des garanties contre la répétition de la violation.

---

[463] C. P. J. I., Affaire relative à l'Usine de Chorzów, arrêt du 13 septembre 1928, Recueil des décisions, Série A, n° 9, 21(1927), p. 47.

[464] C. I. J., Affaire précitée relative au personnel diplomatique et consulaire des Etats-Unis à Téhéran, arrêt du 24 mai 1980, Recueil 1980, p. 4, voir dispositif, p. 44, 3°, 4° et 5°.

[465] Cour eur. dr. h., *arrêt Papamichapoulos et autres c. Grèce*, 31 octobre 1995, § 34.

[466] Affaire *Lanza c. Uruguay*, 3 avril 1980, H. R. L. J., 1980, vol. 1-2, pp. 221 et s.. Affaire *Torres- Raminez c. Uruguay*, 23 juillet 1980, H. R. L. J., 1980, pp. 226 et s..

[467] Pour rappel la deuxième phrase de cette disposition précise : « (...) Elle ordonnera également, le cas échéant, la réparation des conséquences de la mesure ou de la situation à laquelle a donné lieu la violation de ces droits et le paiement d'une juste indemnité à la partie lésée ».

En droit international général, la nature de l'obligation de prendre des mesures en vue d'éviter des violations semblables est discutée, mais la majorité de la doctrine s'accorde sur le fait que de telles garanties font partie de l'obligation de réparer[468]. La jurisprudence internationale affirme sans cesse cette obligation de non répétition de l'illicite.

Ainsi, en droit européen, la reconnaissance expresse de l'obligation de garanties pour le futur se fonde sur l'article 53 de la Convention européenne des droits de l'homme et figure aussi bien dans la jurisprudence de la Cour européenne que dans la pratique du Comité des Ministres et des Etats parties à la Convention. Avant de prononcer un arrêt de radiation de l'affaire du rôle, la Cour européenne des droits de l'homme vérifie toujours si les engagements pris par l'Etat sont à même de supprimer, pour l'avenir, les causes qui ont conduit à la situation incriminée[469]. Certains Etats parties à la Convention[470] ont parfois reconnu l'obligation d'adopter des mesures générales pour éviter la répétition à l'avenir de la violation constatée. Quant au Comité des Ministres du Conseil de l'Europe, dans sa fonction de surveillance de l'exécution des arrêts de la Cour, il incorpore dans ses résolutions[471] les mesures prises pour éviter des violations futures.

Au niveau universel, le Comité des droits de l'homme des Nations Unies a reconnu cette obligation d'éviter les violations semblables dans les deux affaires précédemment citées, invoquées contre l'Uruguay, au sujet desquelles il a affirmé que : « l'Etat partie est dans l'obligation (...) de prendre des mesures pour que de telles violations ne se produisent pas à l'avenir ».

---

[468] WYLER, E., *L'illicite et la condition des personnes privées*, Paris, Pédone, 1995, p. 299. ARANGIO-RUIZ, , Doc. A/CN. 4/425 et Add. 1, Doc. De la 41ème session, pp. 46, 47 et 51.

[469] Voir notamment les arrêts :
- Cour eur. dr., arrêt précité *Deweer c. Belgique*, 27 février 1980, § 38;
- Cour eur. dr. h., arrêt *K c. Autriche*, 2 juin 1993, § 13.

Voir également COHEN-JONATHAN, G., Presses Universitaires d'Aix Marseille, Ed. Economica, Paris, p. 217.

[470] Les exemples sont nombreux mais on peut citer à titre exemplatif les déclarations faites par le Royaume Uni dans les arrêts suivants :
- Cour eur. dr. h., arrêt *X c. Royaume Uni*, 18 octobre 1982, § 14;
- Cour eur. dr. h., arrêt *Campbell et Cosans c. Royaume Uni*, 22 mars 1983, § 15.

[471] Notamment les résolutions suivantes :
- Réso. DH(96) 381 du 25 juin 1996;
- Réso. DH(97) 222 du 15 mai 1997 dans l'affaire *Welch c. Royaume Uni* (CM/Dél/Déc. (97) 590, A 173, annexe 39, point H 53 – 54.

Signalons avant de terminer cette matière que la Cour interaméricaine des droits de l'homme rappelle constamment dans ses arrêts que la responsabilité de l'Etat pour violation d'un droit de l'homme est une responsabilité internationale[472]. C'est une manière d'affirmer clairement qu'elle fait sienne tous ces enseignements du droit et de la jurisprudence internationale relatifs aux conséquences qu'appellent les constats de violation des droits de l'homme.

C'est ainsi que, dans l'arrêt Velasquez contre Honduras, la Cour de San José ne s'est pas empêchée de déclarer que l'article 63. 1 de la Convention interaméricaine laisse à la Cour une grande latitude pour ordonner que soient garanties à la partie lésée, outre le paiement d'une juste indemnité, la cessation des conséquences de l'acte illicite, la réparation des conséquences de la violation et la jouissance du droit enfreint.

2. La pratique de la Commission africaine

La Commission africaine des droits de l'homme et des peuples fait une faible utilisation du principe de la cessation, au moment où les autres systèmes de protection des droits de l'homme accordent au même principe une place primordiale. Pourtant, ce principe peut facilement se déduire de l'article premier de la Charte qui contient une obligation générale de protéger les droits reconnus dans la Charte. Toutes les Conventions relatives aux droits de l'homme contiennent une disposition équivalente mais sa présence est formelle au sein du système africain et la jurisprudence de la Commission africaine n'y fait nullement allusion. A l'inverse, le juge interaméricain donne une place primordiale à cette disposition qui vient se combiner avec toutes les dispositions au fond de la Convention interaméricaine des droits de l'homme. La Cour interaméricaine a clairement énoncé ce caractère combinable et complémentaire de l'article 1er de la Convention interaméricaine dans son arrêt *Velasquez Rodriguez* « cet article précise l'obligation assumée par les états parties en relation avec chacun des droits protégés. Chaque requête qui allègue qu'un de ces droits a été violé implique nécessairement que l'article 1. 1 de la Convention a été aussi violé »[473]. Dans

---

[472] Notamment dans l'arrêt : Cour interam. dr. h., , *Loayza Tamayo contre Pérou*, arrêt du 27 novembre 1998 Série C n° 42, § 84.

[473] Cour interam. dr. h., arrêt précité *Velasquez Rodriguez c. Honduras*, 29 juillet 1988, Série C, n° 4, § 162.

la Convention européenne des droits de l'homme, l'article 1er par sa nature, est combinable avec toute autre disposition de la Convention mais le juge européen a déjà circonscrit son champ d'application aux seuls articles 2 et 3 de la Convention[474].

De plus, l'obligation de prendre toutes les mesures nécessaires pour éviter la répétition de violations semblables à celles que sanctionne chaque décision, est une conséquence primordiale de la responsabilité internationale de l'Etat mais n'a jamais été affirmée comme telle dans la jurisprudence de la Commission africaine des droits de l'homme et des peuples.

Si pour certains droits le simple constat de violation peut suffire[475], pour d'autres ce simple constat ne suffit pas et il est indispensable que la Commission africaine intègre ces enseignements du droit international dans sa jurisprudence.

Par exemple, lorsque la Commission retient à plusieurs reprises, dans les communications susvisées, la violation du droit à la vie ou des pratiques de tortures, on voit mal comment la Commission ne prononce aucune mesure pour ordonner la cessation de l'illicite ou la garantie contre la répétition de l'acte alors qu'un éventail des mesures[476] existe : la réadaptation (services destinés à rétablir la dignité et la réputation des victimes), l'obligation pour l'Etat responsable de procéder à des enquêtes, d'engager une action, pénale ou autre, contre les responsables[477], de prendre les dispositions nécessaires pour

[474] Voir parmi tant d'autres arrêts, l'arrêt : Cour eur. dr. h., arrêt précité *Assenov et autres c. Bulgarie*, 28 octobre 1998, § 102.

[475] D'après la Commission du droit international, le simple constat d'illicéité vaut dans le cas du dommage non matériel causé à l'Etat (atteinte à l'honneur ou au prestige de l'Etat). Pour plus de précisions, voir WYLER, E., op.cit., p. 306.

[476] A ce sujet, la Commission africaine pourrait s'inspirer :
- Étude concernant le droit à restitution, à indemnisation et à réadaptation des victimes des violations flagrantes des droits de l'homme et des libertés fondamentales, Rapport final Van Bovien, E/CN4/Sub 2/1993/8, 2 juillet 1993, §137, points 8 à 11.
- Les points 15 à 17 des conclusions du séminaire de Maastricht des 11-15 mars 1992 sur le droit à restitution, indemnisation et réadaptation des victimes des violations flagrantes des droits de l'homme et des libertés fondamentales, Studie – en Informatiecentrum Mensenrechten Special n° 12, pp. 16 et s.

[477] Dans la seule décision rendue sur la communication 204/97, *Mouvement burkinabé des droits de l'homme et des peuples contre Burkina Faso*, 14ème rapport d'activités de la Commission, la Commission africaine a recommandé une telle mesure. Après avoir retenu la violation de l'article 4 (droit à la vie), la Commission a recommandé au Burkina Faso de tirer toutes les conséquences de droit de la présente décision, notamment en identifiant et en poursuivant les responsables.

que des situations similaires ne se produisent plus dans l'avenir, de remédier à des carences législatives, d'indemniser des ayants droit des victimes, etc.

Plus particulièrement en cas de torture, la Commission africaine devrait obliger l'Etat coupable à prodiguer les soins nécessaires aux victimes.

De même, si la Commission retient la violation du droit de propriété inscrit à l'article 14 de la Charte africaine, droit économique par excellence, il est anormal que la Commission ne se prononce pas sur la cessation immédiate des violations et la réparation des préjudices, afin de mettre les victimes dans la situation où elles se trouvaient avant la violation de ce droit ou de prendre des mesures pour que des violations similaires ne se reproduisent plus.

En définitive, le contenu de la responsabilité internationale de l'Etat pour violation des droits de l'homme est ainsi profondément ancré en droit international général et dans la jurisprudence internationale mais fait tout aussi défaut dans la jurisprudence de la Commission africaine des droits de l'homme et des peuples. La violation d'une obligation internationale engendre les trois conséquences que la Commission africaine ne distingue pas et s'abstient de résoudre. Il n'est pas admissible que la Commission africaine se refugie derrière son caractère non juridictionnel car le Comité des droits de l'homme dans le cadre du Pacte international relatif aux droits civils et politiques est, à l'instar de la Commission africaine des droits de l'homme, un organe non juridictionnel. Ce statut ne l'a pas empêché d'adresser des recommandations à l'Etat en cause lorsqu'il retient une violation du Pacte international relatif aux droits civils et politiques, lesquelles peuvent porter sur les modes de réparation que le Comité estime appropriés.

Ni le Pacte international relatif aux droits civils et politiques, ni le protocole facultatif au Pacte ne contiennent pourtant de dispositions relatives à la réparation mais le Comité s'est appuyé sur l'article 2, §3, a) disposition qui consacre le droit à un recours utile, pour s'arroger un tel pouvoir[478].

Le Comité de New York s'est référé à cet égard aux « règles secondaires » générales de la responsabilité internationale.

---

[478] FRUMER, P., *La réparation des atteintes aux droits internationalement protégés- Quelques données comparatives, R.T.D.H.*, 1996, p. 340.

La matière de la responsabilité de l'Etat pour violation d'un droit de l'homme est régie par le droit international général et en absence de règles conventionnelles précises dans la Charte africaine des droits de l'homme et des peuples y relatives, il faut s'en remettre aux principes généraux en la matière, conformément aux articles 60 et 61 de la Charte africaine. L'article 60 dispose que la Commission s'inspire du droit international relatif aux droits de l'homme et des peuples, notamment des dispositions des divers instruments africains relatifs aux droits de l'homme et des peuples, des dispositions de la Charte des Nations Unies, de la Charte de l'Organisation de l'Unité Africaine, de la Déclaration universelle des droits de l'homme, des dispositions des autres instruments adoptés par les Nations Unies et par les pays africains dans le domaine des droits de l'homme et des peuples ainsi que des dispositions de divers instruments adoptés au sein d'institutions spécialisées des Nations Unies dont sont membres les parties à la Charte.

L'article 61 complète cette disposition en indiquant que la Commission prend aussi en considération, comme moyen auxiliaire de détermination des règles de droit, les autres Conventions internationales, soit générales, soit spéciales, établissant des règles expressément reconnues par les Etats membres de l'Organisation de l'Unité Africaine, les pratiques africaines conformes aux normes internationales relatives aux droits de l'homme et des peuples, les coutumes généralement acceptées comme étant le droit, les principes généraux de droit reconnus par les nations africaines ainsi que la jurisprudence et la doctrine.

En application de ces deux dispositions, la Commission africaine n'excéderait pas les limites de ses compétences si elle se prononçait sur les conséquences qu'appelle un constat de violation d'un droit de l'homme et devrait systématiquement se prononcer à ce sujet dans toutes ses recommandations. C'est un point primordial qui doit être intégré dans la pratique de la Commission africaine. La non-observation de cette prescription ne ferait que discréditer la Commission africaine du fait de son imperméabilité face à l'évolution du droit international des droits de l'homme.

B. Les conséquences que la Commission africaine tire des cas de violations de la Charte africaine des droits de l'homme et des peuples

À part les cas dans lesquels la Commission africaine se contente du simple constat de violation, d'autres communications la voient sortir de sa réserve pour indiquer les conséquences que l'Etat responsable doit tirer du manquement constaté.

Les conséquences des violations des droits de l'homme et des peuples généralement retenues dans les décisions de la Commission africaine des droits de l'homme présentent un caractère tantôt indemnitaire, tantôt non indemnitaire.

1. Les réparations à caractère indemnitaire

Dans certaines décisions, la Commission africaine a reconnu, en faveur des victimes des violations des droits de l'homme et des peuples, une obligation d'indemnisation à charge de l'Etat défendeur. À l'analyse des formulations utilisées dans les décisions de la Commission pour reconnaître ce droit, force est de constater que les dispositifs ne sont pas libellés de façon identique.

Il importe alors de relever les différentes formulations utilisées dans ces décisions et d'en faire un commentaire selon les enseignements du droit international général et de la jurisprudence judiciaire et arbitrale.

Dans la décision portant sur la communication *Constitutional Rights Project et Civil Liberties Organisation contre Nigeria*[479], la Commission africaine a retenu la violation des articles 13. 1 (droit de participer à la direction des affaires publiques de son pays et le droit d' accès égal aux services publics); 6 (droit à la liberté et à la sécurité de sa personne) et 9 (droit de recevoir l'information et la liberté d'expression) de la Charte africaine et a déclaré dans le dispositif « Recommande instamment au gouvernement du Nigeria de prendre les dispositions nécessaires pour aider les personnes mises aux arrêts au moment de l'annulation des élections et *dédommager ces victimes* ».

[479] Communication précitée 102/93 *Constitutional Rights Project et Civils Liberties Organisation contre Nigeria*, 12ème rapport d'activités de la Commission, p. 54.

Dans la décision portant sur la communication *John K. Modise contre Botswana*[480], la Commission africaine a retenu la violation de l'article 3. 2 (égalité devant la loi), de l'article 5 (le droit inhérent à la dignité et la protection contre l'exploitation, l'esclavage et la traite des personnes, protection contre la torture, les peines et traitements cruels, inhumains ou dégradants) et a demandé au gouvernement du Botswana de lui « donner une compensation appropriée pour tous les dommages subis à la suite de cette violation de ses droits ».

Dans la décision portant sur les communications introduites par *Social and Economic Rights Action Center, Center for Economic and Social Rights contre Nigeria*[481], la Commission africaine a retenu la violation de l'article 2 (égalité devant la loi), article 4 (droit à la vie), article 14 (droit de propriété), article 16 (droit à la bonne santé physique et mentale), article 18. 1 (droit à la famille à la protection et à l'assistance de l'Etat), article 21 (droit des peuples à la libre disposition de leurs richesses et de leurs ressources naturelles) et article 24 (droit des peuples à un environnement satisfaisant et global, propice à leur développement) et a exhorté le gouvernement du Nigeria à « *s'assurer qu'une compensation adéquate* soit versée aux victimes des violations des droits de l'homme, de même *qu'une assistance pour la réinstallation des victimes…* ».

Dans les décisions portant sur les deux communications introduites par *Law Office of Ghazi Suleiman contre Soudan*[482], la Commission africaine a retenu la violation de l'article 7 (droit à un procès équitable) et a demandé au « gouvernement du Soudan *d'indemniser les victimes comme il se doit* ».

Dans la décision portant sur la communication *Curtis Francis Doebbler contre le Soudan*[483], la Commission africaine a retenu la violation de l'article 5 (droit inhérent à la dignité et la protection contre l'exploitation, l'esclavage et la traite des personnes, protection contre la torture, les peines et les traitements cruels, inhumains ou dégradants) et a demandé au gouvernement du Soudan de « prendre des mesures appropriées *pour assurer la compensation des victimes* ».

[480] Communication précitée 97/93 *John K. Modise contre Botswana*, 14ème rapport d'activités de la Commission., p. 35.

[481] Communication précitée 155/96 *Social and Economic Rights Action Center, Center for Economic and Social Rights contre Nigeria*, 15ème rapport d'activités de la Commission, p. 29.

[482] Il s'agit des communications précitées 222/98 et 229/98 *Law Office of Ghazi Suleiman contre Soudan*, 16ème rapport d'activités de la Commission, p. 41.

[483] Communication précitée 236/2000 *Curtis Francis Doebbler contre Soudan*, 16ème rapport d'activités de la Commission, p. 51.

Dans la décision portant sur la communication précitée 249/2002 *Institut pour les Droits Humains et le Développement en Afrique pour le compte des refugiés sierra-léonais en Guinée* contre la République de Guinée, la Commission africaine a retenu la violation des articles 2, 4, 5, 12 (5) et 14 de la Charte africaine des droits de l'homme et des peuples et de l'article 4 de la Convention de l'OUA régissant les aspects propres des refugiés en Afrique de 1969.

Le dispositif de la décision a été libellé comme suit : « Recommande qu'une Commission conjointe entre les gouvernements de la Sierra Leone et de la Guinée soit mise en place *pour évaluer les pertes subies par les diverses victimes en vue de les indemniser* ».

Dans la décision portant sur la communication interétatique précitée 227/99-*République Démocratique du Congo contre le Burundi, Rwanda et Ouganda*, la Commission africaine a retenu la violation par les Etats défendeurs des articles 2, 4, 5, 12 (1) et (2), 14, 16, 17, 18 (1) et (3), 19, 20, 21, 22 et 23 de la Charte africaine des droits de l'homme et des peuples et a déclaré dans le dispositif de sa décision « *Recommande des indemnisations adéquates et de manière appropriée à l'Etat plaignant* et dans l'intérêt des victimes de violations des droits de l'homme par les forces armées des Etats défendeurs… ».

Dans la décision portant sur la communication précitée 275/2003 *Article 19 contre Etat d'Erythrée*, la Commission africaine a retenu la violation des articles 5, 6, 7(1), 9 et 18 par le Gouvernement défendeur et a déclaré qu'elle « Recommande que le gouvernement érythréen prenne les mesures appropriées *pour garantir le payement de l'indemnisation des détenus* ».

À la lecture de ces différentes formulations utilisées dans les décisions de la Commission pour reconnaître le droit à l'indemnisation au profit des victimes : *dédommager ces victimes, donner une compensation appropriée, s'assurer qu'une compensation adéquate soit versée aux victimes (…) de même qu'une assistance pour la réinstallation des victimes, indemniser les victimes comme il se doit, prendre des mesures appropriées pour assurer la compensation des victimes*, il apparaît que la Commission se borne simplement à recommander à l'Etat responsable d'octroyer une indemnité sans jamais en fixer elle-même le montant ou les modalités.

Dans ces conditions, on peut adresser divers reproches à la Commission africaine:

a) Une confusion entre la restitution et l'indemnisation

La nature des manquements en cause joue un rôle dans le choix des modalités de réparation. A cet égard, la Commission africaine ne cherche pas à déterminer, dans chaque cas, la meilleure forme de réparation possible. Elle s'abstient de faire un choix entre la restitution et l'indemnisation et d'indiquer la priorité entre ces deux formes de réparation.

Le droit de la responsabilité internationale fait de la restitution une option prioritaire.

En effet, selon l'article 35 du projet d'articles de la Commission du droit international sur la responsabilité des Etats, « La réparation intégrale du préjudice causé par le fait internationalement illicite prend la forme de restitution, d'indemnisation et de satisfaction, de manière unique et combinée… ». Lors de la seconde lecture du projet, ce principe bien établi a été discuté mais n'a pas été remis en cause, la restitution demeure la première forme de réparation ; l'indemnisation n'intervient que si la restitution est impossible ou insuffisante[484].

Cette priorité de la restitution sur l'indemnisation est admise de longue date dans la jurisprudence internationale. La Cour permanente de justice internationale l'a admise depuis longtemps dans l'affaire relative à *l'Usine de Chorzów* :

« La réparation doit, autant que possible, effacer toutes les conséquences de l'acte illicite et rétablir l'état qui aurait vraisemblablement existé si ledit acte n'avait pas été commis. Restitution en nature, ou, si elle n'est pas possible, paiement d'une somme correspondant à la valeur qu'aurait la restitution en nature; allocation s'il y a lieu de dommages et intérêts pour les pertes subies et qui ne seraient pas couvertes par la restitution en nature ou le paiement qui en prend place; tels sont les principes desquels doit s'inspirer la détermination du montant de l'indemnité due à cause d'un fait contraire au droit international »[485].

[484] CRAWFORD, J., BODEAU, P., PEEL, J., *La seconde lecture du projet d'articles sur la responsabilité des Etats par la Commission du droit international,* 2000, p. 922.

[485] C.P.J.I., arrêt précité du 13 septembre 1928, Recueil des arrêts, Série A n° 17, p. 47.

Cette position de principe a été adoptée par la jurisprudence tant de la Cour européenne des droits de l'homme que de la Cour interaméricaine des droits de l'homme.

Dans le système européen, la remise des choses dans leur *pristin* état ou *restitutio in integrum* constitue, de longue date, le premier mode de réparation, l'octroi d'une réparation par équivalent par la Cour n'intervenant qu'en cas d'impossibilité d'une *restitutio in integrum*, impossibilité résultant de l'état du droit interne de l'Etat défendeur ou de la nature même de la lésion[486]. Il en est de même dans l'arrêt *Papamichapoulos et autres contre Grèce* dans lequel la Cour européenne des droits de l'homme reprend exactement le *dictum* de la Cour permanente de justice internationale « un arrêt constatant une violation entraîne pour l'Etat défendeur l'obligation juridique au regard de la Convention de mettre un terme à la violation et d'en effacer les conséquences de manière à rétablir autant que faire se peut la situation antérieure à celle-ci »[487].

Dans le système américain, la Cour a déclaré que la *restitutio in integrum* constitue un mode de réparation parmi d'autres, étant donné qu'il peut s'avérer impossible, insuffisant ou inapproprié. En pratique toutefois, la solution est proche de celle que retient la Cour européenne des droits de l'homme ou la Cour permanente de justice internationale : la Cour interaméricaine n'opte pour la réparation par équivalent qu'après s'être assurée que la *restitutio in integrum* s'avère impossible[488].

En matière de réparation des violations des droits de l'homme, la distinction de la *restitutio in integrum* et de l'indemnisation ainsi que la priorité du premier mode sur le second est profondément ancrée en droit international général et dans la jurisprudence internationale mais fait profondément défaut dans la jurisprudence de la Commission africaine des droits de l'homme et des peuples. La Commission africaine devrait rejoindre les tendances internationales en ce domaine et prendre le soin de distinguer clairement, dans ses décisions, les deux modes de réparation.

486 Notamment dans l'arrêt précité : Cour eur. dr. h., arrêt *De Wilde, Ooms et Versyp c. Belgique*, 10 mars 1972, § 20.

487 Cour eur. dr. h., arrêt précité *Papamichapoulos et autres c. Grèce*, 31 octobre 1995, §§ 34 - 38.

488 Notamment dans l'arrêt précité, Cour interam. dr. h., arrêt *Velasquez Rodriguez c. Honduras*, 29 juillet 1988, § 189.

b) Une détermination imprécise des titulaires du droit à la réparation

Dans toutes les décisions qui ont servi de base à notre analyse, la Commission africaine emploie les termes « indemniser les victimes » sans aucune autre précision sur la portée de la notion de victime au sens de la Commission africaine des droits de l'homme et des peuples. Ce faisant, elle laisse dans l'ombre plusieurs aspects liés à la notion de victime d'après les tendances internationales en matière de droits de l'homme.

1° : l'existence d'un véritable droit subjectif en faveur de la partie lésée

La Charte africaine des droits de l'homme et des peuples ne contient pas de disposition précise établissant l'existence d'un véritable droit subjectif, en faveur de la partie lésée ou de ses ayants droit, d'exiger la réparation en cas d'atteinte à un droit reconnu dans la Charte.

Une telle approche subjective fait également défaut dans la jurisprudence de la Commission africaine des droits de l'homme qui ne s'est pas encore prononcée, jusqu'à présent, sur cette question.

Il en va différemment dans les autres systèmes, notamment dans le système américain dans lequel le juge interaméricain brille par sa clarté.

Dans ce système, le juge estime que la deuxième phrase de l'article 63§ 1er reconnaît en faveur de l'individu, la victime elle-même ou ses ayants droit, un véritable droit subjectif.

Depuis l'affaire *Velasquez Rodriguez contre Honduras*[489] et dans l'affaire *Garrido et Baigorria contre Argentine*[490], la Cour interaméricaine précise bien que, contrairement à l'obligation de protection de l'Etat qui ne confère aucun droit à la victime, la réparation est en revanche un droit auquel son titulaire peut renoncer.

---

[489] Cour interam. dr. h., arrêt précité *Velasquez Rodriguez c. Honduras*, 29 juin 1989, Série C, n° 7, § 26.
[490] Cour interam. dr. h., arrêt *Garrido et Baigorria c. Argentine*, 27 août 1998, Série C n° 39, § 72.

2° : la transmissibilité du dommage

Dans les différentes communications au sujet desquelles la Commission africaine a retenu la violation du droit à la vie notamment dans les cas de décès ou de disparitions des personnes, la Commission africaine n'a jamais voulu se prononcer sur la transmissibilité de l'indemnisation aux héritiers, ayants droit ou proches de la victime.

Pourtant, la transmissibilité des préjudices est largement reconnue dans les jurisprudences du Comité de New- York que de la Cour européenne des droits de l'homme et de la Cour interaméricaine des droits de l'homme.

Dans le système européen, le juge reconnaît la pleine transmissibilité des préjudices économiques (dommage matériel) et non économiques (dommage moral) en cas de décès du requérant initial avant ou au cours de la procédure internationale[491].

Dans le système américain, le principe de la pleine transmissibilité des préjudices aux héritiers est admis, cette notion d'héritier étant même entendue de manière autonome par rapport au droit interne.

Ainsi, dans l'affaire *Aloeboetoe et autres contre Surinam*[492], la Cour interaméricaine n'a pas utilisé la notion juridique de la famille et d'héritiers de la victime, en vigueur dans l'Etat défendeur, mais s'est appuyée sur la définition de la famille retenue dans la tribu d'où était issue la victime directe qui admet notamment la polygamie.

De même dans l'arrêt *Garrido et Baigorria contre Argentine*[493], elle a désigné les enfants naturels de la victime comme héritiers de cette dernière.

---

[491] Notamment dans les arrêts suivants :
- Cour eur. dr. h., arrêt *X … c. France,* 31 mars 1992, § 54.
- Cour eur. dr., arrêt précité *Ahmet Sadik c. Grèce,* 15 novembre 1966, § 26.
- Cour eur. dr. h., arrêt *Dalban c. Roumanie,* 28 septembre 1999, § 59.

[492] Cour interam. dr. h., arrêt *Aloeboetoe et autres c. Surinam,* , 10 septembre 1993, Série C n° 15, §§ 54 - 66.

[493] Cour interam. dr. h, *arrêt précité Garrido et Baigorria c. Argentine,* 27 août 1998, Série C n° 39, § 55.

Dans cette affaire, elle a estimé qu'en vertu du principe coutumier selon lequel *no particular formalities are required to make an act valid…*, les enfants naturels de la victime sont ses héritiers même en absence d'un acte juridique interne de reconnaissance.

La Cour interaméricaine est allée même plus loin en mettant à charge de l'Etat l'obligation de rechercher toutes les personnes victimes ou proches de la victime, qui pourraient être bénéficiaires de la réparation accordée[494].

Dans le système onusien, la pratique du Comité des droits de l'homme à cet égard n'est pas toujours cohérente. D'après la Rapporteur Spécial de la Sous-Commission des Nations Unies[495], il n'est pas facile de déterminer si, en cas de décès ou de disparition d'une personne, le droit à la réparation des membres de la famille porte sur leur dommage ou sur celui qu'a subi la victime elle-même. Dans les constatations sur les communications n° 146/1983 et 148 à 154/1983, *Baboeram Adhim et autres c. Surinam*, du 4 avril 1985, le Comité a demandé sans autre précision qu'une indemnité soit versée aux familles survivantes.

c) Un défaut de fixation des préjudices indemnisables

La Commission africaine des droits de l'homme et des peuples, à l'instar du Comité des droits de l'homme dans le cadre du Pacte international relatif aux droits civils et politiques, met à charge de l'Etat contre lequel une violation des droits de l'homme a été établie, l'obligation d'indemniser les victimes, sans aucune autre précision. Elle n'indique ni le montant de l'indemnité ni les principes qui doivent être respectés pour la fixation du montant de l'indemnisation tant du dommage matériel que du dommage moral.

1° : L'évaluation du dommage matériel

Dans la jurisprudence internationale, et plus particulièrement dans la jurisprudence de la Cour européenne des droits de l'homme ou de la Cour interaméricaine des droits de l'homme, l'évaluation du dommage matériel couvre les préjudices suivants :

---

[494] Cour interam. dr. h., arrêt *Barrios Altos c. Pérou*, 30 novembre 2001, Série C n° 87, § 31.

[495] Rapport final du Rapporteur spécial de la sous- Commission des Nations Unies : E / CN 4 / Sub. 2 / 1993/ 8, 2 juillet 1983, § 57.

- Le *damnum emergens*, c'est-à-dire la perte matérielle subie ou les conséquences patrimoniales qui résultent de la commission d'un fait internationalement illicite.
- Le *lucrum cessans*, c'est-à-dire le gain manqué, la perte de revenus présents et futurs qui se réalise lorsque la violation commise a engendré un préjudice corporel rendant la victime handicapée ou ayant entraîné sa mort. La Cour interaméricaine des droits de l'homme, de même que la Cour européenne des droits de l'homme[496], ont déjà fixé les règles de calcul non seulement lorsque la victime a subi un préjudice corporel ayant pour effet de la rendre infirme mais aussi lorsque le préjudice corporel a entraîné sa mort. Dans le premier cas, la perte économique subie doit être calculée en fonction des gains que la victime aurait obtenus en travaillant, rapportés à l'espérance de vie moyenne de la population de l'Etat défendeur[497]. Dans le deuxième cas, on estime que la mort ou la disparition d'une personne qui avait à sa charge des enfants ou des parents, fait naître pour ces derniers, une perte de gains qui ouvre droit à une indemnisation. C'est ainsi que dans l'affaire *Aloeboetoe contre Surinam*, la Cour interaméricaine a ordonné à l'Etat défendeur, à titre de réparation la constitution d'un fonds d'indemnisation au profit des enfants des victimes décédées, fonds dont le montant a été calculé par rapport au salaire que les victimes auraient dû percevoir jusqu'à leur retraite, en tenant compte du taux national de l'inflation et en actualisant les salaires en fonction du taux d'intérêts en vigueur dans l'Etat défendeur[498].
- Les frais et dépens, c'est-à-dire les dépenses engagées dans le cadre des procédures judiciaires internes ou internationales dans le but de faire constater la violation. Les organes européen[499] et américain[500] de contrôle se rejoignent également sur la prise en compte des

---

[496] Dans le cadre européen, voy. notamment les arrêts :
- Cour eur. dr. h., arrêt *Stran et Stratis Anderadis c. Grèce*, 9 décembre 1994, Série A n° 301-B, § 82.
- Cour eur. dr. h., arrêt *Guillemin c. France*, 2 septembre 1998, § 24.

[497] La Cour interaméricaine a décidé ainsi dans l'arrêt *Godinez Cruz contre Honduras*, 21 juillet 1989, Série C, n° 8, § 45.

[498] Voy. les arrêts :-Cour interam. dr. h., arrêt précité *Aloeboetoe et autres c. Surinam*, 1er septembre 1993, Série C, n° 15, §§ 85 et s., - Cour interam. dr. h., arrêt *Caballero Delgado et Santana c. Colombie*, 29 janvier 1997, Série C, n° 31, §§ 39- 40.

[499] Voy. notamment l'arrêt : Cour eur. dr. h., arrêt *Zimmermann et Steiner c. suisse*, 13 juillet 1983, § 36.

[500] Voir notamment l'arrêt précité: Cour interam. dr. h., arrêt *Caballero Delgado et Santana contre Colombie*, 29 janvier 1997, Série C, n° 31, § 47.

frais et dépens dans l'évaluation du dommage. Les frais et dépens doivent être distingués du *damnum emergens* ou perte matérielle subie. Ces derniers couvrent toutes les conséquences matérielles que la violation engendre dans le patrimoine de la victime tandis que les frais et dépens couvrent les dépenses que les requérants ont encourues dans l'ordre juridique interne afin de prévenir ou de faire corriger une violation, ou par la suite devant l'organe international de contrôle pour la faire constater.

2° : L'indemnisation des préjudices non-économiques : la réparation du tort moral

Au sens étroit et inhérent à la personne humaine, le dommage moral couvre la souffrance et l'angoisse ressenties par la famille d'une personne disparue ou détenue au secret. La souffrance et l'angoisse ressenties par la personne physique elle-même ne sont pas reprises parmi les préjudices indemnisables.

La jurisprudence de la Cour européenne des droits de l'homme et celle de la Cour interaméricaine des droits de l'homme se rejoignent à ce sujet, mais dans l'affaire *Loayza Tamayo contre Pérou*[501], le juge interaméricain est allé plus loin que son homologue européen. Dans cette affaire, le juge interaméricain a admis que l'atteinte au « plan de vie » (*life plan*) de la victime ouvre un droit à la réparation. Il a admis que la victime qui avait repris des études avant sa détention illégale a été contrainte de les abandonner, ce qui l'a empêché de poursuivre la carrière qu'elle s'était choisie et, par là, d'assurer son développement personnel et intellectuel.

Lorsque la Commission africaine des droits de l'homme et des peuples ne se prononce pas sur le montant de l'indemnité, c'est qu'elle laisse aux Etats parties le soin de le déterminer. Si une telle attitude est conforme à la *ratio* de la subsidiarité du contrôle judiciaire international, la Commission africaine devrait prendre le soin de vérifier que l'évaluation du montant du dommage par les juridictions internes ne soit amputée d'aucun élément qui situerait le montant de la réparation à un niveau inférieur à ce qu'exige une réparation intégrale selon les tendances internationales et jurisprudentielles dominantes.

[501] Cour interam. dr. h., arrêt précité *Loayza Tamayo c. Pérou*, 27 novembre 1998, Série C n° 42, §§ 144, 147, 151 et 152.

L'évaluation du montant du dommage devrait comprendre les préjudices matériel et moral tels qu'ils sont reconnus dans les autres systèmes régionaux de protection des droits de l'homme.

d) Absence d'une protection interne de l'indemnisation

Contrairement à ce que l'on peut constater dans la jurisprudence des autres organes régionaux de protection des droits de l'homme, la Commission africaine des droits de l'homme et des peuples garde silence sur la sauvegarde des intérêts financiers de la victime. Pourtant, si aucune mesure n'est prise, les conséquences monétaires de la violation risquent d'appauvrir la victime, ce qui irait à l'encontre de ce qu'exige le principe de la réparation intégrale.

Pour éviter ce risque, la Commission africaine devrait se prononcer, dans sa jurisprudence, sur les garanties suivantes :

- l'immunité fiscale interne de l'indemnisation internationale;
- l'insaisissabilité de l'indemnisation internationale;
- l'allocation des intérêts moratoires;
- l'utilisation d'une monnaie de référence.

1° : L'immunité fiscale de l'indemnisation internationale

Le dispositif d'une décision de la Commission africaine peut reconnaître un droit à l'indemnisation au profit de la victime d'une violation mais dans tous les cas où elle a prononcé une telle mesure, elle n'a pas voulu trancher la question de savoir si, oui ou non, l'indemnité sera soumise à la fiscalité de l'Etat défendeur.

Sur cette question, les juges européen et américain ont adopté des positions proches mais celle du second brille par sa clarté.

En effet, en s'appuyant sur le principe de la réparation internationale déjà ancré en droit international général et dans la jurisprudence internationale, le juge interaméricain considère que les sommes perçues au titre de l'indemnisation internationale bénéficient d'une véritable immunité fiscale[502].

[502] Cour interam. dr. h., arrêt *Suarez Rosero c. Équateur*, 29 mai 1999, Série C n° 51, §§ 10, 11, 28, 29, 32, 40.

L'Etat défendeur ne peut appliquer ses mesures fiscales ni aux sommes perçues au titre de réparation du dommage matériel, ni au remboursement des frais et dépens qui entrent dans le champ du droit à la réparation.

Le juge européen ne s'est pas encore prononcé clairement sur cette question mais sa position se rapproche de celle du juge interaméricain dans la mesure où lorsqu'il alloue les frais et dépens, il y ajoute « toute taxe éventuellement due »[503]. Le juge européen ne le fait pas d'office mais uniquement sur la demande des conseils des requérants.

La Commission africaine devrait adopter cette position de principe afin d'éviter que le montant de la réparation soit situé à un niveau inférieur à ce qu'exige la réparation intégrale.

2° : L'insaisissabilité de l'indemnisation

Un autre point sur lequel la Commission africaine a gardé silence est la possibilité pour les créanciers de la victime (autorité nationale ou un tiers) de saisir les sommes octroyées au requérant au titre de l'indemnisation internationale. La jurisprudence européenne et américaine manifeste une tendance en faveur de l'insaisissabilité de la somme allouée au titre de l'indemnisation, qui devrait inspirer la Commission africaine.

En effet, dans le cadre européen, la Cour européenne des droits de l'homme a indiqué sa position sur cette question dans l'arrêt *Selmouni contre France* dans les termes suivants : « La Cour estime que l'indemnité fixée par application des dispositions de l'article 41 et due en vertu d'un arrêt de la Cour devrait être insaisissable. Il semble quelque peu surprenant d'accorder au requérant une somme à titre de réparation, en raison notamment des mauvais traitements ayant entraîné une violation des dispositions de l'article 3 de la Convention, ainsi que pour couvrir les frais et dépens occasionnés pour aboutir à ce constat, un montant dont l'Etat lui-même serait ensuite débiteur et bénéficiaire. Quand bien même les sommes en jeu seraient-elles d'une nature différente, la Cour estime que la réparation du préjudice serait certainement détournée de sa vocation, et le système de l'article 41 perverti, si l'on pouvait se satisfaire d'une telle situation.

---

[503] Cour eur. dr. h., arrêt *Kurt c. Turquie*, 25 mai 1998, § 179.

Cependant, la Cour n'a pas compétence pour satisfaire à une telle demande

(Voir notamment les arrêts *Philis contre Grèce* du 27 août 1991, § 79; *Allenet de Libemont contre France* du 7 août 1996, §§ 18 et 19). En conséquence, elle ne peut que s'en remettre à la sagesse des autorités françaises sur ce point »[504].

La position du juge interaméricain est plus pointue à ce sujet dans la mesure où elle va jusqu'à donner des injonctions précises à l'Etat défendeur.

Ainsi, dans les affaires honduriennes des disparitions forcées, la Cour ne s'est pas contentée d'ordonner le payement, elle a en outre exigé que les sommes octroyées aux enfants des victimes soient placées sur un compte bloqué à la Banque centrale du Honduras et soient gérées en bon père de famille par un fidéicommis, lequel serait tenu, par des placements judicieux, de maintenir et même d'accroître le pouvoir d'achat de la somme allouée par la Cour[505].

La Cour interaméricaine a affiné cette jurisprudence dans l'affaire *Aloeboetoe contre Surinam.* Dans cette affaire, elle a prescrit au Surinam d'établir deux trusts, l'un au profit des adultes, l'autre au profit des enfants bénéficiaires d'indemnités. Par ailleurs, la Cour a ordonné la création d'une fondation dont elle a fixé la composition, à titre de trustee, afin que les bénéficiaires retirent le meilleur rendement et fassent le meilleur usage possible des sommes octroyées.

Enfin, le Surinam a dû contribuer aux frais de constitution de ladite fondation, et s'est vu interdire d'entraver ses activités de quelque manière que ce soit[506].

3° : L'allocation d'intérêts moratoires

Tous les organes internationaux de protection des droits de l'homme, à l'exception de la Commission africaine des droits de l'homme et des peuples, fixent dans leurs décisions, un délai de versement des sommes allouées au titre de l'indemnisation internationale. En cas de non-respect de ce délai commencent à courir les intérêts moratoires. Dans une seule décision, la

---

504 Cour eur. dr. h., arrêt précité *Selmouni c. France*, 28 juillet 1999, § 133.

505 Cour interam. dr. h., arrêt *Velasquez Rodriguez contre Honduras*, 17 août 1990 (interprétation de l'arrêt du 21 juillet 1989 fixant les indemnités compensatoires), . 1992 et s., § 31.

506 Cour interam. dr., arrêt précité *Aloeboetoe et autres c. Surinam*, 1er septembre 1993, Série C, n° 15, §§ 99-108.

Commission africaine est sortie de sa réserve : dans la communication *Lawyers for Human Rights contre Swaziland*[507], elle a exigé que l'Etat défendeur l'informe dans les six mois des mesures prises pour assurer le respect de ses recommandations. Cette décision présente un intérêt limité pour la matière qui nous concerne, dans la mesure où la décision de la Commission n'avait pas de caractère indemnitaire.

L'octroi des intérêts moratoires constitue non seulement un moyen de pression en vue d'une meilleure exécution des décisions rendues mais aussi il permet une actualisation du préjudice indemnitaire. Il prévient les risques que la dépréciation monétaire fait courir aux victimes, en particulier lorsque le payement est libellé dans une monnaie sujette à érosion rapide.

Au niveau universel, le Comité des droits de l'homme des Nations Unies qui, à l'instar de la Commission africaine, est un organe non juridictionnel, demande systématiquement à l'Etat en cause de l'informer dans les 90 jours des mesures prises pour donner effet à ses constatations[508].

En droit européen, il est désormais clairement établi dans la jurisprudence que seul le versement des intérêts moratoires peut permettre une réparation complète, faute de quoi il subsiste un dommage matériel résiduel indemnisable[509]. Le requérant devient créancier des intérêts moratoires non pas à partir du prononcé de l'arrêt de la Cour mais « trois mois à compter du jour où l'arrêt est devenu définitif conformément à l'article 44, §2 de la Convention »[510], délai accordé à l'Etat pour s'en acquitter. C'est au-delà de ce délai que les intérêts deviennent exigibles. Le taux d'intérêt légal retenu est « le taux d'intérêt de la facilité de prêt marginal de la Banque centrale européenne majoré de trois points de pourcentage »[511].

---

[507] Communication précité 251/2002, *Lawyers for Human Rights c. Royaume du Swaziland*, 18ème rapport d'activités de la Commission, p. 36

[508] Rapport du Comité des droits de l'homme, Vol. I., A/49/40, chap. VIII.

[509] Cour eur. dr. h., arrêt *Schuler- Zraggen c. Suisse*, 31 mai 1995, § 15.

[510] Cette disposition indique que l'arrêt de la Cour devient définitif :

- a) lorsque les parties déclarent qu'elles ne demanderont pas le renvoi de l'affaire devant la Grande Chambre; où
- b) trois mois après la date de l'arrêt, si le renvoi de l'affaire devant la Grande Chambre n'a pas été demandé; où
- c) lorsque le collège de la Grande Chambre rejette la demande de renvoi formulé en application de l'article 43.

[511] Cour eur. dr. h., arrêt *Christine Godwin c. Royaume Uni*, 11 juillet 2002, ¬§ 123. ¬

En droit américain, les intérêts sont dus à compter du prononcé de l'arrêt jusqu'au versement effectif des sommes allouées[512]. Le taux d'intérêt applicable est le taux légal en vigueur dans chaque Etat.

L'octroi des intérêts moratoires constitue une contribution et un sujet de réconfort de première importance pour les victimes des violations des droits garantis par la Charte, en particulier pour celles qui ont été touchées dans les intérêts patrimoniaux et financiers très importants. La Commission africaine devrait amorcer une politique jurisprudentielle favorable à l'intégration des intérêts de retard dans les indemnisations qu'elle prononce dans ses décisions. Elle devrait assortir ses recommandations d'un délai de payement des indemnités, donnant ainsi la possibilité aux requérants de demander à la Commission l'octroi d'intérêts moratoires en cas de dépassement de ce délai et jusqu'au payement effectif. Cette proposition serait entre autres un puissant moyen de pression pour amener les Etats à respecter les décisions rendues dans les litiges auxquels ils sont parties.

4° : L'utilisation d'une monnaie de référence

Une autre question au sujet de laquelle la Commission africaine ne s'est jamais prononcée concerne la monnaie dans laquelle doit être libellée l'indemnisation accordée en cas de violation des dispositions de la Charte africaine. C'est une question importante car elle tend vers la prise en compte de la situation économique locale dans la détermination du montant de l'indemnité et tend à la préservation de la valeur des indemnisations.

Les autres systèmes régionaux de protection des droits de l'homme se sont déjà prononcés à ce sujet.

Dans le système américain, la Cour interaméricaine laisse parfois à l'Etat le choix de la monnaie dans laquelle doit être libellée l'indemnisation, soit la monnaie nationale, soit le dollar américain, mais elle a également indiqué la préférence pour ce dernier[513].

Dans le système européen, toute somme allouée à titre de satisfaction équitable est calculée en euros, mais les arrêts de la Cour disposent que ces

---

[512] Cour interam. dr. h., arrêt précité *Loayza Tamayo c. Pérou*, 27 novembre 1998, Série C n° 42, § 181.
[513] Cour interam. dr. h., arrêt précité *Loayza Tamayo c. Pérou*, 27 novembre 1998, Série C n° 42, § 127.

sommes doivent être converties dans la monnaie de la partie défenderesse au taux applicable à la date de l'arrêt et versées sur les comptes bancaires des requérants. Si le requérant ne réside pas sur le territoire de la partie contractante défenderesse, la Cour européenne des droits de l'homme peut, à la demande du requérant, ordonner que la somme soit convertie dans la monnaie du pays où celui-ci réside et versée sur son compte bancaire dans ce pays[514].

Afin de préserver la valeur des indemnisations qu'elle accorde, surtout dans les pays africains où les monnaies nationales sont sujettes à des fluctuations permanentes, la Commission africaine devrait prendre position et rejoindre cette pratique jurisprudentielle en la matière.

2. Les réparations à caractère non indemnitaire

À l'instar des réparations pécuniaires, les condamnations non pécuniaires que la Commission africaine prononce à la suite des constats des violations des dispositions de la Charte ne sont pas d'une grande lisibilité.

Pour une bonne compréhension des enjeux que posent les réparations non pécuniaires dans le système de la Charte africaine, il est utile de distinguer les situations suivantes :

1° : Dans certaines décisions, le dispositif n'indique pas clairement la mesure que l'Etat défendeur doit adopter pour se conformer à la décision de la Commission. Dans ce cadre, certaines formules utilisées dans les décisions de la Commission peuvent constituer des témoignages éloquents :

- « S'agissant des réparations pour préjudices subis, elle (la Commission) exhorte le gouvernement angolais et les requérants *à tirer toutes les conséquences de droit résultant de la présente décision* »[515]. Cette formulation a été utilisée après un constat de violation portant sur l'article 2 (droit de ne pas être discriminé);

[514] La Cour européenne des droits de l'homme a décidé ainsi, notamment dans l'arrêt *Süheyla Aydin c. Turquie*, 24 mai 2005, § 228.

[515] Cette formule a été utilisée dans la communication précitée 159/96 *Union Interafricaine des Droits de l'Homme, Rencontre Africaine des Droits de l'Homme, Organisation Nationale des Droits de l'Homme au Sénégal et Association Malienne des Droits de l'Homme contre Angola*, 11ème rapport d'activités de la Commission.

article 7 alinéa 1 a (droit à un procès équitable : le droit de saisir les juridictions nationales compétentes); article 12 alinéa 4 et 5 (Liberté de circulation, y compris le droit de quitter et de revenir dans son pays et le droit de rechercher et d'obtenir asile en territoire étranger en cas de persécution); article 14 (droit de propriété) et article 18 (droit de la famille à la protection et à l'assistance de l'Etat).

- « Recommande instamment au gouvernement *de prendre les dispositions nécessaires en vue de se conformer aux obligations du Nigeria découlant de la Charte* »[516]. Cette formulation faisait suite à la violation établie par la Commission africaine des dispositions suivantes de la Charte : article 5 (droit inhérent à la dignité et la protection contre l'exploitation, l'esclavage et la traite des personnes; protection contre la torture, les peines et traitements cruels, inhumains ou dégradants); article 6 (droit à la liberté et à la sécurité de sa personne); article 7. 1. a (droit à un procès équitable); article 9. 1&2 (droit de recevoir l'information et la liberté d'expression) et article 14 (droit de propriété). Cette même formulation a été utilisée dans la communication *Ka Zeem Aminu contre Nigeria*[517] après que la Commission africaine a établi la violation des articles 3. 2 (égalité devant la loi); 4 (droit à la vie); 5 (droit inhérent à la dignité et à la protection contre l'exploitation, l'esclavage et la traite des personnes; protection contre la torture, les peines et traitements cruels, inhumains ou dégradants); 6 (droit à la liberté et à la sécurité de sa personne) et 10. 1 (liberté d'association).
- « Recommande instamment au gouvernement du Nigeria de *prendre les dispositions nécessaires pour aider les personnes mises aux arrêts au moment de l'annulation des résultats des élections* »[518].

Cette recommandation faisait suite au constat de violation par l'Etat du Nigeria des dispositions suivantes de la Charte : article 13. 1 (droit de participer à la direction des affaires publiques de son pays); article 6 (droit à la liberté et à la sécurité de sa personne) et article 9 (droit de recevoir l'information et la liberté d'expression).

---

[516] Communications précitées 140/ 94 et 145/ 95 *Constitutional Rights Project, Civil Liberties Organisation et Media Rights Agenda contre Nigeria*, 13ème rapport d'activités de la Commission.

[517] Communication précitée 205/97 Ka *Zeem Aminu c. Nigeria*, 13ème rapport d'activités de la Commission.

[518] Communication précitée 102/93 *Constitutional Rights Project et Civil Liberties Organisation contre Nigeria*, 12ème rapport d'activités de la Commission, p. 54.

Il découle de ces différentes formulations que les décisions de la Commission africaine ne comportent pas dans tous les cas l'indication des mesures dont l'adoption s'impose en vertu de la Charte, à la suite d'une décision de condamnation de l'Etat. Dans ces circonstances, un Etat peut être tenté d'interpréter la condamnation dont il fait l'objet comme n'appelant de sa part aucune mesure structurelle de remédiation, comme par exemple une obligation d'adopter les mesures générales dépassant le seul cas ponctuel dont la violation a été établie.

Pour éviter une telle interprétation et surtout pour empêcher les Etats de se réfugier derrière cette imprécision et ne pas exécuter les décisions, la Commission africaine devrait prendre le soin d'indiquer de manière pointue les mesures propres à remédier aux violations constatées.

2° : Il arrive fréquemment que la Commission africaine retienne la violation de plusieurs dispositions de la Charte et se contente d'indiquer simplement dans ses décisions, sans aucune autre précision supplémentaire, que le gouvernement défendeur doit rendre sa législation conforme à la Charte.

Dans ce contexte, les termes utilisés par la Commission africaine pour traduire une telle recommandation peuvent varier mais traduisent au fond une même signification :

- « Demande instamment au gouvernement .... *de prendre les dispositions nécessaires pour rendre sa législation conforme à la Charte* »[519].
  La formulation a été utilisée après qu'a été retenue une violation des articles 6 (droit à la liberté et à la sécurité de sa personne); 9. 1 & 2 (droit de recevoir l'information et liberté d'expression); 7. 1 & 2 (droit à un procès équitable); 14 (droit de propriété) et 16 (droit à la bonne santé physique et mentale).
- « Recommande instamment au gouvernement... *d'adopter des lois qui sont en conformité avec les dispositions de la Charte* »[520].

---

[519] Communications précitées 105/93, 128/94, 130/94 et 152/96 *Media Rights Agenda and Constitutional Rights Project c. Nigeria*, 12ème rapport d'activités de la Commission, p. 66.
[520] Communications précitées 143/95 et 150/96 *Constitutional Rights Project et Civils Liberties Organisation c. Nigeria*, 13ème rapport d'activités de la Commission, p. 66.

Cette recommandation faisait suite à la violation, par l'Etat défendeur, de l'article 5 (droit inhérent à la dignité et la protection contre l'exploitation, l'esclavage et la traite des personnes; protection contre la torture, les peines et les traitements cruels, inhumains ou dégradants); article 6 (droit à la liberté et à la sécurité de sa personne); article 7. 1 a, c & d (droit à un procès équitable); article 18 (droit de la famille à la protection et à l'assistance de l'Etat, le droit des personnes âgées ou handicapées à des mesures spécifiques de protection et la protection des droits de la femme et de l'enfant) et article 26 (obligation pour les Etats de garantir l'indépendance des tribunaux et de permettre l'établissement et le perfectionnement des institutions nationales appropriées chargées de la promotion et de la protection des droits et des libertés garantis par la Charte).

- « Recommande instamment au gouvernement... *de faire concorder sa législation nationale avec les dispositions de la Charte africaine* »[521].

Cette recommandation fait suite à la violation par l'Etat défendeur de onze dispositions de la Charte : article 1 (engagement général des Etats parties de reconnaître les droits et les libertés contenus dans la Charte africaine et de prendre des mesures législatives ou autres pour les appliquer); article 2 (droit de ne pas être discriminé); article 6 (droit à la liberté et à la sécurité de sa personne), article 7. 1 d) & 7. 2 (droit à un procès équitable); article 9. 1&2 (droit de recevoir l'information et la liberté d'expression); article 10. 1(liberté d'association); article 11 (liberté de réunion); 12. 1&2 (liberté de circulation y compris le droit de quitter et de revenir dans son pays et le droit de rechercher et d'obtenir en territoire étranger en cas de persécution); article 13. 1 (le droit de participer à la direction des affaires publiques de son pays et le droit d'égal accès aux services publics); article 20. 1 (droit des peuples à l'existence, à l'autodétermination); et article 26 (obligation pour les Etats de garantir l'indépendance des tribunaux et de permettre l'établissement et le perfectionnement des institutions nationales appropriées chargées de la promotion et de la protection des droits et libertés garantis par la Charte).

[521] Communication précitée 147/ 95 et 149/96 *Sir Dawda K. Jawara c. Gambie*, 13ème rapport d'activités de la Commission, p. 106.

- « Recommande au gouvernement... *de conformer sa législation à la Charte* »[522]. Cette recommandation faisait suite à la violation par l'Etat défendeur des articles 4 (droit à la vie) et 7. 1. a (droit de saisir le juge) de la Charte.
- « Lance un appel au gouvernement...*pour conformer sa législation aux engagements auxquels il a souscrit en vertu de la Charte* »[523]. Cette recommandation faisait suite à la violation de l'article 7 (droit à un procès équitable).
- « Exhorte le gouvernement...*à conformer sa législation à celle de la Charte africaine* »[524].

  Cette recommandation faisait suite à la violation des articles 5 (droit inhérent à la dignité et à la protection contre l'exploitation, l'esclavage et la traite des personnes; protection contre la torture, les peines et les traitements inhumains ou dégradants); 6 (droit à la liberté et à la sécurité de sa personne); et 7. 1 (droit à un procès équitable) de la Charte africaine.

Il résulte de ces différentes formulations que la Commission africaine recommande à l'Etat dont la violation a été établie, de rendre sa législation conforme à la Charte sans aucune autre précision supplémentaire portant notamment sut tel ou tel autre droit consacré dans la Charte ou sur la source directe de la violation. Eu égard à la source directe de la violation, deux hypothèses peuvent se présenter :

- la source directe de la violation peut résulter d'une réglementation générale notamment une législation en vigueur dans l'ordre juridique de l'Etat considéré, en raison soit des dispositions que cette règlementation générale édicte, soit des lacunes qu'elle comporte ou de son défaut de précision.
- La violation peut aussi prendre sa source non pas dans cette réglementation générale mais dans l'application qui en a été faite.

522 Communication précitée 223/98 *Forum of Conscience c. Sierra Leone*, 14ème rapport d'activités de la Commission, p. 39.

523 Communication précitée 231/99 *Avocats Sans Frontières (pour le compte de Gaëtan Bwampamye) c. Burundi*, 14ème rapport d'activités de la Commission, p. 65.

524 Communications précitées 222/98 et 229/99 *Law Office of Ghazi Suleiman c. Soudan*, 16ème rapport d'activités de la Commission, p. 50.

La Commission africaine refuse de distinguer les deux hypothèses alors que ces dernières n'appellent pas la même réaction de la part des autorités étatiques.

Dans la première, le constat de la violation s'adresse au législateur ou à l'autorité qui a, dans l'Etat considéré, le pouvoir de modifier cette réglementation générale. Dans la deuxième hypothèse, le constat de violation s'adresse à l'autorité exécutive ou juridictionnelle dont la violation est reprochée et n'appelle, de la part de l'Etat défendeur, l'adoption d'aucune mesure d'ordre structurel.

Pour apprécier la conduite d'un Etat et savoir s'il s'est bien conformé à la décision rendue dans un litige auquel il était partie, il est essentiel que la Commission africaine indique clairement dans ses décisions la source directe de la violation. Or les décisions dans lesquelles elle a été claire ne sont pas nombreuses. Ce sont les décisions suivantes :

- Dans la décision portant sur la communication *Law of Ghazi Suleiman contre Soudan*, la Commission africaine a retenu la violation des articles 6 (droit à la liberté et à la sécurité de sa personne); 9 (droit de recevoir l'information et liberté d'expression); 10 (Liberté d'association); 11 (Liberté de réunion) et 12 (Liberté de circulation, y compris le droit de quitter et de revenir dans son pays et le droit de chercher et d'obtenir asile en territoire étranger en cas de persécution) et a demandé au gouvernement du Soudan *d'amender sa législation actuelle en vue de donner une protection de jure des droits à la liberté d'expression, de réunion et d'association et de mouvement*[525].
- Dans la décision portant sur la communication *Curtis Francis Doebbler contre Soudan*, la Commission africaine a retenu la violation de l'article 5 (droit inhérent à la dignité et protection contre l'exploitation, l'esclavage et la traite des personnes; protection contre la torture, les peines et les traitements cruels inhumains ou dégradants) et a recommandé au gouvernement défendeur *d'amender immédiatement la loi pénale de 1991, conformément à ses obligations découlant de la Charte Africaine et d'autres instruments internationaux pertinents des droits de l'homme et d'abolir la peine de flagellation*[526].

[525] Communication précitée 228/99 *Law of Ghazi Suleiman c. Soudan*, 16ème rapport d'activités de la Commission, p. 50.
[526] Communication précitée 236/2000 *Curtis Francis Doebbler c. Soudan*, 16ème rapport d'activités de la Commission, p. 65.

- Dans la décision portant sur la communication *Lawyers for Human Rights contre Swaziland*, la Commission africaine a décidé que « par sa Proclamation de 1973 et le Décret n° 3 de 2001 qui l'a suivi, le Royaume du Swaziland a violé les articles 1 (Engagement général de l'Etat à respecter les droits et à adopter des mesures législatives ou autres pour les appliquer); 7 (droit à un procès équitable); 10 (Liberté d'association); 11 (Liberté de réunion); 13 (droit de participer à la direction des affaires publiques de son pays et le droit d'égal accès au services publics) et 26 (obligation pour les Etats de garantir l'indépendance des tribunaux et de permettre l'établissement et le perfectionnement des institutions nationales chargées de la promotion et de la protection des droits de l'homme et des peuples inscrits dans la Charte)» et a recommandé que *la Proclamation et le décret soient rendus conformes aux dispositions de la Charte africaine*[527].
- Dans la décision portant sur la communication *Purohit et Moore contre Gambie*, la Commission africaine a décidé que la loi sur la détention des malades mentaux « Lunatics Detention Act » viole les articles 2 (droit de ne pas être discriminé); 3 (égalité devant la loi); 5 (droit inhérent à la dignité et la protection contre l'esclavage et la traite des personnes; protection contre la torture, les peines et les traitements cruels, inhumains ou dégradants); 7. 1. a) et c) (droit à un procès équitable); 16 (droit à la bonne santé physique et mentale et 18. 4 (droit de la famille à la protection et à l'assistance de l'Etat, droit des personnes âgées ou handicapées à des mesures spécifiques de protection et protection des droits de la femme et des enfants) de la Charte africaine et a exhorté le gouvernement défendeur à l'abroger et *de la remplacer par un nouveau régime législatif pour la santé mentale en Gambie, compatible avec la Charte Africaine des Droits de l'Homme et des Peuples et les normes et critères internationaux pour la protection des malades ou handicapés mentaux le plus tôt possible*[528].

---

[527] Communication précitée 251/ 2002 *Lawyers for Human Rights c. Royaume du Swaziland*, 18ème rapport d'activités de la Commission, p. 36.

[528] Communication précitée 241/01 *Purohit et Moore c. Gambie*, 16ème rapport d'activités de la Commission, p. 78.

Si la Commission africaine a pris, à juste titre, l'habitude d'indiquer dans presque toutes les communications qui lui sont soumises, que c'est aux autorités nationales qu'incombe en premier lieu la protection des droits et libertés contenus dans la Charte, la Commission n'intervenant qu'à titre subsidiaire, elle doit constamment se souvenir du corollaire : les autorités nationales sont obligées de rechercher des directives dans sa jurisprudence. Dans cette perspective, la Commission doit rendre des décisions claires, compréhensibles et fermes, susceptibles de donner des lignes directrices non seulement à l'Etat dont le constat de violation a été établi, mais aussi à tous les Etats parties à la Charte.

3° Une autre catégorie regroupe les décisions dans lesquelles la Commission africaine sort de sa réserve et indique les mesures que l'Etat défendeur doit adopter pour se conformer à la décision de condamnation. Ces mesures varient suivant les violations alléguées mais il importe de signaler une mesure que la Commission africaine prononce rarement et qui est plus riche des conséquences juridiques : le réexamen ou la réouverture des procédures.

En effet, dans la grande majorité des communications soumises à la Commission, les préjudices dont se plaignent les victimes ont été causés directement par une décision de justice, soit que les requérants n'ont pas eu accès à un tribunal (article 7. 1. a)[529], soit que les victimes n'ont pas eu la possibilité d'être jugées par un tribunal remplissant les conditions

[529] La Commission a retenu la violation de ce droit dans les communications précitées qui suivent :
- Communication 159/96 *Union Interafricaine des Droits de l'Homme, Fédération Internationale des Ligues des Droits de l'Homme, Rencontre Africaine des Droits de l'Homme, Organisation Internationale des Droits de l'Homme au Sénégal et Association Malienne des droits de l'homme c. Angola*, 11ème rapport d'activités de la Commission, § 19.
- Communications 105/93, 128/94, 130/94 et 152/96 *Media Rights Agenda and Constitutional Rights Project c. Nigeria*, 12ème rapport d'activités de la Commission, § 62.
- Communication 137/94, 139/94, 154/96 et 161/97 *International Pen, Constitutional Rights, Interights au nom de Ken Saro- Wiwa et Civil Liberties c. Nigeria*, 12ème rapport d'activités de la Commission, § 93.
- Communication 212/98 *Amnesty International c. Zambie*, 12ème rapport d'activités de la Commission, § 53.
- Communication 140/94, 141/94 et 145/95 *Constitutional Rights Project, Civil Liberties Organisation et Media Rights Agenda c. Nigeria*, 13ème rapport d'activités de la Commission, § 28.
- Communication 153/96 *Constitutional Rights Project c. Nigeria*, 13ème rapport d'activités de la Commission, § 17.
- Communication 206/97 *Center for Free Speech c. Nigeria*, 13ème rapport d'activités de la Commission, § 12 et § 15.

d'indépendance et d'impartialité et dans un délai raisonnable (article 7. 1. d)[530], soit que les personnes victimes n'ont pas bénéficié d'une assistance judiciaire effective (article 7. 1. c)[531], soit que les requérants sont victimes d'une violation du droit à la présomption d'innocence (article 7. 1. b)[532], soit que les requérants n'ont bénéficié d'aucune garantie du droit à un procès équitable telles que ces garanties sont définies à l'article 7. 1. de la Charte[533]

- Communication 223/98 *Forum of Conscience c. Sierra Leone*, 14ème rapport d'activités de la Commission, § 18.
- Communication 225/98 *Huri Laws c. Nigeria*, 14ème rapport d'activités de la Commission, § 45 et 46.
- Communication 241/01 *Purohit et Moore c. Gambie*, 16ème rapport d'activités de la Commission, § 71.

530 La Commission a retenu la violation de ce droit dans les communications précitées qui suivent :
- Communication 137/94, 139/94, 154/96 et 161/97 *International Pen, Constitutional Rights, Interights au nom de Ken Saro-Wiwa et Civil Liberties Organisation c. Nigeria*, 12ème rapport d'activités de la Commission, § 90.
- Communication 143/95 et 150/96 *Constitutional Rights Project et Civil Liberties Organisation c. Nigeria*, 13ème rapport d'activités de la Commission, § 34.
- Communication 153/96 *Constitutional Rights Project c. Nigeria*, 13ème rapport d'activités de la Commission, § 19.
- Communication 225/98 *Huri Laws c. Nigeria*, 14ème rapport d'activités de la Commission, § 45 et § 46.
- Communication 204/ 97 *Mouvement burkinabé des Droits de l'Homme et des peuples c. Burkina Faso*, 14ème rapport d'activités de la Commission, § 40.

531 La Commission a retenu la violation de ce droit dans les communications précitées qui suivent :
- Communication 105/93, 128/94, 130/94 et 152/96 *Media Rights Agenda and Constitutional Rights Project c. Nigeria*, 12ème rapport d'activités de la Commission, § 88.
- Communications 137/94, 139/94, 154/96 et 161/97 *International Pen, Constitutional Rights, Interights au nom de Ken Saro - Wiwa et Civil Liberties Organisation c. Nigeria*, 12ème rapport d'activités de la Commission, § 101.
- Communication 151/96 *Civil Liberties Organisation c. Nigeria*, 13ème rapport d'activités de la Commission, § 24 et 26.
- Communication 206/97 *Center for Free Speech c. Nigeria*, 13ème rapport d'activités de la Commission, § 14.
- Communication 215/98 *Rights International c. Nigeria*, 13ème rapport d'activités de la Commission, § 28.
- Communication 231/99 *Avocats Sans Frontières (pour le compte de Gaëtan Bwampamye) c. Burundi*, 14ème rapport d'activités de la Commission, § 31.
- Communication 241/01 *Purohit et Moore c. Gambie*, 16ème rapport d'activités de la Commission, § 71.

532 La Commission africaine a retenu la violation de ce droit dans les communications précitées 137/94, 139/94, 154/96 et 161/97 *International Pen, Constitutional Rights, Interights au nom de Ken Saro-Wiwa et Civil Liberties c. Nigeria*, 13ème rapport d'activités de la Commission, § 96.

533 La Commission a retenu la violation de toutes ces garanties dans les communications précitées qui suivent :
- Communication 147/95 et 149/96 *Sir Dawda K. Jawara c. Gambie*, 13ème rapport d'activités de la Commission, § 61.
- Communication 225/98 *Huri Laws c. Nigeria*, 14ème rapport d'activités de la Commission, § 60, 63 et 64.
- Communication 222/98 et 229/99 *Law Office of Ghazi Suleiman c. Soudan*, 16ème rapport d'activités de la Commission, § 53, 56, 57et 67.

soit que la loi incriminée contient une norme dont la portée est rétroactive (article 7. 2)[534].

Dans ces circonstances, la solution normale qu'implique la *restitutio in integrum* consiste en principe à rouvrir le procès afin que, au cours d'une nouvelle procédure, les règles régissant l'équité du procès soient entièrement respectées. La *res judicata* est un obstacle de droit si le législateur ne prévoit pas expressément que l'intervention d'une décision de condamnation pour violation des droits de l'homme doit être considérée comme une cause légale de révision ou de reprise d'une procédure. L'autorité de la chose jugée est traditionnellement justifiée par la paix sociale, le respect dû aux décisions de justice, les nécessités de la répression. Dans le cas où la décision de condamnation révèle des défaillances structurelles ou générales dans le droit ou la pratique d'un Etat, il est normal que l'autorité de la chose jugée cède devant la nécessité de remettre le requérant dans une situation aussi proche que possible de celle où il se serait trouvée si ses droits n'avaient pas été violés.

À cet égard, le système de la Charte présente une infirmité importante : aucun texte n'oblige les Etats parties à prévoir dans leur droit interne une procédure de révision à la suite d'une décision de condamnation.

Cette situation appelle quelques commentaires :

Tout d'abord, il est surprenant de constater que, malgré l'ampleur des violations du droit à un procès équitable, la Commission africaine n'ait exigé le réexamen des affaires qu'uniquement dans deux communications[535].

---

[534] La Commission a retenu la violation de ce droit dans les communications précitées qui suivent :
- Communication 212/98 *Amnesty International c. Gambie*, 12ème rapport d'activités de la Commission, § 36.
- Communications 105/93, 128/94 et 152/96 *Media Rights Agenda and Constitutional Rights Project c. Nigeria*, 12ème rapport d'activités de la Commission, § 58- 60.
- Communication 147/95 et 149/96 *Sir Dawda K. Jawara c. Gambie*, 13ème rapport d'activités de la Commission, § 63.

[535] Il s'agit des deux communications précitées :
- Communication 151/96 *Civil Liberties Organisation c. Nigeria*, 13ème rapport d'activités de la Commission, § 27.
- Communication 231/99 *Avocats Sans Frontières c. Burundi*, 14ème rapport d'activités de la Commission, §31.

Ensuite, même dans les communications susvisées au sujet desquelles la Commission africaine a retenu la violation de toutes les garanties du droit à un procès équitable (droit d'accès à un tribunal, droit à la présomption d'innocence, droit de la défense, droit d'être jugé par un tribunal indépendant et impartial et dans un délai raisonnable), il est incompréhensible que la Commission africaine s'abstienne d'exiger de l'Etat défendeur de rouvrir les procédures alors que, dans l'un des deux cas précédents où la Commission a prononcé une telle mesure, il y avait eu uniquement violation du droit de la défense. C'est dans la communication 231/99 *Avocats Sans Frontières (pour le compte de Gaëtan Bwampamye) contre le Burundi.*

Enfin, il est également inconcevable que la Commission africaine n'ait pas songé à combler le vide que la Charte a laissé sur ce point pour prendre une résolution à l'adresse des Etats parties à la Charte en les invitant à permettre le réexamen des décisions nationales à la suite des décisions de condamnation portant sur le droit à un procès équitable. L'urgence s'impose d'adopter une telle résolution.

Pour que les législations relatives à cette matière soient uniformes à l'image des droits énoncés dans la Charte, ladite résolution devrait être explicite sur les conditions et la procédure du réexamen (la demande est adressée à quel organe ? Quels sont les pouvoirs de cet organe ? Dans quel délai l'organe doit-il rendre sa décision ?). Un accent particulier devrait être mis sur le rôle de la victime tant dans le déclenchement de l'action que dans le déroulement de la procédure et la détermination de la réparation.

SECTION 2 : BILAN DE LA MISE EN ŒUVRE DES DECISIONS DE LA COMMISSION AFRICAINE DES DROITS DE L'HOMME ET DES PEUPLES

Dans les lignes qui précèdent, nous avons essayé de montrer que la Commission africaine attache moins d'importance à la réparation des atteintes aux droits et libertés garantis dans la Charte africaine des droits de l'homme et des peuples. La synthèse des enseignements que l'on peut tirer de sa jurisprudence peut être articulée comme suit :

1° Dans certains cas, la Commission africaine se contente du simple constat de violation et laisse le soin à l'Etat de tirer les conséquences qui en découlent.

2° Dans les autres cas, la Commission africaine sort de sa réserve et indique les conséquences qui découlent du constat de violation. Les conséquences que la Commission tire du constat de violation sont tantôt pécuniaires, tantôt non pécuniaires.

Au titre des réparations pécuniaires, la Commission se borne uniquement à reconnaître, en faveur des victimes, un droit à l'indemnisation mais se garde de préciser le montant de l'indemnisation, les préjudices indemnisables ainsi que les modalités de protection de l'indemnisation. Il revient alors à l'Etat contre lequel une violation a été établie, de déterminer toutes ces modalités relatives aux réparations pécuniaires.

Au titre des réparations non pécuniaires, on peut retenir les enseignements qui suivent :

D'une part, le dispositif de la décision peut être libellé de façon peu claire à telle enseigne que l'on a du mal à déterminer exactement les mesures dont l'adoption s'impose pour que l'Etat défendeur puisse être considéré comme s'étant conformé à la décision de condamnation.

D'autre part, la Commission africaine a coutume d'exiger de l'Etat contre lequel une violation a été établie, de modifier sa législation mais n'indique pas exactement si cette législation doit être modifiée dans tel sens ou dans tel autre.

De même, dans les rares cas où la Commission africaine exige le réexamen des affaires, elle n'exige nulle part des Etats parties à la Charte de prévoir dans leur droit interne des mécanismes autorisant la réouverture des procédures judicaires.

De toutes ces considérations relatives aux réparations non pécuniaires, il résulte que l'Etat défendeur reste maître dans la détermination de ces conséquences.

En introduisant cette matière, nous avons tenu à préciser que, selon la doctrine, la tendance actuelle du droit international évolue dans le sens de laisser l'Etat toujours moins libre dans le choix des moyens par lesquels il exécute les décisions de condamnations, dans les litiges auxquels il est partie.

La jurisprudence de la Commission africaine est restée imperméable à cette doctrine car elle laisse à l'Etat de façon absolue le choix des moyens par lesquels il se conforme à la décision de condamnation. L'Etat jouit d'un pouvoir discrétionnaire avec le risque d'arbitraire qu'il comporte. Si cette attitude est conforme à la *ratio* du principe de subsidiarité, qui consiste à confier aux autorités étatiques internes, en particulier aux juridictions internes, le premier rôle dans l'application des dispositions de la Charte africaine des droits de l'homme et des peuples, le risque est de conduire à une application de la Charte « à géométrie variable » qui se traduira notamment par une exécution des décisions selon le contexte social, politique et économique du pays dans lequel l'exécution est revendiquée. La Commission africaine des droits de l'homme et des peuples devrait limiter le pouvoir discrétionnaire de l'Etat défendeur en déterminant implicitement les principes auxquels l'exécution des décisions doit se conformer.

Dans la détermination de ces principes, la Commission africaine doit s'inspirer du droit international des droits de l'homme et de la jurisprudence des autres organes de protection des droits de l'homme, tel que l' y autorise l'article 60 de la Charte.

En effet, la Commission africaine fait référence, dans certaines de ses décisions, à la jurisprudence internationale.

Ainsi, dans la décision portant sur la communication *Purohit et Moore contre Gambie*[536], pour déterminer la portée des articles 2 (droit de ne pas être discriminé) et 3 (égalité devant la loi), la Commission africaine s'est inspirée du principe 1 (4) des principes des Nations Unies pour la protection des malades mentaux et l'amélioration des soins de santé mentale qui dispose : « Il n'y aura pas de discrimination fondée sur la maladie mentale. Le terme discrimination signifie toute distinction, exclusion ou préférence qui a un effet de négation ou de limitation de la jouissance égale des droits ».

---

[536] Communication précitée 241/01 *Purohit et Moore c. Gambie*, 16ème rapport d'activités de la Commission, § 54.

Dans la même décision, au paragraphe 76, la Commission africaine s'est inspirée de la jurisprudence du Comité des droits de l'homme pour interpréter l'article 13 de la Charte.

Elle a déclaré : « En interprétant l'article 13. 1. de la Charte africaine, la Commission africaine fait sienne la clarification faite par le Comité des droits de l'homme au sujet de l'article 25 »[537].

De même, dans la décision portant sur la communication *Social and Economic Rights Action Center, Center for Economic and Social Action Rights contre Nigeria*[538], la Commission africaine a fait référence à la jurisprudence de la Cour européenne des droits de l'homme[539] et celle de la Cour interaméricaine des droits de l'homme[540] pour expliciter le contenu de l'obligation de protection qui incombe aux Etats parties à la Charte.

La Commission africaine, dans la décision portant sur la communication *Law Office of Ghazi Suleiman contre Soudan*[541], s'est également inspirée de la jurisprudence de la Cour européenne des droits de l'homme et de celle de la Cour interaméricaine des droits de l'homme, pour déterminer la portée du droit de recevoir l'information et la liberté d'expression inscrit à l'article 9 de la Charte africaine. En substance, la Commission africaine a déclaré, au paragraphe 47 de sa décision, que « l'article 60 de la Charte prévoit que la Commission africaine s'inspire du droit international relatif aux droits de l'homme et des peuples ». Au paragraphe 48, la Commission indique que la Cour européenne des droits de l'homme reconnaît que « la liberté de débat politique est au cœur même du concept d'une société démocratique…»[542]. Au paragraphe 49, elle ajoute que « Le point de vue de la Commission africaine est appuyé par celui de la Cour interaméricaine des droits de l'homme qui soutient que la liberté d'expression est un fondement sur lequel repose l'existence même d'une société. Elle est indispensable pour la

---

537 Comité des droits de l'homme, Observation générale 25 (57), adoptée par le Comité à sa 1510ème réunion, U. N. Doc. CCPR/C/21 Rev. 1/Add. 7. (1996), § 4.

538 Communication précitée 155/96 *Social and Economic Rights Action Center, Center for Economic and Social Rights c. Nigeria*, 15ème rapport d'activités de la Commission, § 57.

539 Cour eur. dr. h., arrêt *X et Y c. Royaume des Pays-Bas*, 26 mars 1985.

540 Cour interam. dr. h., arrêt précité *Velasquez Rodriguez c. Honduras*, 29 Juillet 1988, Série C n° 4.

541 Communication précitée 228/99 *Law Office of Ghazi Suleiman c. Soudan*, 16ème rapport d'activités de la Commission.

542 La Commission africaine s'est référée à l'arrêt: Cour eur. dr. h., arrêt *Lingens c. Autriche*, 8 juillet 1986, § 41.

formation de l'opinion publique. C'est également une condition *sine qua non* pour le développement des partis politiques, des syndicats, des associations culturelles et, en général, de ceux qui souhaitent influencer le public. Bref, la liberté d'expression constitue le moyen qui permet à la communauté d'être informée lorsqu'elle fait ses choix. En conséquence, l'on peut dire qu'une société mal informée est une société qui n'est pas réellement libre ». Au paragraphe 50, elle ajoute également que la Cour interaméricaine estime que « lorsque la liberté d'expression d'un individu est illégalement restreinte, ce n'est pas seulement le droit de cet individu qui est violé, mais aussi le droit de tous les autres de recevoir des informations et des idées »[543].

La Commission africaine a fait de même pour définir l'interdiction contre la torture, les peines et les traitements inhumains ou dégradants prévue à l'article 5 de la Charte africaine. Dans la décision portant sur la communication *Curtis Francis Doebbler contre Soudan*[544], elle s'est inspirée de la jurisprudence de la Cour européenne de droits de l'homme, notamment dans l'arrêt *Tyler*[545] *contre Royaume Uni* pour définir ce droit inscrit à l'article 3 de la Convention européenne des droits de l'homme.

Ainsi que le montre cette pratique de la Commission, pour lever toutes les zones d'ombre laissées par la Charte et sa jurisprudence relativement à l'exécution de ses décisions, la Commission africaine devrait s'inspirer de la jurisprudence de ces autres organes de protection des droits de l'homme afin de compléter les différents aspects qu'elle n'a pas encore intégrés dans sa jurisprudence.

SECTION 3 : VERS UN ENCADREMENT ACCRU DES VIOLATIONS DE LA CHARTE AFRICAINE DES DROITS DE L'HOMME ET DES PEUPLES

Le respect de la Charte africaine des droits de l'homme et des peuples, en particulier des décisions rendues par ses organes de contrôle, est un élément

543 Compulsory Membership in an Association Prescribed by Law for the Practice of Journalism (Arts 13 et 19 de la Convention interaméricaine relative aux droits de l'homme), Advisory Opinion OC-5/85, Novembre 13, 1985, Cour interaméricaine des droits de l'homme, Série A. N. 5, § § 30 et 70.

544 Communication précitée 236/2000 *Curtis Francis Doebbler c. Soudan*, 16ème rapport d'activités de la Commission, § 38.

545 Cour eur. dr. h., arrêt précité *Tyler c. Royaume-Uni*, 25 avril 1978, § 30.

crucial pour l'efficacité du système africain. Si les différentes lacunes relevées dans les sections précédentes ne sont pas comblées, les droits contenus dans la Charte risquent d'être illusoires ou théoriques.

À l'heure où se remarque la volonté de renforcer le système régional africain par l'instauration d'un mécanisme de type juridictionnel, on peut légitimement se demander si les concepteurs de ce mécanisme juridictionnel africain ont été sensibles aux enseignements du droit international déjà relevés, en rapport avec l'exécution des décisions des organes internationaux de contrôle en matière de droits de l'homme. Pour ce faire, il convient d'analyser, relativement au point considéré, le statut de la Cour africaine de justice et des droits de l'homme.

§1. Les enseignements intégrés dans le statut de la Cour africaine de justice et des droits de l'homme

À la lecture des dispositions de cet instrument, on ne tarde pas à se rendre compte que certains enseignements ont été intégrés et que d'autres devraient être introduits, soit dans le Règlement intérieur de la Cour africaine de justice et des droits de l'homme, soit dans la jurisprudence à venir.
Les enseignements suivants ont été intégrés :

A. Une reconnaissance expresse de l'obligation de cessation de violation

La Charte africaine des droits de l'homme et des peuples ne contient aucune disposition expresse autorisant la Commission africaine à imposer à l'Etat auteur d'une violation la cessation des manquements constatés. Cette lacune a été levée par le statut sous analyse. Il ressort de l'article 45 de cet instrument que *Lorsqu'elle estime qu'il y a eu violation d'un droit de l'homme ou des peuples, la Cour ordonnera toutes les mesures appropriées afin de remédier à la situation*…. En disposant ainsi, le droit africain retient une conception élargie de la cessation par rapport au droit international général car, en cette matière, la cessation ne concerne que le fait illicite continu.

La rédaction de l'article 45 est très voisine des formulations utilisées par la Convention européenne des droits de l'homme et la Convention interaméricaine des droits de l'homme, mais se rapproche davantage du texte américain.

L'article 41 de la Convention européenne des droits de l'homme dispose : *Si la Cour déclare qu'il y a violation de la Convention ou de ses protocoles, et si le droit interne ne permet d'effacer qu'imparfaitement les conséquences de cette violation, la Cour accorde, s'il y a lieu, une satisfaction équitable.*

L'article 63. 1 de la Convention interaméricaine indique *Lorsqu'elle reconnaît qu'un droit ou une liberté protégé par la présente Convention ont été violés, la Cour ordonnera que soit garantie à la partie lésée la jouissance du droit ou de la liberté enfreints....*

B. Une affirmation expresse de la priorité de la restitution sur la réparation

En droit international général et dans la jurisprudence internationale, la priorité de la restitution sur la réparation est affirmée de longue date mais fait défaut, comme nous l'avons vu, dans la Charte africaine des droits de l'homme et des peuples. Cette lacune a été levée par le statut sous analyse car les termes utilisés dans cet instrument ne laissent guère de doute « ...lorsqu'elle estime qu'il y a violation d'un droit de l'homme ou des peuples, la Cour ordonne toutes les mesures appropriées afin de remédier à la situation, y compris le payement d'une juste compensation ou l'octroi d'une réparation »[546].

C. Institution d'un organe de surveillance de l'exécution des décisions

Le statut de la Cour africaine de justice et des droits de l'homme précise, en son article 43. 6, que l'arrêt de cette juridiction sera signifié au Conseil exécutif qui doit s'assurer du suivi de son exécution au nom de la Conférence de l'Union Africaine.

Calqué sur le modèle européen, un organe politique au secours d'un organe juridictionnel, cette disposition traduit l'idée fondamentale que la protection des droits de l'homme revêt aussi une dimension politique[547].

Ainsi, il reviendra au Conseil exécutif de déterminer clairement, dans son Règlement intérieur, son rôle exécutif. En tout état de cause, il devra s'assurer,

---

[546] Article 45 de ce statut.

[547] LEUPRECHT, « *article 32 de la Convention européenne des droits de l'homme*», in PETTITI, L -E., DECAUX, E. et IMBERT P-H., *La Convention européenne des droits de l'homme,* 2ème éd., Paris, Economica, 1999, pp. 699 et s.

avant la clôture du processus, du caractère approprié du moyen utilisé pour exécuter la décision. Ainsi, il devra vérifier soit si l'indemnité est payée telle qu'elle a été ordonnée, soit si les mesures individuelles sont prises afin d'assurer que la partie lésée puisse être placée, dans la mesure du possible, dans la même situation qu'avant la violation de la Charte, soit si les mesures générales (des amendements constitutionnels, législatifs ou règlementaires, des changements de jurisprudence ou de pratiques administratives) ont été prises pour que des violations similaires ne se répètent plus.

Il devra également recourir à des résolutions intérimaires dans les hypothèses où les violations structurelles et graves seraient observées dans un Etat partie ou dans un groupe d'Etats.

Dans tous les cas, la liberté des Etats dans l'exécution des décisions de condamnation devra être conditionnée à l'approbation par cet organe de surveillance, du caractère approprié du moyen utilisé.

D. L'obligation de l'Etat à s'exécuter dans un délai donné

L'article 46. 3 du statut sous analyse stipule que les Etats parties s'engagent à se conformer aux décisions rendues par la Cour dans tout litige où ils seront en cause et à en assurer l'exécution dans le délai fixé par la Cour.

Il reviendra ainsi à la Cour de fixer dans son propre Règlement intérieur, le délai d'exécution de ses décisions. Ce délai se justifie pour plusieurs raisons.

Tout d'abord, il prévient la lenteur prévisible dans l'exécution des décisions.

Ensuite, il prévient les risques de dépréciation monétaire.

Enfin, la fixation d'un délai uniforme a l'avantage d'assurer l'égalité des Etats et des individus face au système africain des droits de l'homme.

Pour toutes ces raisons, ce délai devrait être court et, dans le but d'amener les Etats parties à le respecter, le Règlement intérieur dont il est question, devrait indiquer clairement que la non-observation de ce délai rendra exigible les intérêts moratoires, ces derniers devant être calculés suivant un taux d'intérêt que le même Règlement intérieur prendra le soin d'indiquer.

E. Absence de l'obligation d'épuiser les recours internes

Aucune disposition du statut sous examen n'oblige le requérant, avant d'introduire sa demande de réparation, d'épuiser au préalable les voies de recours internes. La solution contraire, celle d'exiger une seconde fois du requérant d'épuiser les recours internes, a été écartée à juste titre car elle ne correspond pas à la *ratio* du principe de l'épuisement des voies de recours internes. Du reste, elle ne ferait qu'allonger indûment la procédure.

F. Caractère discrétionnaire des décisions en matière de réparation des dommages

Les termes contenus dans l'article 45 du statut de la nouvelle juridiction « La Cour ordonne toutes les mesures appropriées afin de remédier à la situation, y compris le payement d'une juste compensation ou l'octroi d'une réparation » laissent entendre que les requérants n'ont pas un droit automatique à une indemnité et a *fortiori*, à une indemnité d'un montant déterminé. La Cour africaine de justice et des droits de l'homme, à l'instar des autres cours régionales de protection des droits de l'homme, disposera en la matière d'un pouvoir discrétionnaire qu'elle exercera en ayant égard à l'ensemble des circonstances de la cause.

§2. *Les perspectives*

En plus de ces différentes innovations que le statut de la Cour africaine de justice et des droits de l'homme a intégrées dans ses dispositions, il serait utile d'intégrer soit dans le Règlement d'ordre intérieur soit dans la jurisprudence de la nouvelle Cour, les propositions suivantes :

A. Les aspects de l'indemnisation

Une bonne détermination de la réparation dans le système africain des droits de l'homme nécessite l'intégration des aspects suivants :

- La précision sur le montant de l'indemnité, la monnaie de payement, l'inscription d'un taux légal précis pour le payement des intérêts moratoires;

- La détermination des préjudices indemnisables;
- La détermination des titulaires du droit à la réparation;
- La protection interne de l'indemnisation.

B. Le contrôle a posteriori des effets des décisions

L'effectivité du contrôle des décisions nécessite que, en plus de la mise en place de l'organe de surveillance, il y ait un double contrôle l'un à l'initiative de l'individu, l'autre à l'initiative des Etats parties à la Charte.

1. Le contrôle à l'initiative de l'individu

L'individu qui n'aurait pas été dédommagé suite à une décision de condamnation ou qui n'aurait pas eu connaissance de toute information relative à l'exécution d'une décision rendue en sa faveur devrait objectivement se voir reconnaître les droits suivants :

Tout d'abord, le droit de saisir directement l'organe de surveillance, afin qu'une pression politique de suffisante portée puisse être exercée contre l'Etat auteur de la violation.

Ensuite, dans l'hypothèse du refus total de l'Etat de s'exécuter, le droit de s'adresser à nouveau à la Cour africaine. L'admissibilité de cette hypothèse pose la question de la recevabilité d'une action en manquement d'un premier jugement.

Enfin, le droit d'engager une action devant les tribunaux nationaux pour demander l'exécution ou un complément d'exécution de l'arrêt.

2. Le contrôle à l'initiative d'un Etat partie à la Charte

En ce qui concerne la signification des arrêts, l'article 43. 5 du statut sous examen dispose que « l'arrêt de la Cour est signifié aux parties en cause et transmis aux Etats membres ainsi qu'à la Commission ...».

La formulation de cette disposition est identique à celle de l'article 69 de la Convention interaméricaine des droits de l'homme. La Convention européenne des droits de l'homme ne contient pas de disposition du genre permettant la communication de tous les arrêts à l'ensemble des Etats parties.

À la lecture de l'article 43. 5 dudit statut, on peut se poser la question de savoir si un Etat tiers au litige mais partie à la Charte africaine, a le droit d'intervenir pour donner effet à un arrêt rendu mais inexécuté. C'est aussi une manière d'admettre que la violation de la Charte entraînerait une responsabilité de l'Etat non seulement à l'égard du requérant ou de l'Etat victime, mais aussi à l'égard de tous les autres Etats parties à la Charte.

La Cour internationale de justice, dans l'affaire *Barcelona Traction*, a posé un précédent d'un grand intérêt en la matière. En substance, elle a déclaré que les Etats ont « un intérêt juridique à ce que ces droits soient protégés »[548].

Eu égard aux dispositions de la Charte africaine, la recevabilité d'une telle action ne se heurte à aucun obstacle juridique du moment que l'action intentée est compatible avec la qualité du demandeur. En effet, chaque Etat partie a un droit subjectif au respect des normes contenues dans la Charte, ce qui implique le droit pour chaque Etat d'exiger la cessation de l'illicite et la garantie de non répétition de l'illicite. Néanmoins, ce droit ne pourrait pas s'étendre à toutes les actions, on ne saurait admettre pour un Etat partie le droit de demander la restitution en nature ou une indemnisation.

---

[548] C. I. J., arrêt précité *Barcelona Traction, Light and Power Company, Limited* (fond), 5 février 1970, Rec. 1970, pp. 3 et s., pp. 32 et s..

CONCLUSION DU CHAPITRE

À l'instar des autres systèmes internationaux des droits de l'homme et conformément à l'idée de subsidiarité, la Commission africaine laisse aux Etats parties à la Charte, le choix des moyens par lesquels ils se conforment aux décisions de condamnation dans les litiges auxquels ils sont parties.

Afin d'éviter une exécution des décisions à deux vitesses, le droit international évolue dans le sens de laisser l'Etat moins libre en cette matière, proposant que les organes de contrôle indiquent dans leurs décisions les principes auxquels l'exécution des décisions doit se conformer.

La Commission africaine ne s'inscrit pas véritablement dans cette logique car elle accorde aux Etats, dans l'exécution de ses décisions, un pouvoir discrétionnaire qui n'est soumis à aucun contrôle. La Commission africaine est invitée à limiter cette liberté absolue en déterminant les principes que les Etats doivent respecter dans l'exécution de ses décisions. Ces principes dont la Commission africaine pourrait s'inspirer en application des articles 60 et 61 de la Charte sont affirmés de longue date aussi bien dans les autres textes internationaux que dans la jurisprudence des autres organes internationaux de protection des droits de l'homme.

Le statut de la Cour africaine de justice et des droits de l'homme affirme certains de ces principes : la reconnaissance de l'obligation de cessation de violation, la priorité de la restitution sur la réparation, l'institution d'un organe de surveillance de l'exécution des décisions, l'obligation de l'Etat condamné à s'exécuter dans un délai donné, l'absence de l'obligation d'épuiser les recours internes avant l'indemnisation ainsi que le caractère discrétionnaire des décisions en matière de réparation des dommages.

L'exécution parfaite des décisions nécessite que, en plus de ces principes déjà affirmés dans le statut de cette juridiction, les autres soient intégrés soit dans le Règlement intérieur de cette Cour, soit plus tard dans sa jurisprudence.

Entrent dans cette dernière catégorie la fixation des préjudices indemnisables, l'instauration d'un contrôle a *posteriori* des effets des décisions, soit à l'initiative de l'individu, soit à l'initiative des Etats parties à la Charte.

QUATRIEME PARTIE

LA SUBSIDIARITE A L'EPREUVE DE L'EFFECTIVITE DE LA CHARTE AFRICAINE DES DROITS DE L'HOMME ET DES PEUPLES

Dans la matière portant sur la deuxième et la troisième parties, nous avons progressivement analysé la mise en œuvre, dans le système de la Charte africaine, de la subsidiarité procédurale dans toutes ses manifestations.

Au terme de cette analyse, le constat général qui se dégage est que la Charte et la Commission africaine laissent une grande marge de manœuvre aux États parties, non soumise à un contrôle effectif, avec le risque d'une application de la Charte à géométrie variable. Les aspects suivants de la subsidiarité en amont et en aval traduisent cette réalité.

En amont, la subsidiarité procédurale se traduit par la règle de l'épuisement des recours internes et l'obligation que la Charte impose aux États, de prévoir, dans leurs ordres juridiques internes, des recours pour chaque violation de la Charte.

En ce qui concerne la mise en œuvre de la règle de l'épuisement des recours internes, il a été constaté que la Commission africaine des droits de l'homme et des peuples ne détermine pas explicitement les recours qui entrent dans la catégorie de ceux dont l'épuisement est exigé et ceux qui sont exclus de cette catégorie. Le même constat s'observe en ce qui concerne la description des circonstances qui dispensent les requérants de cette obligation.

Dans le même ordre d'idées, le fardeau de la preuve de l'épuisement des recours internes repose en grande partie sur la tête des requérants étant donné que jusqu'à présent, la Commission africaine n'a pas encore manifesté le souci d'analyser la règle de l'épuisement des recours internes dans son sens horizontal et qu'elle ne soulève pas d'office les circonstances qui dispenseraient le requérant de l'épuisement des recours internes.

Pour ce qui est de la deuxième manifestation de la subsidiarité en amont, l'obligation des États de prévoir dans leurs ordres juridiques internes des recours appropriés, l'article 26 de la Charte africaine qui en constitue le siège légal n'a joué qu'un rôle apparemment mineur. À l'origine de ce constat se trouvent l'imprécision de la rédaction de cet article, le développement jurisprudentiel de l'article 7 de la même Charte qui a eu comme conséquence l'absorption de l'article 26 ainsi que l'interprétation restrictive par la Commission africaine des critères d'effectivité du droit de recours.

Concernant le règlement amiable, outre que cette procédure n'est prévue expressément que pour les seules communications interétatiques, la jurisprudence de la Commission africaine ne fournit pas d'indications précises sur la portée des engagements des parties. Elle ne précise pas non plus le délai dans lequel les parties doivent présenter un rapport relatant les conclusions auxquelles on a abouti. À ces lacunes s'ajoute l'absence d'un organe chargé d'assurer le contrôle de l'exécution des règlements intervenus.

Dans ces conditions, à défaut pour la Commission africaine d'interpréter la Charte africaine pour donner des réponses à tous ces aspects qui traduisent la subsidiarité en amont, les États parties à la Charte obtiennent une grande liberté qui devrait être limitée au profit d'une plus grande effectivité de la Charte.

Cette grande marge de manœuvre laissée aux États parties s'observe encore plus dans les manifestations qui traduisent la subsidiarité en aval, à travers la liberté des États dans l'exécution des décisions de la Commission africaine.

Par rapport à toutes les précédentes manifestations, l'exécution des décisions de la Commission africaine traduit encore plus la grande marge d'appréciation laissée aux États. En effet, comparées aux autres décisions des organes internationaux de protection des droits de l'homme, celles de la Commission africaine ne sont pas bien claires. Il y manque généralement l'affirmation de la cessation de la violation, la garantie contre la répétition de la violation, la priorité de la *restitutio in integrum* sur la réparation, la détermination du délai d'exécution des décisions, la fixation des préjudices indemnisables (évaluation du dommage matériel et du dommage moral), l'indication des mesures de protection interne de l'indemnisation (l'immunité fiscale de l'indemnisation, la saisissabilité de l'indemnisation, l'allocation d'intérêts moratoires). À toutes ces différentes lacunes s'ajoutent l'absence d'un organe chargé d'assurer le suivi de l'exécution des décisions et d'un contrôle *a posteriori* des effets des décisions soit à l'initiative de l'individu lésé soit à l'initiative d'un État partie à la Charte.

Toutes ces lacunes combinées font que, comme l'a affirmé le Secrétaire de la Commission africaine[549] en 2004, celle-ci est dans l'impossibilité de mesurer la suite réservée à ses décisions.

Il découle de toutes ces observations que, dans la mise en œuvre des dispositions de la Charte et des décisions de la Commission africaine, les États jouissent d'une grande marge de manœuvre dépourvue de tout contrôle effectif.

Dans ces conditions, la Charte devient un instrument à deux vitesses et les droits et libertés qui y sont contenus ont vocation à devenir théoriques.

Face à ce constat, on peut se poser les questions suivantes :

1° La Charte africaine des droits de l'homme et des peuples devrait-elle contenir le principe de subsidiarité parmi ses principes clés ?

2° Existe-t-il des solutions complémentaires à la subsidiarité de nature à garantir l'effectivité de la Charte africaine?

La réponse à ces deux questions formera respectivement la matière du ***premier*** et du ***deuxième chapitres*** de cette partie.

[549] FLAUSS, J-F. (sous la direction), *op.cit.*, pp. 207-234.

CHAPITRE I:

LA REMISE EN CAUSE DU PRINCIPE

Dans son sens originel, le principe de subsidiarité a été conçu dans le but de régler les rapports entre les ordres juridiques qui reposent sur une même source de légitimité. Il traduit une répartition des compétences entre les autorités nationales et l'organe international de contrôle du traité international. En matière de droits de l'homme, la subsidiarité traduit une idée de bon sens, selon laquelle le juge naturel des droits de l'homme est le juge national.

Il convient, en effet, aux citoyens de s'adresser à l'instance la plus proche, en l'occurrence l'autorité ou le juge national, parce que cette instance est présumée la plus efficace. L'intervention de l'organe ou du juge international ne doit être que le remède ultime pour pallier les insuffisances des autorités nationales, ce qui laisse supposer l'efficacité de cette instance.

Or, dans le cadre de l'Afrique, aucune de ces réalités n'est totalement vraie à telle enseigne que l'on ne peut s'empêcher de considérer que cette noble vision de la subsidiarité commandée par la logique juridique repose dans le contexte africain, sur des postulats non démontrés. Après avoir expliqué ces postulats (1ère section), le débat qui suit portera sur la problématique de l'abandon du principe de la subsidiarité dans le cadre de la Charte africaine (2ème section).

SECTION 1ERE : DES POSTULATS NON DEMONTRES

Il est permis d'avancer que les deux compréhensions de la subsidiarité ne se vérifient pas exactement dans le système africain car elles appellent certaines réserves.

§1. L'équation proximité égale efficacité

Ce premier postulat résulte d'une conception qui n'est pas justifiée dans les pratiques judiciaires du continent africain.

En effet, dans le cadre de l'Europe, comme le montre une étude récente qui analyse, à travers la jurisprudence, la manière dont la protection des droits de l'homme est assurée au sein de l'ordre juridique européen, si, sur certains points, le droit international des droits de l'homme sert de modèle d'interprétation et de valeur de référence aux juges nationaux, dans de nombreuses situations, les mêmes juges sont plus novateurs et anticipent sur des situations futures[550]. Dans ce système, les juges nationaux possèdent une bonne connaissance du droit de la Convention européenne des droits de l'homme et de la jurisprudence de la Cour. Ils ont l'aptitude nécessaire pour procéder à une relecture des moyens présentés par le justiciable à la lumière de la Convention.

Dans ces circonstances, on peut admettre que le premier juge des droits de l'homme est le juge national. La situation se présente autrement dans le cadre africain car l'application nationale des instruments internationaux par les juges africains n'est pas chose facile, les obstacles juridiques et extra-juridiques étant extrêmement nombreux. Tantôt les autorités nationales accusent des défaillances qui leur sont imputables, tantôt des événements extérieurs les empêchent de mener à bien leur action.

1. Les obstacles non imputables aux États parties: les difficultés économiques

Dans les pays africains, les exigences financières requises pour une bonne administration de la justice font défaut. On ne doit donc pas s'étonner s'ils n'ont pas pris toutes les mesures nécessaires pour assurer une justice diligente, impartiale et indépendante, comme les invitait à le faire l'article 1er de la Charte africaine. Toutes les mesures requises pour une bonne administration de la justice en Afrique ne rencontreraient dans l'immédiat aucune perspective de réalisation à cause des maigres budgets alloués à la justice.

[550] DE SCHUTTER, O. et VANDROOGHENBROEK, S., *La protection des droits de l'homme dans l'ordre interne*, Les grands arrêts, Bruxelles, Larcier, 1999 cité par Françoise TULKENS, in « *Les droits de l'homme au seuil du troisième millénaire, Mélanges en hommage à Pierre Lambert* », Bruxelles, Bruylant, 2000, p. 933.

2. Les obstacles imputables aux États parties

a. L'absence d'une véritable société démocratique

La société démocratique est le lieu d'exercice des droits de l'homme[551].

La démocratie est une valeur centrale sans laquelle les droits de l'homme ne peuvent être une réalité. Or, dans les États parties à la Charte, elle est loin d'être acquise, le vent de la démocratisation ne souffle que depuis une dizaine d'années et dans la plupart des mêmes États, s'observent des guerres interminables, des conflits interethniques, des mutineries et des coups de force, des victoires électorales contestées, des difficultés de gestion des victoires électorales, des traditions souvent en opposition contre la modernité. Tous ces maux montrent que le continent africain est loin de pouvoir asseoir les principes démocratiques et expliquent pourquoi la situation des droits de l'homme est extrêmement mauvaise[552].

b. Les dysfonctionnements de la justice en Afrique

L'étude réalisée par Eloi DIARRA[553], suivie plus tard par celle que mena en 2004, le Professeur Jean- François Flauss dans une dimension sous- régionale

---

[551] La Commission africaine est consciente de cette idée que la démocratie est le lieu d'épanouissement des valeurs des droits de l'homme et a adopté quelques Résolutions y relatives :
- Résolution : ACHPR/ Rés. 10 (XVI) 94 sur les régimes militaires, adoptée au cours de la 16ème session ordinaire à Banjul, Gambie, du 25 novembre au 3 décembre 1994.
- Résolution : ACHPR / Rés. 23 (XIX) 96 sur le processus électoral et la gouvernance participative, adoptée au cours de sa 19ème session ordinaire, du 26 mars au 4 avril 1996 à Ouagadougou, Burkina Faso.
- Résolution : ACHPR : Rés. 28 (XXIV) 98 sur le retour du Nigeria à un système démocratique, adoptée au cours de sa 24ème session ordinaire à Banjul, Gambie, du 22 au 31 octobre 1998.

[552] Voy. à ce sujet, les rapports mondiaux établis par les ONG :
- Les rapports établis chaque année par pays par la Fédération Internationale des Droits de l'Homme
(FIDH) sur le site de la fédération : www. fidh. org
- Amnesty International (web. amnesty. org)
- Human Rights Watch (*www. hrw. org*)

Ainsi que les observations finales du Comité des droits de l'homme dans le cadre du Pacte international relatif aux droits civils et politiques, Égypte, du 28 novembre 2002, CCPR/ CO/76EGY.

[553] DIARRA, E., « *De l'Europe à l'Afrique : Le modèle européen est-il exportable ?* » in TAVERNIER P., Quelle Europe pour les droits de l'homme ?, Bruxelles, Bruylant, 1996, pp. 343 et s.

(Afrique australe et orientale[554], Afrique centrale[555], Afrique occidentale[556], Afrique du Nord[557]), ont montré les dangers qui minent le bon fonctionnement de la justice en Afrique et partant l'inefficacité du juge national africain dans la protection des droits et libertés contenus dans la Charte.

La Commission africaine avait par ailleurs, bien avant la dernière étude, lors de sa 19ème session ordinaire[558], pris une résolution indiquant les obstacles suivants qui paralysent le fonctionnement de la justice en Afrique, imputables aux États parties à la Charte :

1° Mauvaise formation des magistrats et des juges : le juge interne assure le rôle essentiel de garant et de destinataire de la bonne exécution des droits et libertés contenus dans les instruments internationaux. Les praticiens du droit et les magistrats ont donc besoin d'une formation spécialisée et continue dans le domaine des droits de l'homme pour qu'ils puissent connaître la Charte et la jurisprudence de la Commission africaine des droits de l'homme et des peuples. Dans la plupart des pays africains, les droits de l'homme, plus spécialement la Charte africaine des droits de l'homme et des peuples, ne sont pas enseignés dans les écoles ou universités. Les juges et les avocats, et plus largement les juristes, ne suivent pas de programme de formation sur la Charte et n'ont donc pas le réflexe de l'invoquer.

À cela s'ajoute la pénurie du matériel qui fait que les magistrats n'ont pas toujours connaissance de l'évolution du droit en constant développement à cause des flux internationaux.

La conséquence logique d'une telle situation est que les juridictions internes interprètent et appliquent essentiellement le droit local. Si les juristes africains citent plus souvent la Convention européenne

---

[554] VILJOEN, F., L'application de la Charte par les autorités nationales en Afrique australe et orientale, in FLAUSS, J-F (sous la direction de), *op.cit.*, pp.75-98.

[555] BOUKONGOU, J.D., L'application de la Charte par les autorités en Afrique centrale, in FLAUSS J-F (sous la direction de), *op.cit.*, pp.123-160.

[556] OUGUERGOUZ, F., L'application de la Charte africaine des droits de l'homme et des peuples par les autorités nationales en Afrique Occidentale, in FLAUSS, J-F (sous la direction de), *op.cit.*, pp.161-206.

[557] ABDELGAWAD, E., L'application de la Charte africaine des droits de l'homme et des peuples par les autorités nationales en Afrique du Nord, in FLAUSS, J-F. (sous la direction de), *op.cit.*, pp.99-122.

[558] Cette session a eu lieu du 26 mars au 4 avril 1996, à Ouagadougou au Burkina Faso.

des droits de l'homme que la Charte africaine, c'est non seulement du fait de leur fréquente formation académique en Europe mais aussi du fait de l'accessibilité plus facile, même depuis l'Afrique, des sources documentaires européennes comparées aux sources africaines. C'est une situation paradoxale mais réelle en Afrique, les juristes africains connaissent donc mieux le système européen que le mécanisme africain de la Charte. Le juge national africain doit comprendre progressivement que la Charte africaine peut être une source importante soit pour compléter la loi nationale là où elle apparaît incomplète, soit pour l'enrichir afin de la vivifier et d'en dégager toutes les potentialités, notamment dans le domaine de la protection des droits fondamentaux.

C'est pour relever ce défi que la Commission africaine a lancé un appel, dans sa Résolution[559] adoptée lors de sa 19ème session, aux associations des juristes, aux ONG des droits de l'homme ayant le statut d'observateurs auprès d'elle, aux associations et organisations des magistrats et d'avocats pour qu'ils initient une formation spécialisée et complète pour les cadres judiciaires, les avocats et les commissaires aux niveaux national et sous-régional.

2° Méconnaissance des droits par les justiciables : L'analphabétisme qui frappe la majeure partie de la population africaine la conduit naturellement à une profonde ignorance de ses droits. Les droits lui paraissent lointains et extérieurs à sa culture, les codes et lois ne sont pas accessibles et connus par les populations, les procédures de la justice tant au niveau interne qu'au niveau de la Commission africaine sont inconnues. Ni les symboles, ni le langage, ni les procédures de la justice ne sont connus des justiciables. À l'origine de cette situation se trouve l'analphabétisme ainsi que le manque d'instruments[560] d'information réellement scientifiques, susceptibles d'être utilisés

---

[559] Résolution précitée : ACHPR/ Res. 22 (XIX) 96 : Résolution sur le rôle des avocats et des magistrats dans l'incorporation de la Charte et le renforcement des activités de la Commission dans les systèmes nationaux et sous-régionaux. Dans cette Résolution, la Commission a apprécié l'initiative des magistrats des pays du Commonwealth qui, contrairement à leurs homologues du système continental, incorpore et développe davantage les instruments et les principes des droits de l'homme dans leur travail.

[560] Certains de ces instruments, le commentaire de la Charte africaine article par article et l'inventaire de la mise en œuvre de la Charte pays par pays sont en chantier au Centre des droits de l'homme de l'Université de Pretoria.

avec profit par tous les justiciables et praticiens du droit. Il manque notamment un commentaire de la Charte article par article, un inventaire de la mise en œuvre de la Charte pays par pays, un recueil des décisions de la Commission africaine des droits de l'homme et des peuples[561], une traduction de la Charte et des décisions dans les différentes langues des États parties à la Charte, un extrait des principes clés de la jurisprudence de la Commission africaine, …

La très mauvaise connaissance de la Charte au sein des États parties à la Charte est attestée par le faible nombre de communications déférées à la Commission.

En effet, celle-ci a débuté véritablement ses activités en 1989[562] et jusqu'en 2007 soit après 18 ans d'activités, elle n'avait pris des décisions que sur 312 communications[563], soit une moyenne de 16 communications par an.

Cette moyenne est difficilement comparable à celle du système européen dans lequel en 1999, on avait enregistré huit-mille-trois-cent-quatre-vingt-douze requêtes.

3° L'inefficacité des avocats : dans beaucoup de pays africains, on cherchera en vain, dans les procès touchant directement ou indirectement à la violation des droits de l'homme, des conclusions d'avocats invoquant le droit de la Charte africaine. En raison de difficultés d'accès aux sources documentaires dans les pays où les décisions judiciaires sont rarement publiées et où les sources sont inexistantes sur internet, l'étude ci-dessus référencée, menée sous la direction du Professeur

---

561 Les seuls endroits où on peut trouver la liste des décisions de la Commission africaine sont les sites suivants :
- Site de l'Université de Minnesota (http : www. edu/humanrts/africa/comcases/countryappendix. html).
- Site du Centre pour les droits de l'homme de l'Université de Pretoria (http : www. up. ac. za/chr/).

562 C'est à cette époque où se situent véritablement le début des activités de cette Commission. Elle a été inaugurée à Addis- Abeba le 02 novembre 1987 après élection de ses membres par la 23ème Conférence des Chefs d'État et de Gouvernement de l'O. U. A., elle a d'abord été installée au siège de l'O. U. A. avant de se voir attribuer son propre siège, le 12 juin 1989, à Banjul, capitale de la République gambienne.

563 Le nombre 312 figure dans le 22ème et dernier rapport d'activités de la Commission que nous avons Consulté, adopté au cours de la 11ème session de la Conférence de l'Union Africaine qui a eu lieu du 25 au 29 juin 2007.

Jean François Flauss, a mis en exergue que la consultation des grands arrêts de la jurisprudence nationale, dans les pays africains, donne l'impression que la Charte africaine est quasiment absente du paysage judiciaire de la totalité des États parties.

La Commission africaine est consciente de cette lacune. C'est la raison pour laquelle, dans la Résolution susvisée, elle a lancé un appel aux avocats pour qu'ils s'inspirent davantage de la Charte et des autres instruments internationaux des droits de l'homme dans leurs plaidoiries.

4° Les lenteurs dans les procédures : l'obtention d'une décision définitive demande souvent, en Afrique, un temps considérable et occasionne des frais dont le montant est à la mesure de la durée de la procédure. Les délais anormalement longs des procédures internes résultent de la longueur excessive de l'instruction des affaires, la fréquence des renvois d'une audience à une autre, les défaillances dans la transmission des dossiers d'une juridiction à une autre, les mutations et les déplacements trop fréquents des magistrats.

La notion de délai raisonnable ainsi que les critères de base pour sa détermination est presque inconnue dans la pratique judicaire africaine.

Les frais qu'occasionne la longueur des procédures ajoutés au fait que l'assistance judiciaire gratuite fait défaut dans le cadre africain, font que, dans certains cas, les requérants renoncent à leurs actions en cours de procédure[564].

5° Les interférences politiques: Le pouvoir judiciaire est un garant majeur de l'application effective de la Charte au niveau local mais lorsqu'il n'est pas indépendant, il ne peut pas remplir correctement son rôle. Les États parties à la Charte reconnaissent le principe de l'indépendance de la magistrature dans leurs constitutions respectives[565] mais

[564] C'est une situation paradoxale car jusqu'à présent, la jurisprudence de la Commission africaine n'a pas encore admis que l'indigence du requérant est une circonstance qui dispense le requérant de l'épuisement des voies de recours internes avant la saisine de la Commission africaine.

[565] DU BOIS DE GAUDUSSON, J., *Les procédures de garanties et leurs limites dans les constitutions francophones africaines*, Colloque international consacré à « Espace juridique francophone et droits de l'homme », Université de Limoges, 2 et 3 octobre 1989.

les régimes politiques ne favorisent pas l'indépendance de la magistrature. Affirmer celle-ci est une chose, mais veiller à ce que les juges soient réellement à l'abri des sollicitations en est une autre. Les régimes politiques africains ne souhaitent l'indépendance qu'au gré des opportunités de domestication et l'indépendance devient un obstacle à la carrière des magistrats. Le cheminement de la carrière des magistrats est assez souvent parsemé de décisions individuelles prises au gré de l'autorité politique : les nominations prestigieuses, les avancements, les mutations et les sanctions éventuelles, l'inamovibilité des magistrats n'est que poudre aux yeux.

L'une des raisons de cette subordination du pouvoir judicaire au pouvoir politique réside dans la violation du principe de la séparation des pouvoirs. Assez souvent, parmi les nombreuses dispositions constitutionnelles menaçant l'indépendance des juges, on peut citer celle qui consiste à confier la garde de cette indépendance à un Chef d'État bénéficiaire d'une formidable concentration des pouvoirs. L'existence d'un Conseil Supérieur de la Magistrature ne change souvent rien à cette situation, du fait des modalités de désignation de ses membres. La multiplication des juges non professionnels[566], l'élection des juges par les assemblées nationales ou locales sont autant d'éléments militant pour la subordination du pouvoir judiciaire plutôt que pour son indépendance.

En définitive, les juges des pays africains ne seront réellement en mesure de verser dans un activisme judiciaire favorisant une application effective de la Charte africaine que lorsque leur indépendance sera davantage garantie.

C'est dans cette optique que la Commission africaine a adopté une Résolution sur le respect et le renforcement de l'indépendance de la magistrature[567].

---

[566] Notamment les juges des tribunaux militaires : la jurisprudence de la Commission africaine n'a pas encore osé écarter de tels juges.

[567] Résolution précitée adoptée lors de la 19ème session ordinaire de la Commission, tenue à Ouagadougou, Burkina Faso, du 26 mars au 4 avril 1996.

6° La préférence pour la conciliation : pour défendre leurs droits, les africains préfèrent généralement recourir à d'autres voies que celles du procès. Ce constat concerne non seulement les litiges à caractère administratif mais aussi les conflits à caractère civil. Le faible développement du contentieux administratif s'explique par le faite que face à l'administration, les africains n'osent généralement pas porter plainte, suite à la crainte de représailles possibles.

En matière civile, le reflexe juridictionnel n'est pas davantage développé.

En effet, les africains recherchent souvent une solution négociée de règlement des conflits. Ainsi, le dialogue et la palabre africaine sont plus vivants que les procès, les africains préférant les compromis dans lesquels personne ne perd sa place.

c. La complexité des sources du droit

Le droit des pays d'Afrique s'abreuve à de multiples sources du droit : les droits originairement africains, le droit musulman, le droit romano-germanique, la *Common Law*, les systèmes à double influence (celle de la *Common Law* et celle du droit romano-germanique)[568]. La justice africaine doit ainsi concilier deux réalités contradictoires : celle de la modernité de ses instruments d'intervention et le traditionalisme des repères sociologiques du grand nombre de justiciables. Même si les conflits entre le droit écrit et le droit coutumier ont été théoriquement résolus par l'imposition du principe de la suprématie du droit écrit sur le droit coutumier[569], les citoyens africains conservent les logiques musulmanes, animistes ou chrétiennes, elles mêmes plurielles, conservées en raison des besoins identitaires.

Cette complexité des sources du droit en Afrique contraste avec ce qui se passe en Europe où on ne fait application que du droit continental et de la *Common Law*.

[568] Pour un aperçu circonstancié de ces différents systèmes, voy. NTAMPAKA, C. *op.cit.*, p. 15.
[569] NTAMPAKA , C., *op.cit.*, p. 3.

§2. *L'efficacité de l'organe international de contrôle*

Le deuxième postulat, non démontré dans le cadre de la Charte africaine des droits de l'homme et des peuples, que traduit l'idée de subsidiarité du contrôle international, résulte de l'affirmation de l'efficacité de l'organe international de contrôle. Transposée au système africain, cette conception de la subsidiarité reviendrait à reconnaître l'efficacité de la Commission africaine pour pallier les insuffisances des autorités nationales en cas de violation de la Charte.

Sous cet angle, l'efficacité de la Commission africaine ne peut pas *a priori* être supposée, pour plusieurs raisons déjà indiquées à maintes reprises[570].

Le principal handicap structurel affectant l'efficacité de la Commission africaine découle de l'absence de contrainte internationale digne de ce nom, susceptible d'imposer aux autorités nationales le respect effectif de la Charte dans l'ordre juridique interne. En effet, en cas de violation de la Charte, cette Commission dispose tout au plus du pouvoir de blâmer l'État défendeur. Les recommandations qu'elle prononce à la suite des constats de violation n'ont pas de caractère juridiquement contraignant.

Il découle de toutes ces observations que les idées majeures qui justifient l'existence de la subsidiarité, ne se vérifient pas dans le contexte africain.

La conséquence qui en résulte est l'ineffectivité de la Charte. La question que l'on peut dès lors se poser est de savoir si la Charte africaine des droits de l'homme et des peuples devait contenir le principe de subsidiarité parmi ses principes-clés, ou plus exactement si ce principe ne devrait pas être abandonné.

---

[570] Voy. Première partie, chapitre premier dans la section consacrée à l'analyse de la nature juridique de la Commission africaine des droits de l'homme. La doctrine a consacré d'importants développements sur les faiblesses de la Commission africaine des droits de l'homme et des peuples. Voy. Notamment :MURRAY, R., « The African Charter of Human and Peoples' Rights, 1987 – 2000 : An overview of its progress and problems », *African Human Rights Journal*, vol. 1, n° 1, 2001, pp. 7 et suivants; HUNSUNGULE, M., « The African Charter of Human and Peoples' Rights : A critical Review », *African Yearbook of Human Rights*, vol. 8, 2001, Kluwer Law International, pp. 265- 331.

SECTION 2 : LA PROBLEMATIQUE DE L'ABANDON DU PRINCIPE DE SUBSIDIARITE

Est-il possible d'abandonner le principe de subsidiarité ?

Telle est la question que l'on serait amené légitimement à se poser après ce constat que la subsidiarité produit des résultats contre-productifs. La réponse à cette question est délicate et il importe, avant de se prononcer, de passer en revue les arguments qui militent en faveur de son maintien.

§1. Argument d'ordre comparatif

L'idée de subsidiarité est inhérente à toute structure qui connaît différents niveaux de pouvoirs et par conséquent, elle est présente dans toute communauté d'une manière ou d'une autre. La subsidiarité s'applique dans les mécanismes juridiques les plus élaborés de protection internationale des droits de l'homme. Elle est affirmée par la Convention européenne des droits de l'homme, la Charte des droits fondamentaux de l'Union européenne, le Pacte international relatif aux droits civils et politiques, la Convention interaméricaine des droits de l'homme. Tous ces systèmes juridiques internationaux convergent sur ce point et il pourrait paraître étrange que le système africain fasse exception dès lors que ces derniers ont servi de source d'inspiration à la Charte africaine.

§2. La défense de la souveraineté des États

La mise en œuvre de la subsidiarité exige une balance équilibrée entre les objectifs difficiles à atteindre : la sauvegarde de la souveraineté des États et la protection des droits fondamentaux. La subsidiarité est un principe d'équilibre indispensable dans l'ordre international confronté à l'affirmation de la souveraineté des États.

En matière de droits de l'homme, les compétences du contrôle international jouent aujourd'hui un rôle essentiel, tant à l'échelle universelle qu'à l'échelle régionale. Dans ce contexte, force est de constater que c'est la notion même de souveraineté de l'État qui a été atténuée et que, par la suite, l'idée de pouvoir absolu de l'État, suprême et illimité est aujourd'hui en déclin. Les droits de l'homme ne sont considérés actuellement sous l'angle ni de la souveraineté absolue ni de l'ingérence politique. Cette conception reste étrangère à la Charte africaine dont les dispositions suivantes traduisent une résistance de la part des États parties à lâcher leur souveraineté qu'ils ont difficilement acquise :

a. Institution d'un seul organe quasi juridictionnel comme organe de sauvegarde

Alors que les systèmes européens et américains ont opté dès le départ, comme mesures de sauvegarde de leurs Conventions respectives, pour des mécanismes dont l'efficacité reposait sur l'existence d'une cour des droits de l'homme, les États africains se sont bornés, en 1981, à ne créer qu'un organisme quasi juridictionnel, la Commission africaine des droits de l'homme et des peuples. Ce n'était pas une omission. Soucieux de sauvegarder à tout prix leur souveraineté, les États africains parties à la Charte n'ont pas voulu répondre de leurs engagements devant un organe juridictionnel susceptible de déboucher sur des décisions obligatoires pour les États. Les difficultés de mise en place de la Cour africaine des droits de l'homme constituent un signe éloquent de cette idéologie des dirigeants africains[571].

b. La tutelle de la Conférence des Chefs d'État et de Gouvernement sur les activités de la Commission africaine

Les articles 54 et 59 de la Charte montrent que la Conférence des Chefs d'État et de Gouvernement s'est réservé un monopole décisionnel sur toutes les activités de la Commission en général, en particulier les activités de la protection des droits et libertés énoncés dans la Charte.

En effet, dans la terminologie de la Charte, les décisions finales de la Commission appelées « recommandations », n'ont pas de force juridiquement contraignante en tant que telles pour l'État visé. L'article 54 de la Charte dispose à ce sujet que ces recommandations sont consignées dans les rapports annuels d'activités de la Commission, destinés à la Conférence des Chefs d'État et de Gouvernement. Lorsque ces recommandations sont adoptées par ladite Conférence, elles deviennent des décisions obligatoires pour les États parties et elles sont publiées. L'article 59 de la Charte dispose dans le même

[571] Voir à ce sujet, la deuxième section de la première partie aux pages 46 à 49 de notre étude.

sens « Toutes les mesures prises dans le cadre du présent chapitre (Chapitre III. De la procédure de la Commission) resteront confidentielles jusqu'au moment où la Conférence des Chefs d'État et de Gouvernement en décidera autrement ».

Ces dispositions conventionnelles traduisent la volonté manifeste de la part des États parties à la Charte de garder farouchement leur souveraineté car les attributions de la Commission sont limitées uniquement à la présentation d'un rapport à la Conférence des Chefs d'État et de Gouvernement qui a le pouvoir de décision.

La résistance des États que traduisent ces différentes dispositions de la Charte explique que la Commission africaine des droits de l'homme et des peuples se trouve confrontée à deux impératifs contradictoires : le premier, d'ordre juridique, lui commande de veiller à ce que les États respectent scrupuleusement la Charte; le deuxième, d'ordre politique, lui commande de respecter la souveraineté des États et exige d'elle une certaine retenue.

Ainsi, l'abandon de la subsidiarité pourrait heurter la susceptibilité des États et les conduire à dénoncer la Charte africaine des droits de l'homme et des peuples.

§3. Raisons techniques

La Commission africaine ne peut pas être un tribunal de première instance. C'est une fonction qui ne lui est pas dévolue et pour laquelle elle ne dispose pas de moyens adéquats. De par sa composition et son rythme de travail, 11 membres qui siègent à temps partiel au cours de deux sessions ordinaires de deux semaines chacune sans compter les rares sessions extraordinaires[572], elle ne peut pas connaître des affaires d'une population estimée à 924 millions d'habitants[573].

---

[572] Depuis sa création, la Commission africaine des droits de l'homme et des peuples n'a tenu que cinq sessions extraordinaires.

[573] D'après le rapport 2006 sur l'état de la population africaine établi par le Département des Affaires Sociales de la Commission de l'Union Africaine, site : www. africa-union. org

CONCLUSION DU CHAPITRE

Il n'est pas facile de défendre l'idée de l'abandon du principe de la subsidiarité dans le système de la Charte. Autant la mise en œuvre de ce principe suscite des difficultés d'effectivité de la Charte africaine, autant une réflexion sur les arguments en faveur de ce principe amène à penser que son abandon risquerait de conduire à la dénonciation de la Charte africaine.

Le système africain doit dès lors continuer à travailler dans la logique de la subsidiarité. Toutefois, pour éviter ce danger de voir la Charte africaine devenir un instrument à géométrie variable, il s'impose d'imaginer des pistes de solution. Dans cette perspective, des mesures doivent être prises non seulement dans les droits internes des Etats mais aussi au niveau régional africain, c'est-à-dire celui de la Commission africaine des droits de l'homme et des peuples et de l'Union Africaine. Dans cette entreprise, nous nous sommes essentiellement référé d'abord à la jurisprudence des autres organes de protection des droits de l'homme et ensuite aux textes adoptés[574] au sein du Conseil de l'Europe dans le but d'assurer non seulement une meilleure exécution des arrêts de la Cour européenne des droits de l'homme mais aussi d'assurer l'efficacité de la mise en œuvre de la Convention européenne des droits de l'homme aux niveaux national et européen.

C'est cet ensemble de mesures qui fera l'objet de ce chapitre.

[574] Ce sont les textes suivants tels qu'ils sont commentés par, LAMBERT ABDELGAWAD, E., *L'exécution des arrêts de la Cour européenne des droits de l'homme*, R.T.D.H., 2007, pp.696-705 :

- CDDH (2006) 008, 7 avril 2006, Rapport d'activité, « Réforme de la Convention européenne des droits de l'homme – Déclaration du Comité des ministres - Assurer l'efficacité de la mise en œuvre de la Convention européenne aux niveaux national et européen » ;
- Recommandations 2000, 2002 et 2004 du Comité d'experts pour l'amélioration des procédures de protection des droits de l'homme (DH-PR) du Comité directeur pour les droits de l'homme ;
- Résolution 1516 (2006) du 2 octobre 2006, « Mise en œuvre des arrêts de la Cour européenne des droits de l'homme » ;
- Résolution 1764 (2006) du 2 octobre 2006, « Mise en œuvre des arrêts de la Cour européenne des droits de l'homme » ;

CHAPITRE II:

DES PASSERELLES POUR L'AVENIR

Tout au long des développements antérieurs, il est apparu que la dimension procédurale de la subsidiarité pose un problème d'effectivité de la Charte en raison soit des lacunes que présente le texte, soit de l'inefficacité de la Commission africaine des droits de l'homme et des peuples.

Dans ce chapitre, nous allons proposer les mesures qui devraient être adoptées dans les ordres juridiques internes et au niveau régional africain afin de rendre effective cette Charte.

SECTION 1: LES MESURES AU NIVEAU REGIONAL AFRICAIN

A ce niveau, plusieurs mesures s'imposent, certaines sont de la compétence de la Commission africaine alors que les autres échappent à sa compétence.

§1. Les mesures de la compétence de la Commission

1ère mesure urgente : L'amélioration de la qualité de sa jurisprudence

À part la Charte arabe des droits de l'homme, la Charte africaine des droits de l'homme et des peuples est le dernier instrument en date de tous les autres instruments internationaux des droits de l'homme.

Pourtant, ses rédacteurs n'ont pas profité de cette longue tradition juridique pour formuler d'une manière précise, les droits et libertés qui y sont contenus.

À défaut d'une rédaction claire de la Charte, il revenait normalement à la Commission africaine de l'interpréter afin de lui donner un contenu concret car, de toute évidence, ses dispositions ne sauraient s'interpréter uniquement en conformité avec les intentions de ses auteurs telles qu'elles furent exprimées il y a plus de vingt ans. En raison de la complexité des sources du droit en Afrique, les systèmes législatifs et les pratiques judiciaires des États parties à la Charte présentent une certaine diversité, et à défaut pour la Commission africaine de conférer au texte une interprétation autonome, différente des approches nationales, les droits internes des États parties peuvent facilement vider la Charte de sa substance. La Commission africaine reconnaît elle-même l'intérêt de la méthode de l'interprétation autonome que lui prescrit l'article 45 (3) de la Charte[575].

Dans une des décisions qu'elle a rendue, elle a déclaré : « ... le fait de permettre aux États parties d'interpréter les dispositions de la Charte...rendrait vaine la Charte »[576]. Cette bonne intention de la Commision n'a pas été traduite en réalité car rares sont les dispositions de la Charte africaine qui ont reçu une interprétation autonome, alors que les droits, formulés de manière similaire, dans les autres instruments internationaux des droits de l'homme, sont actualisés en permanence par la voie de l'interprétation. Au lieu de procéder à l'interprétation autonome de la Charte dans sa jurisprudence, la Commission africaine choisit une autre méthode : elle adopte des résolutions sur certains droits de la Charte. Dans cette perspective, elle a déjà adopté des résolutions sur le droit à un procès équitable[577], la liberté d'association[578], la torture et les peines ou traitements cruels, inhumains ou dégradants[579] ainsi que la liberté d'expression[580]. Cette méthode n'est guère productive car une

[575] Pour rappel, cette disposition stipule que la Commission a pour mission « d'interpréter toute disposition de la présente Charte à la demande d'un État partie, d'une Institution de l'OUA ou d'une Organisation africaine reconnue par l'OUA ».

[576] Communication précitée 275/2003 *Article 19 c. État d'Érythrée*, 22ème rapport d'activités, § 115.

[577] Résolution précitée : ACHPR Res. 4 (XI) 92, Résolution sur la procédure relative au droit de recours et à un procès équitable, adoptée au cours de la 11ème session ordinaire à Tunis en Tunisie, du 2 au 9 mars 1992. ACHPR Res. 41(XXVI)99 : Résolution sur le droit à un procès équitable et à l'assistance judiciaire en Afrique, adoptée au cours de la 26ème session ordinaire à Kigali au Rwanda, du 1er au 15 novembre 1999.

[578] ACHPR Res. 5 (XI) 92 : Résolution sur la liberté d'association, adoptée au cours de la 11ème session ordinaire à Tunis en Tunisie du 2 au 9 mars 1992.

[579] ACHPR Res. 61 (XXXII) 02 : Résolution sur les lignes directrices et mesures d'interdiction et de prévention de la torture et des peines ou traitements cruels, inhumains ou dégradants en Afrique, adoptée au cours de la 32ème session tenue à Banjul en Gambie, du 17 au 23 octobre 2002.

[580] ACHPR Res. 65 (XXIX) 01 : Résolution sur la liberté d'expression, adoptée au cours de la 29ème session ordinaire à Tripoli en Libye, du 23 avril au 7 mai 2001. ACHPR Res. 62 (XXXII) 02 : Résolution sur l'adoption et la déclaration de principes sur la liberté d'expression en Afrique, adoptée au cours de la 32ème session ordinaire tenue à Banjul en Gambie, du 17 au 23 octobre 2002.

résolution n'est pas par sa nature juridiquement contraignante, un État ne saurait se voir condamné pour avoir passé outre les recommandations d'une résolution.

Par ailleurs, une incertitude plane au sujet de la catégorie à laquelle appartiennent les résolutions de la Commission africaine des droits de l'homme et des peuples dans le cadre des décisions de la Conférence de l'Union Africaine (Directives, Déclarations ou recommandations), ce qui pose problème d'abord quant au statut juridique des résolutions ou déclarations de la Commission africaine, ensuite quant à leur mise en œuvre. La Commission de l'Union Africaine devrait spécifier le statut juridique des décisions et recommandations de la Commission africaine des droits de l'homme et des peuples, dans le cadre de l'article 33 du Règlement intérieur de la Conférence des Chefs d'État et de Gouvernement de l'Union Africaine afin de faciliter la mise en œuvre des décisions de la Commission et par voie de conséquence le respect de la Charte.

Eu égard à ces difficultés, la Commission africaine devrait alors, en plus de ces résolutions et déclarations, se montrer de plus en plus dynamique dans l'application de la Charte, en définissant de façon autonome son contenu.

Cette méthode présenterait un double avantage.

D'abord, elle permettrait une harmonisation de la Charte avec les droits nationaux des États parties et partant une clarification des rapports entre la Commission africaine et les autorités nationales, étant donné que la Charte ne crée pas, à charge des États parties, une obligation d'incorporer celle-ci dans les droits internes des États parties.

Ensuite, les décisions de la Commission africaine seraient d'une grande lisibilité, ce qui permettrait une bonne exécution des décisions de la Commission africaine, au détriment de la liberté absolue réservée aux États parties en ce domaine.

En effet, s'il ne fait aucun doute que les décisions ne sont pas correctement exécutées, les torts ne situent pas uniquement du côté des États parties, il faut reconnaître que la Commission africaine elle-même porte une part de responsabilité. Peut-être les décisions pourraient-elles être bien exécutées si elles étaient claires et précises. Ainsi, lorsque la Commission africaine accorde aux États une liberté absolue dans l'exécution de ses décisions, elle doit constamment se souvenir du revers de la médaille : les autorités nationales sont obligées de rechercher des directives dans sa jurisprudence. Dans cette perspective, la Commission doit essayer de rendre des décisions claires, compréhensives, fermes, susceptibles de donner des lignes directrices non seulement à l'État concerné par une décision, mais aussi à tous les États parties à la Charte africaine. En d'autres termes, elle doit signaler aux États parties la direction à suivre, elle doit donner des indications sur les modes d'exécution de ses décisions, fixer les exigences essentielles des objectifs à atteindre tout en laissant aux autorités nationales la tâche d'en assurer la mise en œuvre.

Cette mesure s'impose car à la lecture des décisions que la Commission a déjà rendue sur les communications qui lui sont présentées, on se rend compte qu'elle procède de deux manières :

- Soit elle fait une interprétation partielle des dispositions dont la violation est alléguée assez souvent en s'inspirant de la jurisprudence des autres organismes de protection des droits de l'homme[581];
- soit elle fait un rappel des faits et des dispositions pour conclure immédiatement à la violation ou à la non-violation de la Charte[582].

[581] C'est le cas des décisions rendues sur les droits et libertés suivants :
- Droit à un procès équitable (article 7 de la Charte) ;
- La liberté d'expression (article 9 de la Charte) dans les décisions portant sur les communications *140/94, 141/94 et 145/95, Constitutional Rights Project, Civil Liberties c. Nigeria*, 13ème rapport d'activités, § 38 ; 105/94, 152/96 *Media Rights Agenda and Constitutional Rights Project c. Nigeria*, 12ème rapport d'activités, § 57.
- L'interdiction de la torture (article 5 de la Charte) : Communications 137/94, 139/94, 154/96 et 161/97 *International Pen, Constitutional Rights, Interights (au nom de Ken Saro-Wiwa Jr) et Civil Liberties c. Nigeria*, 12ème rapport d'activités, § 79; Communication 236/2000 *Curtis Francis Doebbler c. Soudan*, 16ème rapport d'activités, § 36. Communication 224/98 *Media Rights Agenda c. Nigeria*, 14ème rapport d'activités, § 71; Communication 241/01 *Purohit et Moore c. Gambie*, 16ème rapport d'activités, § 58.

Communication 224/98 *Media Rights Agenda c. Nigeria*, 14ème rapport d'activités, § 70; Communication 225/98 *Huri-Laws c. Nigeria*, 14ème rapport d'activités, § 41.

[582] C'est le cas des décisions rendues sur les droits et libertés qui suivent :
- La liberté d'association : Communication précitée 218/98 *Amnesty International c. Zambie*, 12ème rapport d'activités, §§ 48 et 49; Communications 138/94, 139/94, 154/96 et 161/97 *International Pen, Constitutional Rights, Interights (au nom de Ken Saro-Wiwa Jr) et Civils Liberties Organisation c. Nigeria*, 12ème rapport d'activités, §§ 105- 106; Communications précitées 147/95 et 149/96 *Sir Dawda K. Jawara c. Gambie*, 13ème rapport d'activités, § 68;

Communication précitée 225/98 *Huri-Laws c. Nigeria*, 14ème rapport d'activités, §§ 48 et 49;

Dans une étude relative à la subsidiarité procédurale et dans le but d'améliorer les recours judiciaires internes, il importe de proposer à la Commission africaine de faire une interprétation autonome du droit à un procès équitable.

Communication précitée 228/99 *Law Office of Ghazi Suleiman c. Soudan*, 16ème rapport d'activités, §§ 54 et 56; Communication précitée 232/99 *John D. Ouko c. Kenya*, 16ème rapport d'activités, §§ 29 et 30.

- La liberté de réunion (article 11 de la Charte): Communication précitée 228/99 *Law Office Ghazi Suleiman c. Soudan*, 16ème rapport d'activités, §§ 55-56; Communication précitée 251/2002 *Lawyers for Human Rights c. Royaume du Swaziland*, 18ème rapport d'activités, §§ 59-61; Communications précitées 147/95 et 149/96 *Sir Dawda K. Jawara c. Gambie*, 13ème rapport d'activités, § 69.
- Le droit à la liberté et à la sûreté de la personne (article 6 de la Charte) : Communication 102/93 *Constitutional Rights Project et Civil Liberties Organisation c. Nigeria*, 12ème rapport d'activités, §§ 54 et 56 ainsi que les communications précitées :Communications 137/94, 139/94, 154/96 et 161/97 *International Pen, Constitutional Rights, Interights (au nom de Ken Saro-Wiwa Jr) et Civil Liberties Organisation c. Nigeria*, 12ème rapport d'activités, §§ 82-84; Communications 140/94, 141/94 et 145/95 *Constitutional Rights Project, Civil Liberties Organisation et Media Rights Agenda c. Nigeria*, 13ème rapport d'activités, §§ 50 et 51; Communications 143/95 et 150/96 *Constitutional Rights Project et Civil Liberties Organisation c. Nigeria*, 13ème rapport d'activités, §§ 21-31; Communication 148/96 *Constitutional Rights Project c. Nigeria*, 13ème rapport d'activités, §§ 13-15; Communication 153/96 *Constitutional Rights Project c. Nigeria*, 13ème rapport d'activités, § 15; Communication 224/98 *Media Rights Agenda c. Nigeria*, 14ème rapport d'activités, §§ 40et 41; Communications 222/98 et 229/99 *Law Office of Ghazi Suleiman c. Soudan*, 16ème rapport d'activités, §§ 48-50; Communications 228/99 *Law Office of Ghazi Suleiman c. Soudan*, 16ème rapport d'activités, § 53. Communication 241/01 *Purohit et Moore c. Gambie*, 16ème rapport d'activités, § 64.
- Le droit à la vie (article 4 de la Charte) : Communications précitées 137/94, 139/94, 154/96 et 161/97 *International Pen, Constitutional Rights, Interights (au nom de Ken Saro-Wiwa Jr) et Civil Liberties Organisation c. Nigeria*, 12ème rapport d'activités, § 104 ; Communication précitée 204/97 *Mouvement Burkinabé des Droits de l'Homme et des Peuples c. Burkina Faso*, 14ème rapport d'activités, §§ 41-42; Communication précitée 155/96 *Social and Economic Rights Action Center, Center for Economic and Social Rights c. Nigeria*, 15ème rapport d'activités, § 67.
- La liberté de conscience et de religion (article 8 de la Charte) : Communication précitée 212/98 *Amnesty International c. Zambie*, 12ème rapport d'activités, § 47; Communication précitée 204/97 *Mouvement Burkinabé des Droits de l'Homme et des Peuples c. Burkina Faso*, 14ème rapport d'activités, § 45 ; Décision portant sur la ccommunication précitée 255/2002 *Garreth Anver Prince c. Afrique du Sud*, 17ème rapport d'activités, §41.
- La liberté de circulation (article 12 de la Charte) : Communication 97/93 *John K. Modise c. Botswana*, 14ème rapport d'activités, § 93; Communication 232/99 *John D. Ouko c. Kenya*, 14ème rapport d'activités, § 31; Communication 204/97 *Mouvement Burkinabé des Droits de l'Homme et des Peuples c. Burkina Faso*, 14ème rapport d'activités, §§ 46 et 47; Communication 228/99 *Law Office of Ghazi Suleiman c. Soudan*, 16ème rapport d'activités, §§ 57 et 64; Communication 249/2002 *Institut pour les Droits Humains et le Développement en Afrique pour le compte des refugiés sierra-léonais en Guinée c. République de Guinée*, 17ème rapport d'activités, § 44.
- Le droit de propriété (article 14) : Communications 105/93, 128/94, 130/94 et 152/96 *Media Rights Agenda and Constitutional Rights Projects c. Nigeria*, 12ème rapport d'activités, § 77; Communications 140/94, 141/94 et 145/95 *Constitutional Rights Project, Civils Liberties Organisation et Media Rights Agenda c. Nigeria*, 13ème rapport d'activités, § 54; Communication 225/98 *Huri Laws c. Nigeria*, 14ème rapport d'activités, §§ 52 et 53.

L'analyse suivante montre l'état des lieux de la jurisprudence de la Commission africaine sur ce droit inscrit à l'article 7 de la Charte ainsi que les aspects de ce droit qui restent incertains et sur lesquels la Commission africaine devrait se prononcer.

I. Le libellé de l'article 7 de la Charte

L'article 7 de la Charte contient des dispositions générales sur l'administration de la justice. Il est rédigé, à quelques exceptions près, de manière identique à l'article 8 de la Convention interaméricaine des droits de l'homme, à l'article 6 de la Convention européenne des droits de l'homme ainsi qu'à l'article 14 du Pacte international relatif aux droits civils et politiques. Il se lit ainsi :

« *1. Toute personne a droit à ce que sa cause soit entendue. Ce droit comprend :*

- *a) le droit de saisir les juridictions nationales compétentes de tout acte violant les droits fondamentaux qui lui sont reconnus et garantis par les Conventions, les lois, règlements et coutumes en vigueur;*
- *b) le droit à la présomption d'innocence, jusqu'à ce que sa culpabilité soit établie par une juridiction compétente;*
- *c) le droit à la défense, y compris celui de se faire assister par un défenseur de son choix;*
- *d) le droit d'être jugé dans un délai raisonnable par une juridiction impartiale.*

2. Nul ne peut être condamné pour une action ou une omission qui ne constituait pas, au moment où elle a eu lieu, une infraction légalement punissable. Aucune peine ne peut être infligée si elle n'a pas été prévue au moment où l'infraction a été commise. La peine est personnelle et ne peut frapper que le délinquant ».

Au regard des dispositions pertinentes des autres instruments internationaux ou régionaux des droits de l'homme relatives, au droit à un procès équitable, l'article 7 de la Charte africaine reste muet sur certaines garanties judiciaires intégrées par la suite dans la Résolution susvisée sur le droit de recours et à un procès équitable. Cette Résolution indique en son point 2 que le droit à un procès équitable comprend entre autres ce qui suit :

a) Toute personne a droit à ce que sa cause soit entendue et tous les individus sont égaux devant les juridictions pour la détermination de leurs droits et obligations;
b) Les personnes arrêtées seront informées lors de leur arrestation, et dans une langue qu'elles comprennent, des motifs de leur arrestation; elles devront également être rapidement informées de toute charge retenue contre elles;
c) Les personnes arrêtées ou détenues comparaîtront rapidement devant un juge ou tout autre responsable légalement investi d'un pouvoir judiciaire; soit elles auront droit à un procès équitable dans un délai raisonnable, soit elles seront relaxées;
d) Les personnes accusées d'un délit pénal sont présumées innocentes jusqu'à l'établissement de la preuve contraire par un tribunal compétent;
e) Dans la détermination des chefs d'inculpation contre les individus, ces derniers auront le droit :
    i) de disposer suffisamment de temps et de facilités pour la préparation de leur défense, et de pouvoir communiquer, en toute discrétion, avec un avocat de leur choix;
    ii) d'être jugés dans les délais raisonnables;
    iii) d'interroger les témoins à charge et de pouvoir communiquer et interroger les témoins à décharge dans les mêmes conditions que les témoins à charge;
    iv) de bénéficier de l'assistance gratuite d'un interprète s'ils ignorent la langue utilisée par la Cour.

La même résolution ajoute en son point 3 que les personnes accusées d'un délit auront le droit de faire appel devant une juridiction supérieure.

À la lecture de l'article 7 de la Charte et de cette résolution, on peut affirmer que les deux textes contiennent en détail les divers éléments correspondant à la définition du procès équitable.

Néanmoins, tel que nous allons le montrer dans les analyses suivantes, à la différence des autres organes de protection des droits de l'homme, très peu de ces éléments ont fait l'objet d'une étude approfondie par la Commission africaine.

II. La jurisprudence y relative

Déterminer les notions du droit à un procès équitable qui exigent des qualifications autonomes nécessite de distinguer plusieurs aspects :

A. L'article 7, 1, a) : Le droit de saisir les juridictions nationales compétentes

L'article 7. 1. a) énonce explicitement que toute personne a droit à ce que sa cause soit entendue, mais la Commission africaine des droits de l'homme et des peuples n'a encore précisé ni le champ d'application, ni la portée, ni l'objet de ce droit.

1. Champ d'application du droit de saisir les juridictions

Lorsque l'on se réfère aux dispositions des différents instruments internationaux des droits de l'homme, relatives au droit à un procès équitable (l'article 14 du Pacte international relatif aux droits civils et politiques, l'article 6 de la Convention européenne des droits de l'homme et l'article 8 de la Convention interaméricaine des droits de l'homme), on constate qu'elles adoptent la même présentation générale qui se caractérise par un dualisme, matière civile-matière pénale, aussi bien dans la définition du droit à un procès équitable que dans ses éléments constitutifs. La Charte africaine des droits de l'homme fait exception à ce schéma car elle ne distingue pas clairement les deux matières civile et pénale même si elle se rapproche des autres instruments dans l'énumération des éléments constitutifs du procès équitable.

En effet, l'article 7 de cette Charte est beaucoup plus précis en ce qui concerne le procès pénal. Les garanties accordées à toute personne accusée sont énoncées en détail.

Dans le même ordre d'idées, la résolution sur le droit de recours et un procès équitable reconnaît en son premier alinéa que tous les individus sont égaux devant les juridictions pour la détermination de leurs droits et obligations, ce qui laisse supposer que ce sont les droits et obligations en matière civile, mais les garanties procédurales qu'elle énonce dans la suite concernent exclusivement les matières pénales.

La Commission africaine ne s'est jamais prononcée à ce sujet, ce qui fait que l'on peut légitimement se poser les questions suivantes :

- L'article 7 de la Charte reconnaît le droit de saisir les juridictions pour quels types de litiges ? Sont-ils des litiges de droit privé, de droit public, de droit civil, de droit pénal ou de droit disciplinaire ?
- La qualification juridique du litige comme relevant de ces différentes catégories est-elle déterminée d'après le droit interne de l'État considéré ou au contraire ces notions possèdent-elles des significations autonomes au sens de la Charte ?

Sans ignorer les distinctions fondamentales opérées par le droit national entre droit privé, droit public, matière civile et matière pénale, qui touchent au cœur même du fonctionnement des États parties à la Charte et de leur pouvoir discrétionnaire, il est fondamental, pour éviter une application de la Charte à géométrie variable, que la Commission détermine exactement les définitions autonomes de ces termes, indépendantes des qualifications nationales.

En effet, ces notions sont difficiles à définir, elles varient dans le temps, elles diffèrent d'un pays à un autre et sans cette autonomie de la Charte par rapport aux qualifications nationales, les États parties pourraient à leur guise qualifier les faits de civil, de pénal ou de disciplinaire afin d'échapper à l'emprise de l'article 7.

Cette lacune de la jurisprudence de la Commission africaine que la jurisprudence européenne[583] et celle du Comité des droits de l'homme[584] ont levée de longue date, se remarque également dans la jurisprudence de la Cour interaméricaine des droits de l'homme, mais pour une raison qui lui est propre.

[583] Voy. Parmi plusieurs autres, les arrêts précités:
- Cour eur. dr., arrêt *König c. Allemagne*, 28 juin 1978, §§ 88 et 89;
- Cour eur. dr. h., arrêt *Deweer c. Belgique*, 27 février 1980, §§ 42 et 44;
- Cour eur. dr. h., arrêt *Al- Adsani c. Royaume- Uni*, 21 novembre 2001, § 46.

[584] Dans la jurisprudence du Comité, certaines décisions sur la recevabilité abordent la question de la distinction entre le pénal et les obligations de caractère civil :
Affaire *Pinkey c. Canada*, req. n° 27/1978, décision du 02 avril 1980, Selected Décisions, vol. 1. pp. 12 et 13;
- Affaire C. *A. c. Italie*, req. n° 127/1982, décision du 31 mars 1983, Selected Decisions, vol. 2, p. 42;
- Affaire *V. M. R. B. c. Canada*, req. n° 236/1987, décision du 18/07/1988, A/43/40, p. 268.

Dans le système américain, l'absence de la distinction entre matière civile et matière pénale résulte du fait que les affaires que la Cour interaméricaine a déjà connues, relèvent dans leur quasi-totalité de la matière pénale[585].

2. La portée de l'article 7. 1. a) de la Charte

Pas plus que la jurisprudence de la Commission africaine des droits de l'homme et des peuples ne détermine le champ d'application du droit à un tribunal, elle n'indique pas non plus de façon exhaustive les différents aspects du droit énoncé à l'article 7 de la Charte.

En effet, la jurisprudence considère généralement que le droit à un tribunal, notamment celle de la Cour européenne des droits de l'homme, couvre les aspects suivants : c'est un droit d'accès à un tribunal, ce droit doit être effectif, il comporte des limites implicites, il peut s'appliquer avant la saisine du juge, enfin il concerne l'exécution des décisions de justice. Dans cette longue liste des aspects que couvre le droit à un tribunal, la jurisprudence de la Commission africaine n'en a déjà reconnu qu'un seul : le droit à l'exécution des décisions de justice.

a) Droit d'accès à un tribunal ou à une instance pendante ?

Le premier aspect de la portée du droit à un tribunal, que la Commission africaine n'a pas encore précisé, concerne la question de savoir si les garanties procédurales qu'énonce l'article 7 et la résolution sur le droit de recours et à un procès équitable concernent exclusivement le déroulement d'une instance déjà engagée devant un tribunal ou le droit d'accès à un tribunal pour toute personne désireuse d'introduire une action en justice.

Pour éviter tout risque d'arbitraire, la Commission africaine devrait se prononcer sur cette question. À défaut d'une telle précision, un État contractant pourrait, sans enfreindre cette disposition, supprimer certaines juridictions ou soustraire à leur compétence le règlement de certaines catégories de différends pour les confier à d'autres organes dépendants du gouvernement. Cette mesure pourrait engendrer de graves conséquences contraires au principe du droit à avoir sa cause entendue. C'est la raison pour laquelle, la Commission africaine devrait énoncer expressément dans sa

[585] TIGROUDJA, H. et PANOUSIS, K., *op.cit.*, p. 254.

jurisprudence, que le droit d'accès à un tribunal constitue un aspect du droit à un tribunal et qu'il implique non seulement que les garanties procédurales s'appliquent à l'instance pendante devant un tribunal, mais aussi qu'il implique le droit d' accéder à un tribunal. De toute évidence, bénéficier des garanties du droit à un procès équitable est une étape mais qui suppose au préalable le droit d'accès.

b) Le droit à un tribunal doit être effectif

Il ne suffit pas que l'accès à un tribunal soit possible, encore faut-il qu'il soit effectif. Le requérant doit bénéficier d'un droit d'accès concret et effectif devant une juridiction. La Cour européenne des droits de l'homme en a tiré comme conséquence l'obligation des États d'instaurer un système d'aide judiciaire. D'après la jurisprudence de cette Cour[586], l'assistance d'un membre du barreau est indispensable à un accès effectif au juge, en raison soit de la complexité de la procédure, soit de la nature même de la cause.

La Charte africaine ne renferme aucune clause sur l'aide judiciaire gratuite et la Commission africaine se montre prudente à ce sujet, sans doute pour ne pas faire supporter aux États un fardeau insupportable.

La prudence de la Commission s'observe notamment dans la formule qu'elle emploie :

« Par ailleurs, il est souhaitable que, dans les affaires où l'accusé n'est pas en mesure de s'offrir les services d'un avocat, qu'il soit défendu par un avocat aux frais de l'État »[587].

c) Les limites implicites de l'article 7, 1, a) de la Charte

Un autre point sur lequel la jurisprudence de la Commission africaine reste muette concerne la question de savoir si, dans le système de la Charte, l'article 7 possède un caractère absolu ou si les États contractants jouissent d'une certaine marge d'appréciation et peuvent, sans faire entorse à cette

[586] Voy. Parmi tant d'autres les arrêts :
- Cour eur. dr. h., arrêt *Airey c. Irlande*, 9 octobre 1979, § 24;
- Cour eur. dr. h., arrêt *R. D. c. Pologne*, 18 décembre 2001, § 43- 52.

[587] Décision rendue sur la communication 218/98 *Civil Liberties Organisation, Legal Defence Center, Legal Defence and Assistance Project c. Nigeria*, 14ème rapport d'activités, § 29.

disposition, adopter des règlementations susceptibles de varier dans le temps et dans l'espace en fonction des besoins et des ressources d'un État partie et des individus.

Les États parties pourraient par exemple prévoir dans leur législation interne un régime d'immunité conforme au droit international, faisant ainsi obstacle d'une certaine manière à l'éventualité d'une action en justice. Ils peuvent prévoir des délais légaux de prescription des actions en justice, prendre des ordonnances qui prescrivent le versement d'une caution avant d'intenter une action, adopter des règlementations particulières aux mineurs ou handicapées mentaux désireux de saisir le juge, etc.

La jurisprudence de la Commission africaine reste obscure sur cette question. Il s'impose qu'elle se prononce sur les limites admissibles au regard de l'article 7 de la Charte. Dans cette perspective, elle devrait reconnaître le caractère relatif de cette disposition et admettre que les États parties peuvent prévoir des limitations, à condition que ces dernières ne puissent restreindre ou atteindre la substance même de ce droit. Cette interprétation, outre qu'elle serait conforme à la jurisprudence de la Cour européenne des droits de l'homme[588] dont la Commission africaine pourrait s'inspirer en vertu des articles 60 et 61 de la Charte, est également conforme à l'avis que la Commission africaine a émis sur les limitations possibles de tous les droits contenus dans la Charte:

« Contrairement aux autres instruments internationaux des droits de l'homme, la Charte africaine ne contient pas de clause dérogatoire. Par conséquent, les restrictions des droits et des libertés contenus dans la Charte ne peuvent être justifiées par les situations d'urgence ou les circonstances particulières.

Les seules raisons légitimes de limitation des droits et libertés contenus dans la Charte sont stipulées à l'article 27. 2, à savoir que les droits…s'exercent dans le respect des droits d'autrui, de la sécurité collective, de la morale et de l'intérêt commun.

---

[588] Notamment dans les arrêts :
- Cour eur. dr., arrêt *Hans- Adam II de Liechtenstein c. Allemagne*, 12 juillet 2001, § 44;
- Cour eur. dr., arrêt précité *Al- Adsani c. Royaume-Uni*, 21 novembre 2001, §§ 56, 66, 67.

Les raisons de limitations possibles doivent se fonder sur un intérêt public légitime et les inconvénients de la limitation doivent être strictement proportionnels et absolument nécessaires pour les avantages à obtenir.

Ce qui est important, une limitation ne doit jamais entraîner comme conséquence le fait de rendre le droit lui-même illusoire »[589].

III. Le droit à l'exécution des décisions de justice

Si la jurisprudence de la Commission africaine reste muette sur ces notions précédentes qui forment la substance du droit à un procès équitable, elle est par contre explicite sur cet aspect que le droit à un tribunal est aussi le droit à l'exécution des décisions de justice. En substance, la Commission a déclaré :

« Le droit d'avoir sa cause entendue par un tribunal compétent et indépendant doit naturellement comprendre le devoir de chacun, y compris de l'État de respecter et de suivre ces jugements »[590].

IV. Le droit garanti par l'article 7 a-t-il vocation à s'appliquer avant la saisine d'un juge ?

Même si la jurisprudence de la Commission africaine ne s'est pas encore prononcée sur l'applicabilité de l'article 7 avant la saisine du juge, une interprétation cohérente de cette disposition comme de la résolution sur le droit de recours et à un procès équitable amène à admettre que les garanties procédurales énoncées dans les deux textes ne se désintéressent pas des phases qui se déroulent avant la procédure de jugement, tendant à obtenir une décision sur le fond.

En effet, la résolution en question dispose en son point 2 que pour la détermination des chefs d'inculpation contre les individus, ces derniers auront le droit :

i) De disposer suffisamment de temps et de facilités pour la préparation de leur défense, et de pouvoir communiquer, en toute discrétion avec un avocat de leur choix;

[589] Décision portant sur les communications précitées 105/93, 128/94, 130/94 et 152/96 *Media Right Agenda and Constitutional Rights Project c. Nigeria*, 12ème rapport d'activités, § 67.

[590] Décision sur la communication susvisée, § 62.

D'être jugés dans les délais raisonnables;

iii) D'interroger les témoins à charge et de pouvoir convoquer et interroger les témoins à décharge dans les mêmes conditions que les témoins à charge;

iv) De bénéficier de l'assistance gratuite d'un interprète s'ils ignorent la langue utilisée par la Cour.

Certains aspects de ces garanties, en particulier la première et la troisième, peuvent jouer un rôle avant la saisine du juge de fond dans la mesure où leur inobservation risquerait de compromettre gravement le caractère équitable du procès.

Toutefois, une telle interprétation ne doit pas faire admettre que l'article 7 a vocation à s'appliquer à toutes les phases antérieures à la saisine du juge. Pour les procédures de caractère conservatoire, notamment une ordonnance de référé destinée à régir une situation temporaire en attendant qu'il soit statué au principal, il est logique d'exclure l'application de l'article 7 de ces procédures qui ne tendent pas à obtenir une décision sur le fond de l'affaire[591].

1. L'objet de l'article 7, 1, a) de la Charte

L'article 7 de la Charte énonce que toute personne a le droit de saisir les juridictions pour voir sa cause entendue. Au titre des caractéristiques que doit revêtir une juridiction aux termes de la Charte, cette disposition parle de « juridiction compétente »[592] et de « juridiction impartiale »[593]. La résolution sur le droit de recours et à un procès équitable parle quant à elle, au titre des mêmes caractéristiques, de « tribunal compétent »[594].

Outre que les termes employés dans la Charte et cette résolution n'ont pas fait l'objet de significations autonomes au sens de la Commission par rapport aux qualifications nationales, il importe de noter que la liste des qualités que doit revêtir un tribunal au sens de la Charte est incomplète eu égard aux qualités reconnues à un tribunal d'après la jurisprudence internationale.

[591] Une telle position a été affirmée dans la jurisprudence de la Commission européenne des droits de l'homme dans l'affaire *Moura Carreira et Lourenço c. Portugal* (Déc.), n° 41237/98, CEDH 2000-VIII.

[592] Article 7 de la Charte, litera b et c.

[593] Article 7 de la Charte, litera d.

[594] Point 2 litera d de la Résolution.

a) Notion de juridiction ou de tribunal

D'après la jurisprudence internationale, en particulier celle de la Cour européenne des droits de l'homme[595] et l'Observation générale du Comité des droits de l'homme[596] sur l'article 14 du Pacte international relatif aux droits civils et politiques, la garantie institutionnelle primordiale du droit à un procès équitable est que les accusations pénales ne doivent pas être entendues et décidées par des institutions politiques ou par des pouvoirs administratifs sujets à directives.

Le droit à un procès équitable suppose l'institution d'un tribunal, notion définie de manière autonome, indépendamment des qualifications nationales.

Ainsi, un tribunal signifie une institution déterminée substantiellement et qui peut être différente formellement de ce qui est nationalement défini et nommé comme un « tribunal » ou « une cour ». En effet, il n'est pas suffisant que la loi nationale désigne une autorité comme une cour si elle ne correspond pas aux conditions d'indépendance et d'impartialité requises par le droit à un procès équitable. Le tribunal se caractérise donc par son rôle juridictionnel qui consiste à trancher, sur la base des normes de droit et à l'issue d'une procédure organisée, toute question relevant de sa compétence. Il doit être habilité à rendre une décision contraignante sur la cause dont il est saisi.

D'après les mêmes sources, le fait qu'un organe ait d'autres fonctions que son rôle juridictionnel ne signifie pas nécessairement qu'il ne s'agit pas d'un tribunal au sens du droit à un procès équitable. Dans ce sens, des organes spécialisés multiples et variés (des tribunaux militaires, des organismes disciplinaires pénitentiaires, des organismes disciplinaires corporatifs ou encore des tribunaux administratifs) ont été considérés comme des tribunaux.

Par contre, une autorité politique, en l'occurrence un ministre ou le gouvernement lui-même ne saurait être considérée comme un tribunal même s'il est habilité à rendre une décision contraignante.

---

[595] Voy. notamment les arrêts :
- Cour eur. dr. h., arrêt précité *Bentham c. Pays-Bas*, 23/10/1985, § 40;
- Cour eur. dr. h., arrêt *H. c. Belgique*, 30/11/1987, § 40;
- Cour eur. dr. h., arrêt *Belilos c. Suisse*, 29/04/1998, § 64.

[596] Rapport annuel du CDH pour 1984, doc. ONU, A. G., supplément n° 40 (A/39/40), p. 154.

Si l'article 7 et sa résolution emploient les termes « juridiction ou tribunal », nulle part dans la jurisprudence de la Commission ne se trouvent définies ces notions ou du moins les critères qui peuvent servir de base pour affirmer si tel organe, institué dans les structures d'un État partie, constitue une juridiction au sens de la Charte. Une telle précision est d'une grande importance du moment que, dans sa jurisprudence, la Commission africaine n'interdit pas l'existence des juridictions spéciales ou tribunaux spéciaux à côté des structures judiciaires ordinaires.

b) Les qualités d'un tribunal

Les principales qualités que doit présenter un organe ayant des compétences juridictionnelles pour être considéré comme un tribunal sont la compétence, l'indépendance, l'impartialité et son établissement par la loi.

1° La compétence

La notion de compétence du tribunal est affirmée par les différents traités internationaux des droits de l'homme, à l'exception de la Convention européenne des droits de l'homme.

L'article 14. 1. du Pacte international relatif aux droits civils et politiques stipule que « Toute personne a droit à ce que sa cause soit entendue équitablement et publiquement par un tribunal compétent… ».

L'article 8. 1. de la Convention interaméricaine des droits de l'homme reconnaît la même exigence en disposant que « Toute personne a droit à ce que sa cause soit entendue avec les garanties voulues, dans un délai raisonnable, par un juge ou un tribunal compétent… ».

La Charte africaine parle à deux reprises, aux alinéas a et b de l'article 7. 1 de « juridiction compétente », tandis que la résolution sur le droit de recours et à un procès équitable invoque, en son point 2 litera d, la notion de tribunal « compétent ».

Même si le terme « compétent » n'apparaît pas dans le texte de la Convention européenne des droits de l'homme, ses organes ont mis en valeur cet élément constitutif du droit à un procès équitable. D'après la jurisprudence de la Cour européenne des droits de l'homme[597], un tribunal se caractérise par son rôle juridictionnel qui est de trancher, sur la base des normes du droit et à l'issue d'une procédure organisée, toute question relevant de sa compétence. D'après cette même jurisprudence, cette notion de compétence du tribunal est entendue, non par rapport au droit interne mais par rapport au droit à un procès équitable.

Nulle part, la jurisprudence de la Commission africaine n'a manifesté le moindre souci d'interpréter cette notion de compétence et son autonomie par rapport aux qualifications nationales.

2° L'indépendance

L'exigence d'indépendance d'un tribunal est affirmée par tous les instruments internationaux des droits de l'homme mais fait malheureusement défaut dans la Charte africaine des droits de l'homme. L'article 7. 1. de la Charte, de même que la résolution sur le droit de recours et à un procès équitable, n'indique nulle part que le tribunal doit être indépendant.

Par contre, l'article 14. 1 du Pacte international relatif aux droits civils et politiques précise bien que « Toute personne a droit à ce que sa cause soit entendue par un tribunal compétent, ***indépendant*** et impartial ... ».

Il en est de même de l'article 6. 1. de la Convention européenne des droits de l'homme « Toute personne a droit à ce que sa cause soit entendue équitablement, publiquement et dans un délai raisonnable, par un tribunal ***indépendant***... ».

La Convention interaméricaine des droits de l'homme reconnaît elle aussi, en son article 8. 1., que le tribunal doit être indépendant « Toute personne a droit à ce que sa cause soit entendue avec les garanties voulues, dans un délai raisonnable, par un juge ou un tribunal compétent, ***indépendant***... ».

D'après le Comité des droits de l'homme[598] et la jurisprudence européenne[599], l'indépendance du tribunal s'envisage non seulement à l'égard du pouvoir exécutif mais aussi à l'égard des parties.

[597] Notamment les arrêts précités :
- Cour eur. dr. h., *arrêt H. c. Belgique*, 30/11/1987, § 50;
- Cour eur. dr. h., *arrêt Belilos c. Suisse*, 29/04/1998, § 64.

[598] Observation générale n° 13, HRI/GEN/1/Rev. 2, 1984, §§3-4.

[599] Rapport de la Commission européenne des droits de l'homme, req. n° 7360/76, *Zand c. Autriche*, 12/10/1978 , D. R., 15, p. 70, § 81.

i. Indépendance à l'égard du pouvoir exécutif

Sous le premier angle, l'exigence d'indépendance se rapporte principalement à la séparation des pouvoirs de l'État. Le pouvoir exécutif ne doit pas s'ingérer dans la poursuite du procès et le tribunal ne doit pas être un agent du gouvernement.

Le droit à l'indépendance de la magistrature comprend le droit d'être protégé contre l'hostilité et l'ingérence arbitraire dans l'exercice des fonctions judiciaires.

ii. Indépendance à l'égard des parties

L'indépendance des juges à l'égard des parties en matière pénale suppose que les juges soient indépendants aussi bien vis-à-vis de la personne soupçonnée que de la victime. Le respect de l'obligation de se récuser lorsqu'il y a un lien de parenté, d'alliance, d'amitié ou d'inimitié, ou le droit de demander la récusation des juges, permettent d'assurer cette indépendance.

Même si l'article 7 de la Charte africaine et la Résolution n'indiquent nulle part que le tribunal ou la juridiction doit être indépendant, force est de constater que la jurisprudence de la Commission africaine a déjà retenu plusieurs violations de la Charte y relatives, de sorte que la même Commission y a consacré une Résolution[600].

Dans plusieurs décisions[601] prononcées sur cet aspect de l'article 7, l'indépendance d'une juridiction est envisagée vis-à-vis de l'exécutif et concerne la séparation de la justice civile et militaire.

---

[600] Résolution précitée sur le respect et le renforcement de l'indépendance de la magistrature, adoptée lors de la 19ème session ordinaire du 26 mars au 4 avril 1996 à Ouagadougou, Burkina Faso.

[601] Notamment les communications précitées qui suivent :
- Communications 137/94, 154/96, et 161/97 *International Pen, Constitutional Rights, Interights (au nom de Ken Saro- Wiwa Jr) et Civil Liberties Organisation c. Nigeria*, 12ème rapport d'activités de la Commission, §§ 86, 87- 93.
- Communications 105/ 93, 128/94 et 152/96 *Média Rights Agenda and Constitutional Rights Project c. Nigeria*, 12ème rapport d'activités de la Commission, §§ 81et 82;
- Communications 143/95 et 150/96 *Constitutional Rights Project et Civil Liberties Organisation c. Nigeria*, 13ème rapport d'activités de la Commission, § 34;

C'est ainsi que, dans la décision portant sur la communication 224/98 *Media Rights Agenda c. Nigeria*, la Commission a précisé :

Dans beaucoup de pays africains, les tribunaux militaires ou spéciaux existent parallèlement aux institutions judicaires ordinaires pour connaître des délits d'un caractère purement militaire commis par le personnel militaire. Dans l'exercice de cette fonction, les tribunaux militaires doivent respecter les normes d'un procès équitable. Ils ne doivent en aucun cas juger des civils. De même, les tribunaux spéciaux ne devraient pas connaître des délits qui sont de la compétence des juridictions ordinaires[602].

La Commission africaine s'est référée en cette matière à la jurisprudence de la Cour interaméricaine des droits de l'homme[603] et à celle de la Cour européenne des droits de l'homme[604] qui affirme qu'il n'est pas nécessaire de démontrer qu'une juridiction militaire a échoué au test d'indépendance.

L'exigence d'indépendance du tribunal à l'égard des parties ne figure nulle part dans la jurisprudence de la Commission africaine.

3° L'impartialité

Les tribunaux ne doivent pas être uniquement indépendants, ils doivent aussi être impartiaux. Toutes les Conventions internationales sur les droits de l'homme affirment cette exigence.

- Communication 224/98 *Media Right Agenda c. Nigeria*, 14ème rapport d'activités de la Commission, §§ 57-65;
- Communications 222/98 et 229/99 *Law Office of Ghazi Suleiman c. Soudan*, 16ème rapport d'activités de la Commission, §§ 61, 64 et 67.

602 Communication précitée 224/98 *Media Rights Agenda c. Nigeria*, 14ème rapport d'activités, § 62.

603 Notamment dans l'arrêt : Cour interam. dr. h., *arrêt Durand et Ugarte c. Pérou* (fond), 16 août 2000, § 117, Série C n° 68.

604 Notamment les arrêts :
- Cour eur. dr. h., *arrêt Büyükdag c. Turquie*, 21 décembre 2000, § 76;
- Cour eur. dr. h., arrêt *Gerger c. Turquie*, 8 juillet 1999, §§ 61et 68 dans lesquelles la Cour a estimé que les procédures qui se déroulaient devant la Cour de sûreté en Turquie ne respectaient pas les garanties de l'article 6 § 1er de la Convention européenne des droits de l'homme.

L'article 14. 1 du Pacte international relatif aux droits civils et politiques stipule que « *Toute personne a droit à ce que sa cause soit entendue équitablement et publiquement par un tribunal compétent, indépendant et **impartial**...* ».

Dans le même sens, l'article 6. 1 dispose que « *toute personne a droit à ce que sa cause soit entendue équitablement, publiquement et dans un délai raisonnable, par un tribunal indépendant et **impartial**...* ».

De même, l'article 8. 1. de la Convention interaméricaine des droits de l'homme indique que « *Toute personne a droit à ce que sa cause soit entendue avec les garanties voulues, dans un délai raisonnable, par un juge ou un tribunal compétent, indépendant et **impartial**...* ».

Dans le cadre de la Charte africaine, l'exigence d'impartialité figure à l'article 7. 1. d) qui précise « *le droit d'être jugé dans un délai raisonnable par une juridiction **impartiale*** ».

La jurisprudence du Comité des droits de l'homme[605] et celle de la Cour européenne des droits de l'homme[606] développent des interprétations succinctes et concordantes sur cette notion.

L'impartialité signifie que le juge ne doit former sa conviction que sur des éléments objectifs, sans se laisser influencer par des arguments subjectifs ou des émotions personnelles.

Ainsi définie, la notion d'impartialité regroupe l'impartialité objective et l'impartialité subjective.

i. L'impartialité objective

Le critère objectif consiste à refuser que des faits patents, outre le comportement personnel des juges puissent faire douter de l'impartialité de ceux-ci, comme par exemple la façon dont un tribunal est composé ou organisé.

---

[605] Notamment les constatations suivantes :
- Constatations du CDH, req. n° 263/1987 *Gonzales del Rio c. Pérou*, § 5. 2;
- Constatations du CDH, req. n°387/1989, *Karttunen c. Finlande*, §§ 7. 1-8.

[606] Notamment l'arrêt *Ben Yaacoub c. Belgique*, 27/11/1987, § 96.

ii. L'impartialité subjective

Le critère subjectif consiste à vérifier qu'un magistrat est impartial dans ses convictions personnelles. De manière générale, l'impartialité personnelle est présumée, sauf preuve contraire.

L'approche objective est affirmée par la Commission africaine en se référant au paragraphe 10 des principes fondamentaux relatifs à l'indépendance de la magistrature[607]:

« *Les personnes sélectionnées pour remplir les fonctions de magistrats doivent être intègres et compétentes et justifier d'une formation et de qualifications juridiques suffisantes* ».

La Commission africaine n'a analysé nulle part l'approche subjective de l'impartialité alors que, dans la Résolution susvisée sur le respect et le renforcement de l'indépendance de la magistrature, la Commission avait reconnu la nécessité pour les pays africains d'avoir *une magistrature forte et indépendante jouissant de la confiance des populations.*

4° L'établissement législatif d'un tribunal

Tous les instruments internationaux des droits de l'homme, à l'exception de la Charte africaine des droits de l'homme et des peuples, précisent dans des termes identiques que les tribunaux doivent être créés par la loi.

En effet, au niveau universel, l'article 14. 1 du Pacte dispose que « *Toute personne a droit à ce que sa cause soit entendue équitablement et publiquement par un tribunal compétent, indépendant et impartial, **établi par la loi**..* ».

Dans le cadre européen, l'article 6. 1 de la Convention européenne des droits de l'homme abonde dans le même sens : « *Toute personne a droit à ce que sa cause soit entendue équitablement, et dans un délai raisonnable, par un tribunal indépendant et impartial, **établi par la loi**...* ».

---

[607] Principes fondamentaux relatifs à l'indépendance de la magistrature, approuvés par les Résolutions précitées 40/32 et 40/146 de l'Assemblée générale des Nations Unies, 29 novembre et 30 décembre 1985.

Cette même précision se trouve à l'article 8. 1. de la Convention interaméricaine des droits de l'homme « *Toute personne a droit à ce que sa cause soit entendue avec les garanties voulues, dans un délai raisonnable, par un juge ou un tribunal compétent, indépendant et impartial,* ***établi antérieurement par la loi...*** ».

L'exigence que le tribunal soit établi par la loi a pour objet de garantir que l'organisation du système judiciaire ne soit pas laissée à la discrétion de l'exécutif[608], raison pour laquelle l'étendue de la compétence du tribunal doit être fixée par la loi au sens formel.

L'exigence que le tribunal soit établi par la loi se remarque lorsque la Commission s'appuie sur le paragraphe 5 des Principes fondamentaux des Nations Unies qui stipule que :

« *Chacun a le droit d'être jugé par les juridictions ordinaires selon les procédures légales établies. Il n'est pas créé de juridictions n'employant pas les procédures dûment établies conformément à la loi afin de priver les juridictions ordinaires de leur compétence* ».

Néanmoins, même si la Commission africaine affirme que le tribunal doit être établi par la loi, on ne saurait déterminer si, dans la jurisprudence de la même Commission, la loi est envisagée au sens formel ou au sens matériel.

B. Le droit à la présomption d'innocence (article 7, 1, b, de la Charte)

L'article 7. 1. b) de la Charte énonce que toute personne a droit à la présomption d'innocence jusqu'à ce que sa culpabilité soit établie par une juridiction compétente. Cette disposition a été complétée par la résolution sur le droit de recours et à un procès équitable qui dispose, en son point 2, litera d) que les personnes accusées d'un délit pénal sont présumées innocentes jusqu'à l'établissement de la preuve du contraire par un tribunal compétent.

Le libellé de cette disposition n'appelle pas de commentaire particulier, dans la mesure où elle est rédigée de la même manière que les dispositions des autres instruments internationaux des droits de l'homme.

[608] Cour eur. dr. h., arrêt *Sramek c. Autriche*, 22/10/1984, § 36.

L'article 14. 2 du Pacte international relatif aux droits civils et politiques dispose que « *Toute personne accusée d'une infraction est présumée innocente jusqu'à ce que sa culpabilité ait été légalement établie* ». L'article 6. 2 de la Convention européenne des droits de l'homme reprend la même formulation « *Toute personne accusée d'une infraction est présumée innocente jusqu'à ce que sa culpabilité ait été légalement établie* ». L'article 8. 2 de la Convention interaméricaine stipule quant à lui que « *toute personne accusée d'un délit est présumée innocente jusqu'à ce que sa culpabilité ait été légalement établie...* ».

La règle de la présomption d'innocence constitue l'une des garanties judiciaires essentielles, en matière pénale pour une personne faisant l'objet de poursuites.

Il s'agit d'une condition importante pour l'équité d'un procès, tel que l'affirment les autres organes[609] de protection des droits de l'homme.

C'est en se fondant sur la jurisprudence de la Commission européenne dans l'affaire *Krause contre Suisse* que la Commission africaine a reconnu explicitement l'importance de la présomption d'innocence : « la présomption d'innocence constitue un principe fondamental évitant aux inculpés d'être traités par les pouvoirs publics comme s'ils étaient déjà coupables d'un délit avant même que leur culpabilité ne soit établie par un tribunal compétent »[610].

En dépit de cette affirmation de l'importance de ce principe dans la gamme des exigences d'un procès équitable, force est de constater que la Commission africaine ne se prononce ni sur le champ d'application de ce principe, ni sur sa véritable portée.

1. Champ d'application du droit à la présomption d'innocence dans le système de la Charte

Pas plus que la jurisprudence de la Commission n'a jusqu'à présent conféré une signification autonome aux concepts « matière civile et

[609] Dans le système européen, voir entre autres, la décision de la Commission européenne dans l'affaire *Krause c. Suisse*, décision du 03 octobre 1978, D. R., 13, p. 77.
Dans le système américain, voir entre autres, les arrêts :
- Cour interam. dr. h., arrêt précité *Loayza Tamayo c. Pérou* (fond), 27 novembre 1998, Série c n° 33;
- Cour interam. dr. h., arrêt précité *Suarez Rosero c. Equateur* (fond), Série c n° 35.

[610] Décision rendue sur la ccommunication précitée 218/98 *Civil Liberties Organisation, Legal Defence Centre, Legal Defence and Assistance Project c. Nigeria*, 14ème rapport d'activités, § 41.

matière pénale », généralement distingués dans les législations internes des États, elle n'a interprété de façon autonome les termes « culpabilité » et « personne accusée d'un délit pénal », employés respectivement dans l'article 7. 1. a) de la Charte et la résolution sur le droit de recours et à un procès équitable.

À défaut d'une telle interprétation, ces notions seront comprises suivant les qualifications nationales de chaque État avec le risque d'une application variable de la Charte.

2. La portée de la présomption d'innocence

Le principe de la présomption d'innocence peut être compris de deux manières :

D'une part, il signifie que la présomption d'innocence s'applique à l'ensemble de la procédure pénale et non uniquement à l'examen du bien-fondé de l'accusation. La présomption d'innocence régit ainsi les procédures pénales dans leur globalité et cesse, dès lors qu'il y a déclaration de responsabilité pour toutes les allégations prononcées.

D'autre part, il signifie que l'atteinte à la présomption d'innocence peut émaner non seulement d'un juge ou d'un tribunal, mais aussi d'autres autorités publiques.

Parmi les deux aspects, seul le deuxième a été affirmé dans la jurisprudence de la Commission, notamment dans les décisions rendues sur les trois décisions au sujet desquelles elle a retenu une violation de la présomption d'innocence.

Dans la première de ces décisions[611], les hautes autorités du gouvernement avaient affirmé dans diverses Conférences de presse et devant les Nations Unies que les accusés étaient coupables de crimes. La Commission a conclu qu'il y avait violation du droit à la présomption d'innocence.

[611] Décision portant sur les communications précitées 137/94, 139/94, 154/96 et 161/97 *International Pen, Constitutional Rights, Interights (au nom de Ken Saro- Wiwa Jr) et Civil Liberties Organisation c. Nigeria*, 12ème rapport d'activités, § 96.

Dans la seconde[612], la Commission a conclu à la violation de ce principe en raison du fait que le gouvernement défendeur avait organisé une intense publicité pour persuader le public de la culpabilité de l'auteur avant le jugement. Enfin, dans la troisième[613], les officiers de l'Armée avaient fait une publicité visant à culpabiliser les présumés responsables d'un délit avant que leur culpabilité ne soit établie par un tribunal compétent et la Commission africaine a conclu que cette publicité négative de la part du gouvernement violait la présomption d'innocence.

C. Le droit à la défense, y compris celui de se faire assister par un défenseur de son choix (article 7, 1, c) de la Charte)

L'article 7. 1. c) de la Charte se lit ainsi :

Toute personne a droit à ce que sa cause soit entendue. Ce droit comprend :

...Le droit à la défense, y compris celui de se faire assister par un défenseur de son choix ;

La résolution sur le droit de recours et à un procès équitable complète cette disposition en indiquant que, dans la détermination des chefs d'inculpation contre les individus, ces derniers auront le *droit de disposer suffisamment de temps et de facilités pour la préparation de leur défense, et de pouvoir communiquer en toute discrétion avec un avocat de leur choix.*

La même résolution continue et recommande, en son point 4, *aux États parties à la Charte africaine de fournir aux nécessiteux une assistance judiciaire.*

Comparé aux dispositions des autres Conventions internationales sur les droits de l'homme, l'article 7. 1. c) de la Charte reconnaît, de la même manière, le droit à la défense, mais se garde d'obliger les États parties à la Charte à fournir une assistance judiciaire gratuite aux nécessiteux.

---

612 Décision rendue sur la communication précitée 224/98 *Media Rights Agenda c. Nigeria*, 14ème rapport d'activités de la Commission, § 47.

613 Décisions portant sur les communications précitées 222/98 et 229/99 *Law Office of Ghazi Suleiman c. Soudan*, 16ème rapport d'activités, § 56.

Ainsi, l'article 14. 2. d) du Pacte international relatif aux droits civils et politiques apparaît beaucoup plus explicite par rapport aux autres instruments. Il parle du droit pour la personne accusée *à être présente au procès et à se défendre elle-même ou à avoir l'assistance d'un défenseur de son choix; si elle n'a pas de défenseur, à être informée de son droit d'en avoir un, et, chaque fois que l'intérêt de la justice l'exige, à se voir attribué d'office un défenseur, sans frais, si elle n'a pas les moyens de le rémunérer.*

L'article 6. 3. c) de la Convention européenne des droits de l'homme dispose que *tout accusé a droit à se défendre lui-même ou à avoir l'assistance d'un défenseur de son choix et, s'il n'a pas les moyens de rémunérer un défenseur, pouvoir être assisté gratuitement par un avocat d'office, lorsque les intérêts de la justice l'exigent.*

À son tour, la Convention interaméricaine des droits de l'homme énonce ce droit à deux reprises et va même plus loin puisqu'elle exclut toute possibilité de renonciation. En effet, l'article 8. 2. d) de cette Convention parle du *droit pour l'accusé de se défendre lui-même ou être assisté d'un défenseur de son choix et de communiquer avec celui-ci librement et sans témoin. Le litera e) de la même disposition parle quant à lui du droit d'être assisté d'un défenseur procuré par l'État, rémunéré ou non selon la législation interne, si l'accusé ne se défend pas lui-même ou ne nomme pas un défenseur dans le délai prévu par la loi; ce droit ne peut faire l'objet d'aucune renonciation.*

Le droit à la défense est complexe, il s'impose de l'analyser à un double point de vue : d'abord à travers l'accusé et ensuite à travers l'État.

1. Le droit à l'assistance d'un avocat, du point de vue de l'accusé

   a) Phase d'intervention de l'avocat

En règle générale, les garanties procédurales du procès équitable s'appliquent à toutes les phases de la procédure, notamment avant la saisine du juge du fond, si et dans le mesure où leur inobservation risque de compromettre gravement le caractère équitable du procès. Les modalités d'application de ces garanties durant l'instruction dépendent des particularités de la procédure et des circonstances de la cause. Une législation nationale peut attacher à l'attitude d'un prévenu à la phase initiale des interrogatoires de police des conséquences déterminantes pour la défense lors de toute procédure pénale ultérieure. En pareil cas, la jurisprudence de la Commission africaine n'a pas encore répondu à une interrogation fondamentale relative à la phase d'intervention de l'assistance d'un avocat : l'accusé est-il en droit de bénéficier de l'assistance d'un avocat dès les premiers stades des interrogatoires de la police ?

La Commission africaine devrait se prononcer clairement sur ce droit que la Charte n'énonce pas expressément mais qui peut priver l'accusé d'un procès équitable.

b) Confidentialité de l'intervention de l'avocat

Le droit pour l'accusé, de communiquer avec son client hors de portée d'ouïe d'un tiers figure parmi les exigences élémentaires du procès équitable. Si un avocat ne peut s'entretenir avec son client sans une surveillance et ne peut recevoir des instructions confidentielles, son assistance perdrait beaucoup de son utilité.

L'importance de ce droit a été reconnue, non seulement dans la jurisprudence[614] de la Commission africaine, mais aussi dans sa résolution sur le droit de recours et à un procès équitable. Dans cette résolution, la Commission a déclaré expressément que « dans la détermination des chefs d'inculpation contre les individus, ces derniers auront le droit de pouvoir communiquer, en toute discrétion, avec un avocat de leur choix »[615].

c) Le droit de choisir librement son conseil

C'est sur le droit de choisir librement son conseil, combien fondamental pour la garantie d'un procès équitable, que la Commission africaine s'est montrée plus explicite. À plusieurs reprises[616], elle a déclaré que reconnaître au tribunal un droit de veto quant au choix d'un avocat constitue une violation inacceptable de ce droit.

[614] Décision rendue sur la communication précitée 224/98 *Media Rights Agenda c. Nigeria*, 14ème rapport d'activités, § 56.

[615] Paragraphe 2 (e) de cette Résolution.

[616] Décisions portant sur les communications précitées:
- 151/96 *Civil Liberties Organisation c. Nigeria*, 13ème rapport d'activités, § 24;
- 224/98 *Media Rights Agenda c. Nigeria*, 14ème rapport d'activités, § 55;
- 222/98 et 229/99 *Law Office of Ghazi Suleiman c. Soudan*, 16ème rapport d'activités, § 59. Cette communication cite les communications 48/90, 50/91, 89/93 *Amnesty international et autres contre Soudan* dans lesquelles la Commission a posé le même principe.

d) Assistance et représentation à l'audience

Le mot « assistance » peut être compris soit dans un sens strict, soit dans un sens large. Dans son sens strict, il signifie le fait d'assister un accusé présent à l'audience. Dans son sens large, il vise non seulement le fait d'assister un accusé présent à l'audience mais aussi le fait de le représenter en son absence. La Commission africaine n'a pas encore déterminé le sens de ce mot selon la Charte. Il s'ensuit que la possibilité, pour les personnes poursuivies, de se faire représenter par un avocat, en leur absence et pendant l'audience, reste incertaine au sens de la jurisprudence de la Commission africaine.

2. Droit à l'assistance d'un avocat, du point de vue de l'État

L'article 7. 1. a) est muet sur les obligations qui incombent à l'État en matière d'assistance judiciaire. La résolution sur le droit de recours et à un procès équitable, en son point 4, recommande aux États parties à la Charte de fournir aux nécessiteux une assistance judicaire. Cette recommandation, non contraignante par sa nature même, n'a pas été traduite dans la jurisprudence de la Commission qui se montre très prudente par ailleurs en la matière[617].

D. Le droit d'être jugé dans un délai raisonnable (article 7, 1, d) de la Charte)

Le droit à un procès équitable fait référence au droit d'être jugé dans un délai raisonnable, dans tous les procès tant en matière pénale qu'en matière civile.

Sur le plan strictement textuel, la Charte africaine énonce ce droit de façon presque analogue à celles des autres instruments internationaux des droits de l'homme.

En effet, l'article 7. 1. d) de la Charte dispose que *toute personne a droit à ce que sa cause soit entendue. Ce droit comprend : le droit d'être jugé* ***dans un délai raisonnable*** *par une juridiction impartiale.* Le libellé de cette

---

[617] Voy. notamment la formule qu'elle utilise dans la décision portant sur la communication précitée 218/98 *Civil Liberties Organisation, Legal Defence Center, Legal Defence and Assistance Project c. Nigeria*, 14ème rapport d'activités, § 29 : « Par ailleurs, il est souhaitable que dans les affaires où l'accusé n'est pas en mesure de s'offrir les services d'un avocat, qu'il soit défendu par un avocat aux frais de l'État ».

disposition se rapproche de l'article 6. §1 de la Convention européenne des droits de l'homme (Toute *personne a droit à ce que sa cause soit entendue équitablement, publiquement et* ***dans un délai raisonnable****…*), de l'article 8. 1. de la Convention interaméricaine des droits de l'homme (*Toute personne a droit à ce que sa cause soit entendue avec les garanties voulues,* ***dans un délai raisonnable****…*) et de l'article 14. 3. c) du Pacte international relatif aux droits civils et politiques qui énonce : *Toute personne accusée d'une infraction pénale a droit, en pleine égalité, au moins aux garanties suivantes : A être jugé* ***sans retard excessif.***

La résolution sur le droit de recours et à un procès équitable invoque à deux reprises le droit à être jugé dans un délai raisonnable. Le litera c de cette résolution indique *Les personnes arrêtées ou détenues comparaîtront rapidement devant un juge ou tout autre responsable légalement investi d'un pouvoir judiciaire; soit elles auront droit à un procès équitable* ***dans un délai raisonnable****, soit elles seront relaxées.*

Le litera e, ii) de la même résolution continue en ajoutant que *dans la détermination des chefs d'inculpation contre les individus, ces derniers auront le droit d'être jugé,* ***dans les délais raisonnables.***

Au plan strictement textuel, la Charte africaine se rapproche des autres instruments internationaux des droits de l'homme sur le point considéré. Au-delà de cette conformité, il importe d'apprécier la jurisprudence de la Commission africaine relative au droit considéré, au regard de la jurisprudence internationale des autres organes.

Pour apprécier le caractère raisonnable d'une procédure, la jurisprudence internationale donne d'abord des précisions sur la computation des délais et précise ensuite les critères devant servir de base pour le calcul du délai global.

1. La computation des délais

Une étude de la jurisprudence internationale montre que tous les organes internationaux de contrôle des droits de l'homme, à l'exception de la Commission africaine des droits de l'homme, adoptent les mêmes critères pour la computation des délais.

Afin de mieux saisir le point de départ et la fin des délais de procédure, il importe de partir de la distinction entre la matière civile et la matière pénale.

a) En matière civile

D'après une jurisprudence constante[618], le point de départ est le jour où le demandeur engage l'instance devant un tribunal ou porte un litige devant ce dernier. Mais il peut être antérieur, notamment dans l'hypothèse où une procédure administrative préliminaire doit être suivie avant qu'une action en justice ne puisse être intentée.

Concernant la fin, le délai dont il échet de contrôler le caractère raisonnable couvre l'ensemble de la procédure en cause, y compris les instances de recours. Partant, il s'étend jusqu'à la décision vidant la contestation. La durée de la procédure d'exécution d'une décision judiciaire entre dans le calcul du délai raisonnable.

b) En matière pénale

En matière pénale, le délai raisonnable débute dès l'instant où une personne se trouve accusée. Il peut s'agir d'une période antérieure à la saisine de la juridiction de jugement, celle notamment de l'arrestation, de l'inculpation et de l'ouverture des enquêtes préliminaires. Quant à la fin du délai, elle se situe au moment où l'accusé est fixé sur sa situation juridique, plus précisément le moment de l'acquittement ou celui où la condamnation est devenue définitive[619].

La durée couvre l'ensemble de la procédure en cause, y compris les instances de recours.

Tous ces principes, dégagés au départ par la jurisprudence des organes européens de protection des droits de l'homme, ont été intégrés dans la jurisprudence de la Cour interaméricaine des droits de l'homme[620].

[618] Dans la jurisprudence de la Cour européenne des droits de l'homme, voir notamment les arrêts :
- Cour eur. dr. h., arrêt *Silva Pontes c. Portugal*, 23 mars 1994, §§ 33-36;
- Cour eur. dr. h., arrêt précité *Eckle c. Allemagne*, 15 juillet 1982, § 73.
- Cour eur. dr. h., arrêt *Erkner c. Autriche*, 23 avril 1987, §§ 64 et 65.

[619] Voy. notamment l'arrêt : Cour eur. dr. h., arrêt *Metzger c. Allemagne*, 31 mai 2001, § 31.

[620] Voy. notamment l'arrêt : Cour interam. dr. h., arrêt *Suarez Rosero c. Équateur*, 12 novembre 1997, Série C n° 35, §§ 70- 71.

2. Le caractère raisonnable du délai

Les principes en matière du délai raisonnable, ont été eux aussi originairement fixés par les organes de la Convention européenne des droits de l'homme et repris progressivement par la Cour interaméricaine des droits de l'homme ainsi que par le Comité des droits de l'homme des Nations Unies.

D'après la jurisprudence européenne[621] qui a servi de modèle, le caractère raisonnable de la durée d'une procédure fait l'objet d'un examen individuel dans chaque cas et s'apprécie suivant les circonstances de chaque espèce.

Tant au civil qu'au pénal, les circonstances particulières de l'espèce sont donc examinées, compte tenu tant de la complexité de l'affaire, que du comportement du requérant et des autorités. La nature et l'importance de l'enjeu des procédures pour le requérant entrent également en ligne de compte. Dans certains types d'affaires, il peut incomber aux autorités de témoigner d'une diligence exceptionnelle.

Ces différents critères sont examinés en parallèle avec les faits et, sans pour autant déterminer un délai fixe, permettent d'apprécier au cas par cas le caractère raisonnable de celui-ci, lors des différentes phases de la procédure interne. Une fois achevé cet examen des diverses phases, il s'en suit une évaluation de la durée globale de la procédure.

En se fondant sur cette jurisprudence, la Cour interaméricaine définit de façon détaillée ce que l'on doit entendre par délai raisonnable et plus particulièrement les critères dégagés par cette jurisprudence[622].

La même jurisprudence a inspiré le Comité des droits de l'homme des Nations Unies[623]. En effet, même si le Pacte international relatif aux droits civils et politiques ne parle que du droit à être jugé « sans retard excessif » en matière

[621] Voy. parmi tant d'autres, l'arrêt précité: Cour eur. dr. h., arrêt *Zimmermann et Steiner c. Suisse*, 13 juillet 1983, § 24.

[622] Notamment dans l'arrêt : Cour interam. dr. h., arrêt *Genie Lacago c. Nicaragua*, 29 janvier 1997 (fond) Série c n° 30.

[623] Voy. notamment les constatations du Comité sur les communications suivantes :

- Constatations du CDH, requête n° 207/1986, *Morael c. France*, §§ 9. 3, 9. 4.
- Constatations du CDH, requête n° 441/1990, *Robert Casanovas c. France*, § 7. 4;
- Constatations du CDH, requête n° 459/1991, *Wright et Harvey c. Jamaïque*, § 10. 6.

pénale, le Comité des droits de l'homme a très rapidement étendu cette obligation à tous les types de procès, qu'ils soient pénaux ou non.

À l'instar de la jurisprudence européenne, ce même Comité prend en considération les circonstances particulières de chaque cas. Certes, il n'a pas voulu définir clairement et avec précision les termes essentiels pertinents à la détermination de la durée du délai non raisonnable. Cependant, l'étude de sa jurisprudence fait apparaître qu'il se sert des critères qui recoupent ceux de la jurisprudence européenne : la nature de la procédure, la complexité de l'affaire, le nombre des instances en jeu, l'attitude de l'auteur de la communication (les signes de diligence ou au contraire les actes dilatoires) et la conduite des autorités.

À l'instar des autres organes internationaux de protection des droits de l'homme, la Commission africaine des droits de l'homme s'est inspirée, sans plus, de la jurisprudence des organes européens.

En effet, dans la décision rendue sur la communication précitée *Article 19 contre État d'Érythrée*, elle a déclaré : « La question relative à ce qui est raisonnable ne peut être exprimée en terme, de délai global qui s'applique à tous les cas, mais elle doit plutôt dépendre des circonstances. Cette approche a été adoptée par la Cour européenne des droits de l'homme, qui a soutenu que la durée raisonnable des procédures doit être évaluée conformément aux circonstances d'une affaire.

La Cour européenne étudie, en particulier, la complexité de l'affaire, la conduite du plaignant et des autorités »[624].

Telles sont les garanties judicaires contenues dans l'article 7 de la Charte africaine. Comparée aux autres instruments internationaux des droits de l'homme, cette liste des garanties est incomplète et il importe dès lors d'analyser les autres garanties judiciaires non contenues dans cette disposition.

E. Les autres droits de l'accusé

L'article 7. 1. de la Charte reconnaît, en faveur de l'accusé, nous venons de le voir, le droit à la présomption d'innocence, le droit à la défense ainsi que le

[624] Décision rendue sur la communication précitée 275/2003, *Article 19 c. État d'Érythrée*, § 97.

droit d'être jugé dans un délai raisonnable. Ces garanties sont insuffisantes, il y manque notamment le droit d'être informé des faits reprochés, le droit de disposer de temps et de moyens pour sa défense, le droit d'interroger les témoins et le droit à un interprète. La résolution sur le droit de recours et à un procès équitable a comblé ces lacunes.

Elle indique en son point 2. b. que *Les personnes arrêtées seront informées lors de leur arrestation, et dans une langue qu'elles comprennent, des motifs de leur arrestation; elles devront également être rapidement informées de toute retenue contre elles.*

La même résolution continue, en son point 2. e : *Dans la détermination des chefs d'inculpation contre les individus, ces derniers auront le droit :*

> *i) De disposer suffisamment de temps et de facilités pour la préparation de leur défense;*
> *ii) D'interroger les témoins à charge et de pouvoir convoquer et interroger les témoins à décharge dans les mêmes conditions que les témoins à charge;*
> *iii) De bénéficier de l'assistance gratuite d'interprète s'ils ignorent la langue utilisée par la Cour.*

À la lecture de cette disposition, il apparaît que la Charte africaine contient, sur le point sous analyse, des notions qui correspondent aux principes communément admis par les autres instruments internationaux des droits de l'homme. Ces derniers sont en constante mutation car, selon la formule consacrée, ils doivent être interprétés à la lumière des conditions de vie du moment. La Commission africaine n'a pas suivi cette dynamique car rares sont les cas où elle s'est prononcée sur l'interprétation qui doit être faite de ces garanties, en sanctionnant les actes qui y portent atteinte. Les développements suivants seront consacrés à une analyse jurisprudentielle des garanties procédurales énoncées dans cette résolution à la lumière de la jurisprudence internationale.

1. Le droit d'être informé des faits reprochés

La résolution sur le droit de recours et à un procès équitable, énonce en son point 2, litera b que

Les personnes arrêtées seront informées lors de leur arrestation, et dans une langue qu'elles comprennent, des motifs de leur arrestation; elles devront également être rapidement informées de toute charge retenue contre elles ;

La Commission africaine des droits de l'homme et des peuples s'est prononcée, sur ce droit, une seule fois[625].

Cependant, à la lecture de cette jurisprudence, la Commission africaine ne se prononce pas sur les obligations qu'engendre ce droit dans la jurisprudence internationale[626], à savoir :

- l'obligation de notifier à la personne arrêtée dans le plus bref délai les accusations portées contre elle;
- l'obligation de notifier à la personne arrêtée de façon détaillée les accusations portées contre elle.

a) L'obligation de notifier à l'intéressé dans le plus court délai les accusations portées contre lui

La résolution sur le droit de recours reconnaît, à l'instar des autres instruments internationaux, le droit de l'accusé d'être informé dans les meilleurs délais des accusations portées contre lui. Elle indique que les personnes arrêtées seront informées « lors de leur arrestation » et qu'elles devront être « rapidement » informées de toute charge retenue contre elles. Cette formulation semble traduire la même idée que les articles 6. 3. a) de la Convention européenne des droits de l'homme et l'article 14. 3. a) du Pacte international relatif aux droits civils et politiques qui disposent que l'accusé doit être informé « dans le plus court délai », ainsi que l'article 8. 2. b) de la Convention interaméricaine des droits de l'homme qui parle de la « notification préalable » à l'accusé des charges retenues contre lui.

---

[625] Il s'agit de la décision rendue sur la communication précitée 225/98 *Huri Laws c. Nigeria*, 13ème rapport d'activités, §§ 43-44.

[626] Dans la jurisprudence du Comité des droits de l'homme, voy. notamment :
- Constatations du CDH, *Caldas c. Uruguay*, A/38/40/, annexe XVIII;
- Constatations du CDH, *Mbege c. Zaïre*, A/39/40, annexe X;
- Rapport annuel du CDH précité, A/39/40, p. 155.

Dans la jurisprudence européenne, voy. notamment :
- La décision précitée de la Commission européenne : Req. n° 19636/63 *Fritz Neumeister c. Autriche*, décision du 6/ juillet, 1964, Annuaire de la Convention européenne des droits de l'homme 1964, vol. 7, pp. 225 et suivants;
- Cour eur. dr. h., arrêt *Pélissier et Sassi c. France*, 25 mars 1999 (G.C.), § 51.

Cependant, à la différence des autres textes internationaux qui consacrent ce droit et qui ont déjà fait l'objet d'une interprétation autonome, la Commission africaine n'a pas encore précisé l'étendue de cette disposition. Par exemple, à défaut d'une telle interprétation, on ne saurait dire si l'accusation visée par cette disposition peut être donnée soit par écrit, soit verbalement.

b) L'obligation de notifier à l'intéressé de façon détaillée des charges retenues contre lui

Tous les instruments internationaux énoncent de façon explicite le droit pour la personne arrêtée d'être informée de façon détaillée des accusations portées contre elle.

L'article 6. 3. a) de la Convention européenne des droits de l'homme énonce que *l'accusé a droit à être informé* ***d'une manière détaillée*** *de la nature et de la cause de l'accusation portée contre lui.* La rédaction de cette disposition se rapproche de l'article 14. 3. a) du Pacte international relatif aux droits civils et politiques qui dispose que *toute personne accusée a droit à être informée de* ***façon détaillée*** *de la nature et des motifs de l'accusation portée contre elle.* Par « cause ou motif » de l'accusation, il faut entendre les faits matériels de l'accusation, raison pour laquelle on peut affirmer que les deux dispositions sont formulées de manière similaire.

Par nature de l'accusation, il faut entendre la qualification juridique des faits matériels à l'origine de l'accusation.

L'article 8. 2. b) de la Convention interaméricaine des droits de l'homme insiste lui aussi sur l'obligation d'informer l'accusé de façon détaillée des charges retenues contre lui. Il dispose : *Pendant l'instance, elle (la personne accusée) a droit, en pleine égalité, au moins aux garanties suivantes : notification préalable et* ***détaillée*** *à l'accusé des charges portées contre lui.*

Le texte africain, la Résolution sur le droit de recours et à un procès équitable, manque d'une telle précision car il se borne à indiquer simplement que les personnes arrêtées seront informées « des motifs de leur arrestation » et précise ensuite « qu'elles devront être informées de toute charge retenue contre elles ». Ce texte ne reprend pas le mot « détaillé » qu'on retrouve dans les autres.

Malheureusement, cette lacune n'a pas été levée par la jurisprudence de la Commission africaine des droits de l'homme et des peuples.

Cette imprécision de la Charte et de la jurisprudence de la Commission appelle trois commentaires.

Tout d'abord, si la Charte n'indique pas clairement que la personne arrêtée doit être informée de façon détaillée des charges retenues contre elle, on ne saurait dire dans quelle mesure la Commission africaine exige le détail des accusations, c'est-à-dire si elle exige trop ou peu de détails dans les accusations.

Ensuite, si certains textes internationaux, en l'occurrence l'article 6. 3. a) de la Convention européenne des droits de l'homme et l'article 14. 3. a) du Pacte international relatif aux droits civils et politiques, exigent que la notification porte non seulement sur la cause mais aussi sur la nature de l'accusation, c'est-à-dire d'une part sur les faits matériels qui fondent l'accusation, d'autre part sur la qualification juridique donnée à ces faits, on ne saurait déterminer si, dans le cadre africain, l'accusation doit indiquer à la fois les faits matériels ainsi que la qualification juridique des mêmes faits telle qu'elle figure dans les ordres juridiques internes des États parties.

Enfin, on ne saurait affirmer si les éléments de preuve sur lesquels se fonde l'accusation doivent également être mentionnés.

La Commission africaine des droits de l'homme et des peuples devrait se prononcer sur ces différents points qui peuvent être source de beaucoup d'incertitudes pour les auteurs des communications.

2. Le droit de disposer de temps et de moyens pour sa défense

La Résolution sur le droit de recours et à un procès équitable dispose, en son point 2. e. i) que *Dans la détermination des chefs d'inculpation contre les individus, ces derniers auront le droit de disposer suffisamment de temps et de facilités pour la préparation de leur défense, y compris avec un défenseur de leur choix.*

Cette disposition est rédigée de façon identique aux dispositions des autres instruments internationaux, - (article 6. 3. b de la Convention européenne des droits de l'homme, article 8. 2. c de la Convention interaméricaine des droits de l'homme et de l'article 14. 3. b du Pacte international relatif aux droits civils et politiques) - qui reconnaissent le même droit au profit des accusés. La seule exception réside dans le fait que la Résolution parle simplement des « facilités » alors que les autres instruments parlent des « facilités nécessaires »[627] ou « des moyens nécessaires »[628] pour préparer sa défense.

La Commission africaine n'a pas encore interprété le sens des termes employés dans sa résolution « disposer suffisamment de temps » et « disposer des facilités » pour préparer sa défense à telle enseigne qu'au stade actuel de la jurisprudence de la Commission, il est impossible de déterminer à partir de quand ce droit est violé.

a) Le droit de disposer « suffisamment de temps » pour préparer sa défense

Dans la jurisprudence internationale, pour interpréter le droit de disposer « suffisamment de temps » pour préparer sa défense, inscrit au premier membre de la Résolution, l'accent est d'abord mis sur le lien entre ce droit et celui de l'accusé d'être informé de la cause et de la nature de l'accusation.

De jurisprudence constante, la Cour européenne explique clairement cette liaison : « La Cour estime qu'il y a un lien entre les alinéas a) et b) de l'article 6, §3 et que le droit à être informé de la nature et de la cause de l'arrestation doit être envisagée à la lumière du droit pour l'accusé de préparer sa défense »[629].

L'objection temporelle impose que l'accusé soit informé de la date du procès et des accusations portées contre lui assez longtemps à l'avance pour préparer sa défense.

---

[627] Formulation utilisée par l'article 6. 3. b) de la Convention européenne des droits de l'homme et l'article 14 du Pacte international relatif aux droits civils et politiques.

[628] Formulation utilisée par l'article 8. 2. c) de la Convention interaméricaine des droits de l'homme.

[629] Notamment dans les arrêts suivants :

- Cour eur. dr. h., arrêt *Sadak et autres c. Turquie*, 17 juillet 2001, § 50;
- Cour eur. dr. h., arrêt précité *Palissier et Sassi c. France*, 25 mars 1999, §§ 60- 63;
- Cour eur. dr. h., arrêt *Mattocia c. Italie*, 25 juillet 2000, §§ 61- 72.

Ensuite, concernant la notion de « temps nécessaire » à la préparation de la défense, les organes internationaux de contrôle[630] l'apprécient en fonction des différents stades de la procédure et de la complexité de l'affaire.

Ainsi, dans le cas d'une procédure d'appel ou de cassation, par exemple, l'intéressé connaît déjà en général le contenu du dossier, les griefs de l'accusation et les éléments de preuve sur lesquels s'appuie le ministère public. Dans de tels cas, les tribunaux nationaux peuvent accorder un délai court à la défense pour se préparer. Cependant, si les circonstances de l'affaire sont particulièrement complexes, un délai plus long peut être jugé nécessaire, même en cas d'appel ou de cassation. Dans ce sens, le Comité des droits de l'homme a jugé, dans l'affaire précitée *Mbege c. Zaïre*, qu'une citation émise trois jours avant l'ouverture d'un procès ne constitue pas une notification faite dans un délai suffisant. Dans cette affaire, le Comité a estimé que, l'objet de cette notification étant d'informer l'inculpé de façon à lui permettre de préparer sa défense, un tel délai ne lui permettait pas d'y parvenir efficacement. De même, dans les affaires précitées, la Commission européenne a indiqué, que lorsque l'accusé et son conseil sont informés de l'ouverture du procès le jour même du procès ou au moment même du procès, il y a violation de ce droit.

À défaut d'une quelconque précision dans la jurisprudence de la Commission africaine, on ne saurait déterminer ce que recouvre, dans le système de la Charte, cette notion « temps suffisant » pour préparer la défense.

b) Le droit de disposer des « facilités » pour préparer sa défense

L'expression « facilités » dans le cadre africain et « facilités nécessaires » ou « moyens nécessaires » dans les autres instruments internationaux des droits de l'homme, n'a aucune signification autonome dans la jurisprudence de la Commission africaine.

---

[630] Pour le système européen, voir notamment :
- Décision de la Commission européenne des droits de l'homme, *Huber c. Autriche*, 4-5/10/1974, C. D., 46, p. 99;
- Décision de la Commission européenne des droits de l'homme, *X c. Belgique*, 9/05/1977, D. R., 9, p. 169.

Dans le système du Pacte international relatif aux droits civils et politiques, voy. notamment l'affaire précitée : Constatations du Comité des droits de l'homme, *Mbege c. Zaïre*, A/39/40, annexe X.

Dans la jurisprudence européenne, l'expression « facilités nécessaires » doit s'interpréter comme s'entendant des facilités qui aident ou peuvent aider l'accusé à préparer sa défense[631].

Dans ce sens, le droit d'avoir des facilités nécessaires implique notamment le droit à un accès raisonnable au dossier de l'accusation par l'avocat et l'accusé. L'accusé et son avocat doivent avoir accès à toute information se trouvant aux mains de l'accusation et de nature à les aider à se disculper ou à diminuer la gravité de la peine. Ce type d'information se trouve dans les dossiers du ministère public. Même en cas de modification de l'accusation, y compris de la cause de l'accusation, l'accusé doit être dûment informé et doit disposer des facilités nécessaires pour réagir et organiser sa défense par rapport à toute nouvelle information ou allégation.

À défaut d'une jurisprudence de la Commission sur le point sous analyse, il est impossible de savoir, au sens de la Charte africaine, si l'accusation a l'obligation de notifier à l'avocat où à l'accusé tous les éléments de preuve dont elle dispose au moment du procès. De même, il est impossible de savoir si ce droit est absolu ou si les États parties à la Charte africaine peuvent, sans violer ce droit, apporter des restrictions raisonnables à l'accès au dossier de l'accusation.

2. Le droit d'interroger les témoins

La résolution sur le droit de recours et à un procès équitable reconnaît, en faveur de l'accusé, le droit d'interroger les témoins à charge et à décharge. Elle précise, en son point 2, e) iii) que *dans la détermination des chefs d'inculpation contre les individus, ces derniers auront le droit d'interroger les témoins à charge et de pouvoir convoquer et interroger les témoins à décharge dans les mêmes conditions que les témoins à charge.*

Le libellé de cette disposition n'appelle pas de commentaire particulier, dans la mesure où elle est formulée de la même manière que l'article 6. 3. d) de la Convention européenne des droits de l'homme et l'article 14. 3. e) du Pacte international relatif aux droits civils et politiques. Pour décrire ce droit, seule la Convention interaméricaine des *droits de l'homme a adopté une formulation particulière. En effet, l'article 8. 2. e) de cette Convention parle du droit pour*

[631] Décision de la Commission européenne des droits de l'homme, *Ross c. Royaume-Uni*, 11/12/1986, D. R. 50, pp. 179 et 183.

la défense d'interroger les témoins comparaissant à l'audience et d'obtenir la comparution, comme témoins ou experts, d'autres personnes qui peuvent faire la lumière sur les faits de la cause.

Cependant, mise à part cette conformité de formulation, force est de constater que la Commission africaine ne s'est jamais prononcée, dans aucune décision, sur les modalités de mise en œuvre de ce droit.

Devant le silence de la Commission sur ce point, on peut se poser plusieurs questions liées à la portée de ce droit dans le système de la Charte.

Tout d'abord, la notion de « témoin » qu'invoque cette disposition possède dans la jurisprudence internationale, notamment européenne, une signification autonome. Dans cette perspective, la Cour européenne indique que la déposition faite par toute personne constitue un témoignage, dès lors qu'elle est susceptible de fonder d'une manière substantielle la condamnation du prévenu :

« Ainsi, dès lors qu'une déposition, qu'elle soit faite par un témoin stricto sensu ou par un coinculpé, est susceptible de fonder, d'une manière substantielle, la condamnation du prévenu, elle constitue un témoignage à charge et les garanties de l'article 6. 1. et 3. d) lui sont applicables »[632].

Devant le silence de la Commission africaine, on ne saurait déterminer le sens de cette notion d'après la Charte africaine des droits de l'homme et des peuples.

Une autre question concerne le point de savoir si, dans le système de la Charte africaine, le droit d'interroger les témoins revêt un caractère absolu ou relatif. D'après la Commission, l'accusé a-t-il le droit de convoquer n'importe quel témoin sans restriction ? En d'autres termes, si l'accusé a un droit général de faire comparaître les témoins à décharge, ce droit lui permet-il de faire citer n'importe quel individu ?

---

[632] Cette formulation est utilisée par la Cour, notamment dans les arrêts suivants :
- Cour eur. dr. h., arrêt *Vidal c. Belgique*, 22 avril 1992, § 33;
- Cour eur. dr. h, arrêt *Ferrantelli et Santangelo c. Italie*, 7 août 1996, §§ 51-52.

La jurisprudence européenne[633] admet que les tribunaux nationaux disposent d'une certaine marge d'appréciation, d'un véritable pouvoir discrétionnaire pour décider si la déposition demandée est pertinente. Ainsi, d'après cette jurisprudence, le droit d'interroger les témoins n'est pas absolu et les tribunaux ont la faculté de refuser de convoquer un témoin s'ils jugent sa déposition dénuée de pertinence dans l'affaire en jugement.

Une autre interrogation concerne le point de savoir si, d'après la Commission africaine, lorsque les témoins déposent effectivement, ils ont le droit de le faire dans la langue de leur choix.

À cette question, la jurisprudence européenne[634] répond par la négative. Elle indique, de manière expresse, que les témoins n'ont pas ce droit.

De même, si la Charte énonce expressément que l'accusé a le droit d'interroger ou de faire interroger les témoins, est-il exigé qu'il soit présent lors de ces dépositions ?

La jurisprudence européenne[635] insiste sur le fait qu'il est essentiel que l'accusé soit présent lors de ces dépositions, mais admet exceptionnellement que les témoins peuvent être entendus en l'absence de l'accusé dans certaines circonstances, notamment lorsque ces dépositions sont de nature à nuire à leur sécurité personnelle. Le droit d'interroger les témoins n'exige pas non plus que l'accusé soit présent lorsque les témoins déposent pendant l'instruction mais à condition que l'accusé ait la possibilité de les faire contre-interroger au cours du procès.

---

[633] C'est la position adoptée notamment dans les décisions suivantes :
- Décision précitée de la Commission européenne des droits de l'homme, *X c. Belgique*, 19 décembre 1961, Annuaire de la Convention européenne des droits de l'homme, vol. 4, p. 378;
- Décision précitée de la Commission européenne des droits de l'homme, *X c. Royaume-Uni*, 6 avril 1973, C. D. 43, p. 151;
- Décision de la Commission européenne des droits de l'homme, *X c. Allemagne*, 1 avril 1970, C. D. 37, p. 119;
- Décision de la Commission européenne des droits de l'homme, *Ekbatani c. Suède*, 5 juillet 1985, D. R., 44, p. 113.

[634] Voy. notamment la décision de la Commission européenne des droits de l'homme dans l'affaire *Bideault c. France*, 6/10/1986, D. R., 48, p. 232.

[635] Décision de la Commission européenne des droits de l'homme, *X. c. Danemark*, 16 décembre 1981, D. R. 27, p. 56.

Une dernière question sur laquelle la Commission africaine ne s'est pas encore prononcée concerne l'endroit où les dépositions doivent être faites : d'après la Commission, ces dépositions doivent-elles être faites nécessairement devant le tribunal ?

Sur cette question, la jurisprudence européenne[636] indique clairement que, s'il est vrai que l'accusé a le droit d'être présent pendant les dépositions faites par les témoins, il est également vrai que les dépositions n'ont pas nécessairement à être faites devant le tribunal.

Tels sont les différents aspects au sujet desquels la Commission africaine devrait se prononcer afin de rendre effectif le droit d'interroger les témoins.

3. Le droit à un interprète

La résolution sur le droit de recours et à un procès équitable dispose en son point 2. e) iv) que *Dans la détermination des chefs d'inculpation contre les individus, ces derniers auront le droit de bénéficier de l'assistance gratuite d'un interprète s'ils ignorent la langue utilisée par la Cour* ».

La formulation de cette disposition n'appelle pas de commentaire particulier dans la mesure où elle est rédigée de la même manière que les dispositions des autres instruments internationaux ou régionaux qui reconnaissent le même droit en faveur de l'accusé : l'article 6. 3. e) de la Convention européenne des droits de l'homme, l'article 14. 3. f) du Pacte international relatif aux droits civils et politiques ainsi que l'article 8. 2. a) de la Convention interaméricaine des droits de l'homme. Seule la dernière Convention comporte une certaine nuance par rapport aux autres instruments, dans la mesure où elle parle du droit pour l'accusé d'avoir un traducteur ou un interprète.

Pourtant, le contenu de cette disposition reste inconnu car la Commission africaine ne s'est jamais prononcée à ce sujet.

Ainsi, on ignore l'étendue du droit à un interprète car on ne saurait déterminer si le droit à l'assistance gratuite d'un interprète vaut pour les seules déclarations orales à l'audience ou s'il vaut aussi pour les pièces écrites ainsi que pour

---

[636] Voy notamment l'arrêt : Cour eur. dr. h., arrêt *Asch c. Autriche*, 26 avril 1991, § 27.

l'instruction préparatoire. Dans le même ordre d'idées, on ne sait pas si ce droit va jusqu'à exiger, dans le système de la Charte, une traduction écrite de toute preuve documentaire ou preuve officielle du dossier.

Sur toutes ces questions, la Cour européenne[637] des droits de l'homme répond que le droit à l'assistance d'un interprète signifie que l'accusé, ne comprenant pas ou ne parlant pas la langue employée à l'audience, a droit à l'assistance gratuite d'un interprète afin que lui soient traduits ou interprétés tous les actes de la procédure engagée contre lui, qu'il faut comprendre pour bénéficier d'un procès équitable. Il ne va pas jusqu'à exiger une traduction écrite de toute preuve documentaire ou preuve officielle du dossier. L'assistance prêtée en matière d'interprétation doit permettre à l'accusé de savoir ce qu'on lui reproche et de se défendre, notamment en livrant au tribunal sa version des événements.

Un autre point sur lequel la jurisprudence de la Commission africaine reste muette concerne les limites du droit à un interprète au sens de la Charte.

Dans ce système, l'obligation des autorités compétentes se limite-t-elle à la désignation d'un interprète ou va-elle jusqu'à exercer un contrôle sur la valeur de l'interprétation assurée, notamment dans l'hypothèse où l'interprète ne serait pas à la hauteur de sa mission ?

Sur ce point, la jurisprudence européenne[638] affirme une obligation positive dans le chef des autorités compétentes. L'obligation de ces autorités ne se limite pas à la désignation d'un interprète mais s'étend, une fois alertées dans un cas donné, à exercer un certain contrôle de la valeur de l'interprétation donnée.

4. Le droit à un double degré de juridiction en matière pénale

La résolution sur le droit de recours et à un procès équitable, dispose en son point 3 que *les personnes accusées d'un délit auront le droit de faire appel devant une juridiction supérieure.*

---

[637] Voy. notamment les arrêts :
- Cour eur. dr. h., arrêt *Luedicke, Belkacem et Koç c. Allemagne*, 28/11/1978, § 48;
- Cour eur. dr. h., arrêt *Kamasinski c. Autriche*, 19/12/1989, § 74.

[638] Voy. parmi tant d'autres arrêts, *mutatis mutandis l'arrêt Artico c. Italie*, 13/05/1980, § 33.

Le Pacte international relatif aux droits civils et politiques énonce le même droit en son article 14. 5 : *Toute personne déclarée coupable d'une infraction a le droit de faire examiner par une juridiction supérieure la déclaration de culpabilité et la condamnation, conformément à la loi.*

Le même droit est énoncé à l'article 8. h) de la Convention interaméricaine des droits de l'homme dans les mêmes termes que le texte africain : *Pendant l'instance, elle (la personne accusée d'un délit) a droit d'interjeter appel du jugement devant un tribunal supérieur.*

Dans le cadre de l'Europe, l'article 6 de la Convention européenne des droits de l'homme n'énonce pas ce principe du double degré de juridiction mais la Cour européenne[639] des droits de l'homme rappelle sans cesse que, si l'article 6 n'oblige pas à instaurer des voies de recours, il n'empêche que, lorsque de telles voies de recours existent, les juridictions de recours doivent respecter les garanties imposées par l'article 6. Elle précise ensuite que l'existence des juridictions d'appel ou de cassation respectant les garanties de l'article 6 n'exonère pas les juridictions de premier degré de les respecter[640].

Dans ce système, le principe du double degré de juridiction en matière pénale est inscrit à l'article 2 du Protocole n° 7 à la Convention de sauvegarde des droits de l'homme et des libertés fondamentales[641] dans les termes suivants :

1. Toute personne déclarée coupable d'une infraction pénale par un tribunal a le droit de faire examiner par une juridiction supérieure la déclaration de culpabilité ou la condamnation. L'exercice de ce droit, y compris les motifs pour lesquels il peut être exercé, sont régis par la loi.

2. Ce droit peut faire l'objet d'exceptions pour les infractions mineures telles qu'elles sont définies par la loi ou lorsque l'intéressé a été jugé en première instance par la plus haute juridiction ou a été déclaré coupable et condamné à la suite d'un recours contre son acquittement.

---

[639] Voy. notamment les arrêts :
- Cour eur. dr. h., arrêt *Delcourt c. Belgique*, 17/01/1970, § 25;
- Cour eur. dr. h., arrêt *Guérin c. France*, 29/07/1998, § 44.

[640] Cour eur. dr. h., arrêt *De Cubber c. Belgique*, 26/10/1984, § 32.

[641] Ce protocole n° 7 à la Convention européenne de sauvegarde des droits de l'homme et des libertés fondamentales est entré en vigueur le 1/11/1988.

Le maximum de protection des droits de l'individu dans le procès pénal impose que ce droit à un double degré de juridiction reçoive l'interprétation la plus utile, ce que la Commission africaine des droits de l'homme et des peuples n'a pas encore fait.

En effet, la Commission africaine a déjà retenu la violation de ce droit dans trois décisions et, pour apprécier la qualité de la jurisprudence y relative, il importe de procéder à une analyse des termes employés dans ces décisions :

- Décisions rendues dans les Communications groupées 137/94, 139/94, 154/96 et 161/97 *International Pen, Constitutional Rights, Interights (au nom de Ken Saro- Wiwa Jr) et Civil Liberties Organisation c. Nigeria*[642].

Ces communications ont été groupées parce qu'elles concernent toutes la détention et le jugement des personnes par un tribunal dont les membres étaient sélectionnés par le Chef de l'État tandis que le recours contre la décision de ce tribunal s'exerçait devant un organe exécutif, le Conseil de gouvernement provisoire.

La Commission africaine a indiqué, que le Conseil de gouvernement provisoire ne pouvait être accepté comme un organe national compétent dans la mesure où il n'était ni indépendant, ni impartial et que par conséquent les personnes accusées n'avaient pas eu la possibilité de faire appel auprès d'un organe national compétent au sens de l'article 7. 1. a).

- Décision portant sur la communication 212/98 *Amnesty International contre Zambie*[643].

Cette communication a été introduite par l'ONG Amnesty International, au nom de feu John Lyson Chinula. Ce dernier a été enlevé de son domicile et conduit à l'aéroport international en vue d'une déportation. Il avait reçu un ordre d'expulsion signé du ministre de l'intérieur alléguant qu'il constituait une menace pour la paix et la sécurité en Zambie. L'intéressé n'a pas eu la possibilité

[642] Communications précitées 137/94, 139/94, 154/96 et 161/97 *International Pen, Constitutional Rights, Interights (au nom de Ken Saro- Wiwa J)r et Civil Liberties Organisation c. Nigeria*, 12ème rapport d'activités, § 93.

[643] Communication précitée 212/98 *Amnesty International c. Zambie*, 12ème rapport d'activités, § 53.

de faire appel contre son ordre d'expulsion et la Commission a conclu qu'en refusant cette possibilité, le gouvernement zambien l'avait privé du droit à ce que sa cause soit entendue, en violation de toutes les lois zambiennes et des normes internationales des droits de l'homme.

- Décision portant sur la communication 223/98 *Forum of Conscience c. Sierra Leone*[644].

Cette communication avait été introduite par l'ONG *Forum of Conscience*, au nom de 24 militaires poursuivis pour le rôle qu'ils auraient joué dans le coup d'État ayant renversé le gouvernement. Les intéressés ont été exécutés publiquement après avoir été privés de leur droit d'appel devant une juridiction supérieure. La Commission africaine a décidé que le déni du droit d'appel des victimes devant les juridictions nationales compétentes suite à une accusation aussi grave constitue une violation des normes du procès équitable.

À la lecture de cette jurisprudence, il apparaît que la Commission africaine se garde d'interpréter le principe du double degré de juridiction de façon à indiquer les limites et les exceptions de ce droit dans le cadre africain.

a) Le contenu

Les différentes modalités d'exercice du principe du double degré de juridiction restent indéterminées aussi bien dans le texte de la résolution africaine que dans la jurisprudence de la Commission africaine des droits de l'homme et des peuples.

Tout d'abord, contrairement à l'article 2. 1 du Protocole n° 7 à la Convention de sauvegarde des droits de l'homme et des libertés fondamentales ainsi qu'à l'article 14. 5 du Pacte international relatif aux droits civils et politiques, la résolution de la Commission africaine qui énonce le droit d'appel n'indique pas si ce droit est absolu ou s'il peut faire l'objet d'une règlementation par les autorités nationales. La jurisprudence de la Commission africaine est également muette sur cette question. Devant cette imprécision, on ne saurait déterminer le caractère de ce droit.

---

[644] Communication précitée 223/98 *Forum of Conscience c. Sierra Leone*, 14ème rapport d'activités, § 18.

Ensuite, le texte de cette Résolution est également muet sur la nature de l'organe qui doit rendre la décision, objet du droit d'appel. S'agit-il d'une décision d'un tribunal au sens classique ou d'une décision de n'importe quelle autorité ? Sur cette question, la jurisprudence de la Commission africaine n'apporte pas toutes les précisions voulues car elle parle tantôt de l'appel d'une décision d'un tribunal[645]), tantôt elle vise le droit d'appel d'un ordre du ministre de l'intérieur, autorité qui n'a pas de pouvoir juridictionnel[646].

Cette lacune s'observe également dans les dispositions tant du Pacte international relatif aux droits civils et politiques que de la Convention interaméricaine des droits de l'homme.

Contrairement à tous ces instruments, l'article 2. 1. du Protocole n° 7 à la Convention européenne, tel qu'interprété dans le rapport explicatif n° 17, précise bien que c'est un tribunal qui doit être à l'origine de la décision soumise à un recours et non des autorités qui ne sont pas des tribunaux au sens de l'article 6 de la Convention[647].

De plus, la protection du droit à un procès équitable exige que les juridictions d'appel soient compétentes sur tous les points, aussi bien de fond que de forme. C'est dans cette perspective que l'article 2 du Protocole n° 7 à la Convention européenne et l'article 14. 5 du Pacte international relatif aux droits civils et politiques prennent soin de préciser, dans leurs dispositions respectives, que l'appel couvre à la fois la déclaration de culpabilité et la condamnation. Un recours peut viser uniquement le prononcé de la condamnation, notamment lorsque le condamné a avoué les faits qui lui sont reprochés. Le texte de la Résolution de la Commission africaine, à l'instar de l'article 8. h) de la Convention interaméricaine n'apporte aucune précision à ce sujet. Or, cette lacune n'a pas été comblée par la jurisprudence de la Commission africaine.

Enfin, une dernière lacune à laquelle les observations précédentes semblent servir de fondement concerne le point de savoir si le recours en appel concerne uniquement les décisions des juridictions de jugement, tout en excluant les

[645] Décisions portant sur les communications précitées 137/94, 139/94 et 161/97 *International Pen, Constitutional Rights et Interights (au nom de Ken Saro-Wiwa Jr) et Civil Liberties Organisation c. Nigeria* ; 223/98 *Forum of Conscience c. Sierra Leone.*

[646] Décision portant sur la communication précitée 218/98 *Amnesty International contre Zambie.*

[647] Rapport explicatif n° 17 du protocole n° 7 à la Convention de sauvegarde des droits de l'homme et des libertés fondamentales, p. 10.

décisions des juridictions d'instruction prises durant la phase préparatoire du procès. Cette question ne se pose pas dans le système européen ou dans le système onusien car une interprétation littérale des termes « déclaration de culpabilité » et « condamnation » qu'on trouve dans les dispositions de l'article 2 du protocole n° 7 à la Convention européenne ainsi qu'à l'article 14. 5 du Pacte international relatif aux droits civils et politiques, confirme que cette exigence du double degré de juridiction, ne s'applique pas aux juridictions d'instruction.

Le texte de la Résolution et la jurisprudence de la Commission n'indiquent rien à ce sujet et cette lacune s'observe également à l'article 8. b) de la Convention interaméricaine des droits de l'homme.

b) Les exceptions

Une lecture comparée des différents instruments des droits de l'homme amène à constater que l'article 2. 2 du Protocole n° 7 à la Convention européenne, appuyé partiellement par la jurisprudence du Comité des droits de l'homme, apporte trois exceptions au principe du double degré de juridiction. En cette matière, le texte de la Résolution reste silencieux et la jurisprudence de la Commission africaine apparaît trop timide.

1ère exception : Le caractère mineur de l'infraction

Contrairement aux autres instruments pertinents en matière de droits de l'homme, l'article 2. 2. du protocole n° 7 à la Convention européenne prévoit que le principe du double degré de juridiction subit une exception en cas d'infractions mineures. D'après le rapport explicatif dudit protocole, le critère de détermination des infractions ainsi qualifiées est le fait que « l'infraction est passible d'emprisonnement ou non »[648].

Le Comité des droits de l'homme agrée cette idée, tout en y apportant une précision importante. En effet, il a attiré l'attention sur le sens du mot anglais « crime » qui montre que la garantie ne concerne pas seulement les infractions les plus graves[649].

---

[648] Rapport explicatif n° 21, p. 11.
[649] Rapport annuel du Comité des droits de l'homme précité, A/39/40, p. 156.

Une telle exception semble être timidement admise dans la jurisprudence de la Commission africaine. En effet, dans la décision rendue sur la communication 223/98 *Forum of Conscience c. Sierra Leone* plus haut référencée, la Commission africaine a déclaré : « le déni des droits d'appel des victimes devant les juridictions nationales compétentes dans un délit aussi grave que celui-ci, est une violation du procès équitable attendu de ces cours ».

Une interprétation a *contrario* de ce passage peut laisser croire que le droit d'appel n'est pas exigé par la Commission en cas de délit moins grave. La seule difficulté à laquelle cette interprétation se heurterait serait la détermination du seuil de gravité des infractions au sens de la Commission africaine des droits de l'homme et des peuples.

2ème exception : Les privilèges de juridiction

L'article 2. 2 du Protocole n° 7 à la Convention européenne prévoit une deuxième exception au principe du double degré de juridiction dans le cas où la personne concernée a été jugée en première instance par la plus haute juridiction.

En interprétant cette exception, le rapport explicatif de ce protocole[650] souligne que c'est d'abord le « rang » de l'intéressé (Ministre, juge ou autre titulaire d'une haute charge) qui peut justifier ce privilège de juridiction.

Cette exception a été acceptée par le Comité des droits de l'homme[651].

Le même rapport explicatif souligne ensuite que la gravité de l'infraction peut justifier cette exception d'être jugé en première instance par la juridiction la plus élevée.

La Commission africaine ne s'est jamais prononcée à ce sujet et la question que l'on peut se poser est de savoir si le fait pour un État partie à la Charte, de prévoir, dans son ordre juridique interne, un régime des privilèges de juridictions instituant au profit de certaines catégories de personnes le droit d'être jugé en première instance par la plus haute juridiction ou pour certaines infractions, constitue ou non une violation de la Charte africaine.

[650] Rapport explicatif n° 20, p. 11.
[651] Constatations du Comité des droits de l'homme, *Fanali c. Italie*, A/38/40, annexe XIII.

3ème exception : Condamnation sur recours contre un acquittement

La troisième exception au principe sous analyse contenue dans l'article 2. 2 du Protocole n° 7 à la Convention européenne concerne l'hypothèse où une personne a été déclarée et condamnée à la suite d'un recours contre un acquittement. Cette exception, qui s'appuie sur la règle juridique « appel sur appel ne vaut », est particulière au système européen. Elle n'est affirmée ni dans le système africain, ni dans les autres instances internationales des droits de l'homme.

Signalons avant de terminer cette matière qu'une dernière précision, qui fait défaut non seulement dans le texte de la résolution mais aussi dans la jurisprudence de la Commission africaine, est que le droit d'appel doit comporter une révision authentique de l'affaire et doit être exercé en temps utile. Le droit d'appel ne serait d'aucune utilité si le juge d'appel confirme par routine la sentence imposée par le juge au 1er degré, ou si la peine a été déjà purgée au moment où la juridiction supérieure se prononce sur l'appel.

Il résulte en définitive de ce qui précède, que le système africain s'est contenté d'énoncer le principe du double degré de juridiction sans se prononcer sur aucune des modalités d'application de ce principe.

F. Les caractères de la procédure

Les droits énoncés à l'article 7. 1 de la Charte africaine ainsi que dans la Résolution sur le droit de recours et à un procès équitable, ne sont que des aspects procéduraux du droit à un procès équitable dont la mise en œuvre nécessite le respect de certains critères : le principe du contradictoire et de l'égalité des armes, la publicité de la procédure et le droit de ne pas contribuer à sa propre incrimination. Pour se faire une idée exacte sur le droit à un procès équitable au sens de la Charte africaine, il s'impose d'analyser, en plus des droits procéduraux déjà visés antérieurement, la position de la Charte et de la jurisprudence de la Commission africaine relative à ces caractères.

1. Le principe du contradictoire et de l'égalité des armes

D'après les enseignements de la jurisprudence internationale, le procès équitable implique, entre autres, le caractère contradictoire de la procédure et l'égalité des armes.

a) L'égalité des armes

La Charte africaine des droits de l'homme et des peuples et la Convention européenne des droits de l'homme n'affirment pas expressément, parmi les garanties judiciaires qu'elles proclament, l'idée d'égalité des armes.

L'article 7 de la Charte africaine n'énonce pas ce principe mais la résolution de la Commission africaine relative au droit à un procès équitable y insiste : *tous les individus sont égaux devant les juridictions pour la détermination de leurs droits et obligations*[652].

Dans le système européen, cette idée d'égalité des armes n'est qu'une création jurisprudentielle.

Par contre, le Pacte international relatif aux droits civils et politiques et la Convention interaméricaine des droits de l'homme l'énoncent.

En effet, l'article 14. 5 débute sur ce principe : *Tous sont égaux devant les tribunaux et les cours de justice.* Quant au paragraphe 3 de la même disposition qui énonce les garanties minimales en matière pénale, il prend le soin de souligner que toute personne accusée y a droit « en pleine égalité ».

De son côté, l'article 8. 2 de la Convention interaméricaine, avant d'énumérer les garanties procédurales, indique que toute personne accusée y a droit « en pleine égalité ».

Cette idée d'égalité, affirmée de façon simple dans ces instruments internationaux, a été reçue et affinée par la jurisprudence sous le principe de l'égalité des armes, à telle enseigne qu'elle est devenue le critère le plus important d'un procès équitable et le fondement des droits procéduraux du

[652] Point 2 a) de la Résolution précitée sur le droit de recours et à un procès équitable.

procès équitable[653]. Selon cette jurisprudence, le principe signifie que toutes les parties au procès doivent être traitées sur le même pied, (l'accusation et la défense en matière pénale) ; il interdit dès lors au tribunal d'agir d'une manière qui puisse donner à l'accusation un avantage sur la défense.

La plupart des règles du procès équitable abordées plus haut, en particulier le droit à l'assistance judiciaire, le droit de disposer du temps et des facilités nécessaires pour la préparation de sa défense, sont des corollaires indispensables du principe de l'égalité des armes.

Le respect de ce principe s'apprécie en tenant compte non seulement des possibilités juridiques ouvertes à l'individu, mais aussi des conditions dans lesquelles celui-ci est amené à les utiliser.

La Commission africaine n'est pas restée étrangère à cette jurisprudence et a intégré dans la sienne cette notion classique d' « égalité des armes ».

En effet, dans la décision rendue sur la communication *Avocats Sans Frontières c. Burundi*[654], elle a d'abord rappelé, avant de se prononcer sur le fond de la communication, l'importance qu'elle attache au principe de l'égalité des armes. Elle a affirmé que le droit à un procès équitable nécessite certains critères objectifs, dont le droit à l'égalité de traitement. Au paragraphe 27 de la même décision, elle a approfondi cette idée en précisant que le droit à un traitement égal par une juridiction, particulièrement en matière criminelle, signifie en premier lieu, l'accès de la défense et du ministère public aux mêmes chances de préparation et de présentation de leurs plaidoiries et réquisitoires au cours du procès. Autrement dit, ils doivent défendre leur cas devant la juridiction sur un même pied d'égalité.

---

[653] La jurisprudence de la Cour européenne des droits de l'homme et celle du Comité des droits de l'homme se rejoignent sur ce point. Dans la jurisprudence européenne, parmi tant d'autres arrêts, voir :

- Cour eur. dr. h., arrêt *Barberà, Messeguè et Jabardo c. Espagne*, 6/12/1988, § 70;
- Cour eur. dr. h., arrêt *Branstetter c. Autriche*, 28/08/1991, § 44.

Dans la jurisprudence du Comité des droits de l'homme, voir notamment les constatations suivantes :

- Constatations du C.D.H., *John Campbell c. Jamaïque*, 24/03/1993, A/48/40, Partie I, p. 201 et Partie II. P. 49.
- Constatations du C.D.H., *Denroy Gordon c. Jamaïque*, 5/11/1992, A/48/40, Partie I, p. 203 et Partie II, p. 6.

[654] Communication précitée 231/99 *Avocats Sans Frontières (pour le compte de Gaëtan Bwampamye) c. Burundi*, 14ème rapport d'activités, § 26.

C'est en tenant compte de ce principe que la Commission s'est ensuite prononcée sur la communication qui lui était soumise. Cette dernière concernait un accusé condamné par la plus haute juridiction alors qu'il avait formulé une demande de renvoi de l'audience à une date ultérieure, en raison de l'absence de son avocat. Cette demande avait été rejetée par la juridiction alors que, antérieurement, la même juridiction avait agréé la même demande du ministère public qui avait refusé de prononcer son réquisitoire, réclamant plus de temps pour étudier la note de plaidoirie écrite présentée par l'avocat du prévenu.

La Commission africaine a alors jugé que, en refusant d'accéder à la requête de report, la juridiction a violé le droit à l'égalité de traitement, l'un des principes fondamentaux du droit à un procès équitable.

b) Le caractère contradictoire de la procédure

La notion de procès équitable implique, en plus de l'égalité des armes, le droit à une procédure contradictoire. Il implique que les parties à un procès ont le droit de se voir communiquer et de discuter toute pièce ou observation présentée au juge[655].

Le caractère contradictoire de la procédure est clairement affirmé par la Commission africaine. En effet, dans la communication ci-dessus référencée, *Avocats Sans Frontières c. Burundi*, au paragraphe 28 de la décision, la Commission a déclaré que le droit à la défense implique que, dans le processus d'intervention des parties, à tous les stades de la procédure criminelle, notamment l'instance de jugement, l'accusé et sa défense soient en mesure de répliquer à toutes les réquisitions du ministère public.

1. La publicité des procédures judiciaires

À part la Charte africaine des droits de l'homme et des peuples, l'exigence de publicité incluse dans le droit à un procès équitable s'impose de façon quasi uniforme, malgré quelques différences dans les dispositions pertinentes du droit international des droits de l'homme.

[655] C'est l'interprétation donnée par la jurisprudence européenne, notamment dans les arrêts :
- Cour eur. dr. h., arrêt *Lobo Machado c. Portugal*, 20 février 1996, § 31;
- Cour eur. dr. h., arrêt *Vermeulen c. Belgique*, 20/février 1996, § 33;
- Cour eur. dr. h., arrêt *F. R. c. Suisse*, 28 juin 2001, § 36.

En effet, l'article 14. 1 du Pacte international relatif aux droits civils et politiques stipule que toute personne a droit à ce que sa cause soit « entendue (...) publiquement » et prévoit ensuite que *le huis clos peut être prononcé pendant la totalité ou une partie du procès soit dans l'intérêt des bonnes mœurs, de l'ordre public ou de la sécurité nationale dans une société démocratique, soit lorsque l'intérêt de la vie privée des parties en cause l'exige, soit encore dans la mesure où le tribunal l'estime absolument nécessaire lorsqu'en raison des circonstances particulières de l'affaire la publicité nuirait aux intérêts de la justice; cependant tout jugement rendu en matière pénale ou civile sera public, sauf si l'intérêt des mineurs exige qu'il en soit autrement ou si le procès porte sur des différends matrimoniaux ou sur la tutelle des enfants.*

L'article 6. 1 de la Convention européenne des droits de l'homme adopte une formulation presque semblable à cette disposition du Pacte. Il dispose que toute personne a droit à ce que sa cause soit « entendue (...) publiquement » et prévoit en outre que *le jugement doit être rendu publiquement, mais l'accès de la salle d'audience peut être interdit à la presse et au public pendant la totalité ou une partie du procès dans l'intérêt de la moralité, de l'ordre public ou de la sécurité nationale dans une société démocratique, lorsque les intérêts des mineurs ou la protection de la vie privée des parties au procès l'exigent, ou dans la mesure jugée strictement nécessaire par le tribunal, lorsque dans des circonstances spéciales la publicité serait de nature à porter atteinte aux intérêts de la justice.*

Comparée à ces deux dispositions, l'article 8. 5. de la Convention interaméricaine des droits de l'homme a adopté une formulation particulière.

Il reconnaît la publicité des procédures spécifiquement dans la matière pénale : *Le procès pénal est public, sauf lorsqu'il est nécessaire de sauvegarder les intérêts de la justice.*

Il découle de ces différentes formulations, plus particulièrement celles de la Convention européenne des droits de l'homme et du Pacte international relatif aux droits civils et politiques, que la publicité des procédures judiciaires distingue la publicité dynamique de la publicité statique, si on emprunte la terminologie utilisée par Fabienne Quilleré-Mazoub[656].

---

[656] QUILLERE MAZOUB, F., *La défense du droit à un procès équitable*, Bruxelles, Bruylant, 1999, p. 74.

La publicité dynamique signifie la publicité des débats, c'est-à-dire la façon par laquelle une juridiction est arrivée à une décision, tandis que la publicité statique vise la publicité du prononcé des jugements et arrêts.

La Charte africaine des droits de l'homme et des peuples étant muette sur la publicité des procédures judiciaires, il importe d'analyser la position de la jurisprudence de la Commission africaine tant à l'égard de la publicité dynamique que de la publicité statique.

a) La publicité dynamique

Les divers instruments internationaux ci-dessus référencés posent le principe de la publicité, assortie aussitôt d'exceptions, tandis que la jurisprudence sur les mêmes instruments reconnaît la possibilité de renonciation à cette publicité.

1° Le principe

L'article 6. 1 de la Convention européenne des droits de l'homme, l'article 14. 1 du Pacte international relatif aux droits civils et politiques ainsi que l'article 8. 5 de la Convention interaméricaine des droits de l'homme affirment de façon explicite que toute personne a droit à ce que sa cause soit entendue publiquement.

La jurisprudence sur les divers instruments y insiste et démontre même l'importance de cette publicité.

Dans le système européen, la Cour européenne des droits de l'homme indique que la publicité de la procédure des organes judiciaires visée à l'article 6. 1 protège les justiciables contre une justice secrète échappant au contrôle du public. Elle constitue aussi l'un des moyens de préserver la confiance dans les cours et tribunaux et, par la transparence qu'elle donne à l'administration de la justice, elle aide à réaliser le but de l'article 6. 1 : le procès équitable[657].

---

[657] Voy. notamment les arrêts :
- Cour eur. dr. h., arrêt *Pretto et autres c. Italie*, 8/12/1983, §§ 21-22;
- Cour eur. dr. h., arrêt *Diennet c. France*, 26/09/1995, § 33;
- Cour eur. dr. h., arrêt *Fischer c. Autriche*, 26/04/1995, §§ 43-44.

Cette même jurisprudence précise que le droit à un procès équitable n'oblige pas pour autant les tribunaux à faire connaître une affaire avant le procès ni à diffuser des listes des affaires qu'ils vont examiner[658].

Cette importance de la publicité des procédures est affirmée dans les mêmes termes par le Comité des droits de l'homme, tant dans une de ses observations générales que dans sa jurisprudence.

En effet, dans son observation générale[659] sur l'article 14 du Pacte international relatif les droits civils et politiques, ledit Comité souligne l'importance du caractère public des audiences et le fait qu'un procès doit être ouvert au public, c'est-à-dire non seulement aux membres de la presse mais aussi que la publicité ne doit pas être réservée à une catégorie particulière de personnes.

Le Comité des droits de l'homme va même plus loin puisqu'il affirme dans ses constatations[660] qu'une personne a droit à un procès public et que le tribunal doit permettre au public de connaître la date et le lieu de l'audience et fournir les services et installations permettant aux personnes intéressées d'y assister.

Le principe étant admis, la question qui se pose dans la suite est de savoir si les débats publics sont nécessaires en appel lorsqu'il y en a déjà eu en première instance.

Sur cette question, la jurisprudence de la Cour européenne des droits de l'homme répond par une distinction. Elle affirme la nécessité impérative de respecter le principe de publicité à toute instance consacrée au fond d'une affaire. Lorsque la juridiction d'appel a à connaître des faits comme du droit et qu'elle doit étudier dans son ensemble la question de la culpabilité ou de l'innocence du requérant, des débats contradictoires sont nécessaires et la publicité s'impose[661]. Par contre, lorsque la juridiction d'appel n'examine

---

[658] Décision de la Commission européenne des droits de l'homme, req. n° 8512/79 du 02/ octobre 1979, §§ 426 et 444.

[659] Rapport annuel du Comité des droits de l'homme précité, A/39/40, p. 154.

[660] Constatations du C.D.H., *Van Meurs c. Pays-Bas*, req. n° 215/1986, §§ 6. 1. et 6. 2.

[661] Voy. parmi tant d'autres les arrêts :
- Cour eur. dr. h., arrêt *Monnel et Morris c. Royaume-Uni*, 02/03/1987, §§ 58-61;
- Cour eur. dr. h., arrêt *Sutter c. Suisse*, 22/02/1984, § 30.

pas de nouveaux points de droit et que la procédure devant la juridiction inférieure avait été publique, l'absence de débats publics en appel ne viole pas l'article 6. 1. de la Convention européenne des droits de l'homme.

La même jurisprudence poursuit en précisant qu'il peut être remédié au défaut d'audiences publiques par la publicité des débats à un stade ultérieur de la procédure[662].

La jurisprudence du Comité des droits de l'homme[663] fournit une réponse analogue à cette question et précise que l'absence de débats dans les procédures en appel de type « cassatoire » et dont la compétence est donc limitée à des questions de droit, ne pose aucun problème au regard de l'article 14 du Pacte international relatif aux droits civils et politiques.

2° Les exceptions

Ni l'article 6. 1 de la Convention européenne des droits de l'homme, ni l'article 14. 1 du Pacte international relatif aux droits civils et politiques ne confère un caractère absolu à la règle de la publicité des débats.

Aux termes de l'article 6. 1. de la Convention européenne des droits de l'homme, l'accès à la salle d'audience peut être interdit dans l'intérêt de la moralité, de l'ordre public ou de la sécurité nationale dans une société démocratique, lorsque les intérêts des mineurs ou la protection de la vie privée des parties au procès l'exigent, ou dans la mesure jugée strictement nécessaire par le tribunal, lorsque dans des circonstances spéciales la publicité serait de nature à porter atteinte aux intérêts de la justice.

La jurisprudence des organes de Strasbourg indique les cas dans lesquels le huis clos a été admis notamment dans l'intérêt de la sécurité nationale[664], dans l'intérêt des mineurs[665] et dans l'intérêt de la justice[666].

---

[662] Cour eur. dr. h., arrêt *précité H. c. Belgique*, 30/11/1987, § 54.

[663] Constatations précitées du C.D.H., *Karttunen c. Finlande*, req. n° 387/1989, § 7. 3.

[664] Notamment dans l'arrêt précité: Cour eur. dr. h., arrêt *Campbell et Fell c. Royaume-Uni*, 28/06/1984, §§ 87-88.

[665] Notamment la décision de la Commission européenne des droits de l'homme, req. n° 1913/63, *X. c. Autriche*, 30/04/1965 (non publié).

[666] Notamment la décision de la Commission européenne des droits de l'homme, *X c. Norvège*, 16/07/1970, D. R., 35, p. 37.

Dans le cadre du Pacte international relatif aux droits civils et politiques, l'article 14. 1. indique que le huis clos peut être prononcé soit dans l'intérêt des bonnes mœurs, de l'ordre public ou de la sécurité nationale dans une société démocratique, soit lorsque l'intérêt de la vie privée des parties en cause l'exige, soit encore dans la mesure où le tribunal l'estimera absolument nécessaire lorsqu'en raison des circonstances particulières de l'affaire la publicité nuirait aux intérêts de la justice.

En interprétant ces différentes exceptions, le Comité des droits de l'homme a adopté des positions similaires à celles de la jurisprudence européenne et détermine plusieurs cas[667] dans lesquels le huis clos a été admis pour les différentes raisons contenues dans l'article 14. 1. du Pacte international relatif aux droits civils et politiques.

Dans le système américain, même si l'article 8. 5. ne prévoit aucune exception à la publicité des débats, la jurisprudence[668] admet la possibilité de restriction, à condition que celle-ci soit justifiée par l'intérêt de la procédure en cours.

3° La renonciation à la publicité des procédures

Bien que l'article 6. 1. de la Convention européenne des droits de l'homme ne dise rien sur la possibilité de renoncer à la publicité de l'audience, la Cour européenne a déclaré que ni la lettre ni l'esprit de cette disposition n'empêchent une personne d'y renoncer à la double condition que l'intéressé l'ait fait de son propre gré et de manière dépourvue de toute équivoque et que la renonciation n'aille pas à l'encontre d'un quelconque intérêt général important[669].

Les tribunaux nationaux disposent d'une marge d'appréciation pour décider si le huis clos serait contraire à l'intérêt général.

---

[667] Pour un aperçu circonstancié de ces différents cas, voir QUILLERE MAZOUB, F., *op.cit.*, pp. 79-80.

[668] Voy. notamment les arrêts :
- Cour interam. dr. h., arrêt *Castillo Petruzi et autres c. Pérou* (fond), 30 mai 1999, Série C n° 52, §§169 et suivants;
- Cour interam. dr. h., arrêt *Cantoral Benavides c. Pérou* (fond), 18 août 2000, Série C n° 69, §§ 143 et suivants.

[669] Notamment dans les arrêts :
- Cour eur. dr. h., arrêt *Le Compte, Van Leuven et De Meyere c. Belgique*, 23/06/1981, § 59;
- Cour eur. dr. h., arrêt précité *H c. Belgique*, 30/11/1987, § 54;
- Cour eur. dr. h., arrêt *Häkansonn et Sturesson c. Suède*, 21/02/1990, § 66.

a) La publicité statique

La publicité statique ou la publicité de la prononciation des jugements et arrêts est affirmée de manière quasi uniforme dans les différents traités internationaux des droits de l'homme.

L'article 6. 1. de la Convention européenne des droits de l'homme précise bien que « *...le jugement doit être rendu publiquement...* ».

En interprétant cette disposition, la Cour européenne a reconnu que les systèmes législatifs et les pratiques judiciaires des États membres présentent une certaine diversité quant à l'étendue et aux conditions de mise en œuvre de la publicité et a adopté une position souple. Elle a déclaré : « La Cour ne croit donc pas devoir opter pour une interprétation littérale. Elle estime qu'il échet, dans chaque cas, d'apprécier à la lumière des particularités de la procédure dont il s'agit, et en fonction du but et de l'objet de l'article 6. 1, la forme de publicité prévue par le droit interne de l'État en cause »[670].

Il ressort de cette interprétation que bien que les termes de l'article 6. 1 de la Convention puissent donner à penser qu'il prescrit la lecture du jugement à haute voix, la Cour européenne des droits de l'homme n'a pas retenu une interprétation littérale de la publicité du prononcé. La forme de publicité donnée en vertu du droit interne à chaque espèce doit donc être appréciée à la lumière des caractéristiques du procès considéré et par référence à l'objet et à la finalité de l'article 6. 1. D'après cette jurisprudence[671], la publicité peut être réalisée par le dépôt de l'arrêt au greffe avec possibilité pour l'intéressé de le consulter et même de s'en procurer une copie ou par une simple notification aux parties.

Au même titre que l'article 6. 1 de la Convention européenne des droits de l'homme, l'article 14. 1 du Pacte international relatif aux droits civils et politiques stipule que tout « *jugement rendu en matière pénale ou civile sera public, sauf si l'intérêt des mineurs exige qu'il en soit autrement ou si le procès porte sur des différends matrimoniaux ou sur la tutelle des enfants* ».

---

[670] Cour eur. dr. h., arrêt précité *Sutter c. Suisse*, 22/02/1984, § 33.

[671] Voy. notamment les arrêts précités:
- Cour eur. dr. h., arrêt *Pretto et autres c. Italie*, 8/12/1983, § 27;
- Cour eur. dr. h., arrêt *Campbell et Fell c. Royaume-Uni*, 28/06/1984, §§ 89-92;
- Cour eur. dr. h., arrêt *Häkansonn et Sturesson c. Suède*, 21/02/1990, §§ 66-68.

L'interprétation de cette disposition par le Comité des droits de l'homme est semblable à celle que la Cour européenne des droits de l'homme donne de l'article 6. 1. Le Comité note que, dans l'intérêt du précepte démocratique et du contrôle de l'administration de la justice par les gens, il apparaît extrêmement important que les jugements soient rendus publiquement et soient accessibles à tout le monde. Cette exigence peut être remplie de l'une ou de l'autre façon, soit par une déclaration orale lors d'une session publique, soit par la publication du jugement écrit, soit encore par les deux méthodes à la fois. Une violation de l'article 14. 1 survient quand les jugements sont rendus accessibles seulement à un certain groupe de personnes ou quand la publicité du jugement est dépendante d'intérêts spécifiques[672].

Dans le cadre américain, sans opérer de distinction entre la publicité dynamique et la publicité statique, l'article 8. 5. de la Convention interaméricaine des droits de l'homme dispose : *le procès pénal est public, sauf lorsqu'il est nécessaire de sauvegarder les intérêts de la justice.*

b) *Quid* de la publicité des procédures judicaires au sens de la Commission africaine des droits de l'homme et des peuples ?

Sur la publicité des procédures judicaires, la Commission africaine s'est prononcée dans deux décisions.

Dans la décision rendue sur la communication 224/98 *Media Rights Agenda c. Nigeria*[673], elle a déclaré :

« Ni la Charte africaine, ni la résolution de la Commission relative au droit de recours à la procédure et à un procès équitable ne contiennent une disposition spécifique sur le droit au procès public. Malgré cela, la Commission est habilitée par les articles 60 et 61 de la Charte africaine à s'inspirer de la législation internationale en matière de droits de l'homme et des peuples et de prendre en considération les mesures subsidiaires autres que les Conventions internationales générales ou spéciales, les coutumes généralement acceptées comme lois, les principes généraux de droit reconnus par les États africains ainsi que la jurisprudence et la doctrine. En invoquant ces dispositions, la Commission se réfère au commentaire 13 du Comité des droits de l'homme

[672] Constatations du CDH, *Touron c. Uruguay*, A/36/40, annexe X.
[673] Communication précitée 224/98 *Media Rights Agenda c. Nigeria*, 14ème rapport d'activités, § 51.

de l'ONU sur le droit au procès équitable. Le paragraphe 6 de ce commentaire stipule que :

La publicité du procès est une mesure de sauvegarde importante de l'intérêt des individus et de la société dans son ensemble. En même temps, l'article 14 reconnaît au paragraphe premier que les tribunaux ont la capacité d'exclure tout ou une partie du public pour les raisons énoncées dans ce paragraphe. Il convient de noter qu'en dehors de ces circonstances exceptionnelles, le comité considère qu'un procès doit être ouvert au public en général, y compris aux membres de la presse, et ne doit pas par exemple, se limiter à une seule catégorie des personnes….

De même, dans la décision portant sur la communication 218/98 *Civil Liberties Organisation, Legal Defence Centre, Legal Defence and Assistance Project c. Nigeria*[674], la Commission africaine se réfère non seulement au Commentaire 13 du Comité des droits de l'homme susvisé (paragraphe 35) mais aussi à la jurisprudence de la Commission européenne des droits de l'homme (paragraphe 37 de la décision) :

« Dans l'affaire *Le Compte, Van Leuven et De Meyere c. Belgique*, la Commission européenne a soutenu qu'il ne peut y avoir d'audiences publiques à moins que la Cour jugeant l'affaire ne tienne ses travaux en public au moment où elle considère les faits et lorsqu'elle rend son jugement. S'il existe des circonstances où les audiences peuvent se tenir à huis clos, les travaux doivent rester justes et dans l'intérêt des parties. S'il existe des circonstances où un procès peut se tenir à huis clos, par exemple lorsque l'identité de l'accusé ou la sécurité des témoins nécessite d'être protégées, ceci ne devient pas un droit mais relève du pouvoir discrétionnaire du fonctionnaire judiciaire ».

Il ressort de cette jurisprudence que la Commission africaine s'inspire largement de la jurisprudence internationale, en particulier celle du Comité des droits de l'homme de l'ONU et des organes de Strasbourg pour combler le vide que la Charte a laissé au sujet de la publicité des procédures. La Commission reconnaît le principe de la publicité, montre son importance ainsi que les exceptions au même titre que les autres tendances internationales en la matière.

---

[674] Communication précitée 218/98 *Civil Liberties Organisation, Legal Defence Centre, Legal Defence and Assistance Project c. Nigeria*, 14ème rapport d'activités, § §35 et 37.

Par contre, cette même jurisprudence se garde de distinguer la publicité des débats de la publicité de la prononciation du jugement et reste également muette sur la possibilité de renonciation à la publicité des procédures judiciaires.

1. Le droit de ne pas contribuer à sa propre incrimination

Le droit de ne pas s'auto-incriminer est affirmé expressément par le Pacte international relatif aux droits civils et politiques et la Convention interaméricaine des droits de l'homme mais ne figure ni dans les dispositions de la Convention européenne des droits de l'homme, ni dans la Charte africaine des droits de l'homme et des peuples.

En effet, l'article 14. 3. g) du Pacte dispose que *Toute personne accusée d'une infraction pénale a droit, en pleine égalité, au moins aux conditions suivantes : A ne pas être forcé de témoigner contre elle-même ou de s'avouer coupable* ».

La jurisprudence du Comité des droits de l'homme[675] sanctionne les atteintes à ce droit.

L'article 8. 2. g) de la Convention interaméricaine abonde dans le même sens et parle du « *droit pour l'accusé de n'être pas obligé à témoigner contre lui-même ou à se déclarer coupable.*

Même si le texte de la Convention européenne des droits de l'homme ne dit rien sur le droit de ne pas contribuer à sa propre incrimination, celui-ci a fait l'objet de développements importants dans la jurisprudence de la Cour. Cette dernière indique que même si l'article 6 de la Convention ne le mentionne pas expressément, le droit de se taire et, l'une de ses composantes, le droit de ne pas contribuer à sa propre incrimination, sont des normes internationales généralement reconnues qui sont au cœur de la notion de procès équitable consacrée par ledit article. Leur raison d'être tient notamment à la protection de l'accusé contre une coercition abusive de la part des autorités, ce qui évite les erreurs judiciaires et permet d'atteindre les buts de l'article 6. En particulier, le droit de ne pas contribuer à sa propre incrimination présuppose que, dans une affaire pénale, l'accusation cherche

---

[675] Voy. notamment : Constatations du C.D.H., *Conteris c. Uruguay*, A/40/40, annexe XI.

à fonder son argumentation sans recourir à des éléments de preuve obtenus par la contrainte ou les pressions, au mépris de la volonté de l'accusé. En ce sens, ce droit est étroitement lié au principe de la présomption d'innocence consacré à l'article 6. 2 de la Convention.

Toutefois, le droit de ne pas s'incriminer soi-même concerne en premier lieu le respect de la détermination d'un accusé de garder silence. Tel qu'il s'entend communément dans les systèmes juridiques des parties contractantes à la Convention et ailleurs, il ne s'étend pas à l'interdiction de l'usage, dans une procédure pénale, de données que l'on peut obtenir de l'accusé en recourant à des pouvoirs coercitifs mais qui existent indépendamment de la volonté du suspect, par exemples les documents obtenus en vertu d'un mandat, les prélèvements d'haleine, de sang et d'urine ainsi que des tissus corporels en vue d'une analyse A. D. N[676].

Il découle de cette interprétation qu'une personne ne saurait être condamnée pour avoir refusé de répondre à des questions mais le silence d'une personne accusée n'empêche pas de tirer des conclusions[677].

De son côté, la Commission africaine des droits de l'homme et des peuples s'est prononcée une seule fois, en déclarant que « La présomption d'innocence est universellement reconnue, de même que le droit de garder silence, ce qui signifie que l'on ne devrait demander à aucun accusé de témoigner contre lui-même ou de s'incriminer ou exiger de lui une confession sous la contrainte »[678].

Il découle de cette jurisprudence que la Commission africaine se borne simplement à reconnaître le droit de ne pas s'auto-incriminer et s'abstient de préciser les limites de ce droit telles que celles-ci figurent dans la jurisprudence de la Cour européenne des droits de l'homme.

---

[676] La cour européenne a fait cette interprétation notamment dans les arrêts suivants :
- Cour eur. dr. h., arrêt *Saunders c. Royaume-Uni*, 17/12/1996, §§ 68-69;
- Cour eur. dr. h., arrêt *Mc Guinness c. Irlande*, 21/12/2000, §§ 55-59.

[677] Cour eur. dr. h., arrêt *John Murray c. Royaume-Uni*, 8/02/1996, §§ 51et 54.

[678] Décision portant sur la ccommunication précitée 218/98 *Civil Liberties Organisation, Legal Defence and Assistance Project c. Nigeria*, 14ème rapport d'activités, § 40.

V. Synthèse : une amélioration des recours internes à travers une interprétation autonome du droit à un procès équitable

L'article 7 de la Charte africaine des droits de l'homme et des peuples énumère une série de garanties judiciaires. Comparée aux autres textes internationaux des droits de l'homme, cette disposition apparaît incomplète. Pour combler le vide que la Charte a laissé sur le contenu de ce droit, la Commission africaine des droits de l'homme et des peuples a adopté une Résolution sur le droit de recours et à un procès équitable qui complète les garanties judiciaires omises dans l'article 7 de la Charte. À l'analyse du contenu de cette disposition de la Charte et de cette Résolution, on ne peut s'empêcher d'affirmer que les garanties judiciaires admises dans le système africain des droits de l'homme, sont presque les mêmes que celles de la Convention européenne des droits de l'homme, du Pacte international relatif aux droits civils et politiques et de la Convention interaméricaine des droits de l'homme.

L'œuvre réalisée par la Commission africaine des droits de l'homme et des peuples en matière d'interprétation et d'application de ces garanties judicaires requises au titre des exigences d'un procès équitable, mérite une attention particulière. Elle peut paraître décevante si on la compare avec la richesse foisonnante de la jurisprudence de la Cour européenne des droits de l'homme, du Comité des droits de l'homme et de la Cour interaméricaine des droits de l'homme, portant sur la même matière.

Pour que le droit à un procès équitable ne soit pas appliqué différemment suivant les États parties à la Charte, la Commission africaine doit se prononcer sur les garanties judiciaires qui suivent :

- Le champ d'application, la portée et l'objet du droit de saisir les juridictions nationales compétentes ;
- Le champ d'application et la portée du droit à la présomption d'innocence ;
- La phase d'intervention de l'avocat, l'assistance et la représentation à l'audience ;
- Les obligations qu'engendre le droit d'être informé des faits reprochés ;

- La portée des termes « disposer suffisamment de temps » et « disposer des facilités » pour la défense de l'inculpé ;
- Les modalités de mise en œuvre du droit d'interroger les témoins ;
- Le contenu du droit à un interprète ;
- Les limites et les exceptions du droit à un double degré de juridiction ;
- La distinction de la publicité dynamique et la publicité statique ainsi que la possibilité de renonciation à la publicité des procédures judiciaires ;
- Les limites du droit de ne pas s'auto-incriminer.

À défaut de la Commission de conférer une interprétation autonome à toutes ces notions, les droits internes des États parties à la Charte peuvent facilement vider de leur substance les exigences du procès équitable.

Lors de sa 26ème session ordinaire tenue à Kigali, au Rwanda, du 1er au 15 novembre 1999, la Commission africaine avait décidé de créer un groupe de travail chargé de préparer un projet de principes généraux et de directives sur le droit à un procès équitable et à l'assistance judicaire en Afrique, à la lumière des dispositions de la Charte africaine des droits de l'homme et des peuples. Le groupe de travail ainsi constitué a produit le rapport que la Commission a adopté sous l'intitulé « Directives et principes sur le droit à un procès équitable et à l'assistance judiciaire en Afrique » et qui contient les principes généraux applicables à toute procédure judiciaire; la formation judiciaire; le droit à un recours effectif; les archives des instances juridictionnelles et l'accès au public, le *locus standi* (la qualité pour agir); le rôle des magistrats du parquet, l'accès aux avocats et aux services juridiques; l'aide et assistance judiciaire; l'indépendance des avocats; la collaboration transfrontalière entre professionnels de la justice; l'accès aux services judiciaires; le droit des civils à ne pas être jugés par un tribunal militaire; dispositions applicables à l'arrestation et à la détention; les dispositions applicables aux procédures relatives aux accusations pénales; des enfants et du droit à un procès équitable; les victimes de la criminalité et abus de pouvoir; les tribunaux traditionnels; les clauses non dérogatoires. Le texte en question termine par des définitions de certains termes qui y sont contenus.

Cette Résolution contient des précisions sur certains aspects du droit à un procès équitable encore obscurs dans la jurisprudence de la Commission africaine, mais cette dernière devrait progressivement prendre l'habitude d'intégrer ces principes dans sa jurisprudence, vu le caractère non contraignant des résolutions de cette Commission. De la sorte, elle ferait barrière au pouvoir discrétionnaire des États dans l'application de ce droit qui conduirait plus tard à l'ineffectivité de la Charte africaine.

Elle donnerait également aux États des précisions nécessaires pour s'acquitter de l'obligation qui leur incombent, conformément au principe de subsidiarité de prévoir les recours effectifs dans leurs ordres juridiques internes.

Une telle approche d'interprétation autonome de la Charte vaut non seulement pour le droit au procès équitable mais également pour tous les droits et libertés garantis par la Charte africaine des droits de l'homme et des peuples.

2ème mesure : Instauration d'un organe de suivi de l'exécution des décisions

Pour assurer l'effectivité de la Charte africaine des droits de l'homme et des peuples, une autre mesure de la compétence de la Commission est l'instauration d'un mécanisme de suivi de l'exécution des décisions. En l'absence d'un tel mécanisme, il est impossible de mesurer les effets que la Charte africaine peut produire dans les droits internes des États parties.

En effet, pour rappel la Charte africaine n'a prévu aucun mécanisme de suivi des décisions après leur adoption par la Conférence des Chefs d'État et de Gouvernement.

Pour combler cette lacune de la Charte, la Commission africaine a initié plusieurs tentatives pour assurer le suivi de ses décisions, mais dans l'ensemble elles ont abouti à un échec.

Même dans la nouvelle structure africaine de protection des droits de l'homme dans laquelle la Commission va cohabiter avec la Cour africaine de justice et des droits de l'homme, aucun mécanisme n'est prévu pour assurer l'exécution des décisions de la Commission. Le statut de la Cour africaine de justice et des droits de l'homme prévoit uniquement un organe qui sera chargé de suivre l'exécution de ses arrêts et on ignore si cet organe assurera également le suivi des décisions de la Commission africaine.

À l'heure où on apprend que la Commission africaine est en train d'élaborer un « Règlement intérieur révisé » et que le Règlement intérieur de la Cour africaine de justice et des droits de l'homme n'est pas encore établi, les règlements intérieurs des deux organes devront lever cette lacune qui paralyse depuis longtemps l'effectivité de la Charte africaine des droits de l'homme et des peuples.

Cet appel est lancé également à tous les organes de l'Union Africaine mais dans l'attente de la réaction de ces derniers, la Commission africaine peut déjà, avec la compétence que lui attribue son Règlement intérieur, mettre en place une structure interne qui serait chargée de cette mission.

L'article 28.1 du Règlement intérieur accorde la compétence à la Commission de créer, si elle le juge nécessaire pour l'exercice de ses fonctions, des comités ou des groupes de travail composés de membres de la Commission. L'alinéa 3 de la même disposition précise que les membres des comités ou groupes de travail sont désignés par le Président, sous réserve de l'approbation de la majorité absolue des autres membres de la Commission.

Nous invitons la Commission africaine à saisir cette opportunité pour désigner en son sein un comité ou un groupe de travail qui serait chargé de suivre l'exécution de ses décisions. Après la mise en place de cet organe, il restera à déterminer les pouvoirs et les procédures que cet organe. Plus particulièrement, il devra être reconnu la qualité de cet organe à exercer un recours en interprétation au près de la Commission africaine des droits de l'homme et des peuples lorsque l'exécution d'une décision est entravée par une difficulté d'interprétation[679].

3ème mesure : Adoption des résolutions à l'encontre des Etats

La Commission africaine devrait prendre l'habitude d'adopter des résolutions à l'encontre des Etats intéressés, des résolutions pouvant être, pour prendre la terminologie employée dans le cadre du Conseil de l'Europe, tantôt des résolutions d'encouragement, tantôt des résolutions menaces. Dans les situations de lenteur ou de négligence dans l'exécution des décisions, la Commission africaine devrait recourir à de telles résolutions, notamment

[679] Dans le cadre du Conseil de l'Europe, ce recours en interprétation est prévu à l'article 46 al.3 après le protocole n° 14 à la Convention européenne des droits de l'homme.

pour aider les Etats concernés à identifier les causes éventuelles de lenteur ou de négligence. En cas de problèmes structurels, l'État concerné devrait être obligé à présenter des plans d'action en suivant les lignes directrices préétablies. Dans l'hypothèse où un État condamné persisterait à ne pas prendre toutes les mesures requises par une décision de la Commission africaine ou si le parlement national n'exerce pas de pression suffisante pour que le gouvernement puisse se conformer à une décision de condamnation, la Commission africaine devait lui donner des injonctions par le biais d'une résolution menace[680].

4ème mesure : Création d'une base générale de données

Les informations générales sur le fonctionnement de la Commission africaine des droits de l'homme et des peuples peuvent être consultées en ligne sur son site. Elles sont contenues dans la rubrique « Fiche d'information ». Ces fiches fournissent très peu d'indications sur l'exécution des décisions de la Commission africaine des droits de l'homme et des peuples. Pour compléter ces informations et par là guider les Etats parties et les victimes des violations de la Charte, la Commission africaine devrait élaborer un *vade-mecum* en ligne contenant des informations pertinentes et actualisées, les orientations pratiques en matière d'exécution des décisions. Un tel outil constituerait pour les Etats un moyen efficace à mettre en œuvre au niveau interne pour une exécution rapide des décisions. Il permettrait également aux Etats de vérifier s'ils se sont conformés ou pas aux décisions de condamnation dans les litiges auxquels ils sont parties. Quant aux victimes, un tel outil permettrait d'apprécier, dans la mesure du possible, s'elles ont été ou pas placées dans la situation où elles se trouvaient avant la violation de leurs droits.

§2. Les mesures qui excèdent la compétence de la Commission

Les mesures qui excèdent la compétence de la Commission africaine sont de la compétence des organes de l'Union Africaine, plus particulièrement l'organe qui détient le pouvoir décisionnel, la Conférence de l'Union.

L'Acte constitutif de l'Union Africaine, en ses articles 3 et 4, affirme des engagements en matière de droits de l'homme. Ainsi, l'article 3 consacré à

[680] Dans le cadre du Conseil de l'Europe, cette possibilité fait l'objet de la Recommandation 1764 (2006) du 2 octobre 2006 sur la mise en œuvre des arrêts de la Cour européenne des droits de l'homme.

l'énumération des objectifs de l'Union indique, au litera h, que l'Union s'engage à « promouvoir et protéger les droits de l'homme et des peuples conformément à la Charte africaine des droits de l'homme et des peuples et aux autres instruments pertinents relatifs aux droits de l'homme ».

L'article 4 du même instrument énumère les principes qui guident le fonctionnement de l'Union Africaine parmi lesquels on trouve au litera m le « ...respect des droits de l'homme... ». L'Union Africaine est invitée à concrétiser cette volonté politique en adoptant les mesures suivantes :

A. La réforme du fonctionnement de la Commission

La Commission africaine des droits de l'homme n'a pas été d'une grande productivité[681] mais il faut reconnaître que cette situation est due en grande partie à certaines dispositions de la Charte qui nécessitent, pour être revue, une intervention de la Conférence de l'Union Africaine. Au titre de ces dispositions qui minent le bon fonctionnement de la Commission africaine se trouvent celles qui déterminent sa composition, son rythme de travail, ses procédures et compétences ainsi que son régime linguistique.

Afin de permettre l'efficacité de cette Commission à pallier les insuffisances des autorités nationales, conformément à l'idée de subsidiarité, ces dispositions méritent d'être revues par un protocole additionnel à la Charte africaine des droits de l'homme et des peuples.

B. Une implication plus accrue des organes de l'Union Africaine

La protection des droits et libertés contenus dans la Charte africaine des droits de l'homme et des peuples, plus particulièrement l'exécution des décisions qui établissent des violations de cette Charte, ne peut pas être assurée correctement par la seule Commission africaine et la Cour africaine de justice

[681] Pour illustrer cette faible productivité de la Commission dans sa mission de protection des droits de l'homme, rares sont les cas où elle a traité toutes les communications qui étaient inscrites à l'ordre du jour de la session, elles étaient reportées d'une session à une autre. Ainsi par exemple, sur base des données figurant dans les communiqués finaux, on trouve que pour les sessions suivantes, le nombre de communications reportées est le suivant: 11ème session (22), 12ème session (34), 20ème session (toutes les communications concernant le Nigeria et le Soudan), 26ème session (6), 27ème session (16), 28ème session (16), 30ème session (1), 31ème session (13), 32ème session (10), 33ème session (1), 35ème session (32), 36ème session (29), 37ème session (14), 38ème session (35), 41ème session (50).

et des droits de l'homme sans le concours des autres organes de l'Union Africaine. Dans le cadre du Conseil de l'Europe, le contrôle de l'exécution des arrêts est assurée conjointement par des organes politiques et juridictionnel : l'Assemblée parlementaire, le comité des ministres, la Cour européenne des droits de l'homme et il y a même un service chargé de l'exécution des arrêts de la Direction générale des droits de l'homme. L'Union Africaine devrait suivre ce modèle car la protection des droits de l'homme revêt aussi une dimension politique. Dans cette perspective, l'Union Africaine devrait :

- Impliquer davantage les autres organes de l'Union, plus particulièrement le Parlement panafricain, dans le contrôle de l'exécution des décisions de la Commission et des arrêts de la Cour africaine de justice et des droits de l'homme. Pour prendre l'exemple du modèle européen de surveillance de l'exécution des arrêts, le parlement panafricain devrait recourir à plusieurs méthodes : l'adoption de rapport de l'organe de contrôle de l'exécution des décisions et des arrêts, prise des résolutions destinées aux autorités nationales, adoption des recommandations à l'égard de l'organe de contrôle de l'exécution des décisions et des arrêts, organisation des débats et des questions orales et écrites à l'adresse des parlements nationaux, etc.
- Mettre en place un organe qui serait chargé de proposer les réformes qui devrait régulièrement être introduites en matière des droits de l'homme en Afrique, à l'instar du Comité directeur des droits de l'homme dans le cadre du Conseil de l'Europe. Dans le but d'améliorer constamment les procédures de protection de la Charte, il devrait être reconnu à cet organe, le droit de recourir à l'expertise.

C. Organisation des réunions d'évaluation

Afin de mesurer l'impact des mesures qui seraient régulièrement adoptées par tous les organes ayant dans leurs attributions les droits de l'homme, l'Union Africaine devrait prévoir, à des intervalles raisonnables, des réunions d'évaluation regroupant les représentants des gouvernements, la Commission africaine, la Cour africaine de justice et des droits de l'homme, les organes de l'Union Africaine. Un tel cadre de dialogue permettrait de savoir les problèmes rencontrés et de mesurer l'effet de la Charte africaine dans les droits internes des Etats.

SECTION 2: DES MESURES AU NIVEAU NATIONAL

Plusieurs mesures doivent être adoptées dans les droits internes des Etats afin d'assurer l'effectivité de la Charte africaine :

§1. Une intervention accrue des parlements nationaux

Pout accroître l'effectivité de la Charte, les parlements des Etats parties à la Charte ont un grand rôle à jouer. Leur intervention se manifesterait notamment par :

Adaptation des institutions et des législations nationales à la Charte

Les parlements nationaux devraient avoir toujours le réflexe de vérifier la compatibilité des projets de loi, des lois en vigueur et des pratiques administratives avec la Charte africaine des droits de l'homme et des peuples[682].

Adoption des règles nationales pour la surveillance de l'exécution des décisions

Une bonne exécution des décisions de la Commission africaine des droits de l'homme et des peuples exige une synergie entre les autorités nationales et les organes de l'Union Africaine.

Pourtant, l'activité de l'exécution des décisions de la Commission africaine des droits de l'homme et des peuples ainsi que des termes des règlements amiables dans les droits internes des Etats parties à la Charte n'a pas encore fait l'objet d'intenses réflexions. Dans les différents documents, on ne trouve aucune résolution ou séminaire ayant pour objet la mise en œuvre des décisions de la Commission africaine au niveau national. Seul un séminaire a été organisé il y a 16 ans sur la mise en œuvre au plan national de la Charte africaine des droits de l'homme et des peuples[683].

---

[682] Dans le cadre du Conseil de l'Europe, cette proposition fait l'objet de la Recommandation (2004)6 sur la vérification de la compatibilité des projets de loi, des lois en vigueur et des pratiques administratives avec les normes fixées par la Convention européenne des droits de l'homme du Comité d'experts sur l'amélioration des procédures de protection des droits de l'homme (DH-PR) du Comité directeur pour les droits de l'homme du Conseil de l'Europe.

[683] Il a eu lieu du 26 au 30 octobre 1992 à Banjul en Gambie.

Les parlements nationaux sont donc invités à combler ce vide en instaurant des mécanismes et procédures destinés à garantir un contrôle parlementaire effectif de l'exécution des décisions de la Commission africaine fondés sur des rapports réguliers des ministères compétents. Un organe décisionnel situé au plus haut niveau de l'État devrait assumer la pleine responsabilité de tous les aspects du processus national de mise en œuvre des décisions de la Commission africaine des droits de l'homme et des peuples[684].

§2 : Implication des gouvernements nationaux

L'application des textes internationaux des droits de l'homme dans les pays africains, plus particulièrement la Charte africaine des droits de l'homme et des peuples, ne suscite pas d'enthousiasme particulier de la part des autorités nationales, des magistrats, des juges, des avocats et même des justiciables[685]. Cette situation est due en grande partie à la méconnaissance des textes internationaux par tous ces différents acteurs.

Pour ce faire, les gouvernements des Etats parties à la Charte devraient :

Assurer la publication et la diffusion dans les Etats membres du texte de la Charte africaine des droits de l'homme et des peuples et de la jurisprudence de la Commission même dans les langues nationales[686];

- Initier, dans les Etats où cela n'a pas encore été fait, une formation sur la Charte africaine des droits de l'homme et des peuples tant dans l'enseignement universitaire que professionnel. Des programmes relatifs aux droits de l'homme devraient être rendus obligatoires au niveau de l'enseignement de base et un accent particulier devrait être mis sur la formation des formateurs spécialisés[687].

[684] Dans le cadre du Conseil de l'Europe, cette proposition fait l'objet du paragraphe 18 de la Résolution 1516 (2006) du 2 octobre 2006, « Mise en œuvre des arrêts de la Cour européenne des droits de l'homme »

[685] FLAUSS, J-F. (sous la direction de), *op.cit.*, pp.123 et suivants.

[686] Dans le cadre du Conseil de l'Europe, cette proposition fait l'objet de la Recommandation (2002)13 du Comité d'experts pour l'amélioration des procédures de protection des droits de l'homme (DH-PR) du Comité directeur pour les droits de l'homme.

[687] Dans le cadre du Conseil de l'Europe, une telle mesure fait l'objet de la Recommandation (2004) 4 sur la Convention dans l'enseignement universitaire et la formation professionnelle du Comité d'experts pour l'amélioration des procédures de protection des droits de l'homme (DR-PR) du Comité directeur pour les droits de l'homme.

CONCLUSIONS GENERALES

Au terme de cette étude dans laquelle tant d'analyses ont été progressivement apportées, il convient de rassembler quelques aspects des conclusions partielles régulièrement présentées qui paraissent être les plus significatifs.

En introduisant notre étude, nous avons indiqué que notre objectif est d'abord de démontrer la mise en œuvre de la subsidiarité procédurale dans le cadre de la Charte africaine et ensuite de mesurer le rapport entre cette mise en œuvre et l'effectivité de la même Charte. Dans cette perspective, au regard de la signification théorique de la subsidiarité procédurale, nous avons été amené à nous poser plusieurs questions d'ordre juridique tant sur le plan du droit matériel que du droit procédural :

1° Quels sont les recours que les systèmes juridiques des États parties doivent prévoir au profit de toute personne qui se prétend victime des droits collectivement garantis ?
2° Quelles sont les voies de recours que les requérants doivent épuiser avant de porter leurs réclamations au niveau de la Commission africaine des droits de l'homme et des peuples ?
3° Comment se déroule la procédure du règlement amiable dans le cadre de la Charte africaine des droits de l'homme et des peuples ?
4° Quelle est la procédure d'exécution des décisions rendues dans les litiges qui établissent une violation de la Charte ?
5° Quelle est l'étendue de la liberté laissée aux Etats parties à la Charte dans l'exécution des décisions de la Commission africaine des droits de l'homme et des peuples ?

La réponse à ces différentes questions nous a conduit à analyser le rapport entre la subsidiarité procédurale et l'effectivité de la Charte africaine des droits de l'homme et des peuples.

Toutes ces questions font souvent référence aux différentes composantes du système africain des droits de l'homme (la Charte africaine des droits de l'homme et des peuples ainsi que le mécanisme de contrôle, longtemps constitué par la Commission et renforcé plus tard par l'instauration d'un recours juridictionnel) qui demeure largement inconnu en droit international des droits de l'homme. Dans le but d'éclairer les développements relatifs aux différentes questions de notre étude et ainsi amener le lecteur à comprendre davantage le système africain des droits de l'homme, la première partie a été consacrée à l'analyse des composantes du système africain des droits de l'homme.

En suivant l'approche méthodologique indiquée au départ, la réponse à toutes ces questions nous a poussé à articuler notre étude en quatre parties.

La première partie intitulée «Les composantes du système africain des droits de l'homme » introduit la matière et développe la consistance du système africain des droits de l'homme (le contenu et les mécanismes conventionnels de protection de la Charte).

La deuxième partie intitulée « La subsidiarité en amont du contrôle régional africain » tente d'apporter les réponses aux trois premières questions.

La troisième partie intitulée « La subsidiarité en aval du contrôle régional africain » apporte les réponses à la quatrième et à la cinquième questions.

La quatrième partie que nous avons intitulé « La subsidiarité à l'épreuve de l'effectivité de la Charte africaine des droits de l'homme et des peuples » est consacrée à l'analyse de la tension entre la subsidiarité procédurale et l'effectivité de la Charte africaine des droits de l'homme et des peuples.

Les conclusions suivantes ont été progressivement formulées sur la base ce schéma.

La première partie de l'étude a été subdivisée en deux chapitres qui traitent respectivement du contenu normatif de la Charte et des mécanismes conventionnels de protection de la même Charte

L'essentiel des enseignements qu'on a pu tirer du premier chapitre de cette partie est que, comparativement aux autres instruments internationaux des droits de l'homme, la Charte africaine présente cette originalité notable qu'elle combine dans un seul instrument d'une part, les droits de la première, de la deuxième et de la troisième générations ; d'autre part, elle affirme les devoirs de l'homme.

À l'analyse de cette originalité de la Charte, il est apparu qu'elle s'accompagne tantôt d'une relative pauvreté, tantôt d'une certaine plus value dans la détermination des droits qui y sont contenus.

Ainsi, le catalogue des droits de la première génération, les droits civils et politiques que contient cette Charte ressemble à celui des autres instruments internationaux des droits de l'homme, sous réserve de deux lacunes notables.

La première est que la Charte africaine ne distingue pas, parmi les droits qu'elle garantit, les droits fondamentaux ou noyau dur des droits de l'homme qui ne sont pas susceptibles de dérogation.

La deuxième est que, contrairement aux autres instruments internationaux des droits de l'homme, la Charte n'indique généralement pas les conditions de limitation dans l'exercice des droits qui y sont contenus.

Ensuite, le contenu des droits de la deuxième génération, les droits économiques, sociaux et culturels, est très lacunaire. La Charte africaine n'y consacre en tout et pour tout que quatre articles qui ne sont même pas détaillés si on les compare aux dispositions des autres instruments des droits économiques, sociaux et culturels. Consciente de cette lacune, la Commission africaine a adopté une Déclaration sur les droits économiques, sociaux et culturels qui complète sur de nombreux points ces quatre dispositions de la Charte.

À part cette lacune, la Charte africaine ne déclare pas, exception faite au droit à la santé énoncé en son article 16, le caractère programmatoire des droits économiques, sociaux et culturels. La conséquence qui en résulte est que, dans le système de la Charte africaine, les droits civils et politiques ainsi que les droits économiques, sociaux et culturels sont soumis aux mêmes conditions de juridicité. Dans la pratique, les droits économiques sociaux et culturels sont marginalisés car rares sont les communications introduites devant la Commission africaine relatives à cette catégorie de droits.

En revanche, contrairement à ces deux premières catégories de droits, la Charte africaine s'est montrée plus explicite dans l'énoncé des droits de la troisième génération et des devoirs de l'homme. Pour certains droits de la troisième génération, tels le droit à l'environnement et le droit au développement, elle apparaît comme le premier instrument juridiquement contraignant qui les affirme.

Les devoirs de l'homme sont définis par cette Charte et contrairement aux autres instruments qui conçoivent les devoirs de l'homme dans une optique individualiste, elle les conçoit dans une optique communautaire.

Après la description de la typologie des droits garantis, la question suivante concerne les mécanismes de protection institué par cette Charte. Elle a fait l'objet du deuxième chapitre.

À ce sujet, les États parties ont prévu une Commission qui n'est pas secondée par une Cour. Dans la présentation générale de cet organe, nous avons analysé sa physionomie, ses missions ainsi que ses procédures et compétences dans l'optique d'en mesurer l'efficacité.

À l'issue de cette analyse, il est apparu que son efficacité ne peut pas être supposée pour les raisons suivantes.

Tout d'abord, sa composition s'avère restreinte si on la compare à celle des autres organes internationaux de protection des droits de l'homme.

En effet, la Commission africaine n'est composée que de 11 membres. À l'insuffisance du nombre des commissaires s'ajoute un manque de personnel du secrétariat, une structure d'appui. Le secrétariat compte actuellement 18 membres parmi lesquels il y a uniquement six juristes.

La deuxième raison est son rythme de travail. En effet, la Commission africaine n'est pas un organe permanent. La Charte prévoit qu'elle siège en session ordinaire et en session extraordinaire. Le nombre de sessions annuelles est de deux par an d'une durée de deux semaines chacune. Quant aux sessions extraordinaires, elles sont convoquées chaque fois que l'intérêt des questions et les circonstances l'exigent.

Au total, le délai de travail de la Commission est ainsi de trente jours par an. Cette lacune, combinée à la précédente, fait que la Commission africaine prend des décisions sur le fond dans des délais anormalement longs et que souvent des affaires sont renvoyées d'une session à une autre.

La troisième raison est le manque de caractère contraignant des décisions de la Commission africaine. Dans le cadre de la Charte africaine, le pouvoir de décision revient aux Chefs d'État et de Gouvernement, la compétence de la Commission ne se limite qu'à la présentation d'un rapport à la Conférence des Chefs d'État et de Gouvernement. Les recommandations de la Commission sont consignées dans les rapports qu'il faut présenter à cette conférence. À cette lacune s'ajoute le fait que la Charte et le Règlement intérieur de la Commission africaine ne prévoient aucun mécanisme pour assurer le suivi de l'exécution des décisions après leur adoption par la Conférence des Chefs d'État et de Gouvernement.

La quatrième raison est la discrétion de ses activités. La Charte prévoit que toutes les séances de travail de la Commission sont privées et se déroulent à huis clos. Beaucoup d'observateurs y voient, à juste titre, un manque de transparence de ce mécanisme.

La cinquième raison est son régime linguistique. Le Règlement intérieur de la Commission africaine prévoit que les langues de travail de la Commission africaine sont celles de l'Organisation de l'Unité Africaine (Actuelle Union Africaine), c'est-à-dire l'Anglais, l'Arabe, le Français et si possibles les langues africaines. L'article 35 du même Règlement intérieur ajoute que la personne qui prend la parole devant la Commission africaine dans une langue autre que ces langues de travail doit elle-même en assurer l'interprétation. Cette disposition viole les principes du droit à un procès équitable et mérite d'être revue dans le sens de permettre à la personne qui ne parle pas au moins une de ces langues de travail, à se faire assister gratuitement d'un interprète.

La sixième raison est la surcharge du travail de la Commission africaine.

En effet, contrairement aux autres organes internationaux de protection des droits de l'homme qui ne possèdent que la double compétence consultative et contentieuse, la Charte confie à la Commission africaine quatre compétences majeures : la promotion des droits de l'homme et des peuples, la protection des droits de l'homme et des peuples, l'interprétation de toute disposition de la

Charte, l'exécution de toutes autres taches qui seront éventuellement confiées par la Conférence des Chefs d'État et de Gouvernement.

La septième raison est liée aux conditions de recevabilité des requêtes individuelles. En effet, la Charte prévoit six conditions de recevabilité des requêtes individuelles dont certaines démontrent la volonté des concepteurs de ce système de gêner le recours à ce moyen de saisine. Ces conditions concernent la compatibilité de la requête avec la Charte de l'O.U.A., l'exigence que la requête ne doit pas contenir de termes outrageants ou insultants à l'égard de l'État mis en cause, de ses institutions ou de l'O.U.A. ainsi que celle qui précise que la communication ne doit pas se limiter à rassembler exclusivement des nouvelles diffusées par des moyens de communication ou de masse.

Toutes ces raisons ont poussé la Conférence des Chefs d'État et de Gouvernement à renforcer la Commission africaine par un mécanisme de type juridictionnel décrit dans la deuxième section du deuxième chapitre de cette première partie. Le développement de l'idée d'une juridiction des droits de l'homme en Afrique a été long et entouré de plusieurs difficultés mais les dates suivantes sont à retenir.

Le 9 juin 1998, le protocole additionnel à la Charte portant création de la Cour africaine des droits de l'homme et des peuples a été adopté. Il est entré en vigueur le 25 janvier 2004. Au cours de la troisième session ordinaire (6-8juillet 2004) et de la cinquième session ordinaire (4-5juillet 2005) de la Conférence de l'Union Africaine, celle-ci a pris la décision de fusionner la Cour africaine des droits de l'homme et des peuples et la Cour de justice de l'Union Africaine en une juridiction unique dénommée « Cour africaine de justice et des droits de l'homme ».

Le protocole portant statut de cette nouvelle juridiction vient d'être adopté récemment par la Conférence de l'Union Africaine le 1er juillet 2008 au cours de sa 11ème session ordinaire. Le Règlement intérieur de la Cour africaine de justice et des droits de l'homme n'est pas encore disponible.

En l'absence de ce règlement, il peut paraître prématuré de faire une présentation complète de la Cour africaine de justice et des droits de l'homme.

Toutefois, nous avons analysé successivement la genèse et le développement de l'idée d'une juridiction des droits de l'homme en Afrique ; la physionomie de la Cour africaine de justice et des droits de l'homme ; la mission, les procédures et compétences de cette juridiction ainsi que les places respectives de la Commission africaine et de la Cour africaine de justice et des droits de l'homme dans la protection des droits de l'homme et des peuples en Afrique. A l'issue de cette analyse, nous avons constaté que le statut de cette nouvelle juridiction contient des avancées significatives de nature à renforcer le mécanisme de protection des droits contenus dans la Charte.

Ainsi, contrairement à la Commission africaine à qui la Charte avait confié quatre compétences, la Cour africaine de justice et des droits de l'homme n'exercera, comme les autres juridictions régionales des droits de l'homme, que la double compétence consultative et contentieuse.

Un autre élément innovateur est la publicité de la procédure. Les audiences à la Cour seront publiques. La Cour pourra cependant tenir des audiences à huis clos dans les conditions déterminées par son Règlement intérieur.

De même, les caractères reconnus aux arrêts de cette Cour constituent des éléments fondamentaux de la réforme : le caractère contraignant par rapport aux simples recommandations de la Commission africaine, l'obligation de motiver les arrêts, la possibilité de joindre les opinions individuelles, l'engagement des États en vue de l'exécution des arrêts dans le délai fixé par la Cour, le suivi de l'exécution des arrêts confié au Conseil exécutif de l'Union Africaine ainsi que les sanctions en cas de condamnation (la *restitutio in integrum*, l'octroi d'une juste compensation et les mesures provisoires).

Par ailleurs, même si le statut de la Cour africaine de justice et des droits de l'homme prévoit que cette juridiction ne sera pas permanente, le Président et le Vice-président exerceront leurs fonctions à temps plein et le rythme des sessions ordinaires sera déterminé annuellement par la Cour elle-même. Les sessions extraordinaires seront décidées par la Cour chaque fois que de besoin.

La lacune majeure du statut de la Cour africaine de justice et des droits de l'homme concerne les requêtes individuelles. Le statut prévoit que la recevabilité de ces requêtes est subordonnée à la déclaration préalable des États parties au protocole.

En concluant ce chapitre, nous avons proposé que, dans l'élaboration du Règlement intérieur de la Cour africaine de justice et des droits de l'homme, les places respectives de la Commission africaine et de cette nouvelle juridiction devraient être préalablement déterminées de façon à éviter tout risque de chevauchement ou de contradiction.

Après ces généralités sur le système africain des droits de l'homme, la deuxième partie a été consacrée à l'analyse de la subsidiarité en amont du contrôle régional africain. Toujours en suivant la conception théorique de la subsidiarité en amont, la matière y relative a été divisée en trois chapitres.

Le premier chapitre concerne l'obligation pour les États de prévoir dans leurs ordres juridiques internes des recours effectifs, pour toute personne qui se prétend victime des droits et libertés garantis. Dans la Charte africaine, cette obligation figure à l'article 26. L'analyse de cette disposition a porté respectivement sur son champ d'application, l'imprécision de sa rédaction, la nature du droit de recours prévu, les actes pouvant donner lieu à un recours ainsi que le contenu substantiel de cette disposition. À l'issue de cette analyse, nous avons constaté que le contentieux africain relatif à cette disposition n'est pas abondant et qu'elle n'a pas encore fait l'objet d'une interprétation substantielle.

La marginalisation de cet article découle, à notre avis, des raisons suivantes.

Tout d'abord, cette marginalisation est due en grande partie à l'imprécision de sa rédaction.

D'une part, la formulation utilisée par les rédacteurs de la Charte pour affirmer le droit au recours laisse dans l'ombre certains aspects essentiels de ce droit de recours tel que celui-ci est entendu dans les autres instruments régionaux des droits de l'homme.

D'autre part, la disposition ne prévoit rien pour parer à l'éventualité de la violation des droits et libertés contenus dans la Charte par des autorités publiques qui agiraient sous le couvert des immunités de toute sorte dont elles pourraient bénéficier en droit interne.

De plus, les termes « institutions nationales » prêtent à confusion, la Charte et la jurisprudence de la Commission n'indiquent pas les pouvoirs ainsi que la manière dont ces institutions doivent être organisées en droit interne.

La même attitude s'observe à propos des qualificatifs du recours qu'il prévoit. Enfin, la Commission africaine garde toujours le silence sur la question de savoir si la disposition sous analyse peut avoir ou non un caractère autonome.

Une autre cause de sa marginalisation est le développement jurisprudentiel de l'article 7 qui a eu comme conséquence l'absorption de cette disposition. L'article 26 n'est jamais invoqué seul dans les communications et dans tous les cas où la Commission a retenu une violation de cette disposition, il est combiné avec l'article 7. L'article 7 de la Charte et la Résolution sur la procédure relative au droit de recours et à un procès équitable contiennent toute la panoplie des garanties propres aux procédures judiciaires. À ce titre, ils sont plus stricts que le simple droit de recours prévu à l'article 26 qui se trouve absorbé. L'extension du domaine d'application de l'article 7 conduit nécessairement à restreindre celui de l'article 26.

Cette absorption de l'article 26 par l'article 7 conduit à une interrogation encore plus fondamentale au sujet de laquelle la Commission ne s'est pas encore prononcée, de savoir si l'article 26 entre en jeu en cas de violation de l'article 7.

Une dernière cause de sa marginalisation est l'interprétation restrictive que fait la Commission africaine des exigences de l'article 26.

Dans les rares cas où cette disposition est invoquée dans les communications, la Commission africaine est restée en défaut d'affirmer plusieurs aspects essentiels pour la compréhension des critères d'effectivité déjà retenus dans sa jurisprudence des autres organes de protection des droits de l'homme: les garanties qu'offrent les structures internes de recours, en particulier la conformité de l'article 26 avec un recours dépourvu d'un effet suspensif; la question de savoir si l'applicabilité directe est une exigence de cette disposition ou si les droits et libertés qu'énumère la Charte peuvent être garantis sous une autre forme dans les droits internes des États parties; la prise en compte de la nature du droit en cause dans la vérification de l'effectivité d'un recours; le rapport entre le caractère obligatoire de la décision de l'organe de recours et l'effectivité dudit organe; le caractère effectif d'un recours au regard de la mise à exécution de la décision de cet organe; la question de savoir si c'est une seule institution ou l'ensemble des institutions qui doit être retenu pour apprécier l'effectivité du droit de recours au niveau national ainsi que le caractère absolu ou relatif de la disposition sous analyse.

Après l'analyse de la première manifestation de la subsidiarité en amont, la réflexion suivante a été centrée sur la mise en œuvre de la deuxième manifestation, la règle de l'épuisement des voies de recours internes dans le cadre de la Charte africaine des droits de l'homme et des peuples. En nous référant aux enseignements du droit international sur la matière, plusieurs questions liées à la mise en œuvre de cette règle ont retenu notre attention : Quelle est la formulation de cette règle dans la Charte ? Quelle est la portée de cette règle ? Quels recours internes entrent dans la catégorie de ceux qu'il faut épuiser et lesquels sont exclus de cette catégorie ?

Quel est le moment où les recours internes sont considérés comme épuisés ? Quelles sont les dispenses d'épuisement des recours internes ? Quelle est la nature de cette règle ? Comment se répartit la charge de la preuve relative à l'épuisement des recours internes ?

À l'issue d'une analyse portant sur ces différentes questions, les conclusions suivantes ont été dégagées.

Ainsi, la formulation de la règle de l'épuisement des voies de recours internes à l'article 56, alinéa 5, de la Charte africaine appelle un commentaire particulier car, à part cette disposition de la Charte, les autres dispositions des différents instruments internationaux des droits de l'homme relatives au même principe, précisent que les voies de recours internes doivent être entendues « suivant les principes de droit international généralement reconnus », c'est-à-dire d'après la coutume internationale.

La réponse à cette question de formulation de l'article 56, alinéa 5, a été déduite de l'interprétation des articles 60 et 61 de la Charte africaine. Ces deux dispositions indiquent les normes que la Commission africaine doit prendre en considération dans l'interprétation de la Charte, parmi lesquelles

« les coutumes généralement acceptées comme étant le droit et les principes généraux du droit reconnus par les Nations africaines ». Il découle de cette interprétation que la règle de l'épuisement des recours internes inscrite à l'article 56, alinéa 5, doit également être entendue, comme les dispositions des autres instruments internationaux, suivant les principes de droit international généralement reconnus.

En ce qui concerne la finalité de cette règle, la Commission africaine est bien explicite, elle rappelle sans cesse que le maintien de la règle de l'épuisement des recours internes dans le système africain correspond à sa fonction en droit international général et dans la jurisprudence des autres organes internationaux de protection des droits de l'homme : il s'agit de permettre à l'État de constater, redresser et réparer au plan interne le litige qui le concerne avant que la réclamation ne soit portée devant un organe international de contrôle. Néanmoins, la même jurisprudence reste muette sur la portée réelle de l'obligation de l'épuisement des recours internes dans la mesure où elle ne s'est jamais prononcée sur la question de savoir si c'est la disposition elle-même de la Charte qui doit être invoquée devant le juge interne ou seulement sa substance.

Au sujet des types de recours internes à épuiser, la doctrine et la jurisprudence internationales font une distinction entre l'exercice horizontal des recours internes et leur exercice vertical. L'exercice vertical signifie que le requérant doit intenter dans son pays une action devant la juridiction de la première instance compétente et parcourir ensuite la hiérarchie complète des instances juridictionnelles jusqu'à la juridiction suprême dans l'ordre considéré. L'exercice horizontal complète l'exercice vertical et signifie qu'à chaque stade de la procédure, le requérant doit chercher efficacement et sans négligence, les moyens de procédure essentiels de nature à redresser ses griefs. La Commission africaine n'a suivi que partiellement ces enseignements que dégage le droit international.

Ainsi, la distinction opérée entre l'exercice vertical et l'exercice horizontal des recours internes, n'a produit aucun écho dans la jurisprudence de la Commission africaine. Cette dernière ne conçoit la règle de l'épuisement des recours internes que sous son aspect vertical et n'a pas manifesté le moindre souci d'analyser son aspect horizontal.

De même, elle n'est pas bien explicite sur tous les aspects de l'exercice vertical des recours internes. À part que la Commission africaine se conforme à la jurisprudence internationale lorsqu'elle reconnaît que la distinction entre recours ordinaires et recours extraordinaires est inopérante, l'important étant que le recours considéré soit de nature à porter un remède efficace et suffisant aux griefs dont se plaint le requérant, elle n'est pas explicite dans la détermination des recours internes qui entrent dans la catégorie de ceux dont l'épuisement est exigé et ceux qui sont exclus de cette catégorie.

Les recours qu'il faut épuiser couvrent la hiérarchie complète de l'organisation judiciaire interne, c'est-à-dire toutes les juridictions administratives et judiciaires, civiles et pénales, de même que les recours tendant à résoudre certains problèmes spéciaux à porter parfois devant les juridictions spécialisées (la première instance, l'appel, la cassation, juridiction administrative, Cour constitutionnelle, recours pour cause de suspicion légitime, recours en récusation, recours civils et pénaux contre les fonctionnaires responsables, etc.).

Dans cette longue liste, la Commission africaine n'a déjà reconnu dans sa jurisprudence que le premier degré, l'appel, la cassation, Cour suprême, recours administratif et le recours à la procédure de référé.

Les recours exclus de la catégorie de ceux qu'il faut épuiser forment également une longue liste d'après les principes généraux du droit international : les recours non-prévus par la loi ou qui ne tendent qu'à obtenir une mesure de faveur, l'action en réhabilitation, l'action en grâce, le recours en révision, le recours en annulation dans l'intérêt de la loi, le recours au médiateur, le recours aux organes politiques, les demandes de faveur aux autorités administratives (le recours au Gouverneur, au Souverain), etc. Parmi tous ces recours qu'il ne faut pas épuiser avant de porter sa réclamation au niveau international, la jurisprudence de la Commission ne s'est déjà prononcée que sur le recours en grâce, le recours en révision, le recours dans l'intérêt de la loi, le recours devant une organisation ou une institution non judiciaire.

S'agissant du moment à partir duquel les recours internes sont considérés comme épuisés, la Commission africaine affirme le principe longtemps admis tant en droit coutumier qu'en droit conventionnel que les recours internes sont considérés comme épuisés dès l'instant où le requérant peut se prévaloir d'une décision interne définitive. Les exceptions à ce principe ne sont pas bien indiquées dans la jurisprudence de la Commission africaine car parmi les deux exceptions à ce principe, elle n'en affirme qu'une seule, celle liée à la longueur anormale des procédures internes. L'autre exception, celle liée à la complexité des affaires (qui fait qu'une décision peut être définitive pour certains aspects d'une requête et pas pour d'autres), ne figure nulle part dans la jurisprudence de la Commission africaine.

Concernant les circonstances qui dispensent le requérant de l'obligation d'épuiser les voies de recours internes, parmi la longue liste desdites circonstances dégagées d'après les principes généraux de droit international, la Commission africaine n'a affirmé que très peu d'entre elles et pour les autres tantôt elle garde une attitude prudente, tantôt elle préfère rester muette.

Les circonstances généralement avancées pour justifier l'exemption de l'épuisement des recours internes sont subdivisées en deux grandes catégories : les circonstances propres à l'État défendeur et celles propres aux individus lésés.

Dans la première catégorie entrent les circonstances suivantes : inexistence des recours ; agitations politiques, guerre, guerre civile ; incompétence des tribunaux ; procédure inadéquate ; refus de rendre justice, jurisprudence bien établie que les recours internes n'offrent le moindre espoir de succès; répétition d'une décision déjà rendue ; délai déraisonnable pour obtenir une décision définitive interne ; recours n'offrant qu'un redressement insuffisant ; refus de l'État défendeur de produire les pièces présumées essentielles pour le succès de l'action du particulier ; l'existence d'une pratique de violation des droits de l'homme ; déclaration de l'autorité défendeur alléguant qu'il n'y a pas ou plus de recours à épuiser. Dans toutes ces circonstances, ne figurent dans la jurisprudence de la Commission : les troubles politiques ; refus de collaboration de l'État défendeur, refus de rendre justice, violations massives des droits de l'homme.

Les circonstances propres aux individus lésés couvrent les arguments généralement avancés par les requérants pour être exemptés de l'obligation d'épuiser les recours internes. Certains arguments sont retenus alors que d'autres sont rejetés. Ce sont notamment : inaccessibilité des recours ; détresse financière du requérant ; dangers encourus par le plaideur ; avis de l'avocat sur les chances de succès d'un recours ; le sentiment de l'individu lésé sur les chances de succès de son action ; les considérations d'opportunité ; ignorance ou erreur de droit du requérant ; l'état de santé ou l'âge du requérant. Parmi tous ces arguments, la Commission africaine a déjà pris position sur l'éloignement ; la situation financière du requérant ; le refus de l'assistance judiciaire ; le non-respect des mesures provisoires ; l'opinion de la victime ou son représentant légal.

Sur le fardeau de la preuve de l'épuisement des recours internes, la jurisprudence de la Commission africaine se place en droite ligne du principe affirmé par les autres organes internationaux de protection des droits de l'homme en disposant que la charge de la preuve incombe au demandeur et qu'il appartient au gouvernement défendeur qui soulève l'exception du non-épuisement des recours internes, d'établir l'existence dans son système juridique, des recours qui n'ont pas été épuisés.

La jurisprudence de la Commission relative à ce point garde néanmoins des lacunes sur deux points. D'un côté, elle reste muette sur la charge de la preuve de l'épuisement des recours internes dans leur aspect horizontal. De l'autre côté, elle garde une attitude passive dans la mesure où la Commission refuse de relever d'office la présence des circonstances qui dispenseraient le requérant de l'obligation de l'épuisement des recours internes.

S'agissant de la nature de la règle dans le système de la Charte, alors que la doctrine est divisée et les précédents jurisprudentiels contradictoires sur le fait de savoir si cette règle constitue une règle de fond ou de forme, la jurisprudence de la Commission africaine reste muette. La règle est conçue comme une règle de forme lorsque la responsabilité de l'État pour violation de droit de l'homme est située avant l'exercice des recours internes. Dans ce sens, cette règle n'est qu'une condition de mise en œuvre de la responsabilité internationale.

Par contre, elle est conçue comme une règle de fond lorsque la responsabilité internationale de l'État pour violation de droit coïncide dans le temps avec le moment où la victime a commencé à exercer les recours internes sans succès.

Au sujet de cette controverse, les théories proposées peuvent être rangées en quatre groupes. La première considère que la règle est de fond, la deuxième considère qu'elle est de forme, la troisième considère qu'elle a un caractère mixte et qu'elle est tantôt procédurale, tantôt matérielle. La quatrième admet qu'il est impossible de rattacher cette règle au fond ou à la forme.

La jurisprudence n'est d'aucun secours car d'un côté les juges n'ont jamais voulu se prononcer directement sur ce problème et de l'autre côté, ils n'ont avancé aucun motif permettant de donner la préférence à l'une ou l'autre de ces deux thèses.

En droit conventionnel, la question n'est pas aussi tranchée car dans les traités de conciliation, d'arbitrage et de règlement judiciaire, la règle a toujours été traitée comme une exception visant la recevabilité des requêtes.

La Charte et la jurisprudence de la Commission africaine étant muettes sur cette question, nous avons considéré à notre avis, que dans le système africain, cette règle est de nature procédurale pour deux raisons.

La première découle de la position de la règle dans la Charte africaine : elle figure parmi les conditions de recevabilité des communications.

La deuxième découle de la procédure que doit suivre la Commission africaine.

Saisie d'une communication, celle-ci examine les questions de recevabilité dans une procédure spéciale prévue aux articles 113-118 de son Règlement intérieur, à l'issue de laquelle elle prend une décision de recevabilité uniquement.

Si la communication est déclarée recevable, elle aborde le fond de l'affaire dans une deuxième phase régie par les articles 119 et 120 du Règlement intérieur.

Une autre manifestation de la subsidiarité en amont, la procédure du règlement amiable, a fait l'objet du troisième chapitre de cette même partie.

En prenant appui sur les enseignements du droit international, nous avons analysé divers aspects de la procédure du règlement amiable dans le système de la Charte africaine : les statistiques, la base légale, la décision des parties de recourir à cette procédure, les modalités des négociations, le contenu de l'accord, l'approbation de l'accord par la Commission africaine, le rapport de celle-ci à la Conférence des Chefs d'État et de Gouvernement ainsi que le contrôle de l'exécution des règlements amiables intervenus. À l'issue de l'analyse portant sur ces différents aspects, nous avons constaté que, malgré l'absence de disposition expresse tant dans la Charte que dans le Règlement intérieur de la Commission africaine, force est de constater que celle-ci a développé une procédure de règlement amiable des communications individuelles similaire, à quelques exceptions près, à celle que prévoient les autres traités internationaux relatifs aux droits de l'homme. L'autonomie de la volonté des parties de régler l'affaire à l'amiable, la conduite des négociations, l'approbation de l'accord intervenu entre les parties, qui doit être conforme à l'intérêt général, suivent la procédure déjà prévue dans les autres organes internationaux de contrôle des droits de l'homme.

Devant ce constat, nous avons émis les propositions suivantes :

Tout d'abord, pour lever cette ambiguïté originelle qui laisse toujours supposer que la procédure de règlement amiable n'est applicable que pour les seules communications interétatiques, le Règlement intérieur de la Commission africaine devrait étendre formellement cette procédure aux communications individuelles. Cette proposition se justifie dans la mesure où le protocole portant statut de la Cour africaine de justice et des droits de l'homme n'a pas reconnu expressément l'application de la procédure de règlement amiable aux communications individuelles. Il se borne simplement à indiquer que « La Cour peut tenter de régler à l'amiable les cas qui lui sont soumis conformément aux dispositions de la présente Charte ». A la lecture de cette disposition, il apparaît que non seulement l'ambiguïté subsiste, mais aussi que la procédure de règlement amiable s'appliquera aussi bien devant la Commission que devant la Cour africaine, à l'instar du système américain de protection des droits de l'homme. Les deux organes devraient définir clairement, dans leurs règlements intérieurs respectifs, la procédure des règlements amiables des communications individuelles.

Ensuite, pour éviter des retards considérables, les deux organes (la Commission et la Cour) devraient prendre le soin de préciser également le délai dans lequel les parties doivent présenter un rapport relatant les conclusions auxquelles le règlement amiable a abouti. Une telle proposition se justifie car, dans l'hypothèse où la procédure de règlement amiable n'est pas limitée dans le temps, la procédure risque de durer longtemps surtout lorsque les négociations aboutissent à un échec. Les systèmes européen et américain ne prévoient pas de délai pour la procédure du règlement amiable des différends mais cette indétermination ne préjudicie en rien la protection des droits et libertés contenus dans leurs instruments respectifs dans la mesure où les deux systèmes ont énoncé des critères d'appréciation du délai raisonnable d'une procédure. Le système africain n'a pas encore intégré cette notion dans sa jurisprudence et, à ce titre, il serait préférable qu'il s'inspire de la solution prévue dans le Pacte international relatif aux droits civils et politiques qui, en son article 41 litera f, prévoit un délai de 12 mois compté à partir du jour de la notification de la communication au comité.

De même, la subsidiarité du contrôle africain à travers la procédure de règlement amiable serait favorisée par une jurisprudence bien nourrie, fournissant des indications plus précises sur la portée des engagements des parties. À cet égard, la Commission africaine devrait être vigilante et vérifier, avant l'agrément du règlement amiable, si celui-ci contient des mesures propres à garantir la cessation des violations, la non-répétition des violations dans l'avenir ainsi que la réparation des préjudices. Une attention particulière devrait être portée aux communications dans lesquelles on allègue la violation des normes du *jus cogens*.

Dans tous les cas, comme l'ont affirmé les organes européen et américain, le contenu du règlement amiable devrait être semblable à ce qu'aurait obtenu l'auteur d'une communication si la procédure juridictionnelle avait été menée à son terme.

Enfin, une dernière proposition concerne l'instauration d'un contrôle de l'exécution du règlement amiable. En adoptant une approche comparée des autres systèmes régionaux de protection des droits de l'homme, on peut faire un choix entre deux modèles.

Le premier est le modèle européen. Dans celui-ci, le règlement amiable a un effet extinctif. Lorsque la Cour européenne des droits de l'homme accepte un règlement, elle décide de radier l'affaire du rôle et le contrôle de l'exécution du règlement est confié au Comité des Ministres du Conseil de l'Europe. Mais la Cour européenne des droits de l'homme a le pouvoir de réinscrire l'affaire au rôle.

Le second modèle est le système américain dans lequel le règlement amiable n'a pas d'effet extinctif en tant que tel. Dans ce système, c'est l'organe saisi (la Commission ou la Cour) qui se charge du contrôle de la bonne exécution par l'État des termes du règlement. Dans l'affaire *Benavides Cevallos* susvisée, la Cour interaméricaine a indiqué dans le dispositif de son arrêt qu'elle se réserverait le droit de surveiller l'exécution de l'accord et de connaître à nouveau de l'affaire si des difficultés d'exécution se présentaient.

L'avantage du système américain par rapport au système européen est que la procédure d'exécution du règlement amiable est surveillée par le juge auprès duquel les pétitionnaires peuvent directement se faire entendre.

Devant le silence de la Charte et de la jurisprudence de la Commission africaine, il serait intéressant de s'inspirer du modèle américain pour le contrôle de l'exécution des règlements amiables intervenus devant la Commission. Cette dernière devrait indiquer dans son Règlement intérieur ou préciser dans sa jurisprudence qu'elle se réserve le droit de connaître à nouveau de l'affaire en cas d'inexécution. Une telle proposition se justifie dans la mesure où la Charte africaine n'a prévu aucun organe chargé de l'exécution des décisions de la Commission.

Devant la Cour africaine, le contrôle de l'exécution du règlement amiable semble par contre pencher vers le modèle européen.

En effet, d'après l'article 43.6 du statut de la Cour africaine de justice et des droits de l'homme, « l'arrêt de la Cour est aussi signifié au Conseil exécutif qui doit s'assurer du suivi de son exécution au nom de la Conférence ».

On peut supposer que le Conseil exécutif assurera l'exécution non seulement des arrêts établissant des constats de violation mais aussi des arrêts qui confirment des règlements amiables survenus devant cette Cour.

Néanmoins, l'effectivité de ce contrôle exige que ledit Conseil ouvre largement, dans les dispositions de son Règlement intérieur, le recours individuel au profit de quiconque sera victime de l'inexécution du règlement amiable intervenu dans une affaire à laquelle il est partie.

Telles sont les conclusions que nous avons pu dégager sur la mise en œuvre de la subsidiarité en amont du contrôle régional africain. Cette étape a ouvert la voie de l'analyse de la mise en œuvre de la subsidiarité en aval du contrôle régional africain. L'analyse de cette matière a porté d'abord sur la procédure d'exécution des décisions de la Commission africaine des droits de l'homme et des peuples (1er chapitre) et ensuite la liberté des États dans l'exécution des décisions de la Commission africaine des droits de (2ème chapitre).

Dans le premier chapitre, nous avons analysé successivement le vide que la Charte africaine a laissé en ce qui concerne l'exécution des décisions de la Commission africaine des droits de l'homme et des peuples, les tentatives initiées pour combler ce vide et leur efficacité, les propositions de nature à assurer un suivi de l'exécution des décisions de la Commission africaine, l'absence de sanctions contre les Etats récalcitrants ainsi que la position du statut de la Cour africaine de justice et des droits de l'homme sur la matière. A l'issue de cette analyse, nous avons conclu que même si le statut de la Cour africaine de justice et des droits de l'homme comporte, au regard du système antérieur de la Charte, des indications plus précises sur l'exécution des arrêts, force est de constater qu'un vide juridique subsiste en ce qui concerne l'exécution des décisions de la Commission africaine des droits de l'homme et des peuples. Ce vide doit être comblé car même lorsque la Cour africaine de justice et des droits de l'homme deviendra fonctionnelle, la Commission africaine continuera à être saisie et à rendre des décisions. Pour assurer un encadrement plus accru des violations de la Charte africaine des droits de l'homme et des peuples, deux propositions ont été formulées :

1°/ Tout d'abord, il s'impose de désigner formellement un organe qui sera chargé d'assurer le suivi de l'exécution des décisions de la Commission africaine des droits de l'homme et des peuples. Dans cette perspective, les différentes possibilités entre lesquelles il faut faire un choix, ont été présentées. Notre proposition est qu'il faut soumettre à un même organe, le Conseil exécutif de l'Union Africaine, le contrôle à la fois de l'exécution des décisions de la Commission africaine et des arrêts de la Cour africaine de justice et des droits de l'homme. A notre avis, cette formule pourrait assurer une meilleure coordination et une bonne lisibilité du contrôle des violations de la Charte vue la nouvelle structure hybride du mécanisme de contrôle de la Charte africaine des droits de l'homme et des peuples.

2°/ Après la désignation de cet organe, il faudra déterminer la procédure de suivi de l'exécution des arrêts et des décisions des deux mécanismes de contrôle institués par la Charte, la Commission et la Cour. Dans ce processus, les rôles des différents acteurs devront être clairement départagés : celui du Conseil exécutif de l'Union Africaine, ceux de la Commision et de la Cour ainsi que les différents mécanismes d'intervention de l'organe qui détient le pouvoir législatif au sein de l'Union Africaine à l'instar de l'Assemblée parlementaire du Conseil de l'Europe.

Dans le deuxième chapitre, nous avons analysé d'abord les caractères et le contenu des décisions de la Commission africaine des droits de l'homme et des peuples. Les résultats issus de cette analyse nous ont permis d'abord de faire un bilan de la mise en œuvre de ces décisions, ensuite de faire des propositions de nature à assurer un encadrement accru des violations de la Charte africaine des droits de l'homme et des peuples. La synthèse des enseignements que l'on peut tirer de sa jurisprudence peut être présentée de la manière suivante.

Dans certains cas, la Commission africaine se contente du simple constat de violation et laisse le soin à l'État de tirer les conséquences qui en découlent.

Dans les autres cas, la Commission africaine sort de sa réserve et indique les conséquences qui découlent du constat de violation. Les conséquences que la Commission tire du constat de violation sont tantôt pécuniaires, tantôt non pécuniaires.

Au titre des réparations pécuniaires, la Commission se borne uniquement à reconnaître, en faveur des victimes, un droit à l'indemnisation mais se garde de préciser le montant de l'indemnisation, les préjudices indemnisables ainsi que les modalités de protection de l'indemnisation. Il revient alors à l'État contre lequel une violation a été établie, de déterminer toutes ces modalités relatives aux réparations pécuniaires.

Les réparations non pécuniaires que prononce la Commission africaine ne sont pas également d'une grande lisibilité.

D'une part, le dispositif de la décision peut être libellé de façon peu claire à telle enseigne que l'on a du mal à déterminer exactement les mesures dont l'adoption s'impose pour que l'État défendeur puisse être considéré comme s'étant conformé à la décision de condamnation.

D'autre part, la Commission africaine exige a coutume d'exiger dans certains cas, à l'État contre lequel une violation a été établie, de modifier sa législation mais n'indique pas exactement si cette législation doit être modifiée dans tel sens ou dans tel autre.

De même, dans les rares cas où la Commission africaine exige le réexamen des affaires, elle n'exige nulle part des États parties à la Charte de prévoir dans leur droit interne des mécanismes autorisant la réouverture des procédures judicaires.

À défaut pour la Commission de rendre des décisions claires sur tous ces points, l'État défendeur devient maître dans la détermination de toutes les conséquences qui découlent du constat de violation, il jouit d'un pouvoir discrétionnaire avec l'arbitraire dans le choix des moyens. La conséquence est que la Charte devient virtuellement un instrument à géométrie variable.

Ensuite, l'ampleur de ces lacunes nous a poussé à vérifier si le statut de la Cour africaine de justice et des droits de l'homme a levé ces lacunes. À la lecture des dispositions de ce statut, il apparaît que certains principes novateurs y sont contenus: la reconnaissance de l'obligation de cessation de violation, la priorité de la restitution sur la réparation, l'institution d'un organe de surveillance de l'exécution des décisions, l'obligation de l'État condamné à s'exécuter dans un délai donné, l'absence de l'obligation d'épuiser les recours internes avant l'indemnisation ainsi que le caractère discrétionnaire des décisions en matière de réparation des dommages.

L'exécution parfaite des décisions nécessite qu'en plus de ces innovations déjà affirmées dans le statut de cette juridiction, les autres soient intégrées soit dans le Règlement intérieur de cette Cour, soit plus tard dans la jurisprudence de la Commission africaine ou de cette juridiction.

Entrent dans cette dernière catégorie la fixation des préjudices indemnisables, l'instauration d'un contrôle *a posteriori* des effets des décisions, soit à l'initiative de l'individu soit à l'initiative des États parties à la Charte.

Tels sont les enseignements que nous avons dégagés sur la mise en œuvre de la subsidiarité en amont et en aval de la Charte africaine des droits de l'homme et des peuples. Le constat général qui se dégage de tous ces enseignements est que les États parties ont une grande marge d'appréciation dans la mise en œuvre non seulement des dispositions de la Charte mais aussi dans l'exécution des décisions de la Commission africaine des droits de l'homme. À l'appui de cette idée, nous avons avancé les constations suivantes.

Tout d'abord, lorsque la Charte africaine ne définit pas les droits qu'elle consacre et n'indiquent généralement pas les conditions de limitation dans l'exercice de ces droits, elle donne aux États parties, beaucoup de possibilités d'admettre des restrictions, même pour les droits considérés comme intangibles dans les autres systèmes juridiques.

Ensuite, lorsque la Commission africaine n'interprète pas clairement l'article 26 de la Charte de manière à préciser les aspects essentiels du droit de recours tel qu'il est entendu d'après les principes généraux dégagés par la doctrine et la jurisprudence internationales, elle donne une grande marge de manœuvre dans l'appréciation de ce qui est ou non un recours effectif au sens de la Charte africaine.

De plus, lorsque la Commission africaine ne se prononce pas sur beaucoup d'aspects de la mise en œuvre de la règle de l'épuisement des recours internes, elle donne aux États un grand pouvoir dans l'appréciation de ces différents aspects.

De même, lorsque la Commission africaine ne rend pas des décisions claires et ne précise pas ce que les États doivent faire pour se conformer à la décision de condamnation dans les litiges auxquels ils sont parties, elle accorde aux États un pouvoir discrétionnaire avec pour corollaire l'arbitraire dans le choix des moyens.

Enfin, l'absence d'un organe chargé du suivi de l'exécution des décisions de la Commission africaine rend impossible la réunion des données exhaustives sur l'application de la Charte africaine des droits de l'homme et des peuples.

Il découle de toutes ces observations que les États parties à la Charte africaine possèdent une grande marge d'appréciation dans l'application de la Charte africaine avec comme conséquence une application de la Charte à géométrie variable et partant son ineffectivité.

C'est pour éviter ce risque et surtout dans le but d'imaginer les pistes de solution de nature à rendre effective la Charte que nous avons intitulé la quatrième partie : « La subsidiarité à l'épreuve de l'effectivité de la Charte africaine des droits de l'homme et des peuples ».

Pour ce faire, cette partie a été divisée en deux chapitres, le premier tente d'apporter la réponse à la question de savoir si la Charte africaine peut se passer de ce principe de subsidiarité.

Au début de ce chapitre, la première réflexion a démontré que les idées majeures qui sous-tendent le principe de subsidiarité ne se vérifient pas exactement dans le contexte africain.

Ainsi, dans son sens originel, ce principe se fonde sur deux idées que commande la logique juridique. La première est que le meilleur juge des droits de l'homme est le juge national. Cette idée de bon sens se fonde sur la considération qu'il convient pour les citoyens qui se prétendent victimes d'une violation des droits de l'homme, de s'adresser à l'instance la plus proche, en l'occurrence, l'autorité ou le juge national, parce que cette instance est présumée la plus efficace. Dans ce sens, cette présomption s'appuie sur le fait que la plupart des litiges possèdent des particularités nationales ou locales dont la signification est parfois difficile à comprendre à distance. Cette vision a conduit à l'équation : *proximité égale efficacité.*

La deuxième idée est l'efficacité de l'organe international de recours pour pallier les insuffisances des instances nationales toutes les fois que se manifeste un doute sur les droits garantis. Dans ce sens, l'organe international ne devient que le remède ultime lorsque le droit interne ne permet pas d'effacer complètement les conséquences de la violation.

Or, dans le cadre africain, aucune de ces deux réalités n'est totalement vraie à telle enseigne qu'on peut affirmer que, dans le système de la Charte, le principe de subsidiarité repose sur des idées non démontrées.

Ainsi, la première idée qui se traduit par l'équation *proximité égale efficacité* n'est pas vraie car, dans les pays africains, les juges internes se trouvent confrontés à plusieurs obstacles imputables ou non aux États parties.

Les obstacles non-imputables aux États parties sont les difficultés économiques.

Dans les pays africains, les exigences financières requises pour une bonne administration de la justice font défaut à cause des maigres budgets alloués à la justice en Afrique.

Les obstacles imputables aux États parties sont de plusieurs ordres, les uns sont d'ordre juridique, les autres sont extra-juridiques : les dysfonctionnements de la justice en Afrique (la mauvaise formation des magistrats et des juges, la méconnaissance des droits par les justiciables, l'inefficacité des avocats, les lenteurs dans les procédures, les interférences politiques et la préférence pour la conciliation) ; la complexité des sources du droit ainsi que l'absence d'une véritable société démocratique.

La deuxième idée que traduit la subsidiarité- l'efficacité de l'organe de contrôle-ne se justifie pas également dans le cadre africain. Transposée au système africain des droits de l'homme, cette idée reviendrait à affirmer l'efficacité de la Commission africaine des droits de l'homme et des peuples pour pallier les insuffisances des autorités nationales. Or, l'efficacité de cet organe ne peut pas être supposée pour plusieurs raisons déjà expliquées dans le deuxième chapitre de la première partie (sa physionomie, ses missions, ses procédures et ses compétences).

Puisque la subsidiarité repose, dans le système de la Charte africaine, sur des idées non démontrées, la réflexion suivante a été centrée sur la possibilité de la remettre en cause dans le cadre de la Charte.

À l'issue de cette réflexion, il est apparu qu'il est impossible de proclamer l'abandon de la subsidiarité pour les arguments suivants.

Le premier est d'ordre comparatif : tous les systèmes internationaux des droits de l'homme au niveau universel ou au niveau régional fonctionnent toujours dans la logique de la subsidiarité.

Le deuxième concerne la défense de la souveraineté : la mise en œuvre de la subsidiarité exige une balance équilibré entre des objectifs difficiles à atteindre : la sauvegarde de la souveraineté des États et la protection des droits fondamentaux. Cet équilibre paraît difficile à réaliser dans les pays africains, comme en témoignent certaines dispositions de la Charte (article 30 : institution d'une seule Commission qui n'est pas secondée par une Cour pour la protection des droits garantis par la Charte ; articles 54 et 59 : tutelle de la Conférence des Chefs d'Etats et de Gouvernement sur les activités de la Commission,).

La troisième raison est d'ordre technique : la Commission africaine ne peut pas être un tribunal de première instance, elle ne peut pas connaître des affaires d'une population estimée à 924 millions d'habitants.

À défaut de pouvoir abandonner le principe de subsidiarité, nous avons essayé d'explorer les pistes de solution pour éviter le danger de voir la Charte africaine devenir un instrument à application variable.

Ces pistes ont été regroupées dans le deuxième chapitre, intitulé « Des passerelles pour l'avenir ». En prenant appui sur les enseignements du droit international, nous avons considéré que pour assurer l'effectivité de la Charte, il s'impose d'adopter des mesures à la fois au niveau régional africain et dans les droits internes des Etats. Les mesures qui doivent être adoptées au niveau régional africain ont été divisées en deux catégories : celles qui sont de la compétence de la Commission et celles qui excèdent la compétence de la Commission. Entrent dans la première catégorie l'amélioration de la qualité de la jurisprudence, l'instauration d'un organe de suivi de l'exécution des décisions, l'adoption des résolutions à l'encontre des Etats et la création d'une base générale de données.

La deuxième catégorie comprend la réforme du fonctionnement de la Commission, l'implication plus accrue des organes de l'Union Africaine ainsi que l'organisation des réunions d'évaluation de toutes les mesures prises pour donner effet à la Charte.

Au titre des mesures qui doivent être adoptées dans les droits internes des Etats parties, certaines doivent être prises par les parlements nationaux et d'autres par les gouvernements. Les mesures qui doivent être adoptées par les parlements nationaux sont l'adaptation des institutions et des législations nationales à la Charte ainsi que l'adoption des règles nationales pour la surveillance de l'exécution des décisions établissant des violations des droits de l'homme. Les mesures que les gouvernements nationaux doivent adopter sont la publication et la diffusion de la Charte au niveau national au besoin dans les langues nationales ainsi que la promotion d'une formation sur les droits de l'homme à tous les niveaux de l'enseignement, depuis l'enseignement primaire jusqu'à l'enseignement universitaire.

BIBLIOGRAPHIE GENERALE

I. INSTRUMENTS JURIDIQUES NTERNATIONAUX

A. Instruments universels

- Déclaration universelle des droits de l'homme, Résolution 217 A (III) du 10 décembre 1948 de l'Assemblée générale des Nations Unies.
- Pacte international relatif aux droits civils et politiques, Résolution 2200 A (XXI) du 16 décembre 1966, entrée en vigueur le 23 mars 1976.
- Premier protocole facultatif au Pacte international relatif aux droits civils et politiques, résolution 2200 A (XXI) du 16 décembre 1966, entrée en vigueur le 23 mars 1976.
- Deuxième protocole facultatif au Pacte international relatif aux droits civils et politiques visant à abolir la peine de mort, résolution 44/128 du 15 décembre 1989.
- Pacte international relatif aux droits économiques, sociaux et culturels, Résolution 2200 A (XXI) du 16 décembre 1966, entré en vigueur le 3 janvier 1976.
- Convention internationale des télécommunications conclue le 25 octobre 1973 et révisée le 06/11/1982 dans le cadre de l'Union Internationale des Télécommunications.
- Convention sur l'élimination de toutes les formes de discrimination raciale, Résolution 2106 A (XX) du 21 décembre 1965, entré en vigueur le 4 janvier 1969.
- Convention des Nations Unies contre la torture, peines ou traitements inhumains et dégradants, Résolution 39/46 de l'Assemblée Générale des Nations-Unies du 10 décembre 1984, entré en vigueur le 26 juin 1987.
- Protocole facultatif se rapportant à la Convention contre la torture et autres peines ou traitements cruels, inhumains ou dégradants,

Résolution de l'Assemblée générale des Nations-Unies, A/ RES/57/1999 du 18 décembre 2002.
- Commentaire du Projet de Convention sur la responsabilité des États pour les dommages causés aux étrangers de la Harvard Law School, 1961, Digest vol. 8, p. 777.
- Résolution 46/119 sur les Principes des Nations-Unies pour la protection des personnes atteintes de maladie mentale et pour l'amélioration des soins de santé.
- Résolution 1514 (XV) du 14 décembre 1960 sur l'octroi de l'indépendance aux pays et aux peuples coloniaux;
- Résolution 1803 (XVIII) du 14 décembre 1962 sur la souveraineté permanente des États sur leurs ressources naturelles.
- Résolution 2625 (XXV) du 24 octobre 1970 sur les principes du droit international touchant les relations amicales et la coopération entre les États.
- Résolutions 40/32, 40/146 du 29 novembre 1985 et 13 décembre 1986, Principes de base de l'ONU sur l'indépendance de la magistrature.
- Résolution condamnant le Portugal pour la poursuite de la répression et de ses guerres coloniales;
- Résolution condamnant l'Afrique du Sud pour ses agressions contre l'Angola, l'occupation de la Namibie, sa politique d'apartheid;
- Résolution condamnant l'Israël pour ses actions militaires contre le Liban, son maintien dans les territoires occupés;
- Résolution condamnant l'URSS pour l'occupation de l'Afghanistan.
- Résolution condamnant l'Irak pour l'invasion puis l'annexion du Koweït.
- Résolution 3452 XXX sur la protection de toutes les personnes contre la torture et autres peines ou traitements cruels, inhumains ou dégradants, 9 décembre 1975.

B. Instruments régionaux

B. 1. Dans le cadre du Conseil de l'Europe

- Acte général de Genève du 26 septembre 1928 sur le règlement pacifique des différends internationaux.
- Traité de conciliation, d'arbitrage et de règlement judiciaire du 23 juin 1931 entre la Belgique et la Bulgarie.
- Convention de sauvegarde des droits de l'homme et des libertés fondamentales du 4 novembre 1950.
- Premier protocole additionnel à la Convention de sauvegarde des droits de l'homme et des libertés fondamentales du 20 mars 1952.
- Convention européenne pour le règlement des différends du 29 avril 1957.
- Convention sur la pêche, Londres, 9 mars 1964, annexe II.
- Protocole n° 4 additionnel à la Convention de sauvegarde des droits de l'homme et des libertés fondamentales reconnaissant certains droits et libertés autres que ceux figurant déjà dans la Convention et dans le premier protocole additionnel à la Convention, entré en vigueur le 2 mai 1968.
- Convention pour la protection des personnes à l'égard du traitement automatisé des données à caractère personnel, 01 octobre 1985.
- Convention européenne pour la prévention de la torture et des peines ou traitements inhumains ou dégradants du 26 novembre 1987.
- Acte final de la Conférence sur la Sécurité et la Coopération en Europe, Helsinki, 1975.
- Déclaration du Comité des Ministres du Conseil de l'Europe, 29 avril 1982.
- Protocole n° 6 à la Convention de sauvegarde des droits de l'homme et des libertés fondamentales concernant l'abolition de la peine de mort, signée à Strasbourg le 28 avril 1983, entrée en vigueur le 01 mars 1985.
- Protocole n° 7 à la Convention de sauvegarde des droits de l'homme et des libertés fondamentales, entré en vigueur le 01 novembre 1988.
- Protocole n° 11 à la Convention de sauvegarde des droits de l'homme et des libertés fondamentales, entré en vigueur le 01 novembre 1998.
- Règlement intérieur de la Cour européenne des droits de l'homme, entré en vigueur le 01 novembre 1998.

- Addendum au Règlement intérieur de la Commission européenne des droits de l'homme, Annuaire de la Convention européenne des droits de l'homme, vol. 17, pp. 69-71.
- Charte sociale européenne (révisée) du 3 mai 1996, entrée en vigueur le 1er juillet 1999.

B. 2. Dans le cadre de l'Organisation des États américains

- Convention interaméricaine des droits de l'homme, « Pacte de San José », ouverte à la signature à San José (Costa Rica) le 22 novembre 1969, entré en vigueur le 18 juillet 1978.
- Convention interaméricaine pour la prévention et la répression de la torture, 28 février 1987.
- Protocole à la Convention interaméricaine des droits de l'homme traitant de l'abolition de la peine de mort, ouvert à la signature le 8 juin 1990.
- Protocole additionnel à la Convention interaméricaine sur les droits économiques, sociaux et culturels, ouvert à la signature à San Salvador (El Salvador), le 17 novembre 1988, entré en vigueur le 16 novembre 1999.

B. 3. Dans le cadre de l'Union Africaine

- Charte africaine des droits de l'homme et des peuples, adoptée le 27 juin 1981, entré en vigueur le 21 octobre 1986.
- Charte africaine des droits et du bien être de l'enfant, adoptée le 11 juillet 1990, entrée en vigueur le 29 novembre 1999.
- Protocole additionnel à la Charte africaine portant création de la Cour africaine des droits de l'homme et des peuples, adopté le 09 juin 1998, entré en vigueur le 25 janvier 2004.
- Décisions : Décision Assembly/AU/Dec. 45 (III) adoptée au cours de la troisième session de la Conférence de l'Union Africaine du 6-8 juillet 2004 et décision Assembly/AU/Dec. 83 (V) adoptée au cours de la cinquième session de l'Union Africaine du 4-5 juillet 2005 portant fusion de la Cour africaine des droits de l'homme et des peuples et la Cour de justice de l'Union en une juridiction unique dénommée « Cour africaine de justice et des droits de l'homme ».

- Statut de la Cour africaine de justice et des droits de l'homme, adoptée par la 11ème session ordinaire de la Conférence de l'Union Africaine du 29 au 1er juillet 2008.

C. Instruments sous-régionaux

C 1. Dans le cadre de l'Union Européenne.

- Charte des droits fondamentaux de l'Union Européenne du 07 décembre 2000.

C. 2. Dans le cadre du Conseil de la Ligue Arabe

- Charte Arabe des droits de l'homme, Résolution n° 5437 du Conseil de la Ligue Arabe, 15 septembre 1994, Caire (Égypte).

II. OUVRAGES

A. Ouvrages généraux

1. AMERASINGHE, *The formal character of the rule of local remedies*, Stuttgart, vol. 25, fasc. 3, 1965.
2. ANTONOPOULOS, N., *La jurisprudence des organes de la Convention européenne des droits de l'homme*, Leyde, 1967.
3. BROCHARD, *Theorical Aspects of International Responsability of States*, ZaöRV, 1929, tome 1.
4. BURGORGUE-LARSEN, AMAYA UBEDA DE TORRES, *Les grandes décisions de la Cour interaméricaine des droits de l'homme*, Bruxelles, Bruylant, 2008.
5. CHAPEZ, J., *La règle de l'épuisement des voies de recours internes*, Paris, Pédone, 1972.
6. CLERGERIE, J-L., *Le principe de subsidiarité*, Paris, Ellipses, 2004
7. COHEN-JONATHAN, G., *La Convention européenne des droits de l'homme*, Presses Universitaires d'Aix Marseille, Paris, Ed. Economica, 1989.
8. CORNU, G., *Vocabulaire juridique*, Association Henri Capitant, P. U. F, 8ème éd. 2000.
9. CRAWFORD, J., *Les articles de la C.D.I. sur la responsabilité de l'État*, Paris, Pédone, 2003.
10. DELBEZ, *Les principes généraux du droit international*, Paris, 3ème éd., L. G. D. J., 1964.
11 DELEPERE, F.(sous la direction de), *Le principe de subsidiarité*, Bruxelles, Bruylant, 2002.
12. DE VISSCHER, CH., *Aspects récents du droit procédural de la C. I. J.*, Pédone, Paris, 1966.
13. EAGLETON, *The responsability of States in International Law*, New York, 1928.
14. EUSTATHIADES, C. Th., *La responsabilité internationale de l'État pour les actes des organes judiciaires et le problème du déni de justice en droit international*, Paris, Pédone, 1936.
15. FAWCET, J. E. S., *The application of the European Convention of human rights*, Oxford, 1969.

16. FREEMAN, *The international responsibility of states for denial of justice*, Londres, Longmans, 1938.
17. HAESLER, T., *The exhaustion of local remedies in the case law of international courts and tribunals*, Leyde, 1968.
18. LATTANZI, F., *Garanties des droits de l'homme dans le droit international général*, Milan, Giuffré, 1993.
19. MASSENGO, T., *Comment peut-on vivre libre et digne en Afrique ?*, Paris, éd. Michel de Maule, 1988.
20. MERTENS, P., *Le droit à un recours effectif devant les instances nationales en cas de violation d'un droit de l'homme, éd. de l'Université Libre de Bruxelles*, Bruxelles, 1977.
21. MONCONDUIT, F.,. *La Commission européenne des droits de l'homme*, Sijthoff, La Haye, 1965.
22. MILLION- DELSOL, Ch., *L'État subsidiaire : ingérence et non ingérence de l'État : Le principe de subsidiarité aux fondements de l'histoire européenne*, Paris, P.U.F., 1992.
23. NGUYEH QUOC D, DAILLER, P. et PELLET, A., *Droit international public, 6ème éd., Paris*, L. G. D. J., 1999.
24. NTAMPAKA, CH., *Introduction aux systèmes juridiques africains*, Travaux de la Faculté de Droit de Namur n° 26, P. U. N, Namur, mars 2005.
25. PINTO, R., *La liberté d'information et d'opinion et le droit international*, Paris, Economica, 1984.
26. QUENEUDUC, *La responsabilité internationale de l'État pour les fautes personnelles de ses agents*, Paris, L. G. D. J., 1966.
27. QUILLERE-MAZOUB, F., *La défense du droit à un procès équitable*, Bruxelles, Bruylant, 1999
28. SUDRE, F., *Droit international et européen des droits de l'homme*, Paris, P. UF., 1989.
29. SUDRE, F., *Droit international et européen des droits de l'homme*, Paris, P. UF., 2006.
30. SULLIGER, D., *L'épuisement des voies de recours internes en droit international général et dans la Convention européenne des droits de l'homme*, Imprimerie des Arts et Métiers, Lausanne, 1979.
31. THIERRY, COMBACEAU, SUR et VALLEE, *Droit international public*, Paris, 1975.

32. TIGROUDJA, H. et PANOUSIS, K. L., *La Cour interaméricaine des droits de l'homme, analyse de sa jurisprudence consultative et contentieuse*, Bruxelles, Bruylant, 2003.
33. THOMA, F., *Le principe de subsidiarité en droit communautaire*, thèse pour le doctorat en droit, Centre Universitaire de Luxembourg, Luxembourg, 1998.
34. TUNC, S., *Le système constitutionnel des États-Unis d'Amérique*, Domat-Montchrestien, 1954, t. II, n°227 et 231.
35. VASAK, K., *La Convention européenne des droits de l'homme*, Paris, Pichon et Durand- Auzias, 1964.
36. VELU, J. et ERGEC R., *La Convention européenne des droits de l'homme*, Bruxelles, Bruylant, 1990.
37. WYLER, E., *L'illicite et la condition des personnes privées*, Paris, Pédone, 1995.

B. Ouvrages spécifiques au système africain des droits de l'homme

1. ANKRUMAH, E., *La Commission africaine des droits de l'homme et des peuples, pratiques et procédures*, Nijhoff Publishers, The Hague, 1996.
2. FLAUSS, J-Fr (sous la direction de), *L'application nationale de la Charte africaine des droits de l'homme et des peuples*, Bruxelles, Bruylant, 2004.
3. MBAYE, K., *Les droits de l'homme en Afrique*, 2ème édition, Paris, Pédone, 2002.
4. MURRAY, R. et WHEATLEY, S., *Groups and The African Charter on Human and People' Rights*, Human Rights Quarterly, vol. 25, 2003.
5. MUTOY MUBIALA, *Le système régional africain de protection des droits de l'homme*, Bruxelles, Bruylant, 2005.
6. OUGERGOUZ, F., *La Charte africaine des droits de l'homme et des peuples, une approche juridique des droits de l'homme entre tradition et modernité*, Paris, P. U. F., 1993.
7. OUGERGOUZ, F., *The African Charter of Human and People' Rights. A comprehensive Agenda for Human dignity and sustainable Democracy in Africa*, Leiden/Boston, Martims Nijhoof/BRILL, 2003.
8. TAVERNIER, P., *Recueil juridique des droits de l'homme en Afrique 1996-2000*, Bruxelles, Bruylant, 2002.

9. VILJOEN, F., *International Human Rights Law in Africa*, Oxford University Press, 2007.
10. YEMET, V. E., *La Charte africaine des droits de l'homme et des peuples*, Paris, l'Harmattan, 1996.

III. ARTICLES

1. ABDELGAWAD, E.L., L'exécution des arrêts de la Cour européenne des droits de l'homme, R.T.D.H., 2007, pp.669-705.
2. ABDELGAWAD, E.L., La Cour européenne des droits de l'homme au secours du Comité des ministres pour une meilleure exécution des arrêts « pilote », R.T.D.H., 2005, pp.203-224.
3. ABIE, M. O., Droits des peuples dans la Charte africaine des droits de l'homme et des peuples : Quelle réalité dans le contexte africain ? In Société africaine de droit international et comparée, Actes du dixième congrès annuel (Addis-Abeba, 3-5 août 1996), Glasgow, Bell and Bain Ltd, p. 236.
4. ADDLE, D., DE BRUYN, Le droit à un recours effectif, in les droits de l'homme au seuil du troisième millénaire : Mélanges en hommage à Pierre Lambert, Bruxelles, Bruylant, 2000, p. 185.
5. ANZILOTTI, D., La responsabilité des États en raison des dommages soufferts par les étrangers, in R. G. D. I. P., 1906, pp. 26 et s.
6. CASSESSE A., Le droit de recours individuel devant la Commission européenne des droits de l'homme, in « Les clauses facultatives... », Bari, 1954, p. 57.
7. CRAWFORD, J., BODEAU P., PEEL J., La seconde lecture du projet d'articles sur la responsabilité des États par la Commission du droit international, R.G.D.I.P., 2000, p. 922.
8. DANIELUS, H., Conditions of admissibility in the jurisprudence of the European Convention of human rights, RDT, 1969, p. 285
9. DE SCHUTTER, O. et VANDROOGHENBROEK, S., La protection des droits de l'homme dans l'ordre interne, Les grands arrêts, Bruxelles, Larcier, 1999, in Les droits de l'homme au seuil du troisième millénaire, Mélanges en hommage à Pierre Lambert, Bruxelles, Bruylant, 2000, p. 933.

10. DIARRA, E., « De l'Europe à l'Afrique : Le modèle européen est-il exportable ? » in TAVERNIER P., Quelle Europe pour les droits de l'homme ? Bruxelles, Bruylant, 1996, pp. 434 et s.
11. DOMINEC, C., Observations sur les droits de l'État victime d'un fait internationalement illicite, in Droit international 2, I. H. E. I. P., Pédone, 1982, p. 15.
12. DU BOIS DE GAUDUSSON, J., Les procédures de garanties et leurs limites dans les constitutions francophones africaines, Colloque international consacré à « Espace juridique francophone et droits de l'homme », Université de Limoges, 2 et 3 octobre 1989.
13. FAWCETT, The Exhaustion of local remedies: substantive or procedure? In B. Y. B. I. L., 1954, pp. 452 et s.
14. FREEMAN, The International Responsability of States for denial of Justice, 1938
15. FRIEDMANN, H., L'épuisement des voies de recours internes, R. D. I. L. C., 1993, pp. 318-319.
16. FRUMER, P., La réparation des atteintes aux droits internationalement protégés- Quelques données comparatives, Rev. trim. dr. h. 1996, p. 340.
17. GODINEC, P-F, Conflits internes et question nationale en Afrique : le droit à l'autodétermination interne, R. A. D. I. C., vol. 9, 1977, pp. 543-572.
18. HANNUM et BOYLE, The Donnelly case, Administrative practice and domestic remedies under the European Convention: one step forward and two steps back, American Journal of International Law, 1977, p. 316 et s.
19. HUNSUNGULE, The African Charter of Human and Peoples' Rights: A critical Review, African Yearbook of Human Rights, vol. 8, 2001, Kluwer Law International, pp. 265-331.
20. LEUPRECHT, P., L'article 32 de la Convention européenne des droits de l'homme, in PETTITI L-E., DECAUX E. et IMBERT P-H, La Convention européenne des droits de l'homme, commentaire article par article, 2ème édition, Paris, Economica, 1999, p. 699.
21. LORD MC NAIR, International Law Opinions, Oxford, Clarendon Press, vol. II, p. 319.
22. MACDONALD, R. St. J., MATSCHER, F. et PETZOLD, H., The European System for the Protection of Human Rights, The

Convention and the Principe of subsidiarity, Dordrecht-Boston-London, Martinus Nijihoff, 1993, p. 25.
23. MALINVERNI, G., Variations sur un thème encore méconnu: l'article 13 de la Convention européenne des droits de l'homme, R.T.D.H., 1998, p. 647.
24. MUBIALA MUTOY, Vers la création d'une Cour africaine des droits de l'homme et des peoples, in Congo-Afrique, n° 322, février 1998.
25. MUMMERY, The Content of Duty to Exhaust Local Judicial Remedies, American Journal of International Law, 1964, p. 393.
26. MURRAY, R., The African Charter of Human and Peoples' Rights, 1987-2000: An overview of its progress and problems, African Human Rights Journal, vol. 1, n° 1, 2001, pp. 7 et s.
27. QUILLERE-MAJZOUB, F., L'option juridictionnelle de la protection des droits de l'homme en Afrique : étude comparée autour de la création de la Cour africaine des droits de l'homme et des peuples, R. T. D. H, n° 44, octobre 2000.
28. PINTO, M., La sentence Ambatielos, Journal du droit international, 1957, p. 572.
29. TRINDADE, A. A. C., The burden of proof with regard to local remedies in international law, RDH, 1976.
30. VISSCHER, Ch. De, Le déni de Justice, R. C. D. I., 1935, p. 423.
31. WITENBERG, La recevabilité des réclamations devant les juridictions internationales, R.C.D.I., 1932, vol. III. p. 50 et s.
32. ZEMANEK, K., La responsabilité des États pour faits internationalement illicites et faits internationalement licites, in Responsabilité internationale, I. H. E. I. P., Paris, Pédone, 1988, p. 65.

IV. COURS

- ANZILOTTI, *Cours de droit international*, trad. Gidel, Paris, 1929.

V. PERIODIQUES

- Annuaire Français de Droit International (A. F. D. I.).
- Revue universelle des Droits de l'Homme (R.U.D. H.).
- Revue Trimestrielle des Droits de l'homme (R. T. D. H.).

VI. DOCUMENTS DE LA COMMISSION AFRICAINE DES DROITS DE L'HOMME ET DES PEUPLES

A. Résolutions

1. Résolution sur l'intégration des dispositions de la Charte dans le droit national des États, 5ème session ordinaire, 03 au 14 avril 1989.
2. Résolution sur la création de comités de droits de l'homme ou d'autres organismes similaires à l'échelon national, régional ou sous régional, 5ème session ordinaire, 3 au 14 avril 1989, Benghazi (Libye).
3. ACHPR Rés. 4 (XI) 92, Résolution sur la procédure relative au droit de recours et à un procès équitable, 11ème session ordinaire, 2au 9 mars 1992, Tunis.
4. ACHPR Rés. 5 (XI) 92, Résolution sur la liberté d'association, 11ème session ordinaire, 2 au 9 mars 1992, Tunis.
5. ACHPR/Rés. 10(XVI) 94, Résolution sur les régimes militaires, adoptée au cours de la 16ème session ordinaire, Banjul, Gambie, 25 novembre au 3 décembre 1994.
6. Rés. 22 (XIX) 96 : Résolution sur le rôle des avocats et des magistrats dans l'incorporation des dispositions de la Charte et le renforcement des activités de la Commission dans les systèmes nationaux et sous-régionaux, 19ème session ordinaire, 26 mars au 4 avril 1996.
7. ACHPR/Rés. 23 (XIX) 96, Résolution sur le processus électoral et la gouvernance participative, 19ème session ordinaire, 26 mars au 4 avril 1996, Ouagadougou, Burkina Faso.
8. Résolution sur le respect et l'indépendance de la magistrature, 19ème session ordinaire, 26 au 4 avril 1996, Burkina Faso.
9. ACHPR/Rés. 28 (XXIV) 98, Résolution sur le retour du Nigeria au système démocratique, 24ème session ordinaire, 22 au 31 octobre 1998, Banjul, Gambie.
10. ACHPR /Rés. 41 (XXVI) 99 : Résolution sur le droit à un procès équitable et à l'assistance judiciaire en Afrique, 26ème session ordinaire, 1er au 15 novembre 1999, Kigali, Rwanda.

11. ACHPR /Rés. 42 (XXVI) 99 : Résolution sur la peine de mort, 26ème session ordinaire, 1er au 15 novembre 1999, Kigali, Rwanda.
12. ACHPR Rés. 65 (XXIX) 01, Résolution sur la liberté d'expression, 29ème session ordinaire, 23 avril au 7 mai 2001, Tripoli.
13. ACHPR Rés. 61 (XXXII) 02, Résolution sur les lignes directrices et mesures d'interdiction et de prévention de la torture et des peines ou traitements inhumains ou dégradants, 32ème session ordinaire, 17 au 23 octobre 2002, Banjul.
14. ACHPR Rés. 62 (XXXII) 02, Résolution sur l'adoption et la Déclaration de principes sur la liberté d'expression en Afrique, 32ème session ordinaire, 17 au 23 octobre 2002, Banjul.
15. ACHPR/Rés. 65 (XXXIV) sur l'adoption du groupe de travail sur les populations/communautés indigènes, 34ème session ordinaire, 6 au 20 novembre 2003, Banjul (Gambie).

B. Autres documents

1. Le Règlement intérieur de la Commission africaine des droits de l'homme et des peuples.
2. Les communiqués finaux établis à la fin de chaque session de la Commission africaine des droits de l'homme et des peuples.
3. Fiche d'information n° 3, Procédure d'examen des communications, Organisation de l'Unité Africaine, Banjul, 1998.
4. Conclusions et recommandations du séminaire sur la mise en œuvre au plan national de la Charte africaine des droits de l'homme et des peuples.
5. Rapport de la réunion de réflexion de la Commission africaine des droits de l'homme et des peuples, 9-10 mai 2006, Corinthia Atlantic Hôtel, Banjul, Gambie.

C. Rapports d'activités

Tous les rapports d'activités de la Commission ne sont pas disponibles. Les rapports d'activités que nous avons consultés se trouvent sur le site de la Commission africaine des droits de l'homme et des peuples.

Ce sont les rapports suivants :

- 8ème rapport d'activités.
- 11ème rapport d'activités.
- 12ème rapport d'activités.
- 13ème rapport d'activités.
- 14ème rapport d'activités.
- 15ème rapport d'activités.
- 16ème rapport d'activités.
- 17ème rapport d'activités.
- 18ème rapport d'activités.
- 19ème rapport d'activités.
- 20ème rapport d'activités.
- 22ème rapport d'activités.

VII. DOCUMENTS DE LA CONFERENCE DES CHEFS D'ETAT ET DE GOUVERNEMENT DE L'UNION AFRICAINE

1. Doc. OUA, CAB/LEG/97/DRAFT/RAPT. RPT (III) Rev. 2. du Comité de révision de la Charte de l'OUA.
2. L'Acte Constitutif de l'Union Africaine, adopté le 11 juillet 2000, entré en vigueur le 26 mai 2001.
3. Résolution AHG 227 (XXIX) Rev. I adoptée lors de la 29ème session ordinaire de la Conférence recommandant aux États parties de désigner des fonctionnaires de haut rang chargés des relations entre la Commission et les États, juin 1993;
4. Résolution AHG230 (xxx) adoptée en juin 1994 sur la réunion des experts gouvernementaux chargés d'examiner les possibilités de renforcer l'efficacité du travail de la Commission africaine, particulièrement la création d'une Cour africaine des droits de l'homme et des peuples.
5. Règlement intérieur de la Conférence des Chefs d'État et de gouvernement.
6. Règlement intérieur du Conseil des ministres de l'O. U. A.

VIII. DOCUMENTS DU COMITE DES DROITS DE L'HOMME DES NATIONS UNIES

A. Les observations générales

1. Observation générale n° 13, HRI/GEN/1/Rev. 2, 1984.
2. Observation générale n° 20, remplacement de l'observation générale n° 7 concernant l'interdiction de la torture et des peines ou traitements cruels, inhumains ou dégradants (article 7 du Pacte international relatif aux droits civils et politiques), 44ème session, 1992.
3. Observation générale n° 22 sur la liberté de pensée, de conscience et de religion, 30 juillet 1993, 48ème session.
4. Observation générale 25 (57), 1510ème réunion du Comité, U. N. Doc. CCPR/C/21 Rev. 1/ Add. 7 (1996), § 4.

B. Les commentaires généraux

1. Commentaire général n° 13 (XXI), 1984
2. Rapport du Comité des droits de l'homme, Vol. I., A/49/40, chap. VIII.
3. Rapport final du Rapporteur spécial de la sous-commission des Nations-Unies : E/CN 4/Sub. 2/1993/8, 2 juillet 1993.
4. Rapport annuel du CDH pour 1984, doc. ONU, A. G., Supplément n° 40 (A/39/40), p. 154.

IX. DOCUMENTS DE L'INSTITUT DU DROIT INTERNATIONAL

1. Annuaire de l'Institut de Droit International, 1954, t. 45, vol. I, pp. 60-61.
2. Annuaire de l'Institut du Droit International, 1956, vol. 46, p. 364
3. Annuaire de la Commission du Droit International, 1977, vol. 1, pp. 25 et s.
4. RIPHAGEN, 2ème rapport sur la responsabilité des États, Annuaire de la C. D. I., 1981, A/CN, 4/34, vol. 2, 1ère partie, n° 68.

5. ARRANGIO-RUIZ G., Rapport préliminaire sur la responsabilité des États, A/CN. A/146, Annuaire de la C. D. I., 1988, n° 41.
6. ARRANGIO-RUIZ G., Annuaire de la Commission du droit international, 41ème session, doc. A/CN 4/425 et Add. 1, pp. 46, 47 et 51.
7. ARRANGIO-RUIZ G., Rapport de la C. D. I., doc. off. 43ème session, suppl. n°10, A/43/10, p. 201, n° 540.
8. VERZIJL, La règle de l'épuisement des recours internes, Exposé préliminaire et rapport définitif présenté à l'Institut de droit international, vol. 1, pp. 5 et s et p. 84 et s.

X. DOCUMENTS DU CONSEIL DE L'EUROPE

1. Exposé des motifs du projet du protocole n° 4 additionnel à la Convention de sauvegarde des droits de l'homme et des libertés fondamentales, doc. 1057 du 17 novembre 1959 de l'assemblée consultative.
2. SACERDOTI, Épuisement préalable des recours internes et réserve ratione temporis dans la déclaration italienne d'acceptation du droit de requête individuelle, in Les clauses facultatives de la Convention européenne des droits de l'homme, Bari, 1974.
3. La liberté de l'information et l'obligation pour les pouvoirs publics de communiquer les informations, Colloque de Graz, Conseil de l'Europe, 1976.
4. Recommandation du Comité des Ministres n° R (81)19 sur l'accès à l'information détenue par les autorités publiques.
5. HONDIUS F., La liberté d'expression et d'information en droit européen, Conseil de l'Europe, 1984.
6. Rapport explicatif n° 17 du protocole n° 7 à la Convention de sauvegarde des droits de l'homme et des libertés fondamentales.
7. Rapport explicatif n° 20 du protocole n° 7 à la Convention de sauvegarde des droits de l'homme et des libertés fondamentales
8. Rapport explicatif n° 21 du protocole n° 7 à la Convention de sauvegarde des droits de l'homme et des libertés fondamentales.
9. Rapport explicatif relatif à la Convention européenne des droits de l'homme sur la télévision transfrontière, Conseil de l'Europe, 1990.

10. Réso. DH (96) 381 du Comité des Ministres du Conseil de l'Europe, 25 juin 1996.
11. Réso. DH(97) 222 du 15 mai 1997 dans l'affaire Welch c. Royaume-Uni (CM/Dél/Déc. (97) 590, A 173, annexe 39, point H 53-54.
12. Étude concernant le droit à restitution, à indemnisation et à réadaptation des victimes des violations flagrantes des droits de l'homme et des libertés fondamentales, Rapport final Van Boven, E/CN4/Sub2/1993/8, 2 juillet 1993.
13. Conclusions du Séminaire de Maastricht sur le droit à restitution, indemnisation et réadaptation des victimes des violations flagrantes des droits de l'homme et des libertés fondamentales, 11-15 mars 1992, Studie-en Informatiecentrum Mensenrechten Special n° 12, pp. 16 et s.
14. Recommandations (2002)13, (2004)5, (2004)6 du Comité d'experts pour l'amélioration des procédures de protection des droits de l'homme (DH-PR) du Comité directeur pour les droits de l'homme.
15. Résolutions 1516(2006) et 1764 (2006) du 2 octobre 2006 du Comité des ministres sur la mise en œuvre des arrêts de la Cour européenne des droits de l'homme.

XI. JURISPRUDENCE INTERNATIONALE

A. Jurisprudence arbitrale

- MOORE, A digest of international law, Washington, Government printing office, 1906, 8 volumes.
- LA PRADELLE (André de) et POLITIS (N.), Recueil des arbitrages internationaux, 3 volumes.
- Recueil des sentences arbitrales de l'ONU, Leyde, Sijthoff (15 volumes).
- Recueil des arbitrages internationaux, Paris, Sirey, 1923, t. II, p. 276.
- Affaire des navires finlandais, Journal Officiel de la SDN, 1931, p. 2080 et le mémorandum britannique.
- Affaire des Finnish Ships, Recueil des sentences arbitrales de l'ONU, Vol. III, p. 1502.

- Affaires des armateurs finlandais, Recueil des sentences arbitrales de l'ONU, vol. III, pp. 1496-1497.
- Affaire Salem, Recueil des sentences arbitrales de l'O. N. U., vol. II, p. 1189.
- Affaire Martini, Recueil des Sentences arbitrales de l'O. NU., vol. II, p. 983.
- Affaires Sarah Star et Aigburth, Prince Léopold, Adelso (Moore, Arb. Vol. III, p. 3158.
- Affaire du Neptune, Moore Arb., vol. III, pp. 3079-3080.
- Affaire Jesse Lewis, Recueil des Sentences arbitrales de l'ONU, vol. VI, pp. 85 et s, spec. p. 93.
- Affaire du Rainbow Warrior, Nouvelle Zélande c. France, du 30 avril 1990, R. G. D. I. P., pp. 871-872.

B. Jurisprudence judiciaire

B. 1. : La jurisprudence des organes internationaux

B. 1. 1: La Cour permanente de justice internationale

- Recueil des arrêts et des avis de la Cour permanente de justice internationale (Série A, Série B, Série A/B), Leyde, Sijthoff.
- Publications de la Cour permanente de justice internationale, plaidoiries, exposés oraux et documents, Série C.
- C. P. J. I., Affaire Mavrommatis, Série C n°13, vol. III, p. 465.
- C. P. J. I., Affaire relative à l'administration du Prince Von Pless, Série C n° 70, p. 244.
- C. P. J. I., Affaire relative à l'Usine de Chorzów, arrêt du 13 septembre 1928, Recueil des décisions, Série A, n° 9, 21(1927), p. 47.
- C. P. J. I., Affaire Compagnie d'électricité de Sofia et de Bulgarie (exception préliminaire), arrêt du 4 avril 1939, Série A/B n° 77, p. 79
- C. P. J. I., Affaire Phosphates du Maroc, exceptions préliminaires du Gouvernement français, Série C n° 84, p. 222.
- C. P. J. I., Affaire du Chemin de fer Panevezys-Saldutiskis, arrêt du 28 février 1939, Série A/B, fascicule n° 76.

B. 1. 2. : La Cour internationale de justice

- Publications de la Cour internationale de justice, mémoires, plaidoiries et documents (M. P. D.).
- Recueil des arrêts, avis consultatifs et ordonnances de la Cour internationale de justice, Leyde, Sijthoff.
- C. I. J, Affaire Ambatielos, arrêt du 19 mai 1953 (fond), Grèce contre Royaume-Uni, C. I. J., Recueil 1953.
- C. I. J., Affaire de l'Interhandel, arrêt du 21 mars 1959, Rec. 1959.
- C. I. J., Affaire de la Barcelona Traction, Light and Power Company Limited (fond), 05 février 1970, Rec. 1970, pp. 3 et s.
- CIJ –MPD, Affaire Certains emprunts norvégiens, Recueil 1957.
- C. I. J. -MPD, Affaire Nottebohm, Réplique du gouvernement du Liechtenstein, Recueil 1955, vol. 1, p. 416.
- C. I. J., Avis consultatif sur la présence de l'Afrique du Sud en Namibie, 29 janvier 1971, Recueil 1971, p. 12.
- C. I. J., Affaire du personnel diplomatique et consulaire des États-Unis à Téhéran, arrêt du 24 mai 1980, Recueil 1980, p. 4.
- C. I. J., affaire des activités militaires et paramilitaires contre Nicaragua, Recueil 1984, p. 187 et Recueil 1986, p. 149.

B. 1. 3. : Le Comité des droits de l'homme des Nations Unies

- Affaire Lanza c. Uruguay, décision du 3 avril 1980, H. R. L. J., 1980, vol. 1-2, pp. 221 et s.
- Affaire Torres-Raminez c. Uruguay, 23 juillet 1980, H. R. L. J., 1980, pp. 226 et s.
- Affaire Pinkey c. Canada, req. n° 27/1978, décision du 02 avril 1980, Selected Decisions, vol. 1, pp. 12 et 13.
- Affaire C. A. c. Italie, req. n°127/1982, décision du 31 mars 1983, Selected Decisions, vol. 2, p. 42.
- Affaire Quinteros c. Uruguay, req. n° 107/1981, décision du 21 juillet 1983.
- Affaire Morael c. France, req. n° 207/1986.
- Affaire V. M. R. B. c. Canada, req. 236/1987, décision du 18 juillet 1988, A/43/40, p. 268.
- Req. n° 263/1987 Gonzales del Rio c. Pérou

- Req. n° 387/1989, Karttunen c. Finlande
- Affaire Robert Casanovas c. France, req. n° 441/1990.
- Affaire Wright et Harvey c. Jamaïque, req. n° 459/1991.
- Affaire Caldas c. Uruguay, A/38/40, annexe XVIII.
- Affaire Mbege c. Zaïre, A/39/40, annexe X.
- Affaire Fanali c. Italie, A/38/40, annexe XIII.
- Affaire Denroy Gordon c. Jamaïque, Constatations du 5 novembre 1992, A/48/40, partie I, p. 203 et partie II, p. 6.
- Affaire John Campbell c. Jamaïque, constatations du 24 mars 1993, A/48/40, partie I, p. 201 et partie II, p. 49.
- Affaire A c. Australie, communication n° 560/1993, UN DOC. CCPR/C/59/D/560/1993 (1997).
- Affaire L. Emil Kaaber c. Islande, communication n° 674/1995 UN DOC. CCPR/C/58/D/674/1995 (1996).
- Affaire Ati Antoine Randolph c. Togo, communication n° 910/2000, UN DOC. CCPR/C/79/D/910/2000 (2003).
- Affaire Van Meurs c. Pays-Bas.
- Affaire Touron c. Uruguay, A/36/40, annexe X.
- Affaire Conteris c. Uruguay, A/40/40, annexe XI.
- Affaire Paul Kelly c. Jamaïque, constatations du 08 avril 1991, Recueil 1991, p. 259.
- Affaire Mc Intyre et autres c. Canada, 31 mars 1993.
- Affaire n° 10029, 10036, 10145, 10372, 10374 et 10375 Burgos c. Uruguay et Estrella c. Uruguay.

B. 2. La jurisprudence des organes régionaux

B. 2. 1. : Les organes du Conseil de l'Europe

B. 2. 1. 1. : La Commission européenne des droits de l'homme

a) Les décisions

- Requête n° 176/56 Gouvernement du Royaume de Grèce c. Gouvernement du Royaume-Uni de Grande Bretagne et d'Irlande du Nord, décision du 12 juin 1956, Annuaire de la Convention européenne des droits de l'homme, vol. 2, p. 185.

- Requête 181/56, Annuaire de la Convention européenne des droits de l'homme, vol. 1, pp. 140-141.
- Requêtes n°s 188/56, 255/56, 254/57, 272/57, 277/57, 333/57, Annuaire de la Convention européenne des droits de l'homme, vol. 2, p. 349.
- Requête n°214/56, décision du 09 juin 1958, Annuaire de la Convention européenne des droits de l'homme, vol. 2, p. 237.
- Requête 222/56, décision du 8 janvier 1959, Annuaire de la Convention européenne des droits de l'homme, vol. 2, p. 351.
- Requête n°232/56, décision du 15 juillet 1957, Annuaire de la Convention européenne des droits de l'homme, vol. 1, p. 144.
- Requête n° 254/57, Annuaire de la Convention européenne des droits de l'homme, vol. 1, p. 152.
- Requête n° 289/57, Annuaire de la Convention européenne des droits de l'homme, vol. 1., p. 149.
- Requête n° 299/57, décision du 12 octobre 1957, Annuaire de la Convention européenne des droits de l'homme, vol. 2, p. 193.
- Requête n°332/57, décision du 30 août 1958, Annuaire de la Convention européenne des droits de l'homme, vol. 2, p. 327.
- Requête n° 343/57, décision du 2 septembre 1959, Annuaire de la Convention européenne des droits de l'homme, vol. 2, pp. 43 et s.
- Requête n° 434/58, décision du 30 juin 1959, Annuaire de la Convention européenne des droits de l'homme, vol. 2, p. 377.
- Requête n°458/59, décision du 29 mars 1960, Annuaire de la Convention européenne des droits de l'homme, vol. 3, p. 235.
- Requête n° 514/59, décision du 5 janvier 1960, Annuaire de la Convention européenne des droits de l'homme, vol. 3, p. 203.
- Requête n° 596/59, décision du 19 décembre1960, Annuaire de la Convention européenne des droits de l'homme, vol. 3, p. 363.
- Requête n° 712/60, décision du 16 décembre 1961, Annuaire de la Convention européenne des droits de l'homme, vol. 4, p. 401.
- Requête n°788/60, Autriche c. Italie, décision du 11 janvier 1961, Annuaire de la Convention européenne des droits de l'homme, vol. 4, pp. 167-171.
- Requête n° 892/60, décision du 13 avril 1961, Annuaire de la Convention européenne des droits de l'homme, vol. 4, p. 251.

- Requête n° 1053/61, décision du 19 décembre 1961, Recueil des décisions de la Commission, n° 8, p. 7.
- Requête n°1159/61, décision du 12mars 1962, Recueil des décisions de la Commission, n° 8, p. 129.
- Requête n° 1211/61, décision du 04 octobre 1962, Annuaire de la Convention européenne des droits de l'homme, vol. 5, p. 227.
- Requête n° 1446/62, décision du 18 septembre 1963, Annuaire de la Convention européenne des droits de l'homme, vol. 8, p. 453.
- Requête n°1706/62, décision du 04 octobre 1966, Annuaire de la Convention européenne des droits de l'homme, vol. 9, p. 129.
- Requête n° 1913/63, décision du 30 avril 1965, X c. Autriche, non publiée.
- Requête n° 1936/63, décision du 06 juillet 1964, Annuaire de la Convention européenne des droits de l'homme, vol. 7, p. 243.
- Requête n° 2257/64, décision du 05 avril 1968, Annuaire de la Convention européenne des droits de l'homme, vol. 11, pp. 227-229.
- Requête n° 2547/65, décision du 14 juillet 1966, Annuaire de la Convention européenne des droits de l'homme, vol. 9, p. 473.
- Requête n° 2689/65, décision partielle du 07 février 1967, Annuaire de la Convention européenne des droits de l'homme, vol. 10, p. 279.
- Requête n° 2742/66, décision du 30 mai 1967, Annuaire de la Convention européenne des droits de l'homme, vol. 10, pp. 367-369.
- Requête n° 2991/66 Alam et Khan c. Royaume-Uni, décision du 17 décembre 1968, Annuaire de la Convention européenne des droits de l'homme, vol. 11, t. 2, p. 789.
- Requêtes n°s 3321, 3322, 3323 et 3344/67 du Danemark, de la Norvège, de la Suède et des Pays-Bas c. Grèce du 24 janvier 1968 et 31 mai 1968, Annuaire de la Convention européenne des droits de l'homme, 1968, vol. 11, pp. 691 et 731.
- Requêtes n°s 4403-44023 et 4434, 4434, 4443, 4476, 4477, 4486/70, décision du 10/10/1970, Annuaire de la Convention européenne des droits de l'homme 1970, vol. 13, p. 929.
- Requêtes n°s 4448/70 de la Norvège, Suède, Danemark et Pays-Bas c. Grèce, Annuaire de la Convention européenne des droits de l'homme, vol. 12, p. 194.
- Requête n°4459/70, décision du 03 avril 1971, Annuaire de la Convention européenne des droits de l'homme, vol. 14, p. 473.

- Requête X c. Allemagne, décision du 1er avril 1970, C. D. 37, p. 119.
- Requête X c. Norvège, décision du 16 juillet 1970, D. R., 35, p. 37.
- Requête n° 4517/70, décision du 14 juillet 1971, Annuaire de la Convention européenne des droits de l'homme, vol. 14, p. 11.
- Requête n° 5310/71, décision du 25 janvier 1976, Annuaire de la Convention européenne des droits de l'homme, vol. 19, pp. 750-753.
- Requête n° 5442/72, décision du 20 décembre 1974, D. R. 1, p. 41.
- Requêtes 5577-5583/73, Commission européenne des droits de l'homme, D. R. 4, p. 159.
- Affaire Huber c. Autriche, décision du 4 5/10/1974, C. D. 46, p. 99.
- Requête 6780/74 et 6950/75 Chypre c. Turquie, Annuaire de la Convention européenne des droits de l'homme, vol. 18, p. 83 et s.
- Requête Irlande c. Royaume-Uni du 16 décembre 1971, Annuaire de la Convention européenne des droits de l'homme, vol. 19, pp. 513 et s, spec. P. 761
- Requête Krause c. Suisse, décision du 03 octobre 1978, D. R. 13, p. 77.
- Requête n° 7360/76, Zand c. Autriche, décision du 12 octobre 1978, D. R. 15, p. 70.
- Requête X et Église de Scientologie c. Suède, D. R. 16, p. 68.
- Requête X c. Belgique, décision du 09 mai 1977, D. R. 9, p. 169.
- Requête n° 8191/78, décision du 10 octobre 1979, D. R. 17, p. 93.
- Requête n° 8512/79, décision du 02 octobre 1979.
- Requête X c. R. F. A., décision du 13 décembre 1979, DR 18, p. 18
- Requête n° 8741/79, décision du 10 mars 1981.
- Requête Bramelied et Malmström c. Suède, décision du 12 octobre 1982, D. R. 29, p. 64.
- Requête n° 8840/78, décision du 16 juillet 1980, D. R. 21.
- Requête n°s 9214/80, 9473/81 et 9474/81, décision du 11 mai 1982, D. R. 29, p. 176.
- Requête Yarrow et autres c. Royaume-Uni, décision du 28 février 1983, D. R. 30, p. 221.
- Requête Ekbatani c. Suède, décision du 5 juillet 1985, D. R. 44, p. 113.
- Affaire Ross c. Royaume-Uni, décision du 11/12/1986, D. R. 50, p. 179 et 183.
- Requête S T c. Suède, décision du 11 décembre 1986, D. R. 50, pp. 155 et s.

- Requête 11192/84 Montion c. France, décision du 14 mai 1987(non publiée).
- Requête n° 10372/83, décision du 13 avril 1988, D. R. 56, p. 13.
- Requête n° 10479/83, décision du 12 mars 1984, D. R. 37, p. 158.
- Requête n° 10653/83, décision du 06 mai 1985, D. R. n° 42, p. 224.
- Requête n° 12068/86, décision du 1 décembre 1986, D. R. 51, p. 243, § 1.
- Requête C. c. France, décision du 15 juillet 1988(non publiée).
- Requête n° 14209/88, décision du 16 décembre 1988, D. R. 59, p. 280.
- Requête n° 41237/98, affaire Moura Carreira et Lourenço c. Portugal, CEDH ,2000-VIII.

b.) Les avis consultatifs

- Avis de la Commission européenne dans l'affaire Geillustreerde Pers c. Pays-Bas, D. R. 8, p. 5.
- Rapport de la Commission européenne des droits de l'homme du 14 janvier 1993 dans l'affaire Preminger-Institut c. Autriche, req. n° 13470/87.

B. 2. 1. 2. : La Cour européenne des droits de l'homme

a.) Les décisions du Comité

- Requête n° 39076/97, Lehtinen c. Finlande, décision du 14 octobre 1999.
- Requête n° 30197/96, Zutter c. France, décision du 27 juin 2000.
- Requête n° 46051/99, Malvé c. France, décision du 20 janvier 2001
- Requête n° 39291/98, Hamaïdi c. France, décision du 6 mars 2001.
- Requête n° 33592/96, Baumann c. France, décision du 22 mai 2001.
- Requête n° 24699/94 Vgt verein Gegen Tierfabriken c. Suisse, décision du 28 juin 2001.
- Requête Y. Kükük c. Turquie, 28 août 2001.
- Requête n° 69789/01, Brusco c. Italie, décision du 6 septembre 2001.
- Requête n° 65831/01, Garaudy c. France, décision du 24 janvier 2003.
- Requête n° 60545/00, Perhirin c. France, décision du 04 février 2003.
- Requête n° 41357/98, L. et M. c. Belgique, décision du (Comité) du 28 mars 2003.

b) Les arrêts de la Cour

- Cour eur. dr. h., arrêt Delcourt c. Belgique, 17 janvier 1970.
- Cour eur. dr. h., arrêt De Wilde, Ooms et Versyp c. Belgique, 18 juin 1971
- Cour eur. dr. h., arrêt Engel et autres c. Pays-Bas, 8 juin 1976.
- Cour eur. dr. h., arrêt Handyside c. Royaume-Uni, 7/12/1976.
- Cour eur. dr. h., arrêt Irlande c. Royaume-Uni, 18 janvier 1978.
- Cour eur. dr. h, arrêt König c. Allemagne, 28 juin 1978.
- Cour eur. dr. h., arrêt Tyler c. Royaume-Uni, 25 avril 1978.
- Cour eur. dr. h., arrêt Klass et autres c. Royaume-Uni, 6 septembre 1978.
- Cour eur. dr. h., arrêt Luedicke, Belkacem et Koç c. Allemagne, 28 novembre 1978.
- Cour eur. dr. h., arrêt Arrowsmith c. Royaume-Uni, 12 décembre 1978.
- Cour eur. dr. h., arrêt Airey c. Irlande, 09 octobre 1979.
- Cour eur. dr. h., arrêt Église Métropolitaine de Bessarabie c. Moldavie (non publié dans la base des données).
- Cour eur. dr. h., arrêt Sunday Times c. Royaume-Uni, 26 avril 1979.
- Cour eur. dr. h., arrêt Winterwerp c. Pays-Bas, 24 octobre 1979.
- Cour eur. dr. h., arrêt Deweer c. Belgique, 27 février 1980.
- Cour eur. dr. h., arrêt Artico c. Italie, 13 mai 1980.
- Cour eur. dr. h, arrêt Guzzardi c. Italie, 06 novembre 1980.
- Cour eur. dr. h., arrêt Van Oosterwijck c. Belgique, 06 novembre 1980.
- Cour eur. dr. h., arrêt Le Compte, Van Leuven et De Meyere c. Belgique, 23 juin 1981.
- Cour eur. dr. h., arrêt Young, James, Webster c. Royaume-Uni, 13 août 1981.
- Cour eur. dr. h., arrêt Eckle c. Allemagne, 15 juillet 1982.
- Cour eur. dr. h., arrêt Sporrong et Lönnroth c. Suède, 23 septembre 1982.
- Cour eur. dr. h., arrêt X c. Royaume-Uni, 18 octobre 1982.
- Cour eur. dr. h., arrêt Foti et autres c. Italie, 10 décembre 1982.
- Cour eur. dr. h., arrêt Campbell et Cosans c. Royaume-Uni, 25 février 1982.

- Cour eur. dr. h., arrêt Campbell et Cosans c. Royaume-Uni, 22 mars 1983.
- Cour eur. dr. h., arrêt Silver et autres c. Royaume-Uni, 25 mars 1983.
- Cour eur. dr. h., arrêt Zimmermann et Steiner c. Suisse, 13 juillet 1983.
- Cour eur. dr. h., arrêt Van Der Mussele c. Belgique, 23 novembre 1983.
- Cour eur. dr. h., arrêt Pretto et autres c. Italie, 8 décembre 1983.
- Cour eur. dr. h., arrêt Sutter c. Suisse, 22 février 1984.
- Cour eur. dr. h., arrêt Campbell et Fell c. Royaume-Uni, 28 juin 1984.
- Cour eur. dr. h., arrêt Sramek c. Autriche, 22 octobre 1984.
- Cour eur. dr. h., arrêt De Cubber c. Belgique, 26 octobre 1984.
- Cour eur. dr. h., arrêt X et Y c. Royaume des Pays-Bas, 26 mars 1985.
- Cour eur. dr. h., arrêt Benthem c. Pays-Bas, 23 octobre 1985.
- Cour eur. dr. h., arrêt James et autres c. Royaume-Uni, 21 février 1986.
- Cour eur. dr. h., arrêt Van Marle et autres c. Pays-Bas, 26 juin 1986.
- Cour eur. dr. h., arrêt Lingens c. Autriche, 8 juillet 1986.
- Cour eur. dr. h., arrêt Lithgow c. Royaume-Uni, 08 juillet 1986.
- Cour eur. dr. h., arrêt Agosi c. Royaume-Uni, 24 octobre 1986.
- Cour eur. dr. h., arrêt Monnel et Morris c. Royaume-Uni, 02 mars 1987.
- Cour eur. dr. h., arrêt Weeks c. Royaume-Uni, 2 mars 1987.
- Cour eur. dr. h., arrêt Leander c. Suède, 26 mars 1987.
- Cour eur. dr. h., arrêt Erkner c. Autriche, 23 avril 1987.
- Cour eur. dr. h., arrêt Poiss c. Autriche, 23 avril 1987
- Cour eur. dr. h., arrêt Ben Yaacoub c. Belgique, 27 novembre 1987.
- Cour eur. dr. h., arrêt H c. Belgique, 30 novembre 1987.
- Cour eur. dr. h., arrêt Bouamar c. Belgique, 28 février 1988.
- Cour eur. dr. h., arrêt Karni c. Suède, 8 mars 1988.
- Cour eur. dr. h., arrêt Boyle et Rice c. Royaume-Uni, 27 avril 1988.
- Cour eur. dr. h., arrêt Müller et autres c. Suisse, 24 mai 1988.
- Cour eur. dr. h., arrêt Plattform « Ärzte für das Leben » c. Autriche, 21 juin 1988.
- Cour eur. dr. h., arrêt Stankov et Organisation Macédonienne Unie Ilindem c. Bulgarie, 20 octobre 2005.
- Cour eur. dr. h., arrêt Norris c. Irlande, 26 octobre 1988.

- Cour eur. dr. h., arrêt Osman c. Royaume-Uni, 30 octobre 1988.
- Cour eur. dr. h, arrêt Nielsen c. Danemark, 20 novembre 1988.
- Cour eur. dr. h., arrêt Barbera, Messeguè et Jabardo c. Espagne, 6 décembre 1988.
- Cour eur. dr. h., arrêt Ciulla c. Italie, 22 février 1989.
- Cour eur. dr. h., arrêt Gaskin c. Royaume-Uni, 7 juillet 1989.
- Cour eur. dr. h., arrêt Soering c. Royaume-Uni, 7 juillet 1989.
- Cour eur. dr. h., arrêt Kamasinki c. Autriche, 19 décembre 1989.
- Cour eur. dr. h., arrêt Häkansonn et Sturesson c. Suède, 21 février 1990.
- Cour eur. dr. h., arrêt Kruslin c. France, 24 avril 1990.
- Cour eur. dr. h., arrêt Groppera Radio c. Suisse, 23 mars 1990.
- Cour eur. dr. h., arrêt Antronic AG c. Suisse, 22 mai 1990.
-. Cour eur. dr. h., arrêt Weeber c. Suisse, 22 mai 1990.
- Cour eur. dr. h., arrêt Cardot c. France, 19 mars 1991.
- Cour eur. dr. h., arrêt Asch c. Autriche, 26 avril 1991.
- Cour eur. dr. h., arrêt Branstetter c. Autriche, 28 août 1991.
- Cour eur. dr. h., arrêt Guardian c. Royaume-Uni, 26 novembre 1991.
- Cour eur. dr. h., arrêt Castells c. Espagne, 23 avril 1992.
- Cour eur. dr. h., arrêt Éditions Périscope c. France, 26 mars 1992.
- Cour eur. dr. h., arrêt X c. France, 31 mars 1992.
- Cour eur. dr. h., arrêt Vidal c. Belgique, 22 avril 1992.
- Cour eur. dr. h., arrêt Tomasi c. France, 27 août 1992.
- Cour eur. dr. h., arrêt Schwabe c. Autriche, 27 août 1992.
- Cour eur. dr. h., arrêt Kakkinakis c. Grèce, 25 mai 1993.
- Cour eur. dr. h., arrêt Sigurdur A. Sigurjonsson c. Islande, 30 juin 1993.
- Cour eur. dr. h., arrêt K c. Autriche, 2 juin 1993.
- Cour eur. dr. h., arrêt Raimondo c. Italie, 22 février 1994.
- Cour eur. dr. h., arrêt Silva Pontes c. Portugal, 23 mars 1994.
- Cour eur. dr. h., arrêt Hentrich c. France, 22 septembre 1994.
- Cour eur. dr. h., arrêt Beaumartin c. France, 24 novembre 1994.
- Cour eur. dr. h., arrêt Stran et Stratis Anderadis c. Grèce, 9 décembre 1994.
- Cour eur. dr. h., arrêt Les saints monastères c. Grèce, 9 décembre 1994.

- Cour eur. dr. h., arrêt Gasus-Und Fördertechnik GmbH c. Pays-Bas, 22 février 1995.
-. Cour eur. dr. h., arrêt Fischer c. Autriche, 26 avril 1995.
- Cour eur. dr. h., arrêt Schuler-Zraggen c. Suisse, 31 mai 1995.
- Cour eur. dr. h., arrêt Diennet c. France, 26 septembre 1995
- Cour eur. dr. h., arrêt Mc Cann et autres c. Royaume-Uni, 27 septembre 1995.
- Cour eur. dr. h., arrêt Papamichapoulos et autres c. Grèce, 31 octobre 1995.
- Cour eur. dr. h., arrêt Acquaviva c. France, 21 novembre 1995.
- Cour eur. dr. h., arrêt Ribitisch c. Autriche, 4 décembre 1995.
- Cour eur. dr. h., arrêt John Murray c. Royaume-Uni, 08 février 1996.
- Cour eur. dr. h., arrêt Lobo Machado c. Portugal, 20 février 1996.
- Cour eur. dr. h., arrêt Vermeulen c. Belgique, 20 février 1996.
- Cour eur. dr. h., arrêt Christine Godwin c. Royaume-Uni, 27 mars 1996.
- Cour eur. dr. h, arrêt Remli c. France, 22 avril 1996.
- Cour eur. dr. h, arrêt Ferrantelli et Santangelo c. Italie, 7 août 1996.
- Cour eur. dr. h., arrêt Akdivar et autres c. Turquie, 16 septembre 1996.
- Cour eur. dr. h., arrêt Ahmet Sadik c. Grèce, 15 novembre 1996
- Cour eur. dr. h., arrêt Aksoy c. Turquie, 18 décembre 1996.
- Cour eur. dr. h., arrêt Balmer-Schafroth et autres c. Suisse, 26 août 1997.
- Cour eur. dr. h., arrêt Brizicek c. Italie (non publié).
- Cour eur. dr. h., arrêt B c. Royaume-Uni, 9 juin 1996.
- Cour eur. dr. h., arrêt Saunders c. Royaume-Uni, 17 décembre 1996.
- Cour eur. dr. h., arrêt Dalia c. France, 19 février 1998.
- Cour eur. dr. h., arrêt Selçuk et Asker c. Turquie, 24 avril 1998.
- Cour eur. dr. h., arrêt Belilos c. Suisse, 29 avril 1998.
- Cour eur. dr. h., arrêt Kurt c. Turquie, 25 mai 1998.
- Cour eur. dr. h., arrêt Tekin c. Turquie, 9 juin 1998.
- Cour eur. dr. h., arrêt Guérin c. France, 29 juillet 1998.
- Cour eur. dr. h., arrêt Guillemin c. France, 2 septembre 1998.
- Cour eur. dr. h., arrêt A c. Royaume-Uni, 23 septembre 1998.
- Cour eur. dr. h., arrêt Civet c. France, 28 septembre 1998(GC).
- Cour eur. dr. h., arrêt Assenov et autres c. Bulgarie, 28 octobre 1998.

- Cour eur. dr. h., arrêt Osman c. Royaume-Uni, 28 octobre 1998.
- Cour eur. dr. h., arrêt Fressoz et Roire c. France, 21 janvier 1999.
- Cour eur. dr. h., arrêt Iatradis c. Grèce, 25 mars 1999.
- Cour eur. dr. h., arrêt Pélissier et Sassi c. France, 25 mars 1999 (GC).
- Cour eur. dr. h., arrêt Chassagnou et autres c. France, 29 avril 1999.
- Cour eur. dr. h., arrêt çakici c. Turquie, 8 juillet 1999.
- Cour eur. dr. h., arrêt Gerger c. Turquie, 8 juillet 1999.
- Cour eur. dr. h., arrêt Di Mauro c. Italie, 28 juillet 1999.
- Cour eur. dr. h., arrêt Bottazi c. Italie, 28 juillet 1999.
- Cour eur. dr. h., arrêt A. P. et Ferrari c. Italie, 28 juillet 1999.
- Cour eur. dr. h., arrêt Selmouni c. France, 28 juillet 1999(GC).
- Cour eur. dr. h., arrêt Dalban c. Roumanie, 28 septembre 1999.
- Cour eur. dr. h., arrêt Mahmut Kaya c. Turquie, 28 mars 2000.
- Cour eur. dr. h., arrêt Labita c. Italie, 6 avril 2000.
- Cour eur. dr. h., arrêt Timurtas c. Turquie, 13 juin 2000.
- Cour eur. dr. h., arrêt Frydlender c. France, 27 juin 2000.
- Cour eur. dr. h., arrêt Mattocia c. Italie, 25 juillet 2000.
- Cour eur. dr. h., arrêt Kudla c. Pologne, 26 octobre 2000.
- Cour eur. dr. h., arrêt Tanribilir c. Turquie, 16 novembre 2000.
- Cour eur. dr. h., arrêt Büyükdag c. Turquie, 21 décembre 2000.
- Cour eur. dr. h., arrêt Mc Guinness c. Irlande, 21 décembre 2000
- Cour eur. dr. h., arrêt Köksal c. Pays-Bas, 20 mars 2001.
- Cour eur. dr. h., arrêt Metzger c. Allemagne, 31 mai 2001.
- Cour eur. dr. h., arrêt F. R. c. Suisse, 28 juin 2001.
- Cour eur. dr. h., arrêt Hans-Adam II de Liechtenstein c. Allemagne, 12 juillet 2001.
- Cour eur. dr. h., arrêt Sadak et autres c. Autriche, 17 juillet 2001.
- Cour eur. dr. h., arrêt Horvat c. Croatie, 26 juillet 2001.
- Cour eur. dr. h., arrêt Al-Adsani c. Royaume-Uni, 21 novembre 2001.
- Cour eur. dr. h., arrêt R. D. c. Pologne, 18 décembre 2001.
- Cour eur. dr. h., arrêt Erat et Saglam c. Turquie, 26 mars 2002.
- Cour eur. dr. h., arrêt Christine Godwin c. Royaume-Uni, 11 juillet 2002.
- Cour eur. dr. h., arrêt Perhirin c. France, 04 février 2003.
- Cour eur. dr. h., arrêt Süheyla Aydin c. Turquie, 24 mai 2005.

B. 2. 2. : Les organes américains

B. 2. 2. 1. : La Cour interaméricaine des droits de l'homme

a) Les arrêts

- Cour interam. dr. h., arrêt Velasquez Rodriguez c. Honduras (exceptions préliminaires), 26 juin 1987.
- Cour interam. dr. h., arrêt Godinez Cruz c. Honduras, 21 juillet 1989, Série C, n° 8.
- Cour interam. dr. h., arrêt Velasquez Rodriguez c. Honduras (fond), 29 juillet 1989, Série C, n°84.
- Cour interam. dr. h., arrêt Velasquez Rodriguez c. Honduras (fond), 17 août 1990 (interprétation de l'arrêt du 21 fixant les indemnités compensatoires), R. U. D. H. 1992 et s.
- Cour interam. dr. h., arrêt Aloeboetoe et autres c. Surinam, 10 septembre 1993, Série C n° 15.
- Cour interam. dr. h., arrêt Caballero Delgado et Santana c. Colombie, 29 janvier 1997, Série C, n° 31.
- Cour interam. dr. h., arrêt Genie Lacago c. Nicaragua (fond), 29 janvier 1997, Série C, n° 30.
- Cour interam. dr. h., arrêt Suarez Rosero c. Équateur, 12 novembre 1997, Série C n° 35.
- Cour interam. dr. h., arrêt Loayza Tamayo c. Pérou, 27 novembre 1998, Série C n°42.
- Cour interam. dr. h., arrêt Benavides Cevallos c. Équateur, 19 juin 1998, Série C n° 38.
- Cour interam. dr. h., arrêt Garrido et Baigorria c. Argentine, 27 août 1998,Série C, n° 39.
- Cour interam. dr. h., arrêt Paniagua Morales et autres c. Guatemala (fond), 8 mars 1998, Série C n° 37.
- Cour interam. dr. h., arrêt Durand et Ugarte c. Pérou, 28 mai 1999, Série C n° 50.
- Cour interam. dr. h., arrêt Suarez Rosero c. Équateur, 29 mai 1999, Série C n°51.
- Cour interam. dr. h., arrêt Castillo Petruzi et autres c. Pérou (fond), 30 mai 1999, Série C n° 52.

- Cour interam. dr. h., arrêt Cesti Hurtado c. Pérou, 29 septembre 1999, Série C n° 56.
- Cour interam. dr. h., arrêt Durand et Ugarte c. Pérou, 16 août 2000 (fond), Série C n° 68.
- Cour interam. dr. h., arrêt Cantoral Benavides c. Pérou (fond), 18 août 2000, Série C n° 69.
- Cour interam. dr. h., arrêt Bamaca Velasquez c. Guatemala (fond), 25 novembre 2000, Série C n° 70.
- Cour interam. dr. h., arrêt Durand et Ugarte c. Pérou (réparation), 3 décembre 2001, Série C n° 89.
- Cour interam. dr. h, arrêt Boena Ricardo et autres c. Panama, 02 février 2001, Série C n° 61.
- Cour interam. dr. h., arrêt Ivcher Bronstein c. Pérou, 06 février 2001, Série C n° 74.
- Cour interam. dr. h., arrêt Mayagna (Sumo) Community of Awas Tingni c. Nicaragua, 31 août 2001, Série C, n° 67.
- Cour interam. dr. h., arrêt Barrios Altos c. Pérou, 30 novembre 2001, Série C, n° 87.
- Cour interam. dr. h., arrêt Sanchez c. Honduras, 7 juin 2003, Série C, n° 99.

b) Les avis consultatifs

- Cour interam. dr. h., Advisory Opinion OC-5/85, Compulsory Membership in an Association Prescribed by Law for the Practice of Journalism (articles 13 et 19), November 13, 1985.
- Cour interam. dr. h., avis consultatif du 09 mai 1986, The word "laws" in article 30 of The American Convention on Human Rights, Série A, n° 6.
- Cour interam. dr. h., avis consultatif du 10 août 1990, Exceptions to the exhaustion of domestic remedies, Série A n° 11.
- Cour interam. dr. h., avis consultatif du 1er October 1999 « The right to information on consular assistance in the framework of the garantees of the due process of law", Série A, n° 16.

B.2. 2. 2 : La Commission américaine des droits de l'homme

- Pétition 10636 c. Guatemala, décision du 05 mars 1996, Rapport annuel 1995, p. 135.

B. 2. 3: L'organe africain : La Commission africaine des droits de l'homme et des peuples

- Communications 25/89, 47/90, 56/91 et 100/93 Free Legal Assistance Group, Lawyers' Commettee for Human Rights, Union Internationale des Droits de l'Homme, Les témoins de Jéhovah c. Zaïre.
- Communication 52/91 Lawyers Committee for Human Rights c. Soudan
- Communication 54/91 Malawi African Association c. Mauritanie;
- Communications 59/91, 60/91, 64/91, 87/91, 101/93, 105/93, 128/94, 130/94 et 152/96 Media Rights Agenda, Civil Liberties et Constitutional Rights Project c. Nigeria.
- Communication 61/91 Amnesty international c. Mauritanie
- Communication 68/93 Mme Sarr Diop, Union interafricaine des droits de l'homme et RADDHO c. Mauritanie;
- Communication 71/92 Rencontre Africaine pour la Défense des Droits de l'Homme c. Zambie, 11ème rapport d'activités.
- Communication 73/92 Mohamed Lamine Diakité c. Gabon;
- Communication 75/92 (1995) Congrès du Peuple Katangais c. Zaïre, 8ème rapport d'activités de la Commission.
- Communication 97/93 John K. Modise c. Botswana, 14ème rapport d'activités.
- Communication 102/93 Constitutional Rights Project et Civils Liberties Organisation c. Nigeria, 12ème rapport d'activités.
- Communication 103/93 Alhassane Aboubacar c. Ghana, 12ème rapport d'activités.
- Communications 105/93, 128/94, 130/94 et 152/96 Media Rights Agenda and Constitutional Rights Project c. Nigeria, 12ème rapport d'activités.
- Communications 129/94 et 102/93, Constitutional Rights Project et Civil Liberties Organisation c. Nigeria, 12ème rapport d'activités.

- Communication 133/94, Association pour la Défense des Droits de l'Homme et des Peuples c. Djibouti, 13ème rapport d'activités.
- Communications 137/94 international Pen et 139/94 Constitutional Rights Project c. Nigeria, 12ème rapport d'activités.
- Communications 137/94, 154/96, 139/94 et 161/97 International Pen, Constitutional Rights, Interights, Civils Liberties c. Nigeria, 12ème rapport d'activités.
- Communications 138/94, 139/94, 154/96 et 161/97 International Pen, Constitutional Rights, Interights au nom de Ken Saro-Wiwa Jr et Civils Liberties Organisation c. Nigeria, 12ème rapport d'activités.
- Communications 140/94, 141/94 et 145/94 Constitutional Rights Project, Civil Liberties Organisation et Media Rights Agenda c. Nigeria, 13ème rapport d'activités.
- Communications 143/95et 150/96 Constitutional Rights Project et Civils Liberties Organisation c. Nigeria, 13ème rapport d'activités.
- Communications 147/95 et 149/96 Sir Dawda K. Jawara c. Gambie, 13ème rapport d'activités.
- Communication 148/96 Constitutional Rights Project c. Nigeria, 13ème rapport d'activités.
- Communication 151/96 Civil Liberties Organisation c. Nigeria, 13ème rapport d'activités.
- Communication 153/96 Constitutional Rights Project c. Nigeria, 13ème rapport d'activités.
- Communication 155/96 Social and Economic Rights Action Center, Center for Economic and Social Rights c. Nigeria, 15ème rapport d'activités.
- Communication 159/96 Union Interafricaine des Droits de l'Homme, Rencontre Africaine des Droits de l'Homme, Organisation Nationale des Droits de l'Homme au Sénégal et Association Malienne des Droits de l'homme c. Angola, 11ème rapport d'activités.
- Communication 162/97 Mouvement des Refugiés Mauritaniens au Sénégal c. Sénégal, 11ème rapport d'activités.
- Communications 164/97 à 196/97, Collectif des veuves et ayants droits c. Mauritanie.
- Communication 198/97 S. O. S. Esclaves c. Mauritanie, 12ème rapport d'activités.

- Communication 201/97, Egyptian Organisation for Human Rights c. Egypt.
- Communication 204/97, Mouvement burkinabé des droits de l'homme et des peuples c. Burkina Faso, 14ème rapport d'activités.
- Communication 205/97, Ka Zeem Aminu c. Nigeria, 13ème rapport d'activités.
- Communication 206/97, Centre for Free Speech c. Nigeria, 13ème rapport d'activités.
- Communication 209/97, Africa Legal Aid (agissant pour le compte de sieur Lamin Waa Juwara) c. Gambie, 13ème rapport d'activités.
- Communication 210/98, Association mauritanienne des droits de l'homme c. Mauritanie;
- Communication 211/98, Legal Resources Foundation c. Zambie, 14èmerapport d'activités.
- Communication 212/98, Amnesty International c. Zambie, 12ème rapport d'activités.
- Communication 215/98, Rights International c. Nigeria, 13ème rapport d'activités.
- Communication 218/98, Civil Liberties Organisation, Legal Defence Center, Legal Defence and Assistance Project c. Nigeria, 14ème rapport d'activités.
- Communication 219/98, Legal Defence Center c. Gambie.
- Communication 220/98, Law Office of Ghazi Suleiman c. Soudan.
- Communication 221/98, Alfred B. Cudjoe c. Ghana, 12ème rapport d'activités.
- Communications 222/98 et 229/99, Law Office of Ghazi Suleiman c. Soudan, 16ème rapport d'activités.
- Communication 223/98, Forum of Conscience c. Sierra Leone, 14ème rapport d'activités.
- Communication 224/98, Media Rights Agenda c. Nigeria, 14ème rapport d'activités.
- Communication 225/98, Huri-Laws c. Nigeria, 14ème rapport d'activités.
- Communication 227/99 République Démocratique du Congo c. Burundi, Ouganda et Rwanda, 20ème rapport d'activités.
- Communication 228/99 et 229/99, Law of Ghazi Suleiman c. Soudan, 16ème rapport d'activités.

- Communication 231/99, Avocats Sans Frontières c. Burundi, 14ème rapport d'activités.
- Communication 232/99, John D. Ouko c. Kenya, 14ème rapport d'activités.
- Communication 236/2000, Curtis Francis Doebbler c. Soudan, 16ème rapport d'activités.
- Communication 239/2001, Interights (pour le compte de José Domingos Sikunda) c. Namibie, 15ème rapport d'activités.
- Communication 243/2001 Women's Legal Aid Center (on behalf of Sophia Moto), 17ème rapport d'activités.
- Communication 241/01, Purohit et Moore c. Gambie, 16ème rapport d'activités.
- Communication 247/2002, Instituts pour les Droits humains et le Développement en Afrique (au nom de Jean Simbarakiye) c. République Démocratique du Congo.
- Communication 249/2002 Institut pour les Droits Humains et le Développement en Afrique pour le compte des refugiés sierra-léonais en Guinée c. République de Guinée, cette communication se trouve à la fois dans le 17ème et le 20ème rapports d'activités.
- Communication 251/2002, Lawyers for Human Rights c. Swaziland, 18ème rapport d'activités.
- Communication 252/2002, Stephen O. Aigbe c. Nigeria, 16ème rapport d'activités.
- Communication 254/2002, Mouvement des Refugiés Mauritaniens au Sénégal c. Sénégal.
- Communication 255/2002 Garreth Anver Prince c. Afrique du Sud, 17ème rapport d'activités.
- Communication 260/02 Bakweri Land Claims Committee c. Cameroun, 17ème rapport d'activités.
- Communication 263/02 Section Kenyane de la Commission Internationale de Juristes, Law Society of Kenya, Kituo Cha Sheria c. Kenya, 17ème rapport d'activités.
- Communication 264/2002, Association « Que choisir Benin » c. Benin, 18ème rapport d'activités.
- Communication 268/2003, Ilesanmi c. Nigeria, 18ème rapport d'activités.

- Communication 275/2003, Association « Article 19 » c. Érythrée, 22ème rapport d'activités.
- Communication 290/2004 Open Society Justice Initiative (pour le compte de Pins Njawé Noumeni) c. Cameroun, 20ème rapport d'activités.
- Communication 299/2005 Anwak Justice Council c. Éthiopie, 20ème rapport d'activités.
- Communication 312/2005 Interights et l'Egyptian Initiative for Personnal Rights c. Égypte, 20ème rapport d'activités.

XII. LES SITES INTERNET

Institutions titulaires	Nom du site
Amnesty international	Web. amnesty. org
Centre pour les droits de l'homme de l'Université de Pretoria	www. up. ac. za/chr
Commission africaine des droits de l'homme et des peuples	www. achpr. org
Commission de l'Union Africaine	www. africa-union. org
Fédération Internationale des Droits de l'Homme	www. fidh. org
Human Rights Watch	www. hrw. org
Université de Minnesota	www.edu/humanrts/africa/ comcases/countryappendix. html

CV – PROFESSEUR EGIDE MANIRAKIZA

Né le 09 juin 1970 dans sa province natale de Gitega, Professeur Egide Manirakiza est actuellement Doyen de la Faculté de Droit et Responsable du Mastère en Droit judiciaire à l'Université du Burundi.

Après le diplôme de Licence en droit obtenu avec brio à l'Université du Burundi en 1998, Monsieur Egide est allé poursuivre ses études en Belgique où il a d'abord obtenu en Septembre 2004 le Diplôme d'Etudes spécialisées (DES) en Droits de l'homme à l'Université Catholique de Louvain, Facultés Universitaires Saint Louis et Facultés universitaires Notre-Dame de la Paix. Il a ensuite obtenu au mois de Janvier 2009 son Doctorat en droit international des droits de l'homme au sein des Facultés Universitaires Notre-Dame de la Paix à Namur.

Aux mois de Juin et Juillet 2011, il a suivi une formation postdoctorale à l'Université Saint Louis de Belgique et en 2014, il a effectué un stage professionnel à l'Université Catholique de Louvain en Belgique.

Professeur Egide dispense ses cours à plein temps essentiellement dans le premier et deuxième cycle de l'Université du Burundi, Faculté de Droit et au niveau du Mastère en droits de l'homme et résolution pacifique des conflits. Mais il dispense également d'autres cours dans différentes universités à Bujumbura et ailleurs.

Professeur Egide est déjà auteur de plusieurs articles scientifiques publiés dans différentes revues. La présente publication concerne sa thèse de Doctorat présentée et brillamment soutenue en Janvier 2009 au sein des Facultés Universitaires Notre-Dame de la Paix à Namur. Il a déjà assuré la direction de plusieurs Travaux de Fin d'Etudes dans le Mastère en droits de l'homme et résolution pacifique des conflits ainsi que des mémoires de licence en droit. Professeur Egide participe régulièrement comme expert à de nombreuses conférences internationales et il réalise également plusieurs consultances soit auprès des ONG ou auprès des différentes structures nationales.

Notons enfin que comme expérience administrative, Professeur Egide Manirakiza a déjà occupé plusieurs fonctions comme Vice doyen et plus tard Doyen de la Faculté de Droit à l'Université du Burundi, Président de l'Association des Professeurs de l'Université du Burundi, Co-responsable du Diplôme d'études supérieures spécialisées (DESS) en droits de l'homme et résolution pacifique des conflits de la Chaire UNESCO de l'Université du Burundi, Membre du Conseil d'Administration du Centre de Formation Professionnelle du Ministère de la Justice et membre du conseil pédagogique et scientifique de l'Ecole doctorale de l'Université du Burundi.

Professeur Egide Manirakiza, Chercheur et actuellement Doyen de la Faculté de Droit et Responsable du Mastère en Droit judiciaire à l'Université du Burundi.